17

COLECCION AMÉRICA NUESTRA
◆ caminos de liberación

AMÉRICA NUESTRA es una nueva colección
que Siglo XXI proyecta como una
expresión coherente del examen de la realidad
que nuestros países viven desde siglos tierra
colonizada que no logra liberarse
Queremos difundir, con sistema, textos que exhiban
tanto la grandeza de las culturas destruidas
por la Conquista como los testimonios de la
lucha por la liberación que llega hasta nuestros
días y que tiene expresión en la obra y las ideas
de los hombres que las orientan Nada
mejor para definir esa intención que las
palabras que escribió José Martí: "... la
historia de América, de los incas acá,
ha de enseñarse al dedillo, aunque no se enseñe
la de los arcontes de Grecia. Nuestra Grecia
es preferible a la Grecia que no es nuestra,
nos es más necesaria... Injértese en nuestras
repúblicas el mundo; pero el tronco ha de ser
de nuestras repúblicas..."

siglo veintiuno editores, sa
CERRO DEL AGUA 248, MEXICO 20, D.F.

siglo veintiuno de españa editores, sa
C/PLAZA 5, MADRID 33, ESPAÑA

siglo veintiuno argentina editores, sa

siglo veintiuno de colombia, ltda
AV. 3a. 17-73 PRIMER PISO, BOGOTA, D.E. COLOMBIA

ESTUDIANTES Y POLÍTICA EN AMÉRICA LATINA
El proceso de
la reforma universitaria
(1918-1938)

por
JUAN CARLOS PORTANTIERO

SIGLO VEINTIUNO ╳╳╱ AMÉRICA NUESTRA

edición al cuidado de presentación pinero de simón
portada de anhelo hernández

primera edición, 1978
© siglo xxi editores, s.a.

ISBN 968-23-0296-x

derechos reservados conforme a la ley
impreso y hecho en méxico
printed and made in mexico

ÍNDICE GENERAL

PRIMERA PARTE: ESTUDIANTES Y POLÍTICA EN AMÉRICA LATINA, por JUAN CARLOS PORTANTIERO

I. LA REFORMA UNIVERSITARIA: UNA MIRADA DESDE EL PRESENTE 13

II. "LA REBELDÍA ESTALLA EN CÓRDOBA..." 30

III. "ESTAMOS VIVIENDO UNA HORA AMERICANA..." 58

IV. "EL PURO UNIVERSITARIO ES UNA COSA MONSTRUOSA" 76

V. LA REFORMA FUNDA UN PARTIDO POLÍTICO 89

VI. LAS IZQUIERDAS Y LA REFORMA UNIVERSITARIA 102

VII. DE MELLA A FIDEL 115

SEGUNDA PARTE: CRÓNICAS Y DOCUMENTOS

I. EL MOVIMIENTO POR LA REFORMA UNIVERSITARIA EN ARGENTINA 131

1. La juventud argentina de Córdoba a los hombres libres de Sudamérica, 131; 2. Orden del día de la Federación Universitaria de Córdoba, 136; 3. Orden del día del mitin en Buenos Aires, 137; 4. Manifiesto del Comité Pro Reforma Universitaria de Córdoba, 138; 5. El Comité Pro Reforma Universitaria ante el ministro de Instrucción Pública y Consejo Superior de la Universidad, 140; 6. Proyecto de ley universitaria y bases estatutarias (1918), 152; 7. Manifiesto de la Federación Universitaria de La Plata a los universitarios de la república, 158; 8. La Federación Universitaria Argentina expone al presidente de la república la situación de la Universidad de La Plata, 160; 9. La Federación Universitaria Argentina asume la dirección local y nacional del movimiento de La Plata, 163; 10. Proclamación de la huelga general de estudiantes en todo el país, 164; 11. Manifiesto de la Federación Universitaria Argentina al pueblo de la república, 166; 12. La Federación Universitaria de Santa Fe, al

pueblo, en la fecha de los trabajadores, 167; 13. Manifiesto del Centro de Estudiantes de Derecho al inaugurar los cursos de extensión universitaria, 169

II. PROPAGACIÓN AMERICANA DE LA REFORMA UNIVERSITARIA .. 172

El movimiento reformista en Chile 172

14. Primera convención estudiantil: organización y declaración de principios acordados, 172; 15. Crónica del movimiento de los estudiantes de Chile, por Roberto Meza Fuentes, 175; 16. Segunda campaña en Chile: Manifiesto pro reforma universitaria, 188

El Primer Congreso Internacional de Estudiantes 191

17. Resoluciones del Primer Congreso Internacional de Estudiantes, 191; 18. Por el comienzo de una nueva vida americana, 196

El movimiento estudiantil en Cuba 201

19. Declaración de la Federación de Estudiantes Universitarios, 201; 20. Los estudiantes proclaman la universidad libre, 201; 21. Bases del Primer Congreso Nacional de Estudiantes, 203; 22. Primer Congreso Nacional de Estudiantes, 204; 23. Primer Congreso Nacional de Estudiantes: Declaración de derechos y deberes del estudiante, 208; 24. Estatutos de la Universidad Popular "José Martí", 210; 25. Manifiesto-programa de los estudiantes de Cuba, 211; 26. Manifiesto-programa: Ala Izquierda Estudiantil, 213

La juventud reformista en Paraguay 220

27. Mensaje a los hombres de la nueva generación, 220

La convención estudiantil de Bolivia 225

28. Primera Convención Nacional de Estudiantes Bolivianos. Programa nacional y universitario, 225

Los estudiantes de Brasil 227

29. Manifiesto de los estudiantes de Río de Janeiro a sus compañeros en el país, 227

La reforma universitaria en Perú 232

30. Crónica del movimiento estudiantil peruano, 232

ÍNDICE GENERAL   9

El movimiento reformista en Uruguay 267

31. La reforma universitaria en Uruguay, 267

Los estudiantes y la reforma en Venezuela 278

32. La Federación de Estudiantes y la reforma universitaria en Venezuela, 278

Conquista de la autonomía universitaria. El movimiento estudiantil en México 283

33. Proyecto de autonomía universitaria presentado por el departamento técnico de la Federación de Estudiantes de México a la Cámara de Diputados, 283; 34. Manifiesto de los alumnos de la Facultad de Derecho contra el sistema de "reconocimiento" (mayo de 1929), 284; 35. Petitorio del Comité de huelga a la Presidencia de la república, 285; 36. IX Congreso Nacional de Estudiantes: Bandera de principios de la juventud mexicana, 287; 37. Ley orgánica de la Universidad Autónoma de México (1933), 288

Un balance crítico a 15 años de la reforma 292

38. Manifiesto de la Federación Universitaria Argentina, 292

TERCERA PARTE: UNA ACCIÓN PARALELA

La fundación de la Unión Latinoamericana 297

39. Acta de fundación de la Unión Latinoamericana, 297; 40. Organización (primer editorial de *Renovación*), 298; 41. Manifiesto de la filial de Córdoba de la Unión Latinoamericana, 300

CUARTA PARTE: TESTIMONIOS Y POLÉMICAS

Deodoro Roca: La nueva generación americana, 307; *Saúl Alejandro Taborda:* Reflexiones sobre el ideal político de América, 312; *Alejandro Korn:* La reforma universitaria, 312; *Alejandro Korn:* La reforma universitaria y la autenticidad argentina, 316; *Saúl Alejandro Taborda:* Docencia emancipadora, 319; *Héctor Ripa Alberdi:* Renacimiento del espíritu argentino, 326; *Germán Arciniegas:* Los estudiantes y el gobierno universitario, 329; *Julio V. González:* Significado de la reforma universitaria, 339; *José Ingenieros:* La revolución universitaria se extiende ya por toda la América Latina, 347; *Víctor Raúl Haya de la Torre:* Nuestra bandera, 348; *Julio Antonio Mella:* ¿Puede ser un hecho la reforma universitaria?, 349; *Alfredo L. Palacios:* La reforma universitaria y el problema americano, 353; *Víctor Raúl Haya de la Torre:* La reforma universitaria y la realidad social, 356; *Mariano Hurtado de Mendoza:* Carácter económico y social de la reforma universitaria, 358; *Wenceslao Roces:* La reforma argentina, ejemplo en España, 365; *Aníbal Ponce:* Hacia la democracia proletaria, 367; *Julio V. González:* El Partido Nacional Reformista, 370; *José Carlos Mariátegui:* La reforma universitaria, 376; *Paulino González Alberdi:* Interpretación marxista de la reforma universitaria. La pretendida dirección del movimiento revolucionario de América por los hombres de la "nueva generación" universitaria, 384; *Julio Antonio Mella:* Tres aspectos de la reforma universitaria, 393; *Víctor Raúl Haya de la Torre:* La reforma universitaria, 396; *Paulino González Alberdi:* Contestando a Haya de la Torre, 406; *Manuel Ugarte:* La obra continental de la reforma juvenil, 414; *Saúl Alejandro Taborda:* Significación del dieciocho, 416; *Aníbal Ponce:* Condiciones para la Universidad Libre, 427; *Deodoro Roca:* ¿Qué es la "reforma universitaria"?, 430; *Pablo Lejarraga:* Las juventudes reformistas en las luchas por la liberación continental, 433; *Héctor P. Agosti:* Veinte años de reforma universitaria, 436; *Ernesto Giudice:* Veinte años de reforma universitaria, 440; *Gabriel del Mazo:* La reforma universitaria: una conciencia de emancipación en desarrollo, 443

ÍNDICE DE NOMBRES 453

PRIMERA PARTE

ESTUDIANTES Y POLÍTICA EN AMÉRICA LATINA, por JUAN CARLOS PORTANTIERO

I. LA REFORMA UNIVERSITARIA: UNA MIRADA DESDE EL PRESENTE

Hace sesenta años, los estudiantes de América Latina extendían por todo el continente la insurgencia de la reforma universitaria. Esa llama se encendió a comienzos de 1918 en la Argentina, pero no en Buenos Aires sino en Córdoba, una ciudad atrapada entonces por el espíritu colonial, casi sin industrias, carente de una poderosa clase media moderna, adormecida desde hacía siglos por un pesado sopor hispánico y clerical.

Desde allí franqueó sus límites, se extendió primero a todo el país, asumió luego bríos americanos y se instaló, durante más de una década, en todo el continente.

La reforma universitaria representaba, aun sin que lo supieran siempre con claridad sus ideólogos y sus dirigentes, bastante más que un mero episodio estudiantil. La guerra europea y la revolución rusa, la revolución mexicana en América, aparecen como el telón de fondo que dará marco a los sucesos. Estos fenómenos estarán presentes en el auge de la reforma así como un lustro después de sus días inaugurales, en el reflujo del movimiento, adquirirán un peso particular el nuevo equilibrio capitalista y el ascenso del fascismo.

Pero no sólo estos factores genéricos deberán dar cuenta de los acontecimientos. En la medida en que la reforma supone en su origen una intención de cambio social que va más allá de modificar la ordenación de las casas de estudio, todo análisis que intente acercarse a sus raíces deberá detenerse en el aislamiento de variables más específicas para cada país, más particulares en cuanto indicadoras del grado de desarrollo económico, social y político de las distintas sociedades latinoamericanas.

Descontada la presencia de elementos comunes —que son los que permiten darle a la reforma su resonancia continental— no fueron iguales las vicisitudes del movimiento en la Argentina, donde alcanzó su plenitud como realización típicamente universitaria, que en el Perú, donde devino partido político a través del APRA; que en México, donde sólo fue un capítulo dentro de una revolución nacional o, finalmente, que en Cuba, donde permaneció a través del tiempo como una fuerza revolucionaria latente que se expresará incluso como un elemento importante en la organización del movimiento 26 de julio.

Varias décadas de política latinoamericana transcurrieron como tributarias, en alguna forma, de ese movimiento: la reforma universitaria fue, en efecto, la mayor escuela ideológica para los sectores avanzados de la pequeña burguesía, el más frecuente espacio de reclutamiento de las contraélites que enfrentaron a las oligarquías y de ella surgieron la mayoría de los líderes civiles latinoamericanos y muchos de los partidos políticos.

Sin embargo, frente a las nuevas realidades que cruzan el continente, retomar el tema de la reforma universitaria puede resultar un ejercicio arqueológico. El estudiante, como categoría social, ha modificado rotundamente su perfil desde entonces, y la totalidad de las relaciones económicas, sociales, políticas y culturales de la América Latina también han sufrido modificaciones sustanciales.

En efecto, y aun parcelando a los múltiples temas de la reforma en una sola de sus dimensiones, esto es, como orientación renovadora para la organización de la enseñanza universitaria ¿cuál podría ser su vigencia actual para encarar los gravísimos problemas de la educación superior en el continente?

La notoria crisis actual de la institución universitaria, expresión de la crisis más global del capitalismo tardío-dependiente, de un sistema de dominación caracterizado por una combinación de modernidad y de atraso que genera sucesivamente contradicciones cada vez más agudas y más extendidas sobre el cuerpo social, no evoca hoy, pese a que las condiciones de represión sobre el movimiento estudiantil sean en muchos lugares más duras que hace medio siglo, a los temas del 18.

La contradicción de fondo operante en la universidad latinoamericana, que contribuye a modificar la figura social del estudiante y su comportamiento político potencial, al menos en los países de mayor desarrollo relativo del continente, es la que deriva de los desajustes entre la creciente masificación de la enseñanza superior (un fenómeno que coexiste con el genocidio cultural que se practica en la escuela primaria) y las dificultades que enfrenta el sistema para dar a los estudiantes, una vez egresados, una vía de ascenso social.

Esta contradicción es estructural; cuestiona desde sus raíces la imagen pequeñoburguesa de la universidad como canal de promoción y con ello socava las bases de la percepción del estudiante como sujeto privilegiado en relación con el resto de la juventud.

El descontento estudiantil —que se ha traducido, más allá de alzas y bajas ocasionales, especialmente dramáticas en el cono sur, en un enriquecimiento cuantitativo y cualitativo de sus reivindicaciones y sus luchas— no es producto de una moda generacional (aunque a menudo adopte formas de rebeldía caotizante) sino un resultado de la contradicción entre oferta y demanda universitaria, entre las oportunidades de educación superior y los requerimientos de un sistema económico que ofrece escasas perspectivas al trabajo calificado.

Esta crisis toca los fundamentos del sistema porque no tiene solución dentro de sus límites: sólo un modelo de desarrollo totalmente diferente podría dar salida a los reclamos de un estrato social cuya avanzada está constituida por los estudiantes pero que abarca al conjunto de los intelectuales y los técnicos.

Esquemáticamente, la caracterización social del estudiantado ha sido trazada de hecho en función de tres dimensiones:

1] destacando su *origen* de clase;

2] tomando en cuenta las características particulares de su *tránsito* por la universidad, institución en cuyo ámbito suelen producirse valores ideológicos más avanzados que los que posee genéricamente la clase de origen;

3] vinculando la problemática del movimiento estudiantil con la de los intelectuales y técnicos en la sociedad capitalista, esto es, considerando a los estudiantes como *fuerza de trabajo intelectual en proceso de formación* que habrá de insertarse de una manera particular en el mercado de trabajo.

La primera dimensión es la utilizada clásicamente como fundamento de las políticas que nacen con la reforma universitaria y es el sostén de la visión que los partidos comunistas han tenido y tienen aún del estudiantado. De acuerdo con ella los estudiantes expresan a la pequeña burguesía y en tal medida, dentro del modelo de "revolución democrático-burguesa", se configuran como "aliados del proletariado" para una etapa de lucha democrática, antimperialista y antilatifundista. Por su edad, que los hace más sensibles a las convocatorias del activismo político, los estudiantes aparecen como la vanguardia de la pequeña burguesía, como su ala más radicalizada. Su potencial alianza con el proletariado debe procesarse a partir de la reivindicación de intereses propios, sean ellos de clase ("democrático-burgueses") o de categoría: libre acceso a la enseñanza, autonomía académica, mayor presupuesto, modificaciones en el contenido de los planes de estudio, etcétera.

La segunda dimensión coloca en un segundo plano el origen de clase y el papel específico que los estudiantes pueden desempeñar en el interior de una institución particular como es la universidad. La importancia se desplaza al "papel de edad" del estudiante, que lo hace potencialmente apto para procesos de "desclasamiento" a partir del microclima ideológico que se crea en la universidad, básicamente concebida como un espacio de reclutamiento de militantes para tareas políticas externas. Es la visión propia de algunos grupos a la izquierda de la izquierda, que renuncian a la constitución del estrato estudiantil como movimiento de masas.

La tercera dimensión, que es la que proponemos como eje para una caracterización actual del estudiante latinoamericano, implica otro enfoque: el tema de los universitarios se traslada del campo de lo "juvenil" (sea en su versión de "vanguardia de la pequeña burguesía" o de "activismo socialista") a uno más específico referido a la conformación de los intelectuales como categoría y a su relación con el mercado de trabajo.

Esto no significa que deban ser dejados de lado otros condicionantes como el origen de clase, la edad o la sensibilidad de los estudiantes a estímulos ideológicos, sino en todo caso la recuperación de esas dimensiones en el interior de un plano más acotado: el que hace referencia al papel que cumplen los intelectuales a partir de cierto nivel del desarrollo capitalista (dependiente o no), al carácter que asume la ciencia y la técnica en ese proceso, a la vinculación de las funciones "intelectuales" y "manuales" con la división social del trabajo y a la posibilidad de politizar el papel de los especialistas desde el interior de las instituciones que los parcelan del resto de los trabajadores.

En este sentido las contradicciones entre el estudiantado y el sistema se separan de las del modelo clásico. La combatividad de los estudiantes en las situaciones típicas durante la reforma universitaria expresaba una respuesta democrática frente al régimen de clausura política impuesto por el orden oligárquico. Los estudiantes pujaban entonces por la apertura de esas compuertas en la universidad y, por extensión, en el conjunto de un sistema político cerrado a la participación.

Las nuevas contradicciones que están detrás de las movilizaciones estudiantiles contemporáneas suponen un cambio, no siempre explícito, en el eje de contestación. Mientras que en la reforma universitaria el problema estaba planteado en torno a las oportunidades de participación, ahora el problema se origina en la crisis de función por la que atraviesa la universidad. Los reformistas no impugnaban la función que cumplía la universidad acomodando los recursos humanos en el sistema ocupacional; simplemente pugnaban por participar de ella y recibir los óleos sagrados del conocimiento que los catapultaran rápidamente a lo largo de la estructura de clases. *Hoy en día lo que está en crisis es precisamente esa función de asignadora de recursos humanos calificados que tenía que cumplir la universidad: ya no forma sino una fuerza de trabajo cuya profesionalidad se desvaloriza en el marco de los actuales patrones de ocupación del capitalismo dependiente.*

Este proceso ha sido ya exhaustivamente estudiado como soporte estructural (más allá de los condicionamientos éticos o ideológicos que el fenómeno sin duda posee) de la rebelión estudiantil en los países centrales que estalla a finales de los sesentas. Se trata de la crisis de la imagen promocional de la enseñanza que veía a cada uno de los niveles de la instrucción como escalones de sucesivo ascenso social; del proceso de desvalorización del diploma como pasaporte de movilidad ascendente.

La masificación de la universidad implicó un triunfo en la democratización social impulsada por los movimientos reformistas. Pero al crear una oferta de fuerza de trabajo calificada muy superior a la demanda del sistema productivo (y crecientemente ineficaz para cumplir de manera adecuada con esas funciones dado el deterioro de la enseñanza) planteó una contradicción que el capitalismo no puede resolver.

Los países más ricos intentan controlarla transformando a las universidades en enormes "playas de estacionamiento" donde se confina por años a millares de jóvenes subvencionándolos para evitar su ingreso al mercado de trabajo. Pero se trata sólo de un paliativo que no corrige las bases de la crisis. El problema de fondo es que cuando la enseñanza superior es una opción abierta a centenares de miles de personas la estructura centralizada de la universidad se torna ya insuficiente para proveer a su adiestramiento. La idea de una "universidad de masas" implica una contradicción en sus términos. La universidad es una institución concebida como coto cerrado, destinada a seleccionar élites; una máquina de segregación y no de integración. Cuando las presiones sociales democratizantes le hacen perder ese carácter, forzosamente degrada su condición: salvo casos excepcionales no existen recursos financieros suficientes como para asegurar la infraestructura que requiere entrenar en todas las técnicas a un alumnado que se cuenta en algunos casos por centenas de miles. Es obvio que este problema se agrava hasta la catástrofe en los países capitalistas dependientes de desarrollo económico relativamente bajo. En el estadio social actual la enseñanza superior destinada a la producción masiva de técnicos sólo podría encararse racionalmente como un momento combinado con la producción: los ingenieros deberían estudiar en las fábricas, los agrónomos en las granjas, los médicos en los hospitales. Pero este proceso supone una transformación de la división social del trabajo incompatible con el capitalismo.

La universidad masificada no puede sino generar tensiones que al capitalismo le resulta muy costoso superar y que son cada vez más agudas. Tensiones con los estudiantes: hijos de la clase media que buscan ascenso social por vía del conocimiento especializado y se encuentran con que dicho conocimiento no les puede ser brindado por las deficientes condiciones materiales en que se desarrolla el aprendizaje, y con que el ascenso social y económico se ve trabado por la feroz competencia en el mercado que desvaloriza el diploma y va desdibujando, en sus años de estudiante, la percepción positiva de su futuro papel profesional. Tensiones también con los técnicos e intelectuales ya egresados que, poseedores del título, además de enfrentarse con la competencia generada por el exceso de oferta, chocan con la divergencia existente entre los conocimientos adquiridos y las tareas concretas que deberán realizar si encuentran trabajo en su profesión. Estas características no son patrimonio exclusivo de los países capitalistas centrales. Una situación similar tiene lugar en sociedades capitalistas tardío-dependientes, como la mayoría de las latinoamericanas, en las que se han operado procesos de modernización típicos del desarrollo combinado caracterizados por la coexistencia, en una única estructura, de rasgos de atraso con pautas propias del "progreso" capitalista.

De tal modo países en los que no sólo no decrece sino que aumenta en cifras absolutas el número de analfabetos o semianalfabetos viven el mismo proceso de masificación de la matrícula media y superior por el que atraviesan las naciones más desarrolladas. Mientras en Europa y los Estados Unidos se llegó a la congestión en la cúspide del sistema educativo tras un proceso secular de extensión progresiva de la educación en sus diversos grados, en los países dependientes latinoamericanos conviven la exclusión sistemática de los umbrales educativos mínimos con la inflación de demanda de instrucción en la enseñanza media y superior. Mientras la estructura educativa latinoamericana no logró integrar en la escuela a la totalidad de la población más joven, ha desarrollado la enseñanza media y superior hasta el punto de dar instrucción en esos niveles a porcentajes de la población en edad de cursarlas que son comparables con los de los países europeos. Esa falta de homogeneización educativa resulta transparente en algunas sociedades latinoamericanas como la Argentina: mientras el número de analfabetos y el monto de deserciones en la escuela primaria aumentan progresivamente, la cantidad de estudiantes universitarios, a mediados de la década del sesenta, superaba los índices de Inglaterra, Francia y Alemania. En la Argentina había entonces 95 universitarios por cada 10 000 habitantes, en tanto la proporción en los tres países citados era, respectivamente, de 65, 79 y 82.

Esta polarización entre un sector que no recibe virtualmente ninguna instrucción y otro que llega a la enseñanza media y superior tiene una relación directa con la naturaleza de los mercados de trabajo en los países capitalistas tardío-dependientes.

La escolarización de masas no es en ellos una demanda del sistema económico por cuanto éste no requiere abundancia de mano de obra calificada. Esto, que es una verdad casi absoluta para las funciones ocupacionales en el sector primario, se relativiza en cierta medida para las tareas fabriles, aun cuando tampoco en ellas los requerimientos de instrucción suelen ir más allá de los elementales que poseen los semialfabetos y, para las tareas concretas, las grandes industrias prefieren adiestrar a su mano de obra en las mismas plantas.

Para otras funciones, en cambio, como las del comercio o la administración pública, es imprescindible un adiestramiento superior al que ofrece la enseñanza primaria. La razón de esto, que ocasiona un agolpamiento de postulantes en la escuela secundaria, no es tanto la abundancia de posiciones ocupacionales para las clases medias sino su escasez, que hace cada vez más dura la competencia. Aquellos que desean mantener o acrecentar su estatus deben embotellarse en los colegios secundarios. Poco a poco, los diplomas obtenidos en ese nivel también se desvalorizan en el mercado de trabajo y la presión de las clases medias irrumpe entonces sobre la universidad, que se masifica testimoniando en ese nivel lo paradójico del desarrollo combinado. Genocidio cultural y universidad de masas; exceso y escasez simultáneos de mano de obra calificada; estructura desigual de la demanda ocupacional que hace que para muchas funciones sea innecesaria la instrucción primaria y para gran cantidad de otras sea insuficiente.

Para las clases medias, principales clientes del sistema educativo, esa inseguridad en las perspectivas de promoción que se suma a la degradación de la enseñanza recibida, cuestiona por primera vez a fondo y por causas objetivas los cimientos de la estructura educacional, poniéndolas en disponibilidad para una crítica total al sistema. La universidad masificada hace explotar en los estudiantes un descontento cada vez menos corporativo. El perfil social del estudiante universitario se modifica para transformarse, junto con los intelectuales y los técnicos, en una fuerza objetivamente anticapitalista a partir de la crisis específica a que está sometida su función, considerado como una mercancía desvalorizada.

Esto no significa que se hayan transformado en proletarios ni que estén en vías de llegar a serlo. Su función continúa siendo ambigua en tanto no dejan de ser un producto privilegiado de la división social del trabajo. En las nuevas condiciones, la crisis de su función es sobre todo crisis del nivel de aspiraciones del que habían arrancado y, en lo objetivo, contradicción entre su formación profesional y la capacidad del sistema para utilizarla. Estos datos explican estructuralmente la disponibilidad de los estudiantes para la contestación, pero no garantizan su transformación en fuerza revolucionaria. Lo nuevo que los mismos indican, es que su alineamiento revolucionario ya no tiene por qué estar ligado a su condición de "hijos rebeldes de la pequeña burguesía" capaces de organizar y dinamizar un movimiento de masas "democrático" o a su conversión individual en cuadros o militantes de los partidos revolucionarios. Es a partir de su propia función de fuerza de trabajo intelectual en proceso de formación que pueden encontrar ahora la vía del socialismo.

El estudiante actual, producto de una crisis social muy diferente de la que catapultó al movimiento del 18, vive por ello en el centro de nuevas contradicciones estructurales que colocan las bases para una superación de los temas del reformismo universitario no sólo a partir del agotamiento del liberalismo cultural como respuesta ideológica global, sino de su incapacidad para resolver los dilemas reales que se plantean actualmente.

La ideología de la reforma no pudo llevar, en los hechos, la crítica de la universidad mucho más allá del reclamo de una mayor democratización interna y de autonomía frente al estado. Concebida como plataforma "estudiantil" o aun "juvenil", por más que desde allí planteara "ir hacia el pueblo" la universidad que la reforma podía auspiciar se limitaba a ser una "isla democrática" en la que las clases medias, alejadas del poder político, reivindicaban su propia esfera de poder.

Desde ese círculo de soberanía parcial, los teóricos de la "nueva generación" abrían la posibilidad de la "extensión universitaria", del acercamiento al pueblo. Pero en ese "acercamiento", además del filantropismo propio de la ideología de la época, operaba otro factor: en la medida en que la ligazón entre estudiantes y trabajadores se realizaba en medio de la ausencia de una auténtica intervención obrera, el puente corría en un solo sentido. Preocupados por los problemas sociales, los estudiantes reformistas terminaban por postularse, de hecho, como dirigentes de los trabajadores.

Más allá del papel que la universidad y sus actores cumplen en el mercado político, significativo en un continente como América Latina periódicamente arrasado por los despotismos, se hace necesario analizar otra dimensión, siempre descuidada: la que vincula a la universidad con el sistema económico.

Es un hecho que en la ideología y la práctica de la reforma ese aspecto fue secundario. Sólo el "desarrollismo" de los años cincuentas intentó ajustar la educación superior a las pautas (a veces más ideales que reales) del crecimiento capitalista, mediante la inserción de carreras "modernas" y los intentos por tornar a los estudios en más técnicos y menos humanistas en el sentido clásico.

Si la reforma universitaria expresaba los anhelos de las capas medias por acceder a los mecanismos de ascenso social contenidos en el pasaje por los estudios superiores, el "cientificismo" intentó, además, hacer coherente ese proceso con los requerimientos del sistema productivo. La universidad buscaba así integrarse al nuevo modelo de acumulación proporcionando recursos humanos aptos para las exigencias del desarrollo capitalista. Si la universidad de la reforma había sido la universidad de la pequeña burguesía, la del cientificismo debía ser la de las "nuevas capas medias".

Pero ese desarrollo económico se caracterizaba por el predominio de la gran empresa monopólica y por una acentuación de la dependencia, no tanto ya comercial sino tecnológica. El supuesto era que ese desarrollo iba a requerir rápidamente un tipo de fuerza de trabajo calificada que la universidad academicista no podía abastecer.

Esto se cumplió sólo parcialmente, marcando un aspecto de la crisis del cientificismo como proyecto. El capitalismo dependiente generó nuevas funciones sobre todo en el área de servicios complementarios al crecimiento industrial, pero mucho menos en el sector productivo. La imagen del científico neutral frente a la realidad social, dedicado en laboratorios universitarios modernamente equipados a efectuar investigaciones de base que los técnicos, también egresados de la nueva universidad, aplicarían luego en el plano de la producción, no pasó de ser un sueño tecnocrático. El capitalismo dependiente no repite en su desarrollo las pautas de funcionamiento del modelo original, sobre todo cuando la forma principal de la explotación imperialista es la dependencia tecnológica. Así si la universidad abría nuevas carreras e intentaba proponer al mercado nuevas profesiones, éste no las absorbía.

Se mantenía una constante en la relación entre universidad y mercado de trabajo. Desde la reforma, la universidad fue un reducto *político* de las clases medias, desalojadas del poder y ajenas a la conducción de la economía. Jamás estuvo realmente ligada al aparato productivo, a las necesidades del desarrollo capitalista. Este carácter predominantemente político de la universidad reformista (en el sentido de canal para la vocación hegemónica de las clases medias) y poco instrumental para los objetivos del desarrollo capitalista, alentó paradójicamente las posibilidades de autonomía de la universidad, en tanto su suerte era indiferente al sistema económico ya que se mostraba incapaz de abastecerlo de los recursos humanos que necesitaba. Considerada por las clases dominantes como un mero espacio político extraño al desarrollo de las fuerzas productivas, la universidad, salvo en los momentos de crisis social grave, no veía cuestionada su autonomía.

Resulta importante marcar estas características, para no perder de vista la doble determinación que actúa sobre el desajuste entre la oferta universitaria y las demandas del sistema productivo. Si por un lado es cierto que este último no es capaz de ofrecer a la masa de egresados el suficiente número de oportunidades de ocupación, lo es también el hecho de que los diplomados no están calificados profesionalmente para asumir las oportunidades propuestas por las distancias entre los conocimientos, que la universidad brinda y las necesidades reales del desarrollo capitalista.

La plétora de egresados y la consecuente subutilización de profesionales que caracteriza la crisis presente obedece tanto a las limitaciones, lentitud y dependencia tecnológica con que crece la industria (esto es, a insuficiencias de la demanda generada por el sistema económico) cuanto a la presencia de una presión excesiva de demandas sociales y políticas de las clases medias que ingresan a la universidad sin preocuparse demasiado por el ajuste entre la oferta educativa que se brinda y los requerimientos del mercado. Se trata de una contradicción, ciertamente, pero de una contradicción muy difícil de superar, porque parece estar inscrita en la lógica del comportamiento de las clases medias latinoamericanas quienes, relegadas del poder, tendieron a construir en la universidad reformista un espacio de autoafirmación social y política. Antes de la masificación universitaria esta contradicción era controlable; ahora ya es explosiva y se suma a las otras tensiones que acumula sobre la sociedad el desarrollo combinado.

Esta universidad anacrónica, separada de la producción, generadora de profesiones liberales o simplemente proveedora de cierta calificación cultural necesaria para el desempeño de tareas en el sector terciario; gueto político para los hijos de las clases medias, cuya supervivencia institucional aparece como casi superflua para el capitalismo, sólo comienza a conmoverse en sus cimientos cuando —como resultado de la presión democratizante a favor de la "igualdad de oportunidades"— se llega a un punto tal de masificación que hace que la enseñanza se deteriore, el diploma se desvalorice, el mito del profesional independiente se quiebre y, por lo tanto, la imagen de la universidad como canal de ascenso social se revele como un engaño. Cuando la presión del conjunto de egresados de la escuela media hace altamente costoso mantener una política limitativa en los ingresos, nacen las bases materiales para una nueva etapa de crisis, que es la que estamos atravesando. Nuevas contradicciones se generan y los viejos moldes han de aparecer como insuficientes para controlarlas.

Quien logra superar las vallas de la escuela primaria y secundaria para llegar finalmente a la universidad acepta tácitamente que ha logrado insertarse como privilegiado en la división social del trabajo: que ha penetrado en una maquinaria de segregación que le abre esperanzas de movilidad. La expectativa del universitario es ingresar al mundo del consumo en condiciones sustancialmente más ventajosas que las de los trabajadores. Más allá de los individuos y de sus orientaciones, la organización social capitalista al escindir la actividad de los hombres, al separar tajantemente la teoría de la práctica, al distanciar el mundo de la cultura del mundo de la producción, impone de hecho a los estudiantes los privilegios del mandarinato. Éste es el nivel de aspiraciones del que parten, como categoría, los estudiantes, imposible de ser satisfecho cuando una estructura concebida como reducto de "los mejores" se masifica. La masificación opera sobre dos niveles. Dentro de la universidad, la educación impartida se deteriora: carencia de aulas, de edificios adecuados, de laboratorios, de docentes, de bibliotecas en relación con el número de estudiantes. Esta disparidad a menudo dramática entre los requerimientos del estudio y las condiciones materiales en que el mismo se efectúa, provoca un incremento sensible de las reivindicaciones mínimas, gestado a través de contradicciones específicas a que se ve sometido el papel de estudiante y no de grandes propuestas ideológicas. Pero hay otro nivel sobre el que opera la masificación y es el del egresado. Éste es, quizá el más importante porque permite a las propuestas revolucionarias sacar el problema estudiantil del gueto corporativo y combatir los peligros de un sindicalismo universitario que se agote en reclamar la pérdida de privilegios estamentales.

La situación del egresado en el mercado de trabajo se proyecta sobre el estudiante como una prefiguración de su destino inmediato, cada vez menos ligado a la posibilidad de ascender como "profesional independiente" y cada vez más impelido a transformarse en un intelectual que debe vender su fuerza de trabajo por un salario. El estudiante es altamente sensible a estas experiencias que le anticipan cuál es la situación de su función en el mercado y por lo tanto le indican qué valor real posee el diploma que está pugnando por obtener.

Es este tipo de estudiante el que se agolpa en el interior de una estructura universitaria que no puede capacitarlo eficazmente y quien se enfrentará, en el momento de su egreso, a un mercado que ofrece cada vez menos perspectivas al trabajo calificado, sea porque las oportunidades son escasas para la oferta profesional, sea porque éste, a raíz del deterioro de la enseñanza, no se ajusta a las tareas concretas que deberían desempeñar. Es este tipo de estudiante, fuerza de trabajo calificada en formación, integrante de un grupo social subalterno sometido a la angustia de la progresiva inconsistencia de su función, el principal protagonista de la actual crisis universitaria.

Su perfil social es nuevo: ya no es más el universitario de la reforma. Su problemática lo acerca más a la de la capa que lo espera en el momento de su egreso —los técnicos y los intelectuales— que a su condición de retoños de la pequeña burguesía que aspiran a cambios democráticos en la sociedad. Si pueden llegar a ser vanguardia política de algún sector ya no lo serán más de las clases medias en su conjunto, aliadas del proletariado según la retórica de la "revolución democrático-burguesa", sino de los técnicos, de los científicos, de los investigadores, de los intelectuales generados por el desarrollo capitalista y ahogados luego por ese mismo sistema que es incapaz de darles futuro.

Si decimos que la ideología de la reforma universitaria ha perimido es porque la figura social del estudiante que intentaba representar ya no existe. El desajuste entre oferta y demanda que está en la base material de la crisis universitaria es, precisamente, un resultado de la reforma y marca así el final de su ciclo. La actual crisis, lo que pone en cuestión es a la universidad misma como institución reproductora de las funciones que requiere la organización capitalista del trabajo, como cristalizadora de las diferencias entre trabajo manual e intelectual, como discriminante social.

Al no poder resolver el capitalismo (y menos el tardío-dependiente) el problema de la promoción social a través del título universitario, los estudiantes se convierten en masa disponible para la protesta anticapitalista y en el destacamento de avanzada de la capa de profesionales que vive el mismo problema. Pero la necesidad insatisfecha de ascenso social que los lleva a la revuelta —como ha señalado Rossana Rossanda— es una necesidad burguesa. Manteniéndose en la mera protesta, amurallándose en su condición de estudiantes, no harán más que reproducir las condiciones de un sindicalismo universitario interno al sistema y capaz de apropiarse, para un consumo retórico, de las consignas más "radicalizadas". El paso de la protesta a la participación en un bloque revolucionario sólo puede darse cuando la crítica de la organización de la enseñanza se transforma en crítica al sistema de desigualdades sociales que la universidad corona. A partir de ahí, la autonomía, como reivindicación de un privilegio, pasa a ser palabra muerta. Si la universidad puede seguir levantando como bandera la de su independencia frente a un estado que reprime a las clases populares, frente a la sociedad y especialmente frente a la clase obrera y sus organizaciones no sólo no debe proclamar su autonomía sino que debe aceptar ser "invadida". Romper el exclusivismo universitario significa abrirse hacia una clase trabajadora que no tiene por qué considerar intocable a una institución que jamás fue suya.

La universidad, como institución, responde a una estructura económico-social; en el caso latinoamericano la del capitalismo tardío-dependiente. Segmento de un sistema de enseñanza, la universidad, como remate del mismo, cristaliza en el plano cultural una estructura de poder social que, en el espacio que ocupa, ejercita también la violencia para garantizar la reproducción de las relaciones de dominación vigentes.

La educación no constituye un aparato neutral que transmite conocimientos objetivos, como lo soñó el liberalismo pedagógico. Esta falacia sobre el carácter no valorativo del conocimiento está detrás de todas las ideologías y prácticas reformistas que se agotan en reclamar la igualdad de oportunidades para que todos puedan entrar en la maquinaria educativa.

Con la invocación a la igualdad, el reformismo opaca la verdadera función de la enseñanza bajo el capitalismo: consolidar la discriminación, contribuir a perpetuar el sistema vigente, mantener la división social del trabajo a través de la reproducción de funciones y jerarquías sociales.

Este compromiso de la educación con el sistema se revela no sólo en los contenidos ideológicos que busca transmitir sino en la forma en que esos contenidos son transmitidos y en la configuración del medio que los transmite. Un conocimiento puede ser neutral frente a la lucha de clases, pero su constitución en *objeto de saber* supone determinada forma de adquisición, de transmisión, de control, de utilización de esa información y ese modo de apropiación social ya sí tiene que ver con la dominación, más allá del carácter no valorativo que puede tener el conocimiento científico aislado. Es inútil discutir si la *ciencia* es "burguesa" o "proletaria", "imperialista" o "popular", pero está claro que el *saber* que se construye a partir de los principios más neutrales, como podrían ser los de las ciencias exactas o naturales, siempre tiene que ver con el poder. Es que el saber no es lo mismo que el conocimiento: es un sistema institucional complejo que a partir de las *formas* en que transmite el conocimiento socializa a los sujetos en las relaciones sociales dominantes.

Esta caracterización de las funciones del aparato escolar —trivial ya a partir de la profusa literatura crítica generada por la explosión estudiantil europea posterior a 1968 y por la revolución cultural china— se expresa en las dos dimensiones entrecruzadas que pautan el carácter valorativo, no neutral, de la enseñanza. Por un lado, la que aparece más desnuda y queda revelada por los contenidos directos que son transmitidos.

Sin embargo, esta dimensión es la más permeable a ser modificada (parcialmente) por un movimiento crítico intelectual: son otros los aspectos, menos visibles, que marcan con más fuerza la funcionalidad del sistema educativo con relación al poder. Si el mismo es un correlato de la dominación social lo es sobre todo por la forma institucional en que los conocimientos son transmitidos. Reproductora de funciones y jerarquías sociales, la universidad, como escalón superior del aparato educativo legitima el modelo de estratificación de la sociedad. En su interior lo hace mediante la aplicación de criterios de autoridad y verticalidad en la comunicación del conocimiento y en el control del aprendizaje que transforman a la enseñanza en una réplica de lo que sucede en su exterior: una carrera para ocupar el lugar del de arriba y repetir con el que viene detrás las mismas pautas autoritarias de castigo y recompensa. En relación con el resto de la sociedad y en especial con el mundo del trabajo, la universidad justifica su existencia postulándose como depositaria de la "actividad intelectual" legitimando así la división social del trabajo.

Éste es el punto central que marca el compromiso del sistema educativo con el sistema social. Toda la actividad pedagógica gira alrededor de la cisura entre dos esferas: la de la práctica y la de la teoría. El mundo del conocimiento aparece como autónomo y jerarquizado frente al mundo del trabajo y al estudiante se le propone insertarse como privilegiado dentro de ese esquema de desigualdad. Su participación en el sistema social será la de un "calificado", un producto de la segregación entre trabajo manual y trabajo intelectual, un funcionario ideológico que sobre sí mismo está reproduciendo la existencia de cuerpos separados en la sociedad, jerárquicamente diferenciados. La práctica estudiantil tradicional, al centrarse en la lucha por la democratización de la universidad ni siquiera roza la superficie del problema, al encararlo a través del modelo de la solidaridad obrero-estudiantil.

Razones objetivas han puesto ahora en cuestión ese esquema porque ha entrado en crisis la capacidad del sistema para premiar, dentro de la pirámide de desigualdades, al letrado, transformado él también de manera creciente en mercancía desvalorizada.

Es a partir de allí que el estudiante, el técnico y el intelectual se topan con los límites que opone el capitalismo dependiente. Intuitivamente sus objetivos de lucha comienzan a virar y con ese viraje se abre la posibilidad para la conformación de un bloque de trabajadores e intelectuales, gestado no por solidaridad romántica sino por la comprensión a que pueden llegar estos últimos —ahora sometidos a un proceso de descalificación— sobre el papel que la universidad cumple como reproductora de las funciones que requiere la organización capitalista del trabajo. La lucha, a partir de ahí, ya no puede tener su eje en las aulas, sino que debe ser a la vez externa e interna a la universidad, quebrando definitivamente la vieja concepción de la autonomía entendida como aislamiento, a fin de transformar a la movilización estudiantil (e intelectual en general) en interpenetración con las luchas sociales que los trabajadores producen por medio de sus organizaciones.

La crisis del reformismo universitario es, en rigor, crisis de toda la política universitaria tradicional concebida como asunción aislada de una función específica. El problema de la universidad no está desvinculado del de la salud, la vivienda, el salario, las condiciones de trabajo; de los modelos salvajes de crecimiento económico, de la distorsión de los consumos, de la vida cotidiana de los trabajadores bajo el capitalismo tardío-dependiente.

Antiguos beneficiarios de la división social del trabajo, partícipes durante mucho tiempo de las expectativas de las clases medias acerca del ascenso social que la universidad proporciona, los estudiantes latinoamericanos de hoy, cuando el valor de su posición en el mercado entra en cuestión, se colocan en condición de oponerse y luchar contra la totalidad del sistema de estratificación que tiende a reproducir permanentemente las desigualdades sociales; también la que separa a los "letrados" de los "ignorantes". La ambigüedad que el capitalismo propone para su función abre las puertas para la crítica profunda a una concepción clasista de la cultura, de sus funcionarios y de sus instituciones, como esfera separada y autosuficiente frente al mundo del trabajo. La lucha se plantea no contra la ciencia sino contra su modo de apropiación, equivalente a la explotación que padecen los "incultos". Sólo entonces, los combates de los estudiantes, de los técnicos, de los intelectuales, podrán virar del romanticismo juvenil o humanitario a la radicalización anticapitalista.

Hemos hablado de la reforma universitaria, cuyas memorias vamos a tratar de reconstruir, como de un suceso superado por el tiempo. Episodio de masas a través del cual las clases medias y sus intelectuales penetraron en la historia política latinoamericana, su valoración debe quedar ligada a ese dato complejo que lo determina. A raíz de él hablamos de su caducidad, en tanto ha caducado la realidad que lo producía y que trataba de expresar. Pero a la vez y en perspectiva histórica, ese límite actual descubre su grandeza pasada como episodio de la historia social del continente. En un cuadro dominado por la presencia de oligarquías cerriles y la ausencia de grandes organizaciones populares, varias décadas de la política y la cultura latinoamericanas no podrían ser explicadas sin esa enorme "reforma intelectual y moral" que el movimiento universitario del 18 descargó sobre el continente. Es desde su plataforma ideal, por ejemplo, que se gesta la fundacional (y recurrente) discusión que tuvo como protagonistas principales a Mariátegui y Haya de la Torre y que marcó las dificultades —sólo zanjadas inicialmente por la revolución cubana— para el encuentro entre las izquierdas marxistas y el pensamiento nacionalista democrático en América Latina.

Porque la reforma fue, ciertamente, un surgimiento de la movilización de las clases medias pero con un componente juvenil e intelectual que desbordaba esos horizontes. Como producto ideológico cultural no puede ser vista en relación lineal con los intereses de una clase: recogía otros contenidos y abarcaba otras pasiones.

Uno de ellos, el más decisivo quizá fue el impacto de la primera guerra mundial. Toda América Latina, que había construido su apertura al mundo externo con la influencia sobre sus élites de las manufacturas y las ideologías europeas, sintió la conmoción de la guerra como el fracaso de un ciclo de historia que arrastraba consigo la quiebra del cosmopolitismo y el renacimiento de la preocupación nacional.

Esto se hacía particularmente claro para un sector importante de las élites intelectuales. Para ellos y para los jóvenes que constituían su nervadura, la guerra fue, en las palabras de Aníbal Ponce, "la gran liberatriz". "Gracias a ella tuvimos desde muy temprano la desconfianza del pasado." [1]

Y si la guerra hacía trizas la imagen de Europa y de una civilización pacífica y estable obligando a volver el rostro hacia América, la revolución mexicana acentuaría la necesidad de una conciencia nacionalista, forjada en las fraguas de un romanticismo anticosmopolita, cargado de espiritualismo defensivo y a menudo provincial.

Si la guerra significaba la crisis de una cultura; si de ese fracaso se elevaba el intento de rescate de una visión americana que encontraba en los sucesos de México un testimonio casi ejemplar, configurando así en el proceso de cristalización de una ideología por parte de los sectores medios que surgían la idea de un renacimiento cultural del continente, otros acontecimientos le darían a ese momento constitutivo de una sensibilidad y una conciencia políticas fuertes rasgos de democratismo que completaban la respuesta.

El más importante de ellos fue la revolución rusa. "La civilización occidental con todos sus postulados se presentaba en bancarrota, producía con ello el caos y daba así libre juego a todas las fuerzas que un sistema de civilización había encauzado por largos siglos. En medio de la desorientación, de la incertidumbre y del escepticismo que dominaba a los espíritus, aparece en el escenario la revolución rusa trayendo una luz nueva, ofreciendo ideales de humana redención, levantando una voz acusadora y profética al mismo tiempo." Así lo narra Julio V. González, uno de los teóricos del movimiento reformista, diputado socialista en la Argentina después de 1930.[2]

Humanismo utópico, socialismo liberal, nacionalismo: éstas son las claves ideológicas con que expresó su conciencia histórica el ala más avanzada de la pequeña burguesía intelectual latinoamericana a comienzos de los años veintes. Era el lenguaje ideal de su irrupción social y no podía tener mejor vocero que la juventud: por más de dos décadas esos sonidos construyeron historia, la más vasta empresa de reforma ideológica que ha conocido el continente en este siglo.

---

[1] Aníbal Ponce, "Hacia la democracia proletaria", véase testimonio en la p. 367.

[2] Julio V. González, *La universidad, teoría y acción de la reforma*, Buenos Aires, 1945, p. 110.

II. "LA REBELDÍA ESTALLA EN CÓRDOBA..."

Todo comienzo de un proceso social suele resultar engañoso. Y el arranque del movimiento reformista, el motivo que desencadena los sucesos, aparecerá ante sus contemporáneos como algo nimio, difuso. Un desorden estudiantil, hijos que se rebelan contra sus padres. La receta de la contraofensiva parece fácil: reprimendas a los cabecillas, un poco de tiempo, y todo volverá a sus carriles. Pero es que a veces la historia trata de expresarse en las pequeñas cosas y el movimiento de las estructuras sociales libera fuerzas cuyo lenguaje en un primer momento es confuso. Entonces no bastarán las reprimendas y los protagonistas aprenderán que un período de cambios se ha abierto.

Argentina 1918; la Universidad de Córdoba en 1918. He aquí los polos de una contradicción que debía estallar. La universidad, fundada en 1613, era un reducto de la tradición reaccionaria, un bastión ultramontano en un momento en que el país, desde hacía algo más de dos décadas, había iniciado un proceso de modernización tras ser introducido por el capital imperialista en el mercado mundial.

El peso del catolicismo estilo contrarreforma, embebido de jesuitismo, se había consolidado en Córdoba a través de la sucesión de clanes que nutrían a las élites sociales, políticas y culturales. La universidad era un reducto de ese clan patricio, agrupado allí en las llamadas academias que controlaban rigurosamente el nombramiento de los profesores y no permitían la más leve filtración de espíritu crítico. Era una universidad de abogados, de engolados doctores en la que no entraba el método científico y experimental, en la que se enseñaba teología y derecho público eclesiástico, en donde Haeckel, Darwin o Stammler eran autores heréticos y en donde, a título de mero ejemplo, los programas de filosofía incluían temas tales como "Deberes para con los siervos".

El líder socialista Juan B. Justo definía así, ya lanzado el movimiento de los estudiantes, el clima de la antigua casa de estudios: "Entrar en la vetusta casa en que funciona la universidad de Córdoba es caer bajo la obsesión de imágenes eclesiásticas. En medio del patio nos encontramos con una gran estatua de fray Trejo y Sanabria, estatua bastante pesada para que no pudiera ser volteada a lazo en la última revuelta estudiantil. En el salón de grados nos encontramos a la cabecera con un enorme cuadro al óleo que representa al mismo obispo Trejo y Sanabria. En el otro extremo del salón una alegoría que representa, según me dijeron, a San Carlos, porque aquella universidad se llama Universidad de San Carlos. Y en el cielorraso otra alegoría que representa también, en traje griego y distribuyendo ciencia a manos llenas, al mismo obispo Trejo y Sanabria. La tribuna del salón de grados ha tomado la forma más parecida posible a un púlpito y no tengo dudas de que en gran parte lo es. No han de descender de aquella alta tribuna —porque es tan alta como un púlpito—, no han de descender generalmente sino palabras de unción católica y de retórica eclesiástica." [1] La descripción es elocuente.

La cita de Justo se combina con esta opinión de Sarmiento sobre Córdoba, escrita varias décadas antes: "Córdoba es un mundo aparte y en espíritu queda mucho de la Edad Media, pues el Renacimiento que le puso término en el resto de Europa, no pudo penetrar en España porque la Inquisición fue como un cordón sanitario para aislarse y cerrar a la inteligencia todos los caminos."

Las universidades argentinas se regían por una ley nacional dictada en 1885. Este ordenamiento era similar para Córdoba, Buenos Aires o La Plata, pero estas dos últimas casas de estudio habían tratado de ajustar —gracias al predominio que en las sociedades locales ejercía una élite liberal— la organización de la enseñanza al paso del tiempo. Entre 1903 y 1906 un movimiento coordinado entre estudiantes y profesores jóvenes había logrado, en la universidad de Buenos Aires, democratizar la selección del cuerpo docente y derrotar parcialmente a las academias vitalicias que nombraban a los profesores, a la vez que introducir un soplo de modernidad en los estudios.

En Córdoba, en cambio, hasta 1917, nada alteraba la paz colonial, nada conmovía a la oligarquía cultural, apéndice de la Iglesia, que controlaba a los claustros. En el proyecto de estatutos aprobado en 1879 se establecía: "La patrona de esta universidad será la Virgen Santísima, bajo el título de la Concepción, según fue jurado en Claustro de 23 de febrero de 1818; a cuya festividad de vísperas y misa concurrirán todos los estudiantes y graduados por el orden de antigüedad en Claustro." Y el juramento profesional se prestaba, obligatoriamente, sobre los Evangelios.

A mediados de 1917 comienza a encenderse la chispa de la renovación. El país estaba cambiando: crecía el número de huelgas y el poder de los sindicatos, se afianzaba la representación socialista

---

[1] Juan B. Justo, *Discursos y escritos políticos*, Buenos Aires, s/f., pp. 280 *ss.*

en el Parlamento y, sobre todo, por primera vez en la historia, una fuerza política era llevada al poder con el apoyo de la mayoría de la población: la Unión Cívica Radical que nucleaba, alrededor del presidente Hipólito Yrigoyen, la voluntad de cambio de las clases medias.

La movilización estudiantil se concentró progresivamente alrededor de algunos petitorios de reclamos: en especial, la sustitución del sistema vigente para la provisión de las cátedras. Hacia fines de 1917 el Centro de Estudiantes de Medicina se dirigía al ministro de Instrucción Pública denunciando las deficiencias del régimen docente y protestando, en primer lugar, por la supresión del régimen de internado para los alumnos avanzados de la carrera de medicina en el Hospital de Clínicas dependiente de la universidad.

La reanudación de las clases, tras las vacaciones del verano, aceleró el descontento estudiantil. Se celebraron entonces las primeras asambleas convocadas por los centros de estudiantes de ingeniería y medicina y en ellas se resolvió ir a la huelga si las autoridades universitarias no satisfacían los reclamos. El clima político del país favorecía la posibilidad de conquistar las reivindicaciones y los estudiantes lo sabían.

El 10 de marzo de 1918 se realizó una manifestación callejera —la primera— en la que el frente estudiantil se solidifica porque los estudiantes de la otra facultad integrante de la universidad —derecho— se adhiere a la misma. Días después nacía la primera organización conjunta de los estudiantes, el Comité Pro Reforma, integrado por alumnos de las tres facultades.

Este comité dio a publicidad, el 14 de marzo de 1918, al primer documento de la reforma universitaria, en el que se llama a una huelga general por tiempo indeterminado. El documento estaba dirigido a la juventud argentina y es un buen testimonio de los objetivos que se planteaban los estudiantes cordobeses en el momento de lanzar el movimiento, objetivos que, poco a poco, irán siendo enriquecidos:

"La Universidad Nacional de Córdoba —señalan— amenaza ruina; sus cimientos seculares han sido minados por la acción encubierta de falsos apóstoles; ha llegado al borde del precipicio impulsada por la fuerza del propio desprestigio, por la labor anticientífica de sus academias, por la ineptitud de sus dirigentes, por su horror al progreso y a la cultura, por la inmoralidad de sus procedimientos, por lo anticuado de sus planes de estudio, por la mentira de sus reformas, por sus mal entendidos prestigios y por carecer de autoridad moral."

"Toda la República —agregaba el manifiesto— conoce en estos momentos la situación de fuerza que se nos ha creado, con intereses mal entendidos, con ceguera fatalmente suicida. Hemos llegado a lo que no queríamos, a la huelga general, ya que considerábamos como una realidad indiscutible la necesidad imperativa del progreso oportuno y eficaz en la casa de estudios; progreso que nos hiciera posible el vivir a la altura de nuestra propia época, a la que tenemos un derecho sagrado."

Simultáneamente, los estudiantes cordobeses convocaban a la huelga general, a través de otro manifiesto:

"Estudiantes: El Comité Pro Reforma Universitaria, haciendo uso de las amplias facultades que le son exclusivas y considerando:

"Que el actual estado de cosas imperante en la Universidad Nacional de Córdoba, tanto en lo relativo a los planes de estudio, como a la organización docente y disciplinaria que en la misma existe, dista en exceso de lo que debe constituir el ideal de la universidad argentina;

"Que la amplia y liberal reforma universitaria —impuesta por las circunstancias— debe ser propiciada por los estudiantes cuando no encuentra eco ni sanción en las corporaciones llamadas a establecerlas, valiéndose para ello de todos los medios a su alcance;

"Que en todo momento las gestiones encaminadas a tal objeto se han estrellado con la intransigencia deliberada en que se mantienen los cuerpos directivos de la universidad, según aparece por el silencio obtenido como única respuesta a los memoriales presentados y reiterados en diversas oportunidades;

"Que se han agotado los medios pacíficos y conciliatorios para obtener del honorable Consejo Superior la sanción de las reformas solicitadas por los diversos centros estudiantiles, resuelve:

"Declarar la huelga general de estudiantes universitarios y mantenerla hasta tanto se proceda por quien corresponda a la implantación de las reformas solicitadas."

Este primer documento de la reforma ilustra bien sobre las motivaciones con que el movimiento nace. Se trata de promover modificaciones frente a una situación docente insostenible, aprovechando la renovación que la presencia de Yrigoyen en el poder derrama sobre el país.

Si los medios propuestos son contundentes, los objetivos siguen siendo tímidos. No hay, además, ningún marco ideológico que intente trascender el mero gremialismo estudiantil. Al fin y al cabo, lo que se buscaba era que la universidad monacal de Córdoba se pusiese a la altura de las de Buenos Aires y La Plata, mediante el camino de obligar al gobierno radical a intervenir, tras la movilización estudiantil.

La respuesta de la oligarquía académica parece adecuarse a la convicción de que está frente a un disturbio estudiantil movido por un puñado de agitadores: en sesión del 20 de marzo, el Consejo Superior de la universidad resuelve no tomar en consideración ninguna solicitud estudiantil mientras no se restablezca la disciplina. Agrega, además, que el primero de abril se inaugurarán oficialmente los cursos, tal como se hace normalmente. Nada debe estar por encima del principio de autoridad.

Pero el proceso estaba ya en marcha y no sería fácil detenerlo. Un día antes de la inauguración de las clases, en el teatro más importante de la ciudad, los estudiantes realizan un acto público. Su conflicto ya ha trascendido los límites de la provincia y en el mitin hablan, además de los líderes locales, otros llegados desde Buenos Aires. Solemnemente se da lectura a la declaración de huelga general y a la finalización del acto los estudiantes recorren las calles de Córdoba entre el horror de las beatas y la indignación de las clases altas. La columna de alumnos entonaba las estrofas de *La Marsellesa*.

El día siguiente iba a ser un día de prueba para el movimiento estudiantil. Si la orden de huelga no era escuchada por la mayoría todo culminaría en derrota. Pero la mañana del 1 de abril de 1918 demostró que en Córdoba la autoridad universitaria, de hecho, había caducado: los cursos no pudieron ser inaugurados porque no concurrió un solo alumno a clase.

Las autoridades intentaron contraatacar clausurando las aulas de la universidad "hasta nueva resolución". La resolución se fundaba en "los reiterados actos de indisciplina que públicamente vienen realizando los estudiantes de las distintas facultades de la universidad, como son: inasistencia colectiva a las clases, medios violentos para impedir la matriculación de alumnos, falta de respeto a la persona de académicos y profesores, manifestaciones notorias de rebeldía contra las autoridades del instituto".

Las posiciones quedaban claramente marcadas. A partir de ese momento, ambos bandos dirigirán su mirada y agudizarán sus presiones sobre aquella instancia que, privilegiadamente, podía romper el equilibrio al que se había llegado: el gobierno nacional.

"Los jóvenes huelguistas —dice una comunicación de las autoridades universitarias al ministro de Instrucción Pública— firmes en su empeño revolucionario y de franca rebeldía, pronunciándose en reuniones públicas con graves dicterios contra las autoridades de la casa, cometiendo atropellos contra los estudiantes pacíficos que desean inscribirse, llegaron el día 1, señalado para la inauguración de los cursos, a los mayores extremos de insubordinación."

El Comité Pro Reforma, entre tanto, también se dirige al gobierno pidiéndole que intervenga la universidad. El 11 de abril Yrigoyen accede a la demanda estudiantil. Un decreto gubernamental designa interventor a José N. Matienzo "a los fines de estudiar los motivos y hechos que han producido la actual situación y a adoptar las medidas conducentes a reparar esas causas y normalizar su funcionamiento". La simpatía oficial por los estudiantes resulta evidente; ellos resultan buenos aliados para ayudar a desmontar un reducto en el que se refugian los enemigos políticos del gobierno. Así, la primer etapa de la reforma universitaria, concluía.

El movimiento estudiantil de Córdoba había encontrado, simultáneamente, eco en el alumnado de todo el país. El mismo día en que el gobierno decretaba la intervención a la Universidad de Córdoba, los estudiantes constituían en Buenos Aires la Federación Universitaria Argentina, con delegados de las cinco universidades existentes: las de Buenos Aires, Córdoba, La Plata, Santa Fe y Tucumán.

La intervención aparecía claramente como un triunfo del movimiento estudiantil, pero en realidad la batalla recién empezaba. Los primeros actos de Matienzo —un miembro de las clases altas, pero liberal y amigo personal de Yrigoyen— estuvieron a la altura de las expectativas estudiantiles. Uno de los motivos iniciales de la lucha, el levantamiento de la supresión del régimen de internado en el Hospital de Clínicas, fue resuelto de acuerdo con los pedidos estudiantiles. Entre tanto, grupos de profesores renunciaban, poniendo sus cargos a disposición del interventor.

El 19 de abril de 1918 las clases se reanudaban, previa declaración del Comité Pro Reforma levantando la huelga. Tres días después, Matienzo anuncia la elaboración de un proyecto de reformas al estatuto de la universidad, ya que "la actual inamovilidad de los cuerpos directivos de las facultades —dice— compuestos de miembros vitalicios que proveen de su propio seno los cargos de rector, de decanos y de delegados al Consejo Superior ha producido una verdadera anquilosis al organismo universitario". El mismo día el interventor viajaba a Buenos Aires a fin de entregar personalmente el proyecto al presidente Yrigoyen.

Los sucesos de Córdoba entraban así en un período de calma, urgida por el partido gobernante para hacer frente a las interpelaciones que los diputados socialistas proponían en el Parlamento nacional.

Las reformas, en esencia, abrían la participación en el gobierno universitario al cuerpo de profesores, quienes de ahora en adelante intervendrían en la elección de consejeros y rector. Esto satisfacía, por el momento, las demandas estudiantiles. Las dos grandes reivindicaciones de la reforma universitaria: la docencia libre y la participación del alumnado en la dirección de las casas de estudio junto con profesores y graduados, todavía no habían sido explícitamente formuladas.

La participación estudiantil en el gobierno de la universidad venía siendo planteada desde algunos años. El Primer Congreso Americano de Estudiantes, reunido en Montevideo en 1908, trató el tema y formuló un despacho que fue aprobado por unanimidad en el que se señalaba "como una aspiración que es de desearse sea llevada pronto a la práctica, la representación de los estudiantes en los consejos directivos de la enseñanza universitaria, por medio de delegados nombrados directamente por ellos y renovados con la mayor frecuencia posible".

Los congresos internacionales posteriores, realizados en Buenos Aires y Lima en 1910 y 1912, ratificaron la necesidad de representación estudiantil. Pero esos reclamos eran todavía prematuros: el movimiento estudiantil no tenía fuerzas para imponerlo y la situación política no lo favorecía. En el único país en que el ascenso al poder de las clases medias se opera ya en la primera década del siglo, el Uruguay, la reivindicación del alumnado, aunque limitadamente, es satisfecha en 1908. Ese año, el gobierno envió un proyecto de ley al Congreso, que fue aprobado, estableciendo las normas para la organización de la universidad. Una de ellas establecía que los consejos de las facultades estarían integrados por diez miembros, presididos por el decano, de los cuales uno era representante estudiantil, elegido por éstos. La limitación estaba en que, aun cuando era elegido por los alumnos el representante no podía ser un estudiante sino un egresado que no fuera docente de la facultad respectiva. En 1910, en México, se introduce también el principio de la participación estudiantil; en ese caso era un estudiante quien integraba el Consejo Directivo por elección de sus pares, pero no poseía voto en las decisiones, sino solamente voz. En los demás países de América Latina no se abría ninguna posibilidad de que ese principio fuera llevado a la práctica, ni siquiera en la Argentina, hasta 1918.

Había, ciertamente, algunos antecedentes, vinculados con el crecimiento que el gremialismo universitario va teniendo desde la década del diez. Pero en general los intentos de democratización del gobierno universitario eran centrados en la eliminación de la dictadura ejercida por las academias vitalicias y en la ampliación de las bases de la autoridad universitaria al conjunto de los profesores. Eso es, precisamente, lo que establece la reforma Matienzo.

Los cambios disgustan, pese a sus limitaciones, a muchos profesores vinculados con la oligarquía académica, que renuncian. Otros, más jóvenes, menos consolidados en la camarilla, apoyan la lucha estudiantil. A estos profesores se sumaban recientes graduados, de marcada orientación liberal y laica y aquella parte de la intelliguentsia cordobesa enfrentada desde hacía años al clericalismo vigente. Ésas eran las bases del frente reformista en la primera etapa: alumnos juntos a jóvenes profesores y graduados de ideología liberal.

El tono programático que vinculaba a unos con otros era, precisamente, el de un "liberalismo wilsoniano", como lo definiría José Carlos Mariátegui años después. Muchos sectores coincidían en que el foco reaccionario y atrasado de Córdoba debía ser arrasado, en momentos en que los centros principales del país democratizaban su estructura de participación en lo político y lo social.

La metáfora utilizada por los estudiantes cordobeses comparaba a su universidad con una Bastilla; frente a ella se levantaba "un liberalismo científico que es el que dirige las acciones de la juventud", según pregonaba en los comienzos de la movilización un dirigente universitario. Pero ese "liberalismo científico" pronto sería enriquecido por otros contenidos.

Una de las disposiciones dictadas por Matienzo obligaba a poner en marcha inmediata el nuevo mecanismo electivo, luego de dejar vacantes los cargos de rector, decanos, consejeros y miembros de las academias que llevaran más de dos años en el ejercicio de sus funciones. Tan formidable era la camarilla que gobernaba la universidad cordobesa que, en virtud de esta disposición, sólo siete docentes de todos los que formaban parte de las facultades pudieron conservar sus puestos.

Los plazos elaborados por Matienzo establecían que el 28 de mayo deberían ser electos los nuevos decanos y los consejos directivos de las tres facultades y que el 15 de junio la Asamblea Universitaria formada por la suma de éstos, daría culminación al proceso de normalización mediante la elección del nuevo rector.

Los estudiantes como tales no tendrían participación directa en este proceso y ni siquiera la reclamaban. Pero en la medida en que las elecciones internas eran fruto de su presión y que, al amparo de los primeros encontronazos había crecido su capacidad de movilización y su organización, la intervención de los alumnos, desde afuera, resultó inevitable.

En esos días el Comité Pro Reforma cedía su lugar a formas orgánicas más estables con la estructuración de la Federación Universitaria de Córdoba y la edición de un periódico, la *Gaceta Universitaria*.

No bien constituida, la federación entró de lleno a participar en la lucha electoral y por unanimidad de votos resolvió propiciar la candidatura del doctor Enrique Martínez Paz para el rectorado de la universidad. La actitud de los estudiantes motivó las protestas de algunos profesores, disconformes ante lo que aparecía como una ingerencia indebida. La federación universitaria respondió a esas reservas con un comunicado en el que, tímidamente, aparece la reivindicación de la participación estudiantil en el gobierno de las casas de estudio. "A los núcleos estudiantiles tanto o más que al electorado universitario le interesa la exaltación de un hombre apto para la función rectoral", expresa, y agrega que no es ella la única entidad que propicia el nombre de Martínez Paz; "la federación no impone, coincide".

En las primeras elecciones, donde debía nominarse a consejeros y decanos, el triunfo de los estudiantes —que también para esos casos habían apoyado a candidatos— es rotundo.

Con ese acto, la labor del interventor quedaba concluida. La elección del rector era ya atribución exclusiva de la Asamblea Universitaria, que debía reunirse el 15 de junio. Ese día habrá de comenzar el tercer período de la reforma universitaria, su momento culminante.

La elección de Martínez Paz, el candidato estudiantil, parecía asegurada, dada la composición de la Asamblea Universitaria que debía elegirlo, formada por una mayoría de profesores y consejeros apoyada por los alumnos. El grupo predominante compartía las características del candidato a rector, así definidas por un historiador reformista: "El doctor Enrique Martínez Paz era un hombre joven, profesor destacado por su ilustración, desvinculado de los antiguos círculos universitarios y de una reconocida y probada orientación liberal." [2] Se trataba, en definitiva, del núcleo de liberales postergados en los claustros universitarios por la dictadura que ejercía el clero a través de sus doctores, agrupados en una organización semipública llamada la *Corda Frates*.

[2] Julio V. González, *La Universidad...*, ed. cit., p. 46.

¿Qué era la *Corda Frates*? Una crónica de la época la define así: "No es partido, ni club, ni una sociedad ni nada que se les parezca. Es una tertulia de doce caballeros católicos —éste es su más fuerte vínculo espiritual— y de edades aproximadas, muy unidos entre sí por lazos de amistad y aun de parentesco, que se reúnen en comidas y almuerzos periódicos, ya en un hotel ya en la casa particular de alguno de ellos. Universitarios en su mayoría, políticos casi todos, funcionarios y ex funcionarios, legisladores y ex legisladores, los asuntos públicos les ocupan desde luego y aun cuando con frecuencia sus señoras los acompañan en los ágapes, no dejan éstos de presentar cierto aspecto de consejos de estado. *Tienen gentes de todos los partidos, tienen diputados de todos los rumbos. Así, caiga el que caiga, triunfe el que triunfe, la Corda sale siempre parada.*" Esto será puesto a prueba en el momento de la elección del rector.

Toda Córdoba estaba expectante ese 15 de junio de 1918 a las tres de la tarde. En esos momentos se iniciaba la ceremonia con la que debía culminar el proceso de restructuración universitaria. Se sabía que había tres candidatos: Martínez Paz, Antonio Nores, miembro de la *Corda Frates* y como posibilidad transaccional, Alejandro Centeno.

Ya mucho antes de la hora fijada para la iniciación de la asamblea, la universidad estaba rodeada por una multitud, en su mayoría compuesta por estudiantes. La atmósfera era tensa porque se advertía la presencia de provocadores y de policías de civil, convocados por los grupos clericales.

La sesión se inició con la presencia de 42 consejeros sobre un total de 45. En una primera votación, Nores, el candidato conservador obtuvo 15 votos, Martínez Paz 13 y Centeno 10. Tampoco en una segunda votación se llega a la necesaria mayoría, por lo que se realiza una tercera. En ésta, los votos para Centeno se vuelcan a Nores que obtiene 23 contra 13 de Martínez Paz. La *Corda Frates* había vencido pero su victoria hará estallar las chispas de un incendio que signará el verdadero nacimiento de la reforma.

Los profesores liberales no habían sido capaces de resistir la presión ejercida por el fuerte aparato clerical.

Pero la reforma no había concluido; por el contrario, recién comenzaba. Lo que sí había concluido era la débil alianza que los estudiantes habían entablado con los profesores liberales de Córdoba para lograr una modificación de los estatutos que, en primer lugar, satisfacía a los mismos profesores, marginados por la camarilla que controlaba las academias.

A partir de la votación de rector, culminada con la derrota de Martínez Paz, el programa estudiantil se radicalizará en términos de reivindicaciones universitarias, se estructurará más coherentemente en lo político y buscará nuevas bases de alianza social, ensanchando, también, las limitadas fronteras de la provincia.

Esta radicalización fue el resultado de la espontánea reacción estudiantil; el marco de conciencia que intentó darse una pequeña burguesía que advertía la imposibilidad de derrotar pacíficamente, en la universidad, a los restos de la vieja oligarquía.

Cuando en el salón de grados, oscuro, cargado de pesados muebles, cubiertas las paredes con los retratos de los sucesivos frailes que gobernaron desde 1613 a la universidad, se dieron a conocer los resultados de la elección, el escándalo estalló como una tormenta.

Hechos pedazos saltaban los cristales de las puertas y de las ventanas, eran arrancados los cortinajes, rotos los muebles y pisoteados los cuadros de los venerables sacerdotes.

Los estudiantes intimaron a la policía a que abandonara el edificio. "Como no accedieran al pedido —comenta un diario del 16 de junio de 1918— la multitud arrolló a los gendarmes, arrastrándolos hasta la puerta de calle." Hubo, también, estudiantes heridos por puñaladas lanzadas por guardaespaldas contratados por las autoridades universitarias, pero ello no hizo más que acrecer la ola de indignación y algunos intentaron incendiar el vecino edificio de la Compañía de Jesús, arrojando papeles ardiendo, tras haber intentado, vanamente, romper los barrotes de las puertas. Entre tanto, otros grupos de estudiantes, colocaban en las puertas de la universidad un cartel: "Se alquila", decía.

En medio del escándalo, un alumno ocupa el pupitre del rector, toma un trozo de papel, escribe nerviosamente unas frases y las lee, tras reclamar silencio, pero sin poder acallar la vocinglería: *"La asamblea de todos los estudiantes de la Universidad de Córdoba decreta la huelga general. Junio 15 de 1918."* Era el primer documento de la primera etapa reformista y más de 1 000 estudiantes lo suscribieron, entre arengas, gritos y consignas que proclamaban la Universidad Libre.

Pasadas las seis de la tarde, los estudiantes abandonaron la universidad y recorrieron las calles de Córdoba, vivando la huelga general. La federación universitaria local reclama solidaridad de sus iguales de Tucumán, La Plata, Buenos Aires y Santa Fe, quienes acceden al pedido y declaran también la huelga general.

Ya la huelga abarcaba todo el país. "El honor de los estudiantes argentinos ha sido vulnerado por la jornada eleccionaria de hoy", dice la circular de los universitarios cordobeses reclamando solidaridad. Y agrega: "De nuevo luchamos contra las camarillas ensoberbecidas. En un gesto incontenible, la juventud se ha levantado contra los fariseos de la reforma y así ha quedado la universidad señalada para siempre por una gran batalla. Algunos compañeros nuestros han sido heridos a puñal por agentes asalariados. Ni amenazas ni opresiones han de dominarnos, pues entendemos trabajar por el bien de la patria y el sacrificio es su precio. Necesitamos saber que no estamos solos, que es uno el honor de los estudiantes argentinos. Reclamamos con urgencia de nuestros camaradas el pronunciamiento de la huelga general universitaria."

Dos días después de los sucesos y mientras la agitación se extendía a todo el país, Nores intenta asumir el rectorado. Desde la mañana la muchedumbre estudiantil colmaba las calles vecinas a la universidad, mientras tropas del ejército y de la policía custodiaban las puertas e intentaban detener a los dirigentes reformistas.

Del 15 al 20 de junio, en plena huelga general, la agitación se hace permanente, no sólo en Córdoba sino en las otras ciudades universitarias. Comienzan los reclamos de solidaridad a los sindicatos y a los partidos de izquierda, mientras se configuran, además, los primeros rasgos del ideario reformista de confraternidad latinoamericana. La reforma universitaria iba, paulatinamente, elaborando su ideología.

Ya había conseguido el apoyo de los gremios obreros de Córdoba y comenzaban a formarse comisiones mixtas entre estudiantes y trabajadores. El clima de la izquierda era, en ese momento, acentuadamente polémico.

La revolución rusa había introducido elementos de discusión entre los cuadros sindicales y políticos que se alineaban en el socialismo y en el anarquismo y ya en enero de 1918 una escisión del viejo tronco socialista, asentada preferentemente en sus juventudes, daba lugar a la fundación del partido comunista bajo el nombre inicial de Partido Socialista Internacional. Miguel Contreras, uno de los fundadores de ese partido era, a la vez, secretario de la Federación Obrera de Córdoba. Con él establecieron los primeros lazos estrechos de solidaridad obrero-estudiantil los dirigentes reformistas.

Los socialistas, por su parte, con fuerza en el Parlamento, también se volcaron al apoyo de la causa estudiantil. Su líder máximo, Juan B. Justo —un "revisionista" influido por Bernstein, que fuera el primer traductor al castellano de *El capital*— visitó Córdoba en julio del 18 y días después produjo una resonante interpelación en la Cámara de Diputados. Del bloque legislativo socialista se destacó Mario Bravo, poeta novecentista y abogado de sindicatos, en quien los estudiantes vieron entonces a uno de sus maestros. Junto a él otras figuras significativas —desde socialistas hasta liberales y anticlericales— apoyaron a los universitarios en conflicto: José Ingenieros, Alejandro Korn, Alfredo Palacios, Manuel Ugarte, Leopoldo Lugones, Telémaco Susini. Era el sector más avanzado de la contraélite cultural argentina la que alentaba a los estudiantes en su lucha contra el bastión de la Iglesia.

En los actos callejeros que tienen lugar en esos días en Córdoba, la federación universitaria invitó a oradores de Buenos Aires. El 23 de junio habló en uno de ellos Alfredo Palacios ante más de 9 000 personas, según cálculos de la policía, que asisten a una enfervorizada proclamación estudiantil, en la que la reforma comienza a dibujar ya nítidamente su perfil continental.

Se lee en el acto una "Orden del día" dirigida a todos los estudiantes del país y de América en cuyas primeras palabras se señala que "el nuevo ciclo de civilización que se inicia, cuya sede radicará en América, porque así lo determinan factores históricos innegables, exige un cambio total de los valores humanos y una distinta orientación de las fuerzas espirituales, en concordancia con una amplia democracia sin dogmas ni prejuicios".[3]

El documento agrega que "corresponde a las generaciones nacientes realizar esas grandes aspiraciones colectivas" y en el plano específico de lo universitario reclama la renovación radical de los "métodos y sistemas de enseñanza implantados en las repúblicas por cuanto ellos no se avienen ni con las tendencias de la época ni con las nuevas modalidades del progreso social".

La importancia del texto aumenta porque se trata del primer programa político de la reforma; del primer testimonio acerca de la voluntad de proyectar las reivindicaciones estudiantiles al plano más general de las reivindicaciones políticas. Aparece, además, en el documento el doble mesianismo, juvenil y latinoamericano, que caracterizará la primera época de la reforma dándole, a la vez, su fuerza expansiva y el diseño de sus propios límites.

El 30 de junio se realizó otra manifestación, más numerosa que la anterior, a cuya cabeza marchaba el diputado socialista Bravo. La policía esta vez cargó violentamente contra los manifestantes y hubo varios heridos. La federación obrera resolvió protestar enérgicamente "por el atropello de que ha sido objeto el pueblo por parte de la

[3] Véase documento núm. 2, p. 136..

policía e incitar a los estudiantes a perseverar en la campaña que han iniciado".

Era evidente que la juventud cordobesa había tomado la calle a partir del 15 de junio, obligando al repliegue momentáneo de las fuerzas conservadoras que intentaban organizar un comité pro defensa de la universidad el que convocó también a actos callejeros, mientras el gobierno de Yrigoyen alentaba privadamente a los estudiantes pero no producía ninguna medida a su favor.

Se vivía el momento de la agitación. Con prosa retórica los estudiantes confirmaban la intuición de estar viviendo días excepcionales: "Córdoba está desconocida. Es un solo grito, una sola alma, un solo ideal de redención. Suenan los clarines policiales, carga la caballería y ruedan los heridos, pero ninguno se mueve."

Ideológicamente la reforma universitaria comenzaba a crecer, a ampliar sus proporciones. A partir del fracaso que significara la experiencia de elección del rector, demostrativo del poder que mantenían los sectores clericales sobre los profesores, el programa universitario en sí mismo se radicalizó.

Simultáneamente, en la medida en que el movimiento estudiantil llevaba sus reivindicaciones a la calle y se insertaba en el proceso sociopolítico del país ensanchaba el contenido de sus reivindicaciones, buscando la coincidencia con las de otros sectores populares. El movimiento universitario se transformaba en un eslabón, el más detonante, del movimiento político general.

La necesidad de solidaridad exterior —una vez advertidos los estudiantes que a la camarilla oligárquica no se la vencía si el combate se entablaba sólo en la universidad— introdujo en la reforma algo que sería, quizá, su característica más saliente: la proyección continental sostenida tras la idea de un "destino" latinoamericano común.

Estas percepciones, todavía no cristalizadas en ideología sistemática aparecen recurrentemente en el período que se extiende desde el 15 de junio —elección de Nores y declaración de huelga general— hasta fines de julio de 1918; período consolidador de la proyección de la reforma, alzada en hombros de un estado de movilización permanente.

El 21 de junio, seis días después del estallido que ganó las calles, los estudiantes dan a publicidad un documento de importancia singular que con el tiempo quedó como *Manifiesto liminar* de la reforma universitaria.[4]

[4] Véase documento núm. 1, p. 131.

"La juventud universitaria de Córdoba a los hombres libres de Sudamérica", es su título y a pesar de llevar las firmas de los integrantes de la mesa directiva de la Federación Universitaria de Córdoba fue redactado por alguien que, sin integrar ese cuerpo, fue uno de los personajes claves —en ese momento y hasta su muerte producida en 1942— de la reforma universitaria: Deodoro Roca.

Roca era entonces un joven egresado; miembro de una de las familias más tradicionales de Córdoba se enroló, sin embargo, en un liberalismo extremo que lo llevó luego al socialismo de izquierda. Siguió siendo siempre, pese a todo, un "gran señor" provinciano, consciente de su pertenencia a la nobleza criolla. Irónico, mordaz, de una inteligencia incisiva pero sin voluntad de trabajo sistemático, era el espantajo de la beatería y del tradicionalismo conservador. Amigo de Ortega y Gasset, de Stefan Zweig, de Eugenio D'Ors, de Rafael Alberti —quienes admiraron el chisporroteo de su talento— su función en la gestación del papel social de la reforma y en la elaboración de los primeros tramos de su ideología fue central.

El *Manifiesto liminar* lleva su estilo; la marca de sus ideas y aun de su retórica culterana. Su texto aporta dos dimensiones que serán características de la *weltanschaung* reformista: la concepción del *demos* universitario y la ubicación latinoamericana, continental, del movimiento cordobés.

En las reformas de los estatutos propiciadas por la intervención Matienzo se señalaba, con aplauso estudiantil, que la autoridad universitaria debía cambiar de centro, radicándolo en el cuerpo profesoral. Con este ánimo el movimiento universitario esperó confiadamente el desenlace de la elección de rector. Pero cuando advierte que los profesores resultan incapaces de propiciar una modificación radical de la vida universitaria, surge, vigorosa y rápidamente, la consigna del gobierno tripartito y paritario. Es decir, que el poder de decisión en las universidades sea compartido por partes iguales entre representantes de los profesores, de los graduados y de los alumnos.

"La Federación Universitaria de Córdoba —dice el *Manifiesto liminar*— reclama un gobierno estrictamente democrático y sostiene que el *demos* universitario, la soberanía, el derecho a darse el gobierno propio radica principalmente en los estudiantes. El concepto de autoridad que corresponde y acompaña a un director o a un maestro en un hogar de estudiantes universitarios no puede apoyarse en la fuerza de disciplinas extrañas a la sustancia misma de los estudios. La autoridad en un hogar de estudiantes no se ejercita mandando, sino sugiriendo y amando: enseñando."

"Ahora advertimos —agrega el documento— que la reciente reforma, sinceramente liberal, aportada a la Universidad de Córdoba por el doctor José Nicolás Matienzo, sólo ha venido a probar que el mal era más afligente de lo que imaginábamos y que los antiguos privilegios disimulaban un estado de avanzada descomposición. La reforma Matienzo no ha inaugurado una democracia universitaria; ha sancionado el predominio de una casta de profesores."

La ideología americanista de la reforma —que se corroborará en los años siguientes por su centelleante repercusión en otros países— también se expresa en el *Manifiesto liminar*. Ello se advierte ya desde el título, señalando que el mensaje de rebeldía de la juventud cordobesa se dirige "a los hombres libres de Sudamérica". Pero también, claramente, en el texto, cuyo primer parágrafo culmina así: "Los dolores que nos quedan son las libertades que nos faltan. Creemos no equivocarnos, las resonancias del corazón nos lo advierten: estamos pisando sobre una revolución, estamos viviendo una hora americana."

Cierto es que ese *élan* americanista de la reforma no evadirá los marcos de un espiritualismo romántico, inserto nítidamente en lo que se ha llamado la tradición "arielista" del intelectual latinoamericano que discutiremos más adelante.

En un discurso pronunciado en esos agitados días cordobeses, el propio Roca será vocero de esa inquietud: "Pertenecemos —dice— a esta misma generación que podemos llamar la de 1914 y cuya pavorosa responsabilidad alumbra el incendio de Europa. *La anterior se adoctrinó en el ansia poco escrupulosa de la riqueza, en la codicia miope, en la superficialidad cargada de hombros, en el desdén por la obra desinteresada, en las direcciones del agropecuarismo cerrado o de la burocracia apacible y mediocrizante.*" [5]

El discurso de Roca habla de la "turba cosmopolita" cuya presencia puso en fuga la "espiritualidad", y reclama la necesidad de dar "contenido americano", de insuflar "carácter, espíritu, fuerza interior y propia al alma nacional". "Andamos entonces por la tierra de América, sin vivir en ella. Las nuevas generaciones empiezan a vivir en América, a preocuparse por nuestros problemas, a interesarse por el conocimiento menudo de todas las fuerzas que nos agitan y nos limitan, a renegar de literaturas exóticas, a medir su propio dolor, a suprimir los obstáculos que se oponen a la expansión de la vida en esta tierra."

[5] Deodoro Roca, "La nueva generación americana", en Federación Universitaria de Buenos Aires (FUBA), *La Reforma Universitaria (1918-1958)*, Buenos Aires, 1959, p. 35.

Este despertar espiritualista, romántico, filantrópico y aristocratizante de una pequeña burguesía liberal que creía llegada la hora del despertar, de la "reparación" tras lo que consideraba —equivocadamente— la crisis final de la aristocracia terrateniente ligada doblemente a Europa (a Francia por su cultura; a Inglaterra por los lazos más tangibles de la exportación de carne vacuna) se encarnaría especialmente en la juventud que, al comenzar su participación en la universidad, se enfrentaba con los fantasmas de carne y hueso del pasado.

Por eso fue también anticlerical. Porque, aun cuando buena parte de la oligarquía era laica, seducida por el positivismo que adquiría en Europa, la ligazón de la Iglesia con los "dueños de la tierra" marcaba, sobre todo en el interior del país, la imagen de la Argentina tradicional. Al americanismo se sumaba, pues, el anticlericalismo.

La Iglesia cordobesa reaccionó violentamente contra lo que la reforma tenía de *kulturkampf,* de combate contra su cerrada hegemonía cultural y política. Uno de los documentos más elocuentes de la época, tanto quizá como los manifiestos y las declaraciones de los reformistas, fue la pastoral que dio a conocer el 6 de julio de 1918 el obispo de Córdoba, fray Zenón Bustos y Ferreyra, miembro de la familia más poderosa de la provincia.

"Córdoba ha contemplado azorada y sin creer que fuera realidad las manifestaciones desordenadas y sacrílegas que veía", dice. "No advirtió que le había llegado el momento de cosechar los frutos amargos de sus dolorosos descuidos en dejar a sus hijos sin disciplina ni cultura y sin instrucción religiosa. Son numerosos los padres y los hogares de tradición eminentemente cristiana y católica que se han visto avergonzados por miembros de su seno que salían y se plegaban a engrosar el tumulto, solidarizándose con sus ideales y gritando indignamente contra las personas sagradas y los templos. Ha visto negados los blasones que tenía ganados de alta cultura, de católica y de Roma argentina. Se ha sentido amenazada de perderlos y los perderá, si no despierta y emprende un movimiento reaccionario contra sus descuidos en la educación cultural, religiosa y moral de sus hijos."

Pero el obispo no sólo temía por las deserciones de los hijos de las familias tradicionales, sino también por las repercusiones sociales que el movimiento estudiantil podía alcanzar: "Como si la augusta causa del estudio y de la ciencia —agrega la pastoral— precisasen para irradiar de los desórdenes y tumultos, anatematizados por ellos, se echaron a la calle con la revolución. Llamaron e incorporaron a sus filas a niños y obreros y a toda clase de personas, de las que nada saben de libros, de estudios, de títulos académicos ni de ciencias y quizá que no sabían que existiera en Córdoba la universidad ni conocían su destino."

Y su llamado final era un llamado para la acción: "Hemos visto que nuestros adversarios, de pocos, se han hecho un crecido número; de débiles, sumando sus fuerzas se han hecho una potencia para amenazar con la destrucción de lo que más ama vuestro corazón. Tomad de ellos esta soberana enseñanza. Concertad el plan de defensa; estrechad los claros; dejad de lado la sacrílega apatía en estas horas de manifiestos peligros; uníos con estrecha disciplina para la defensa de vuestros dogmas y de vuestro clero. No desoigáis los llamados que lleguen a vuestros oídos de vuestro prelado y, organizados, detendréis todos los avances."

Al lado de estas palabras resonaban, como una respuesta, otras, contenidas en el *Manifiesto liminar:* "No podemos dejar librada nuestra suerte a la tiranía de una secta religiosa."

El anticlericalismo, el americanismo, la participación estudiantil en el gobierno universitario, el solidarismo social, es decir, el vago universo ideológico de la reforma, que desbordara por las calles de Córdoba en los meses de junio y julio de 1918, intentará codificarse más congruentemente en el Primer Congreso Nacional de Estudiantes, convocado por la Federación Universitaria Argentina, del 20 al 31 de julio.

El resultado fue, sin embargo, inferior al grado de combatividad reflejado por la movilización.

Ya la reforma comenzaba a encontrarse con lo que Deodoro Roca llamará luego "sus límites infranqueables". En su nacimiento mismo se enfrentaban dos tendencias mayores: aquella que confinaba al movimiento dentro de un proyecto de cambios para la universidad y la que empezaba a suponer que sin reforma social no podía haber una auténtica reforma universitaria.

La intuición de quienes manifestaron por las calles de Córdoba se acercaba a este último presentimiento, pero cuando por primera vez hubo que darle forma institucional a la rebeldía, la iniciativa pasó a quienes moderaban el enfrentamiento a lo puramente universitario.

Hubo discusiones en el congreso pero el tono que mantuvo fue el que le otorgó el presidente de la Federación Universitaria Argentina, Osvaldo Loudet, al definirlo así: "Éste es un congreso universitario y ha de estudiar los problemas con espíritu universitario. *Quiero decir, que todo es ajeno a él menos las cuestiones de pedagogía superior y que todas ellas han de ser resueltas con espíritu científico*. Después del entusiasmo inicial que arrancó a las almas de la indiferencia enfermiza y perniciosa; después del convulsivo movimiento que irguió los espíritus soberbiamente y les hizo vislumbrar la aurora de un nuevo día; después de la inmensa agitación que aceleró el ritmo de los corazones y los encaró a la luz y a la esperanza, ha llegado la hora de la meditación."

"Vigorizar y engrandecer la universidad", tal era la consigna, pues como se decía en el discurso inaugural, "de las universidades no deben salir únicamente médicos, abogados, ingenieros; deben salir hombres, deben salir *caballeros* como los que se forman en las universidades inglesas". Dentro de este esquema, el solidarismo con las clases populares se transformaba en mera filantropía del superior hacia el inferior: "La universidad debe contribuir a la elevación cultural y moral de las clases sociales secundarias." [6]

Este retroceso ideológico será sin embargo momentáneo. Las luchas no habían terminado con su "convulsivo movimiento" como pretendía el orador. Pronto —días después solamente— las calles de Córdoba volverían a ser escenario de tumultuosas manifestaciones. Simplemente quedaba marcado por el congreso que las tendencias a considerar la reforma como un mero episodio estudiantil eran muy fuertes y se vigorizarían con el tiempo.

En lo pedagógico el congreso dio, en cambio, serios pasos adelante. Ya quedaban definitivamente atrás las ilusiones en la capacidad del cuerpo profesoral para llevar adelante reformas importantes.

En este sentido el aporte más importante del congreso es el proyecto de ley universitaria y bases estatutarias para las casas de estudio aprobados por la asamblea estudiantil.[7] Su vigencia posterior será muy grande y se extenderá continentalmente: en toda América, cuando los vientos de la reforma vayan abarcando sucesivos países, el proyecto argentino será visto como un modelo a seguir en las propuestas sobre organización interna de las universidades.

Con ese proyecto la doctrina educacional de la reforma alcanza un nivel orgánico. Su artículo tercero marca un paso muy importante al fijar normas para el gobierno de las universidades, profundizando una línea ya insinuada en reuniones estudiantiles anteriores. "Los miembros de los consejos directivos de las facultades —dice— serán elegidos en número que fijen los estatutos universitarios, por los cuerpos de profesores, de diplomados inscritos *y de estudiantes de las mismas.*"

[6] *Ibid*. p. 49.
[7] Véase documento núm. 8, p. 160.

Además, la autoridad máxima de la universidad —a la que el proyecto reformista otorga el título de presidente en lugar del de rector— deberá ser elegida por un organismo denominado Asamblea Universitaria, constituida por treinta miembros: 10 alumnos elegidos a través de los centros estudiantiles, 10 graduados y 10 profesores.

Otro de los principios centrales del proyecto de ley universitaria es el que establece el régimen de la llamada "docencia libre": "Toda persona cuya competencia está comprobada por la posesión de grado universitario o de título profesional o por haber realizado obras, estudios o especialización en la materia de la cátedra, podrá solicitar al Consejo Directivo su admisión como profesor libre."

Estos profesores libres tendrían facultades para dictar cursos completos, podrían tomar examen y participarían como los otros docentes de los derechos electorales necesarios para el manejo interno de la vida universitaria.

Hacia fines de julio de 1918 el movimiento estudiantil había llegado a dar pasos impensados meses antes: controlaba la movilización callejera, había organizado federaciones en todas las universidades, realizado un congreso nacional y elaborado un completo plan de reformas a la organización interna de la enseñanza superior.

Su ideología entre tanto intentaba dibujarse más allá del liberalismo humanizante que englobaba a todos sus actores. Era más fuerte, claro está, como alternativa concreta para el gobierno y organización de las casas de estudio desquiciadas por las camarillas oligárquicas que como vocero político de un cambio para el país. Para la primera de las tareas contaba con la solidaridad de una pequeña burguesía que surgía contra la dominación de las élites tradicionales y que participaba del poder; para la segunda sus límites eran más agudos. "La reforma —dirá Deodoro Roca en 1936— comenzó siendo una discusión en torno a la penuria docente de unos cuantos maestros pintorescos, pedantes y dogmáticos que cobraban remontada expresión en la universidad colonial de Córdoba." Pasaría un tiempo aún para que intentara trascender a otros planos.

Entre tanto, mientras el congreso estudiantil sesionaba y aprobaba otros 46 proyectos además de la Ley Universitaria cerrando así, formalmente, la segunda etapa de la reforma, el enfrentamiento entre los estudiantes y la camarilla profesoral entraba en un *impasse.*

El objetivo de los estudiantes era conseguir del gobierno yrigoyenista una nueva intervención. Tras la primera reforma de los estatutos que consagraba el voto profesoral para la elección de rector y ante el fracaso de los planes de los estudiantes, demasiado confiados en la lealtad del cuerpo profesoral hacia los principios del liberalismo, la única alternativa que le quedaba al movimiento reformista era ganar la calle, popularizar su rebelión y presionar sobre el gobierno para lograr una nueva intervención. La posibilidad de que Yrigoyen arbitrase el conflicto a favor de los estudiantes era, a esa altura de los acontecimientos, una condición imprescindible para la victoria de la reforma. Dicha posibilidad existía y era manejada por entrevistas que dirigentes estudiantiles, simpatizantes con el partido gobernante, mantenían en Buenos Aires con altos personajes oficiales.

El 2 de agosto Yrigoyen decide por fin emitir el decreto pedido por los estudiantes. La intervención era claramente un triunfo de la presión reformista sobre el gobierno. Ello se advertía no sólo en el disgusto que la misma causó en los írculos conservadores, que se sintieron derrotados, sino en el propio nombre del interventor designado, Telémaco Susini, un intelectual maduro que desde un primer momento se había solidarizado con el movimiento estudiantil.

Los sucesos que se desencadenaron alrededor del nombramiento de Susini son, por otra parte, ilustrativos acerca de los límites de la presión que el movimiento estudiantil podía ejercer sobre un gobierno que tendía a favorecer sus demandas pero que, a la vez, no era lo suficientemente fuerte como para llegar a romper con la herencia de los conservadores.

Susini, un liberal acusado de extremista, no llegó finalmente a asumir su cargo por razones que nunca se hicieron públicas.

"Lanzado el nombre [de Susini] a la publicidad —comenta Julio V. González— provocó una inmediata reacción en los centros conservadores y católicos, especialmente los de Córdoba. La impresión que allí se produjo fue de verdadera consternación, sembrando el pánico con sólo la perspectiva de que aquel hombre pudiese llegar a Córdoba a solucionar una cuestión social que habíase definido como eminentemente religiosa. Él había sido uno de los que en sus mocedades encabezaron una tentativa de incendio del Colegio de Jesuitas del Salvador; quien, como facultativo, había comprobado y denunciado que fray Mamerto Esquiú murió envenenado con arsénico al regresar rodeado de sus hermanos de la Iglesia de una visita episcopal a La Rioja; aquel hombre en fin era el que había enviado telegramas a la federación universitaria en los que saludaba 'a la aurora de un nuevo día de libertad y de redención' y el que había hablado en los mítines de solidaridad con la juventud de Córdoba, que se realizaran en Buenos Aires."

Para la derecha era, efectivamente, demasiado.

El 7 de agosto, Nores, el rector desconocido por los estudiantes, renunció. "La actitud del superior gobierno de la nación —decía la nota enviada— nombrando un nuevo interventor, cierra con merecido broche este luctuoso período de su vida." Y agrega que la misma no le ha sorprendido, porque "a la extensa serie de agravios que el excelentísimo presidente de la nación ha inferido a la universidad y con ello a Córdoba entera, no hace sino añadir uno más, con la actitud que asume". Nores enumera los daños: "la complicidad del silencio y los auspicios de la indiferencia del superior gobierno"; "la aceptación de memoriales injuriosos para corporaciones y profesorado" y las "benévolas y parciales audiencias oficiales"

Con esta última frase aludía, inequívocamente, a las gestiones que durante dos meses realizara en Buenos Aires uno de los principales líderes reformistas, Enrique Barros, adherente al partido gobernante, que fue quien arrancó finalmente el decreto de intervención y la designación de Susini. Barros polarizó durante mucho tiempo el odio de los clericales. A fines de 1918 un grupo de fanáticos asaltaba la guardia hospitalaria en donde se hallaba Barros, estudiante de medicina, hiriéndolo gravemente, hasta el punto de que se temió por su vida. Su recuperación duró años, debiendo viajar a Europa para que culminara de manera eficaz. Barros es otro personaje típico de la reforma. Sin descollar en la actividad política fue adherente del partido radical hasta el fin de sus días —murió en 1961— y mantuvo el anticlericalismo *enragée* de sus horas juveniles, cargado de un anárquico estilo novecentista. Hasta su muerte conservaba un papel en su bolsillo, escrito de su puño y letra, en el que advertía que, estando aquejado por una dolencia que en cualquier momento podía hacer crisis, prohibía que en tal caso "llegue hasta mí un sacerdote de la religión católica, apostólica romana, a la que considero la negación de la doctrina de Cristo".

Mucho de este espíritu de Barros nutría al romanticismo político de las primeras horas de la reforma. Susini, de una generación anterior, compartía esa actitud por lo que su asunción como interventor hubiese sido un triunfo demasiado rotundo de los reformistas. Presionado por la derecha, Yrigoyen discretamente hace desaparecer a Susini de la escena. Su viaje a Córdoba, para asumir funciones, que debió realizarse el 8 de agosto se postergó para el día 10 y luego indefinidamente. Pero esa demora no ocurrió en vano: fue el pretexto para que los estudiantes salieran otra vez, masivamente, a la calle.

En la madrugada del 15 de agosto el conflicto, que se había adormecido por algunas semanas, volvió a estallar. Un grupo estudiantil derriba una estatua ubicada en los jardines de la universidad, efigie de un profesor reaccionario, Rafael García, en quien se simbolizó a la camarilla clerical. Sobre el pedestal, en lugar del monumento abatido, los estudiantes dejaron un cartel: "En Córdoba sobran ídolos."

El obispo y la feligresía reaccionan contra el agravio y deciden organizar un acto callejero. Los estudiantes, a su vez, también ganan la calle con manifestaciones al grito de "frailes no". Era el vértice de la movilización anticlerical. "Habíase perdido todo respeto y habíase abandonado toda prudencia —comenta González—. Los estudiantes trataban públicamente con los obreros en sus propios locales y les pronunciaban diariamente conferencias sobre la revolución universitaria."

En la medida en que el conflicto se manejara en términos de anticlericalismo los estudiantes iban a contar con aliados. En la propia Cámara de Diputados de la provincia los católicos presentaron un pedido de interpelación al ministro de gobierno, "para que concurra a explicar a la Cámara la actitud pasiva y tolerante de la policía". Reclamaban mayor represión, pero el sector liberal logró que la moción no prosperase.

La fuerza del movimiento estudiantil crecía a medida que el gobierno se inclinaba a favorecerlo. El 26 de agosto la federación universitaria organiza un nuevo acto público al que asisten 15 000 personas.

El tono de los discursos pronunciados entonces quizá pueda ser sintetizado con la transcripción de estas palabras pronunciadas por Saúl Taborda, una de las figuras ideológicamente más interesantes de las que produjo la reforma: "Por eso vamos contra todo lo que niega la vida y la estorba o la posterga. Por eso vamos contra todos los egoísmos que se han apoderado de las fuentes de la riqueza y de los recursos de adaptación. Por eso vamos contra todos los monopolios y los acaparamientos. Por eso entramos al festín de los ahítos y reclamamos con imperio el sitio que corresponde por derecho a los que forjan los valores convivales en el heroísmo olvidado del taller; por eso penetramos a las escuelas y exigimos una enseñanza sin pretales ni anteojeras, que prepare a los hombres para la vida en lugar de acondicionarlos para todos los despotismos; por eso penetramos a los templos deslumbrantes de luces y de oro y rompemos en las manos de los charlatanes de feria el instrumento de vasallaje con que atan la conciencia a todos los dolores y las miserias de este mundo, ensombrecido por la bajeza y la mentira cristiana." El joven abogado Taborda establecía en ese discurso el encadenamiento de alternativas que la reforma universitaria quería plantear: el punto de partida de la movilización estudiantil era la necesidad de modificar el estado de la enseñanza, pero ese estado no era más que el indicador de una crisis más vasta; la cuestión universitaria era, además, la cuestión religiosa y, por detrás asomaban, los problemas sociales y nacionales.

Entre tanto Yrigoyen había zanjado las dificultades provocadas por la designación de Susini. Aduciendo que la situación obligaba a la concurrencia de "la alta razón de estado", el presidente designa interventor de la Universidad de Córdoba al propio ministro de Instrucción Pública, José S. Salinas.

Éste tardó muchos días en decidirse a viajar; Yrigoyen seguía maniobrando. Mientras tanto la Universidad de Córdoba seguía cerrada ya que los estudiantes mantenían la huelga.

El 9 de septiembre de 1918 los reformistas deciden dar un paso más, que sería decisivo, en el camino de las presiones: ocupan la universidad, no pasivamente sino asumiendo la función de gobierno de la misma.

Para eliminar los perjuicios causados a los estudiantes por la ausencia de clases —señala un comunicado de la federación universitaria— y "mientras llega la intervención confiada al señor ministro de Justicia e Instrucción Pública pueden obviarse las dificultades apuntadas, colocando la universidad bajo la superintendencia de la federación y nombrando ésta profesores interinos que dicten cursos de acuerdo con los programas oficiales".

Ya la subversión estudiantil aparecía como total: tres dirigentes universitarios —Horacio Valdés, Enrique Barros e Ismael Bordabehere— son nombrados decanos de las facultades de derecho, medicina e ingeniería; "los ciudadanos nombrados —dice la resolución— ejercerán conjuntamente la presidencia de la universidad y procederán a proponer la designación del profesorado interino".

La proclama, fechada en "Córdoba libre" disponía además el levantamiento de la huelga y la normalización de las clases e invitaba al pueblo a la inauguración de las mismas.

Las nuevas autoridades organizaron inmediatamente la actividad y llegaron a hacer los primeros nombramientos de profesores, consejeros y empleados: la universidad era un territorio en manos de los estudiantes. El prosecretario de la institución fue descendido a mayordomo y su cargo desempeñado por un estudiante.

Se constituyeron incluso mesas examinadoras que cumplieron

con su cometido de evaluar la capacidad de los alumnos. "Muchos, contra lo presumible, resultaron aplazados", comenta un cronista.

Pero la ceremonia inaugural de los cursos, a la que se había invitado al pueblo de Córdoba, no pudo realizarse. Dos compañías del ejército y un destacamento de la policía derribaron las puertas de la universidad, transformada en una suerte de "soviet" de los alumnos, y entraron con violencia a la misma. Los 83 ocupantes fueron llevados detenidos a los cuarteles e inmediatamente procesados por sedición.

El objetivo de la ocupación, sin embargo, estaba cumplido. El mismo día, desde Buenos Aires, el gobierno anunciaba la partida del interventor hacia Córdoba. Cuarenta y ocho horas después el proceso por sedición contra los estudiantes pasaba a ser letra muerta.

Se acercaba el triunfo de los planteos estudiantiles. La intervención de Salinas aceptó virtualmente todas las renuncias presentadas por los catedráticos más conservadores y llamó a muchos de los graduados que habían apoyado a los reformistas —Deodoro Roca entre ellos— para ocupar las vacantes.

Pero la victoria fue aún mayor. Los nuevos estatutos incorporaron los principios básicos levantados por los alumnos en rebeldía durante el Congreso Nacional de Estudiantes: la docencia libre y la participación de los alumnos en el gobierno de la universidad. El artículo 38 de los estatutos aprobados por Salinas lo señala expresamente; "Los consejos directivos nombrarán sus miembros a propuesta de una asamblea compuesta de todos los profesores titulares, igual número de profesores suplentes e igual número de estudiantes."

Nacía así la primera universidad nueva de América; seguramente del mundo también. Tras una lucha de varios meses el radicalismo yrigoyenista, apoyado en el liberalismo de las clases medias, en el sindicalismo y en los partidos de izquierda, sancionaba, en el reducto del clericalismo, el triunfo de una *kulturkampf* teñida, además, por reclamos de americanismo anticosmopolita y de solidarismo social.

La palabra barroca del ministro —típica del estilo verbal del yrigoyenismo— se vanagloria de ello en el discurso de despedida de Córdoba, pronunciado una vez que la obra estaba cumplida: "Señor rector; señores consejeros; Quedáis en posesión de la Universidad de Córdoba, reconstruida. Os la entrego en nombre de aquel patricio, que elaborando diariamente en el yunque del trabajo, ausculta las grandes necesidades públicas; del gran ciudadano que con clarividencia de apóstol, dirige los destinos de las provincias unidas del sud."

La Iglesia cordobesa exageraba, entre tanto, el monto de su derrota. Otra pastoral del obispo, el 24 de noviembre, tremolaba: "Habrá llegado aquella hora de las democracias y del proletariado creada y saludada con ardor por los apóstoles de la demagogia, hora de subversión y anarquía general, de agresiones y repulsas, en que a la misma fuerza armada le faltará eficacia para garantir el orden y defender el trono, porque el ejército estará igualmente contagiado de rebelión, como las masas de donde ha salido y en vez de rechazar los asaltos subversivos presentará las armas a los agresores. Sin freno que las contenga, serene y amanse, correrán las masas sin que haya poder que las entre en concordia con los capitales y capitalistas, las empresas y empresarios, las industrias y los industriales, una vez que en ellas falte, por desgracia, la conciencia cristiana, el amor de Dios... en lugar de cordialidad lanzarán rayos de la aversión más enconada y detestable, como la que hacen comprender ya muchos mendigos dispuestos a morder impacientes la mano caritativa que les alcanzaba la limosna, al revés de los de otro tiempo que estrechaban y besaban cariñosamente la mano que se les alargaba."

Desde Córdoba, la reforma partió rápidamente para las otras ciudades universitarias argentinas. En Buenos Aires, un mes antes que Salinas sancionara la reforma de los estatutos, la cláusula de la participación estudiantil era incorporada. En La Plata todo el año 1919 transcurre entre situaciones de violencia, que culminan también finalmente con el triunfo de los reformistas. Las universidades de Santa Fe (con el nombre de Universidad del Litoral) y de Tucumán son nacionalizadas e incorporan a sus estatutos cláusulas similares a las vigentes en Córdoba y Buenos Aires. Hacia 1921 la reforma universitaria rige en todas las casas de estudio de la Argentina: cogobierno estudiantil, docencia libre, asistencia libre de los alumnos a clase; la "democracia universitaria" en un país económicamente estabilizado, en el que las tensiones sociales son absorbidas por el estado y el liberalismo se mantiene firme en las instituciones políticas.

En el mismo año de 1921 la reforma argentina adquiere consagración exterior: en el Congreso Internacional de Estudiantes que se reúne en México, el movimiento gestado en Córdoba en el año 18 es utilizado como ejemplo para los estudiantes de todo el mundo. Pedro Henríquez Ureña ha recordado la expectativa con que los delegados a aquel congreso recibieron a sus compañeros de Argentina: "mexicanos y argentinos dominaron el congreso con su devoción ardiente a las ideas de regeneración social e impusieron las resoluciones adoptadas al fin y publicadas como fruto de aquellas asambleas".[8] Y el eco no era sólo americano; a España llegaba también el espíritu de los universitarios de Córdoba, de "los amigos y compañeros de la reforma americana", como los llamó Miguel de Unamuno en 1920. Eran las horas del triunfo.

La percepción de una victoria total, era, sin embargo, inocente. El movimiento estudiantil no advertía —o lo hacía sólo confusamente— que buena parte de su éxito derivaba de la coincidencia entre sus reclamos y la política general del yrigoyenismo que carente de fuerzas propias entre la intelectualidad necesitó de la movilización de los alumnos para jaquear al dominio conservador sobre las sedes culturales.

Un viajero que visitó Córdoba en 1921, advertía que "la juventud no parece repuesta de la alegría del triunfo" mostrándose demasiado satisfecha por su obra y "pesando quizá demasiado su intervención en la labor de reconstrucción docente".[9]

En 1922 Yrigoyen es sucedido en la presidencia por Alvear, surgido del ala derecha de su propio partido. Para contrapesar la influencia que ejercía Yrigoyen, Alvear se apoyó en los conservadores. El clima ideológico rebelde sobre el que había surgido el movimiento de 1918 había cesado: la expansión de la revolución rusa era frenada en Europa; surgía la sombra del fascismo; el capitalismo parecía estabilizado tras el'impacto de la guerra. La Argentina vendía bien sus cosechas y la renta diferencial acumulada por terratenientes y exportadores alcanzaba para proporcionar "confort" a las clases medias urbanas. Ese ámbito mercantilista no era propicio para algaradas estudiantiles. De esa situación se nutrirá la contrarreforma.

En noviembre de 1922 el gobierno de Alvear interviene la Universidad del Litoral y la ocupa con el ejército. Seis meses después le sucede lo mismo a la Universidad de Córdoba; los estatutos son modificados y se establece que el gobierno de las casas de estudio estará en manos de los profesores. Como concesión a los estudiantes se permite que éstos elijan, en cada consejo directivo de facultad, tres de los once miembros. Pero esos tres representantes de los estudiantes debían ser profesores.

Por esa fecha son modificados también los estatutos de la Universidad de Buenos Aires, con un sentido antirreformista, y en 1924

[8] Pedro Henríquez Ureña, *Seis ensayos en busca de nuestra expresión*, Buenos Aires, s. f., p. 140.
[9] Adolfo, Posada, *Pueblos y campos argentinos*, Madrid, s. f., p. 282.

la representación estudiantil en la dirección de la Universidad de Tucumán es disminuida.

Una a una la reforma va perdiendo sus conquistas más avanzadas en la Argentina gobernada por un liberalismo opulento. En 1928, plebiscitado, retorna Yrigoyen a la presidencia de la República. El movimiento universitario pasa otra vez a la ofensiva, respaldado por el viejo caudillo.

Los estudiantes de La Plata obtienen la renuncia del rector; los estudiantes de derecho de Buenos Aires ponen término al mandato del decano, elegido por la derecha, y elijen para el cargo a Alfredo Palacios. Otro tanto sucede en la Facultad de Medicina. Yrigoyen, por su parte, restablece la vigencia de los estatutos reformistas en la Universidad del Litoral.

Pero este repunte de la reforma duraría poco, apenas un par de años. La crisis económica, con su secuela política, barrería en 1930 a Yrigoyen, remplazado por el gobierno militar de Uriburu: a los tres meses de llegado al poder, éste interviene las universidades y el movimiento estudiantil conoce los rigores de la represión permanente.

El primer gran ciclo de la reforma universitaria en la Argentina, concluía entonces entre sablazos y gases lacrimógenos. La mayoría de los dirigentes estudiantiles ingresa a los partidos políticos y otros, aún manteniendo su independencia partidaria, politizan las manifestaciones reformistas, ensanchan su programa, precisan nuevos horizontes, como lo señala el Congreso de Estudiantes reunido en Buenos Aires en 1932: "la universidad reformista sólo será realizada íntegramente en una sociedad que obedezca a una estructura económica, jurídica y cultural, totalmente nueva".

La reforma universitaria conocerá su momento de ascenso en la Argentina entre 1918 y 1922; desde ese año hasta 1928, la contrarreforma irá paulatinamente reconquistando posiciones; por fin, en los breves días de la segunda presidencia de Yrigoyen recuperará parte de su vigencia.

A partir de 1930 caerá embestida por las furias de una típica dictadura latinoamericana, compartiendo una experiencia que los estudiantes de otros países conocían ya, casi desde el mismo momento en que el movimiento reformista iniciaba su aventura continental.

III. "ESTAMOS VIVIENDO UNA HORA AMERICANA..."

Los sucesos de Córdoba no tardaron en desplazarse hacia los otros países del continente. El "destino americano" que los estudiantes argentinos habían intuido para la reforma universitaria se expresó en poco tiempo como una violenta onda que sacudió primero a Perú, luego a Chile, más tarde a Cuba, Colombia, Guatemala, Uruguay. Una segunda oleada, posterior a 1930, abarcará al Brasil, Paraguay, Bolivia, Ecuador, Venezuela, México.

No se trataba de un proceso de mera imitación; detrás de esa expansión continental subyacían estructuras comunes, pese a diversidades particulares, que expresaban la voluntad de vastos sectores sociales por conquistar mayor participación social, política y cultural.

El proceso englobaba a las clases medias que, con mayor o menor grado de difusión, se habían expandido en las sociedades latinoamericanas desde finales del siglo XIX, al amparo de la modernización urbana abierta por el capital extranjero.

El primer eco de la chispa cordobesa se incendió en Lima, una ciudad muy parecida a la que fue cuna de la reforma.

Allí reinaba también, impasible, el espíritu de la colonia y era en las universidades donde encontraba su refugio ideal. "Las universidades —comenta Mariátegui— acaparadas intelectual y materialmente por una casta generalmente desprovista de impulso creador no podían aspirar siquiera a una función más alta de formación y selección de capacidades." Su objeto —agrega— "era el de proveer de doctores o rábulas a la clase dominante".[1]

En 1919 viajó a Lima Alfredo Palacios, en donde pronunció algunas conferencias que entusiasmaron a la juventud peruana. "La reforma universitaria hay que hacerla con los decanos o contra los decanos", dijo en una de ellas y meses después, como en Córdoba, un suceso aparentemente banal sirvió de detonante para una explosión que habría de alcanzar matices de enorme violencia y una importancia decisiva para el futuro político del Perú.

Todo comenzó con un conflicto que los estudiantes de la carrera

---

[1] José Carlos Mariátegui, "La reforma universitaria", véase testimonio de la p. 376.

de historia de la Facultad de Letras tuvieron con un profesor. Pero era junio de 1919 y los claustros estudiantiles miraban como ejemplo cercano a la Córdoba reformista. El entredicho —uno como tantos— llevó, en ese clima de entusiasmo revolucionario, a la declaración de huelga en la facultad. Días después la solidaridad abarcaba las demás facultades; la reforma universitaria anclaba en Perú.

El proceso político del país mantenía entonces, por añadidura, algunas similitudes con el argentino. La casta más cerradamente conservadora de la oligarquía, el partido civilista, era derrocada en esos días: apoyado por los grupos liberales Augusto Leguía ocupaba el gobierno desde el 4 de julio de 1919.

En 1916 había sido fundada la Federación de Estudiantes Peruanos y en su dirección primaban los partidarios de Leguía a quien incluso promovieron como candidato a la presidencia, proclamándolo "maestro de la juventud". Paulatinamente y acompasados con la movilización democrática que se operaba en el conjunto de la sociedad, los estudiantes fueron gestando un clima de agitación fortalecido por las noticias de la Argentina. A iniciativa de un estudiante del interior recién llegado a Lima, hijo de empobrecidos hidalgos de provincia, la federación de estudiantes interviene en la huelga nacional de los trabajadores que tuvo lugar en diciembre de 1918 reclamando la jornada de ocho horas, reclamo que se consiguió en enero de 1919. El estudiante que había organizado la solidaridad se llamaba Víctor Raúl Haya de la Torre.

El derrocamiento de los conservadores y el ascenso de Leguía al poder, redoblaron la combatividad del alumnado y los viejos profesores anquilosados de la universidad de Lima no pudieron resistir, en medio de ese clima general de ascenso de las luchas sociales, la presión de los estudiantes.

El gobierno era además declaradamente amigo de los estudiantes, porque la mayoría del claustro profesoral integraba las filas de la oposición política. Una vez lanzado el conflicto de las demandas estudiantiles encontraron rápida satisfacción. Primero, a través de un decreto del 20 de septiembre de 1919, en el que se incorporan a los estatutos de la universidad dos de las más importantes reivindicaciones reformistas: la existencia de cátedras libres rentadas por el estado y la participación estudiantil en el gobierno de las casas de estudio.

En febrero del año siguiente ese decreto es ratificado por una ley en cuyo articulado se establece que "el nombramiento de los nuevos catedráticos será hecho por el gobierno entre los doctores que hubiesen obtenido la quinta parte de los votos estudiantiles". El triunfo de las ideas de la reforma universitaria es fácil y total. Así será de efímero.

Haya de la Torre, ya en octubre de 1919, había sido electo presidente de la federación de estudiantes. Con su impulso se realiza el Primer Congreso Nacional de Estudiantes, en cuya sesión inaugural se otorga un homenaje a Leguía "por el apoyo que prestara al movimiento de reforma universitaria".

Los sucesos peruanos volvían a acreditar de esa forma su identidad con los argentinos. Ya no se trataba solamente de las similitudes estructurales que pudieran encontrarse entre Córdoba y Lima; se trataba de algo más profundo: la coincidencia en los dos casos de una reciente derrota política de los grupos más conservadores y de un indisimulado apoyo proporcionado por los gobiernos que los remplazaban, mucho más neto, aun, en Perú que en la Argentina.

Esa facilidad de la lucha en un primer momento acentuó en la reforma peruana un signo negativo que apareció también en la argentina; "el movimiento —señalará Mariátegui— carecía aún de un programa bien orientado y definido".

Estas coincidencias resaltarán también en el momento del inevitable repliegue, ubicado como en la Argentina en 1923.

Una diferencia decisiva, sin embargo, será que mientras en la Argentina —hasta 1930— el reflujo se orientará en una dirección más llena de trampas que de violencias, en el Perú entrará por sendas de represión y de sangre.

Esta diferencia es decisiva, porque a partir de ella se pueden precisar otras: la respuesta que el movimiento estudiantil dará en la Argentina y en el Perú a la contrarreforma divergirá también netamente. Es que, por detrás de ciertas apariencias, las similitudes de los procesos eran más formales que reales.

Cierto es que, tanto en Perú como en la Argentina, como en toda América, la reforma universitaria significará la forma más radical de participación política que encuentra el despertar de posguerra de las capas medias, sacudidas por un mundo en proceso de cambio revolucionario. Pero si esas constantes hacen natural la continentalización de la reforma, otros elementos, que recién se harán visibles en la hora del reflujo, signarán las diferencias.

Lima era, efectivamente, Córdoba. Pero Lima era la ciudad más moderna del Perú, su balcón a Europa, y Córdoba, en cambio, la cabeza de la resistencia provinciana al cosmopolitismo de Buenos Aires y del litoral.

La sociedad peruana era una sociedad desarticulada cuyo polo de relativa modernidad era débil frente a las zonas atrasadas en las que una mayoría de población indígena no vivía de manera muy diferente a la de la época de la conquista española. Perú era entonces un típico ejemplo de "sociedad latinoamericana" tal como se la percibe en el estereotipo de los europeos.

"Una de las dos estructuras de la dualidad —comenta un autor— el ámbito exportador-importador, que ejerce oficialmente los destinos de la República, está constituida por la población blanca, de habla castellana, de cultura europea, de religión católica. La otra está formada por los campesinos indios. Éstos se encuentran sometidos a la explotación feudal, producen y viven en condiciones primitivas; no poseen capacidad de venta ni de compra; carecen de derechos civiles y menos políticos; están analfabetizados. Hablan, asimismo, su idioma autóctono como en la época de los incas, chibchas, mayas, nahuatles y aztecas y conservan gran parte de sus tradiciones culturales, artísticas y religiosas prehispánicas, expresando con ello su resistencia a asimilarse a una civilización que sólo conocen a través de su opresor, el *gamonal* o hacendado aliado al imperialismo. Esta nacionalidad antigua, apartada del movimiento civilizado, existía como enquistada en la otra, sin que se hubiesen fundido, interpenetrado, denunciando de ese modo lo incompleto de nuestro desarrollo, nuestra frustración revolucionaria." [2]

Éste no era el caso argentino, en donde el problema indígena virtualmente no existía y en donde la sociedad se había integrado alrededor de un mercado interior.

Si en ambos casos, a comienzos de la década del veinte surgía una pequeña burguesía que buscaba incorporarse a la vida política, el marco en que ese proceso tenía lugar era diferente. Si en la Argentina el destino de la pequeña burguesía avanzada estuvo marcado, aun en el corto plazo, por la imposibilidad de constituirse en fuerza política autónoma y, por lo tanto, por la incapacidad de estructurar un liderazgo de tipo "jacobino" sobre los contingentes rezagados de su clase y sobre otros grupos populares, en el Perú, en cambio, el destino político inmediato fue distinto: el estudiantado que hizo la reforma construyó, un par de años después, al primer gran partido nacional-popular del continente, el APRA, y ello constituirá un hecho histórico de importancia innegable, cualquiera haya sido el desenlace posterior de Haya de la Torre y de su programa.

[2] Enrique Rivera, *La reforma universitaria*, Buenos Aires, 1956, p. 12.

La reforma universitaria había encontrado en Perú, en un primer momento, el respaldo de aquellos sectores dominantes que se enfrentaron con los grupos oligárquicos más tradicionales. Pero el impulso radical de los estudiantes no podía ser absorbido por el grupo de Leguía que, en pocos años, sustituyó al viejo clan como líder de las clases altas aliadas con el imperialismo.

Es que en casos como en los del Perú la reforma universitaria se ha de encontrar siempre, más rápidamente que en otros países, con sus "límites infranqueables". La reforma en las aulas no puede ser absorbida por las poco permeables clases dominantes. O es un capítulo de la reforma social o termina triturada por los intereses de los poderosos. En ambos casos la estructuración de la respuesta debe ser global, política, extrauniversitaria.

Ya en 1923, Leguía, el "maestro de la juventud" está abiertamente entregado a la oligarquía. Para legitimar finalmente el apoyo clerical, decide, en combinación con el obispo de Lima, monseñor Lizón, consagrar la república al "sagrado corazón de Jesús", erigiendo para ello una enorme estatua cuyo emplazamiento debía estar en la plaza principal de la ciudad.

Entre tanto en la universidad se vivía una situación caótica porque el grupo rival de Leguía, los "civilistas", que aún mantenían fuerza entre el profesorado, habían intentado usarla como tribuna antigubernamental. Ello provoca una reacción del gobierno que lleva a los docentes a declararse en receso. Las clases recién se reanudarían en 1922, tras casi un año de conflictos, pero de todos modos los estudiantes no habían perdido sus conquistas más importantes.

Todavía en ese momento el movimiento estudiantil peruano manifestaba su inmadurez política. Dice Mariátegui: "En 1921 la actitud de los estudiantes ante el conflicto entre la universidad y el gobierno demostró que reinaba todavía en la juventud universitaria una desorientación profunda. Más aún, el entusiasmo con que una parte de ella se constituía en claque de catedráticos reaccionarios cautivada por una retórica oportunista y democrática —bajo la cual se trataba de hacer pasar el contrabando ideológico de las supersticiones y nostalgias del espíritu colonial— acusaba una recalcitrante reverencia de la mayoría a sus viejos dómines." [3]

Pero fue el ya mencionado intento de Leguía por colocar al Perú bajo la "protección de Jesús" lo que lanzó a los estudiantes a la calle en unidad con otros sectores. Haya ya era consciente de que

---

[3] José Carlos Mariátegui, *op. cit.*

tras los muros de la universidad no podía lograrse mucho más y organizaba por entonces la solidaridad de estudiantes y obreros en las universidades populares creadas por la federación de estudiantes.

Liderados por Haya de la Torre los estudiantes se volcaron contra la alianza de Leguía con el clero y efectuaron un rapidísimo aprendizaje político. Pelotones de soldados dispararon contra la multitud que se oponía a la ridícula "sacramentalización" del Perú y un estudiante de letras, Alarcón Vidales y un obrero, Salomón Ponce, cayeron asesinados. Al día siguiente, una muchedumbre llevó ambos cadáveres a la universidad para velarlos. En medio de la conmoción, el arzobispo decidió suspender las ceremonias pero ya Leguía había definido para siempre —hasta su caída violenta en 1930— su imagen de típico dictador sudamericano. Haya de la Torre fue deportado y poco después, en México, creaba el APRA, el producto más legítimo de la reforma universitaria, cuyas vicisitudes seguiremos más adelante.

Pero la contienda estudiantil ya estaba radicada en otros países del continente. Primero fue en Chile, país en el que también chocaban la vieja oligarquía y élites de recambio que intentaban expresar al ala moderada de la pequeña burguesía. En este marco, común al de Argentina y Perú, se reunió en 1920 en Santiago la primera convención estudiantil. Las voces conservadoras reclamaron airadamente.

En el país se vivían vísperas electorales y Arturo Alessandri, el candidato liberal, se transformó en aliado objetivo del movimiento universitario, utilizándolo como ariete contra el patriciado en momentos en que éste agitaba el sentimiento chauvinista pretextando movimientos de tropas en las fronteras peruana y boliviana.

Los estudiantes, en una de las primeras manifestaciones de solidaridad activa latinoamericana, buscaron el contacto con sus iguales del Perú y enfrentaron unidos el desborde de seudopatriotismo. La represión se ensañó violentamente con ellos —por traidores a Chile— y con el movimiento obrero que los acompañaba en la lucha. Pronto los estudiantes tuvieron su mártir, Domingo Gómez Rojas, muerto tras varios meses de prisión.

Sobre este clima, el candidato liberal Alessandri ganó las elecciones y asumió el poder; por supuesto, no tardará también él en violar sus promesas y los estudiantes, que consideraron su victoria como propia, en pasar a la oposición. "Alessandri —escribe un cronista— cosechaba los frutos de un martirio que pertenecía a una nación y a un ideal que no es el suyo, que él no comprende y que, ungido presidente, ha empezado a perseguir, a pesar de sus promesas de respeto a todas las ideas." [4]

La influencia de las ideas de la reforma puede ser seguida, en la década del veinte, en toda América. Y si en la Argentina, Perú y Chile alcanzaron un primer momento de apogeo sobre la base de su coincidencia con situaciones políticas de deterioro de la vieja oligarquía patricia, en otros países, en los que ese proceso no se daba y en donde, por el contrario, el poder de los conservadores se afianzaba sobre la base del terror, los movimientos estudiantiles, como expresión más radicalizada de la protesta de las clases medias, debieron sufrir la persecución más feroz.

Tales fueron los casos de Venezuela, de Bolivia, de Paraguay.

En Venezuela, gobernada por Juan Vicente Gómez, una suerte de monarca bárbaro que mandó en el país desde 1906 hasta su muerte en 1935, la federación de estudiantes fue disuelta, entre 1914 y 1928, cuatro veces.

En esas condiciones quedaba claro que antes que pelear por modificaciones internas en la universidad era menester concentrar todas las fuerzas en la lucha política. Pero esa lucha tenía por líderes a jóvenes universitarios y el partido clandestino que los agrupaba, Acción Democrática, estaba moldeado en el contenido del APRA.

La lucha política dejaba en segundo plano a las reivindicaciones culturales. "La reforma universitaria, con sus consignas fundamentales de docencia libre, modernización de la enseñanza y democratización del régimen administrativo en los planteles superiores, lograda en Argentina, Colombia, Uruguay, Chile, México y otros países americanos, apenas si tuvo en Venezuela otra resonancia que la de simple novedad periodística." [5] Recién en 1940, cinco años después de la muerte de Gómez, y al amparo del clima liberal creado por la segunda guerra mundial, los estudiantes venezolanos conseguirían implantar en las casas de estudios, por primera vez, los postulados de la reforma.

La repercusión de la reforma universitaria en Cuba, tuvo, en cambio, ciertos matices diferenciales. Nació directamente inspirada por los sucesos de Argentina y de Perú y como en el segundo de estos países tuvo un éxito efímero. Pero, a diferencia del Perú, de su fracaso, junto con una corriente populista similar al APRA surgió

---

[4] Gabriel del Mazo, *La reforma universitaria*, tomo II, p. 69, La Plata, 1941.

[5] *Ibid.* tomo II, p. 259

también un ala marxista que encontró en Julio Antonio Mella a un líder de repercusión continental; el primero que planteó una crítica desde posiciones de izquierda a las posiciones de Haya de la Torre y del APRA.

En 1923 se reunió el Primer Congreso Nacional de Estudiantes, presidido por el propio Mella. A partir de la asamblea se creó la Confederación de Estudiantes de Cuba en cuyo programa figura la "voluntad de luchar por los mismos principios que, enunciados por la juventud cordobesa en 1918 llevaron a renovar las universidades argentinas por el único medio posible, por el sagrado medio de la agitación revolucionaria y después de iluminar el continente indoamericano prendieron en este país donde llevaron a la lucha a una juventud sana y consciente".

El congreso aprobó, además, una declaración de deberes y derechos del estudiante.[6] Interesa destacar un párrafo como indicador de la orientación que asumirá en un principio la reforma en Cuba, mucho más precisa en la consideración de sus sostenes sociales que en la Argentina y en el Perú. "El estudiante —dice— tiene el deber de divulgar sus conocimientos entre la sociedad; principalmente entre el proletariado manual, por ser éste el elemento más afín del proletariado intelectual, debiendo así hermanarse los hombres de trabajo para fomentar una nueva sociedad, libre de parásitos y tiranos, donde nadie viva sino en virtud del propio esfuerzo."

Dentro de su tono declamatorio, el párrafo es buen índice de una maduración crítica del movimiento universitario. Es que los reformistas cubanos tenían ya, como materia de reflexión muy actual, el reciente fracaso de los postulados reformistas al ser confinados en la universidad en Argentina y en Perú. Simbólicamente, 1923 era el año en que Leguía desterraba a Haya de la Torre y en que el gobierno de Alvear intervenía a la universidad de Córdoba, cuna de los sucesos.

Con esa experiencia a sus espaldas, Mella podía preguntarse: "¿Puede ser un hecho la reforma universitaria? Vemos muchas dificultades para que los postulados de la reforma se implanten totalmente. Para un cambio radical, de acuerdo con las bases reformistas, es necesario el concurso del gobierno. ¿Es capaz un gobierno de los que tiene hoy la América en casi todas sus naciones de abrazar íntimamente los principios de la reforma universitaria? Afirmamos que es imposible. ¿Puede la juventud universitaria im-

[6] Véase documento núm. 17, p. 191.

poner ella, de por sí, los principios nuevos en las universidades? En algunas de sus partes sí, pero en otras no." Y concluía: "En lo que a Cuba se refiere, es necesario primero una revolución social para hacer una revolución universitaria." [7]

El movimiento reformista comienza a adquirir madurez. A partir de 1923 la discusión interna se profundiza; han pasado los entusiasmos primeros, sostenidos históricamente por la posibilidad de coincidencia con las contraélites que disputaban la supremacía política a los grupos más conservadores.

Hacia 1925 el discurso universitario se hace político y si Mella —hasta su asesinato en México en 1928— recogerá el ejemplo que comenzará a poner en práctica Haya de la Torre, se diferenciará de él radicalmente por los contenidos del programa esbozado y por el arco de alianzas que traza para la lucha política. Ninguno de los dos cree que la reforma universitaria pueda llevarse a cabo a esa altura en el estrecho recinto de las casas de estudio. Para perdurar una reforma en la universidad tiene que sostenerse sobre una sociedad transformada. El aprismo y los nacientes partidos comunistas darán a ese problema respuestas antagónicas.

Quedan otros casos en América Latina que señalan a su vez peculiaridades concretas: México y Brasil.

En México la transformación social y política precedió a la transformación universitaria dando lugar a un complicado proceso en el que muy a menudo la universidad no sólo estuvo detrás sino en contra del movimiento revolucionario.

Nacida al final del porfiriato y, aunque del proceso de desintegración del mismo recogía elementos de renovación, la universidad ya bajo la presidencia de Madero comenzó a desempeñar un papel conflictivo frente al régimen revolucionario. En 1912 los estudiantes de la Escuela de Jurisprudencia se proclaman en huelga por una causa baladí pero en realidad los reclamos subyacentes eran a favor de una autonomía que librara a la universidad del control del nuevo estado.

Con el triunfo del constitucionalismo los reclamos de autonomía adquieren carácter formal: la universidad continúa siendo un centro de oposición política y los diputados rechazan el pedido entendiendo que se trata de constituir en poder paralelo al del estado a un baluarte del antiguo régimen. La consigna de independencia frente al gobierno significaba de hecho el intento de aisla-

---

[7] Julio Antonio Mella, *¿Puede ser un hecho la reforma universitaria?* Véase testimonio de la p. 349.

miento frente a la rica experiencia de una revolución nacional y popular.

El espíritu de la reforma fue en el México de entonces política de estado. Esto se hace notorio cuando, en junio de 1920, José Vasconcelos es nombrado rector de la universidad (en el vértice de la jerarquía educativa pues había sido disuelto el Ministerio de Instrucción Pública) y todos los temas presentados en Córdoba por los estudiantes de 1918 adquirían cuerpo.

Frente a estas realidades, el tema de la autonomía perdía relieve. En 1921 Vasconcelos es colocado a cargo de la restablecida Secretaría de Educación y, por encima de las disputas corporativas que venía planteando la universidad, pone en marcha un verdadero pacto de los intelectuales con la revolución al servicio de una reforma cultural que no tenía precedentes en el continente. El problema universitario es visto entonces como capítulo de una vasta reforma pedagógica y cultural y México se transformó en una guía para todo el movimiento universitario latinoamericano. Esta función tutelar se ratificó en 1921 durante el Congreso Internacional de Estudiantes efectuado en México, en donde se realizó el primer balance continental de la reforma universitaria. A la pregunta de Mella acerca de si había en América un gobierno que pudiera amparar el programa de la reforma sólo podría responderse nombrando al México de Vasconcelos.

Pero las tensas relaciones entre movimiento universitario y estado se recrudecieron. El tema de la autonomía se mantendrá y si en 1929 el gobierno concede una autonomía limitada, en 1933 una nueva ley lleva esa situación a límites absolutos concediéndole a la universidad un patrimonio económico propio y desentendiéndose virtualmente de su destino. Tras una década de sordos enfrentamientos en la que en el interior de la universidad se discutía si la educación a impartir debía ser socialista o regir la libertad de cátedra y desde el gobierno, bajo el impulso de Cárdenas, se erigía un verdadero sistema de enseñanza superior paralelo, en 1945, tras otra grave crisis en la universidad una nueva ley era dictada para regular las relaciones con el estado.

En Brasil, por su parte, la rebelión juvenil de la década del veinte había adquirido un matiz único en América Latina, cuya importancia sólo saltaría a la vista a partir del año 30. La vanguardia de esta generación que buscaba encarnar los ideales de una revolución democrática no estuvo en las aulas sino en los cuarteles. En 1922 se produce un movimiento militar que abre la época del llamado *"tenentismo"*, en el que participó el conjunto de la Escuela

Militar, encabezada por un joven oficial llamado Luiz Carlos Prestes, que, poco después, realizaría la hazaña militar y política de la columna bautizada con su nombre que recorrió durante dos años el territorio de Brasil sublevando a las poblaciones campesinas. Prestes se acerca luego al comunismo y el *"tenentismo"*, sin él, triunfa en 1930 con la Alianza Liberal que derroca a la llamada *República Velha* y lleva al poder a Getulio Vargas.

El estudiantado se vuelca a mediados de la década del veinte en el apoyo a la juventud militar y recién hacia finales del período plantea orgánicamente sus reivindicaciones específicamente universitarias, a través de un programa de inspiración reformista cuyos primeros éxitos son conseguidos en 1928.

Diez años después de los sucesos de Córdoba, toda América Latina había sido envuelta virtualmente por la reforma universitaria. El balance de una década de luchas era desigual. En algunos países la reforma había fructificado en la organización de un poderoso movimiento estudiantil el cual, tras haber conseguido en muchos casos avances importantes en la democratización de la enseñanza, vivía en general una situación de reflujo: las estructuras de la sociedad no acompañaron, por medio de un proceso de transformación, a las luchas estudiantiles, de modo tal que esa avanzada de la revolución democrática liderada por la pequeña burguesía que fue la reforma, quedó aislada. Tal fue, clásicamente, el caso argentino.

En otros países el fracaso de la reforma precipitó a los estudiantes a la lucha política de masas y fueron líderes forjados en la lucha universitaria quienes habrán de organizar a los nuevos partidos: Haya de la Torre al aprismo peruano; Oscar Creydt al comunismo en Paraguay; Betancourt a Acción Democrática en Venezuela; Mella al comunismo en Cuba, son algunos de los ejemplos más notorios.

Sólo quizá en el Uruguay en donde las clases medias urbanas gobernaban desde la primera década del siglo, la reforma se integra casi con naturalidad al proceso político y los estudiantes logran una serie de conquistas sin presionar demasiado para conseguirlas.

1930 abriría un nuevo ciclo para la lucha de los estudiantes y de las clases medias en general. El continente entrará desde entonces en un estado de conmoción permanente, sometido al poder ya discrecional del capital extranjero y de las clases dominantes locales. La idea de la revolución democrática continental, la dulce utopía de las clases medias encandiladas en la búsqueda de un "destino latinoamericano" se hacía trizas bajo las botas de los militares afortunados.

Sin embargo, esa idea de solidaridad continental quedaba viva como la más valiosa herencia de la reforma para que pudiera ser alzada por otros protagonistas. Ya era claro que la "patria grande" latinoamericana sólo podría construirse como parte de una vasta revolución social, de la que la reforma había sido solamente un dato precursor.

América ya se había nutrido, un siglo antes, de ese ideal continental: la revolución contra el poder español había intentado ser una revolución americana y el programa de los grandes forjadores militares y políticos de la victoria anticolonial se había elaborado en términos de todo un continente; era el ideal bolivariano de una confederación latinoamericana.

Ese sueño no pudo concretarse. Dividida en compartimentos estancos, incomunicados entre sí, América Latina fue durante el siglo XIX escenario de luchas intestinas planteadas en los estrechos marcos de "naciones" raquíticas y, más tarde, en la segunda mitad de la centuria, la suma de una serie de republiquetas sin contactos mutuos —salvo para intentar guerrear en la defensa de estrechas fronteras— sometidas todas al tutelaje de una colonización que aunque mantenía el aparente respeto de las soberanías políticas era aún más brutal y succionadora de lo que lo había sido la española.

Pero al entrar el siglo XX, manteniéndose el trasfondo de neocolonialismo, algo había cambiado en la estructura interna de la sociedad latinoamericana, al menos en aquellas zonas en las que la apertura al mercado mundial impuesta por el capital extranjero había permitido un desarrollo —deformado por el marco de la dependencia— de relaciones sociales modernas.

El imperialismo, en efecto, necesitaba el surgimiento de ciertas franjas de modernidad asentadas en las ciudades-puerto que recibían el producto del monocultivo para despacharlo a los centros metropolitanos y hacían de puente con el comercio de manufacturas y de ideas que llegaban desde el exterior.

Este proceso de urbanización se completó, en las ciudades más importantes, con la recepción de contingentes inmigratorios y con el desarrollo de ciertas industrias livianas. Comenzaron a germinar grupos de clase media distintos a los tradicionales y en algunos países como los del Río de la Plata núcleos importantes de obreros industriales, asalariados de pequeñas empresas nacionales o de las industrias grandes manejadas en su mayoría por capitales extranjeros.

Esta situación social es el prólogo que abrirá los episodios de la reforma universitaria; el trasfondo estructural que le dará sentido como parte de un proceso social.

Pequeña burguesía débil, proletariado industrial en surgimiento; tales eran los miembros de las clases populares en las ciudades que vinculaban el interior de cada país y el puerto. Y en ese interior —salvo en la Argentina y en el Uruguay, en donde existía una clase campesina arrendataria de origen europeo— una enorme masa indígena, segregada del consumo, de la instrucción, de la vida política.

Inserta en ese marco de dependencia, con mercados internos estrechísimos, desprotegida por los gobiernos que abrían de par en par las puertas del país a las manufacturas extranjeras, esa clase media, artesanal y burocrática, no podía transformarse en burguesía industrial, en líder de un auténtico y profundo proceso de liberación nacional; en cabeza de una revolución democrática.

Pero es la intuición de la necesidad de ese proceso, ya que no la posibilidad de llevarlo a cabo, lo que gobierna a la juventud universitaria en las jornadas de la reforma. Y con esa perspectiva, los estudiantes de 1918, en Córdoba y Lima, en La Habana y Cuzco, en Santiago de Chile y Buenos Aires retoman una noción que parecía perdida: la noción de la unidad de América.

Los reformistas aparecen, por ello, como herederos del ideal bolivariano. Muy cerca de ellos están, además, algunos de sus maestros, los que configuraron la llamada "generación del 900": Alfredo Palacios, José Ingenieros, Manuel Ugarte, José Vasconcelos y, un poco más atrás, Rubén Darío, José Enrique Rodó, Manuel González Prada, Antonio de Varona, Manuel Gómez Carrillo, José Martí.

Eran argentinos, peruanos, cubanos, mexicanos, centroamericanos, colombianos, "escritores iberoamericanos del 900" como los denominó Manuel Ugarte en un libro que les dedicara, que se encontraron en Buenos Aires, la ciudad más cosmopolita de América o aun en París o en Madrid, buscando respuestas para su exilio. "Al instalarnos en Madrid (punto de partida) y París (ambiente espiritual) —escribió Ugarte— descubrimos dos verdades. Primero, que nuestra producción se enlazaba dentro de una sola literatura. Segundo, que individualmente pertenecíamos a una nacionalidad única, considerando a Iberoamérica, desde Europa, en forma panorámica. Amado Nervo era mexicano, Rubén Darío nicaragüense, Chocano había nacido en el Perú, Vargas Vila en Colombia, Gómez Carrillo en Guatemala, nosotros en la Argentina, pero una filiación, un parecido, un propósito, nos identificaba. Más que el idioma influía la situación. Y más que la situación la voluntad de dar forma en el reino del espíritu a lo que corrientemente designábamos con el nombre de la patria grande."[8]

En este párrafo está comprendida la esencia del latinoamericanismo que impregnará a la reforma universitaria. Muy poco después, casi las mismas palabras aparecerán en un escrito de Haya de la Torre comentando el sentido de la reforma; fue —dice— "la revolución latinoamericana por la autonomía espiritual".

Esa generación del 900, formada por hijos de familias del interior empobrecidas o de las clases medias urbanas que chocaban con la ausencia de personalidad de las sociedades en que vivían, con el sórdido espíritu mercantilista de las ciudades portuarias en las que reinaba la mentalidad contable del comercio de importación y exportación, anticiparon en su literatura a menudo declamatoria, o a veces en la política, la idea de la patria latinoamericana no siempre militando en los mismos partidos.

En la Argentina, por ejemplo, varios de los miembros de la generación participaron de los orígenes del partido socialista, como Ugarte, Ingenieros, Palacios y Lugones. Otros, como Ricardo Rojas, lo hicieron en la Unión Cívica Radical, pero todos fueron reconocidos como maestros por los reformistas del 18 y a mediados de la década del veinte participaron conjuntamente con ellos en organizaciones antimperialistas como la Unión Latinoamericana.

Fue necesaria la guerra del 14 con su secuela de primer alzamiento de las colonias en Asia y África; la revolución mexicana; la revolución rusa, para que esos ideales brumosos de la pequeña burguesía intelectual aglutinada en la generación del 900 encontraran eco y expresión en una movilización de masas. La guerra había probado la fractura ética de Europa: una nueva civilización nacía y ella debía asentarse en un continente joven. Era la hora americana.

Claro que la movilización resultante de ese proceso no podía encontrar, en un principio, otra forma que la *kulturkampf*, que la lucha en el terreno de las superestructuras; la confusa voluntad por construir una contrahegemonía; el intento exasperado por producir una "reforma intelectual y moral".

Algunos sociólogos norteamericanos, con un desdén que no puede ser sino producto de la superioridad del colonizador, han bautizado peyorativamente a ese tono ideológico común a cierto pensamiento latinoamericano como "arielismo", por sus recaídas en la bruma de la retórica.

[8] Enrique Rivera, *op. cit.*, p. 6.

La calificación deriva del libro, en su tiempo famoso, del uruguayo José Enrique Rodó y que fue, durante años, una suerte de evangelio en el que se nutría el verbalismo latinoamericano. *Ariel* es, ciertamente, un producto presuntuoso, lleno de erudición provinciana vertida en dudosa prosa poética.

Rodó intenta definir el enfrentamiento entre América Latina y los Estados Unidos como una lucha entre el "sórdido materialismo" de Calibán y el encendido romanticismo idealista de Ariel. Su antimperialismo resulta así —fuera de lo pasatista y a veces caricaturesco de su estilo— de tipo puramente defensivo, conservador, afiebrado por la búsqueda de "esencias" que en el fondo presuponen una elegía al precapitalismo, al goce estético de la vida, al paladeo de una "cultura" inmaterial (e intemporal) cuyas raíces son la contemplación helenizante y el desdén por el trabajo material.

Esa vindicación de un nirvana del espíritu puro, de un reino inmaculado de la cultura enfrentado al trabajo bárbaro de los *pioneers* y de las máquinas, sería el "arielismo".

No sería difícil probar que no todos los intelectuales latinoamericanos que en las primeras décadas del siglo intentaron revitalizar el ideal bolivariano de la nación continental participaron de esa orgía espiritualista expresada por el libro de Rodó. Pero nos interesa ir más allá: esto es, aceptar sin beneficio de inventario esa primitiva herencia "arielista" y tratar de explicarla en la debilidad estructural de unas clases medias aisladas 'de la producción, ajenas a la posibilidad de transformarse por sí mismas en burguesía industrial y que, por lo tanto, solo podían concebir el fin de su dependencia en el plano del espíritu.

Y efectivamente, la reforma universitaria tiene mucho de retórica "arielista". Su primera concepción de la solidaridad latinoamericana, de la afirmación de una personalidad común, no se evadía de esos límites impuestos por una situación de insularidad social. Desde el *Manifiesto liminar* de Córdoba, hasta los discursos de sus líderes y las declaraciones de sus organizaciones, el tono ampuloso no hace más que intentar defender la carencia de una ideología sólida.

Pero cuando la reforma empieza a chocar en las calles con las policías brutales y los soldados; cuando los dictadores de turno abren las cárceles para los dirigentes estudiantiles y para los dirigentes obreros, la ideología brumosa de los comienzos va tomando perfiles más trabajados.

El antimperialismo y la solidaridad continental dejarán así de ser frases pomposas, reclamos del "espíritu" contra la "materia", para devenir un programa de lucha que, aunque con el tiempo mostrará sus límites, se alzará al promediar la década del veinte como el punto más elevado de la conciencia posible de las capas medias.

Ya en 1921, Haya de la Torre, Gabriel del Mazo y Alfredo Demaría, presidentes, respectivamente de las federaciones estudiantiles de Perú, Argentina y Chile suscribieron acuerdos por los cuales sus organizaciones se comprometían a efectuar "propaganda activa por todos los medios para hacer efectivo el ideal del americanismo". Era el primer paso concreto dado hacia una vinculación estrecha entre los universitarios latinoamericanos y la solidaridad manifestada por estudiantes chilenos y peruanos, cuando las clases dominantes de sus países atizaban una absurda guerra de fronteras, su primera puesta a prueba.

Un segundo nivel fue el Congreso Internacional de Estudiantes reunido en México, también en 1921, con participación, por América Latina de delegados de Argentina, Costa Rica, Cuba, Guatemala, Honduras, México, Nicaragua, Perú, Santo Domingo y Venezuela, pero donde asistieron también representantes de Alemania, China, Estados Unidos, Japón, Noruega y Suiza.

El congreso aprobó una serie de resoluciones enmarcadas en una mezcla ideológica de utopismo pacifista de raíz wilsoniana y antimperialismo. Su importancia estriba en que le dio al movimiento reformista la definitiva consagración, transformando las banderas de Córdoba, de Lima y de Santiago en reclamos de la juventud latinoamericana que se concebía ya a sí misma como integrante más vasta que las fronteras de sus naciones.[9]

Pero las formas organizativas que el movimiento reformista ayudó a plasmar en la lucha por la solidaridad continental fueron más allá de las iniciativas meramente estudiantiles. Sin contar el caso del APRA, seguramente el ejemplo más típico de politización de la reforma universitaria, queda todavía la organización en Buenos Aires de la Unión Latinoamericana, un grupo que reconociendo similar inspiración reformista, desempeñará un importante papel en el continente durante la década del veinte.

La unión es el producto de una fusión intergeneracional y sirvió de lanzamiento extrauniversitario —en muchos casos como antecedente inmediato para la política partidista— a los líderes estudiantiles más importantes, en compañía de algunos de sus maestros, sobrevivientes y superadores del "arielismo" novecentista, encabezados por José Ingenieros.

[9] Véase documento núm. 11, p. 161.

La iniciativa para la creación de una organización que tendiera a nuclear a los intelectuales antimperialistas del continente partió, en 1922, del propio Ingenieros. Visitaba entonces Buenos Aires José Vasconcelos, y en un agasajo que se le efectuó, Ingenieros pronunció un discurso en el que llamó a la unidad latinoamericana: "No somos, no queremos ser más, no podríamos seguir siendo panamericanistas. La famosa doctrina Monroe, que pudo parecernos durante un siglo la garantía de nuestra independencia política contra el peligro de conquistas europeas, se ha revelado gradualmente como una reserva del derecho norteamericano a protegernos e intervenirnos. El poderoso vecino y oficioso amigo ha desenvuelto hasta su más alto grado el régimen de la producción capitalista y ha alcanzado en la última guerra la hegemonía financiera del mundo; con la potencia económica ha crecido la voracidad de su casta privilegiada, presionando más y más la política en sentido imperialista, hasta convertir al gobierno en instrumento de sindicatos sin otros principios que captar fuentes de riqueza y especular sobre el trabajo de la humanidad esclavizada ya por una férrea burocracia sin patria y sin moral. En las clases dirigentes del gran estado ha crecido, al mismo tiempo, el sentimiento de expansión y de conquista, a punto que el clásico 'América para los americanos' ya no significa otra cosa que 'América —nuestra América Latina— para los norteamericanos'." [10]

Es evidente que ya estamos muy lejos del "arielismo" espiritualista. Los fines de la Unión Latinoamericana, establecidos en su declaración original, incluyen: solidaridad política entre los pueblos latinoamericanos; oposición a toda política financiera que comprometa la soberanía nacional; nacionalización de las fuentes de riqueza y abolición del privilegio económico.

Pero en el trasfondo de este antimperialismo de la década del veinte, que la reforma universitaria transformó de vacua declamación en programa militante de un sector extendido de la pequeña burguesía intelectual, latían también otras voces.

Eran las de la revolución rusa a la que se sentía confusamente como un respaldo para la lucha emprendida. Mella viajó por esos años a Moscú y también Haya de la Torre. En 1927 ambos participaron del Congreso Antimperialista reunido en Bruselas, junto con Hatry Pollit, el Pandit Nehru, Sen Katayama. Luego sus caminos se dispersaron, tanto, que dieron origen a dos tradiciones frontalmente separadas.

[10] En Alfredo L. Palacios, *Nuestra América y el imperialismo*, Buenos Aires, 1961, p. 25.

Pero hasta entonces, en esos primeros años en que la reforma salía de su encierro en las aulas y buscaba el espacio americano, casi ningún líder universitario hubiera rehusado firmar estas palabras que aparecen en el editorial del primer número de la revista de la Unión Latinoamericana: "Sabemos que está de parte nuestra y que algún día ha de darnos la victoria esa incontenible energía que radica en la aspiración latente de veinte pueblos. También tenemos conciencia clara de obrar al unísono de aquel impulso renovador que hace dos años partiera del Oriente y que hoy, en el vasto escenario de un mundo anarquizado, socava, lenta pero seguramente, el poderío de las grandes potencias capitalistas."

IV. "EL PURO UNIVERSITARIO ES UNA COSA MONSTRUOSA"

La frase pertenece a Deodoro Roca y fue pronunciada en una entrevista concedida en junio de 1936 al cumplirse un aniversario de la reforma universitaria. En ella, Roca, enrolado ya abiertamente en la izquierda socialista, traza una suerte de balance del movimiento del 18 especialmente orientado a descubrir la relación necesaria entre la rebelión estudiantil y el conjunto de las luchas populares.

Esa conexión (ya lo hemos dicho) la descubrió rápidamente el reformismo universitario pese a que nunca desaparecieron del todo las voces y las consignas que buscaban reducir su combate a la modificación de algunos estatutos, a la corrección de vicios pedagógicos por medio de "una algarada más o menos inocua", como lo señaló alguna vez Mariátegui.

La relación de los estudiantes con otros sectores populares estuvo presente desde un primer momento, sin duda, pero en esos instantes las lealtades invocadas no trascendían un mero solidarismo, enfebrecido por los resplandores de la revolución rusa. "Únicamente —señalará Mariátegui— a través de la colaboración cada día más estrecha con los sindicatos obreros, de la experiencia del combate contra las fuerzas conservadoras y de la crítica concreta de los intereses y principios en que se apoya el orden establecido, podrían alcanzar las vanguardias univeristarias una definida orientación ideológica." [1]

Todo ello se fue logrando a medida que los universitarios en las calles de las ciudades americanas fueron aprendiendo las lecciones de la historia. Ellos formaban parte de un proceso de movilización social; es decir de una coyuntura en la que clases y grupos surgían reclamando mayor participación. En un principio pudieron coincidir con sectores de su propia clase de origen, empeñados también en remplazar el liderazgo cultural y político de la vieja oligarquía. Fue el momento en que la reforma universitaria consiguió sus objetivos inmediatos, haciendo triunfar una suerte de programa mínimo sobre el tácito respaldo de los Yrigoyen, los Leguía, los Alessandri.

Pero cuando la debilidad estructural de esa burguesía llevó su

---

[1] Mariátegui, *op. cit.*

moderación inicial a la más franca derecha, los estudiantes aprendieron la primera y, quizá, la más fecunda lección que les pudo dar la historia. El universitario del 18, dice Roca en 1936, "buscando un maestro ilusorio se dio con un mundo". "La reforma —agrega— fue todo lo que pudo ser. No pudo ser más de lo que fue, en dramas y actores. ¡Dio de sí todo! Dio pronto con sus límites infranqueables. Y realizó un magnífico descubrimiento. Esto solo la salvaría: al descubrir la raíz de su vaciedad y de su infecundidad notoria dio con este hallazgo: reforma universitaria es lo mismo que reforma social." [2] Esta convicción significó que la reforma se abría a la lucha política, que la intervención de la vanguardia de la pequeña burguesía iba a desplazarse desde un área aislada —la universidad— al conjunto del sistema social.

Claro está que las formas y los contenidos de esta inserción no asumieron siempre el mismo carácter y de esa variación surgió la polémica política más aguda y tenaz de América Latina; polémica sobre el socialismo y la revolución democrática; sobre el papel de la clase obrera y de las clases medias en la liberación nacional.

El enfrentamiento se polarizó en dos alternativas: el aprismo, con sus variantes locales y el marxismo, representado entonces básicamente por los grupos ligados a la III Internacional, doblemente abrumados por la discusión interna en la Unión Soviética y por el aislamiento con las masas populares de sus países.

Pero si la politización de la reforma habrá de expresarse finalmente en esas dos alternativas polares hubo antes de ello un camino, a menudo andado a tientas, en el que la solidaridad obrero-estudiantil se concibe sobre el marco confuso de una teoría mesiánica de la "joven generación".

La teoría de la "joven generación" significó un principio de teorización de la experiencia política. Aun antes de esos balbuceos reflexivos, y ayudada por un clima ideológico que permitía descubrir la "cuestión social" como problema clave iluminado por la revolución rusa, nace la solidaridad obrero-estudiantil. Esa solidaridad, así definida con más ingenuidad que certeza en la adolescencia de la reforma, aparece ya en los primeros manifiestos, en las movilizaciones de la hora inicial, cuando se buscaba a tientas superar los límites que pronto resultarán infranqueables.

Aparece en el Perú, cuando los estudiantes luchan junto a los obreros para imponer la jornada de ocho horas; en Chile, donde trabajadores y universitarios comparten cárcel y represión por en-

---

[2] Deodoro Roca, *"¿Qué es la 'Reforma Universitaria'?"* (1936), véase testimonio en p. 430.

frentar la ola chauvinista que pretendía llevar al país a la guerra fratricida contra el Perú.

En la Argentina, en enero de 1919 una huelga general de los trabajadores que dura una semana provoca la intervención sangrienta del ejército y de la policía, ayudados por bandas de civiles armados. Fue la llamada "semana trágica", en la que las clases dominantes vieron aterrorizadas al espectro del comunismo recorriendo las calles. La respuesta estuvo a la altura del miedo; muchos muertos tiñeron de rojo ese episodio que puso a las claras, además, las contradicciones internas que corroían al gobierno de Yrigoyen, prisionero de sus propias limitaciones y de las de su clase, para poner en práctica un programa de reformas.

En esa oportunidad, en Córdoba, caliente aún por las jornadas reformistas, la federación obrera decreta un paro en solidaridad con los trabajadores de Buenos Aires. La federación universitaria se adhiere al mismo, porque "esta federación —dice— contó en su último movimiento con el apoyo de la clase obrera, llegando a crear un vínculo íntimo de compañerismo, y éste es el instante de demostrarlo".

Pocos días después, el 24 de enero de 1919, la federación cordobesa emitía una declaración en cuyos párrafos bullía el contenido ideal que la reforma quiso impulsar desde un principio, como intuición de la alianza que debía estar por detrás de la revolución democrática: "El movimiento universitario argentino, iniciado por los estudiantes de la Universidad de Córdoba, debe ser considerado como la primera manifestación de un proceso evolutivo en el orden nacional, dirigido a modificar fundamentalmente el estado de crisis, por así decir, porque atraviesa su organización social, económica, política e intelectual, teniendo como finalidad inmediata el afianzamiento de la libertad, la verdad y la justicia en todos sus órdenes." El manifiesto, el primero en el que la proyección social de la reforma aparece tan claramente marcada, señala además la conexión "entre esos propósitos ampliamente manifestados por la juventud y las recientes huelgas obreras".

En ese mismo año de 1919 en la ciudad de Mendoza estalla una huelga de maestros que tendrá por su combatividad repercusión nacional. Los estudiantes colaboran con la misma y en un acto realizado en la plaza central de la ciudad el presidente de la Federación Universitaria Argentina resume así los objetivos de su movimiento: "el día en que el trinomio de proletarios, maestros y estudiantes sea un hecho, se habrá cumplido la ley que impone la renovación de los valores sociales".

Un año después, la Sociedad Científica Argentina organiza un congreso de universitarios e invita a participar a la federación estudiantil. Pero ésta rechaza la invitación porque a la asamblea no se ha citado a los sindicatos. "Frente a esta exclusión odiosa e injusta —dicen los dirigentes reformistas— nos cumple manifestar que nos sentimos indestructiblemente solidarios con los trabajadores. Su suerte es nuestra suerte, su ideal es nuestro ideal y el desdén que los hiere a ellos nos hiere también a nosotros."

Esta concepción de la solidaridad obrero-estudiantil elaborada por la reforma habrá de expresarse en la organización de un tipo particular de instituciones, las universidades populares, que a partir de su primer antecedente en el Perú habrán de extenderse por otras ciudades de América.

La universidad popular creada por los estudiantes peruanos se funda el 22 de enero de 1921 y tiene a Haya de la Torre como director inspirador. En 1923 se la bautiza con el nombre de González Prada, en recuerdo de un intelectual novecentista que fustigara en sus obras al dominio de la oligarquía. "La universidad popular no tiene otro dogma que la justicia social", era el lema de la institución.

La universidad popular funcionaba en Lima y en Vitarte, un poblado cercano en el que existía una gran fábrica textil de capital extranjero. Cada semana, tres clases se daban en la capital y dos en Vitarte, para un público exclusivamente obrero. La asistencia era libre y por supuesto gratuita: ni los alumnos pagaban ni los profesores cobraban. Estaba gobernada por una Junta Directiva integrada con alumnos que debían ser obreros; todas las resoluciones debían ser ratificadas por una asamblea general de alumnos.

En Cuba, la universidad popular creada por los estudiantes se llamará José Martí. A pesar de que su antecedente reconocido es la iniciativa similar de los peruanos ya su punto de arranque marcará algunas diferencias —y en su diseño la presencia de Mella es decisiva— ya que los cubanos destacan con mucha mayor claridad el carácter de vanguardia que en las luchas populares debe poseer el proletariado y, por consiguiente, la función subordinada del estudiantado y de la pequeña burguesía.

El significado último de la experiencia de las universidades populares se encadena con el proceso que lleva al movimiento estudiantil a mediados de la década del veinte a la comprensión de la esterilidad de la lucha universitaria en sí misma si se la mantiene como un compartimento cerrado y no como el capítulo de una reforma más vasta.

En realidad el pasaje de uno a otro punto es, visto como momento de un discurso teórico, la paulatina certidumbre de que la mera alianza de los estudiantes con un sector de la élite, exaltado al poder político como grupo de recambio de las viejas camarillas, resulta inconsistente aun para el cumplimiento de los propios fines primeros, limitados a modificar una situación retrógrada en las casas de estudio. Esas nuevas élites que aprovecharon y alentaron la movilización estudiantil cuando ella significaba conmover las bases de poder ideológico y cultural de las camarillas más conservadoras, no pudieron tolerar finalmente el empuje del ala más radical de la pequeña burguesía representada por los estudiantes y en un corto plazo enfilaron sus armas contra ellos.

El movimiento estudiantil comprende entonces que es necesaria una apertura, que la base de sus alianzas debe ser ampliada. A partir de esta comprensión la vaga solidaridad obrero-estudiantil comienza a transformarse en una teorización más sistemática acerca de la política de alianzas necesaria para el desarrollo de una revolución democrática postergada, cuyo incumplimiento los estudiantes denunciaron tácitamente en la movilización que se expande a partir de 1918.

En esta dirección es que los proyectos de universidades populares asumen su condición de elementos de pasajes de la lucha estudiantil a la lucha política. Y más aún: especificando en los propios contenidos del proyecto podrían advertirse indicios que contribuirían a definir el programa con el que se cumple ese tránsito a la política.

Éste es el plano en que aparece como importante la diferencia anotada entre la concepción peruana y la del movimiento reformista cubano acerca de las universidades populares.

En Perú, Haya de la Torre ya pone en práctica lo que sería el borrador de la ideología del APRA, como tentativa "vanguardista" de la pequeña burguesía sobre el conjunto de las clases populares.

En Cuba, en cambio, los propósitos de las universidades populares José Martí se inscriben en otra dirección: además de señalar la imposibilidad de la lucha universitaria aislada, niega que en la alianza entre movimiento estudiantil y clases populares, el liderazgo del proceso le corresponda al primero.

Así, el escepticismo claramente formulado por Mella acerca de la posibilidad de una reforma "puramente" universitaria se completa con la visión (o quizá con la intuición aún no elaborada) de la hegemonía del proletariado en la revolución democrática.

Mella y Haya de la Torre son al promediar la década del veinte dos ·figuras centrales de la discusión política en América Latina. Ambos salen de la reforma; ambos participan como delegados latinoamericanos en el Congreso Antimperialista de Bruselas; ambos recorren la Unión Soviética. Pero en el punto crucial sus caminos divergirán y dos tradiciones se abrirán a partir de cada uno de ellos. De la herencia de Mella surgirá Fidel Castro, aun cuando la cristalización del castrismo como ideología ha de suponer algo más que la continuidad con Mella: también la superación del primitivismo "ortodoxo" manifestado en los primeros pasos de la inserción del marxismo en América Latina.

"El proletariado instruido —dice la declaración inicial de las universidades populares José Martí— ha de marchar a la vanguardia." Y culmina con una convocatoria: "Estudiantes: venid a engrosar nuestras filas. No hay ideal más alto que la emancipación de los trabajadores por la cultura y por la acción revolucionaria."

La inserción del movimiento estudiantil en las luchas populares tiene otras características en la tradición aprista. Detrás de ella —además de sus supuestos ideológicos desplegados sobre la experiencia china del Kuomintang se encuentra una teoría acerca del papel dinamizador de las juventudes en el conflicto social y una teoría elitista de la "nueva generación" como motor de los cambios históricos.

La reforma introducía así abiertamente una problemática aún no agotada: la de la juventud concebida como categoría social, en relación con otras clases y otros grupos vigentes en la estructura de la sociedad.

Esta "teoría de las generaciones" tenía, en América Latina, el directo impulso aportado por Ortega y Gasset cuya inspiración se descubre en todos los textos referidos al tema.

Ortega había estado en Buenos Aires en 1916. Sus conferencias impresionaron entonces al público formado en su mayoría por universitarios. Más tarde sus libros y especialmente *El tema de nuestro tiempo*, aportarían el sustrato ideológico que ayudaría a justificar, en el plano de la teoría, a la movilización estudiantil.

Los cambios sociales —enseñará Ortega— dependen, sobre todo, de las ideas, de las preferencias morales y estéticas que tengan los contemporáneos. "Pero —agregará, en el vértice de su neoidealismo de raíz alemana —ideología, gusto y moralidad no son, a su vez, más que consecuencias o especificaciones de la sensación radical ante la vida, de cómo se sienta la existencia en su integridad indiferenciada. Ésta que llamaremos *sensibilidad vital* es el. fenómeno primario en historia y lo primero que habríamos de definir para comprender una época.",[3]

Pero la variación de la sensibilidad en un individuo no hace historia: "las variaciones de la sensibilidad vital que son decisivas en historia se presentan bajo la forma de generación". ¿Y qué es una generación? No un puñado de hombres egregios ni simplemente una masa: "es como un cuerpo social íntegro, con su minoría selecta y su muchedumbre que ha sido lanzada sobre el ámbito de la existencia con una trayectoria vital determinada".[4]

Por eso, la generación es el concepto más importante de la historia, "el gozne sobre el que ésta ejecuta sus movimientos".

La teoría de las generaciones desplaza al conflicto social del ámbito de las clases al de las edades. La historia se construye así como una sucesión de enfrentamientos entre "sensibilidades"; como un "ritmo de épocas de senectud y épocas de juventud". "Dentro de ese marco de idealidad —añade Ortega— pueden ser los individuos del más diverso temple, hasta el punto de que, habiendo de vivir los unos junto a los otros, a fuer de contemporáneos, se sienten a veces como antagonistas. Pero la más violenta contraposición de los pro y los anti descubre fácilmente a la mirada una común filigrana. Unos y otros son hombres de su tiempo, y por mucho que se diferencien se parecen más todavía. El reaccionario y el revolucionario del siglo XIX son mucho más afines entre sí que cualquiera de ellos con cualquiera de nosotros."

Esta identidad —según Ortega— no significa la inexistencia de escalas entre los miembros de una misma generación. Esa escala —y he aquí claramente marcados los rasgos del elitismo orteguiano— "es la distancia permanente entre los individuos selectos y los vulgares", tema que Ortega desarrollará en muchos de sus libros, especialmente, en *La rebelión de las masas*.

Estas concepciones orteguianas caían sobre las insurgencias del radicalismo ilustrado de los reformistas como un padrinazgo prestigioso. Estaba claro: la entrada al tiempo histórico por parte del continente latinoamericano debía estar marcada por la presencia de una joven generación cuya vanguardia eran los estudiantes.

El mesianismo estudiantil, producto de un momento en el que efectivamente la movilización de las masas populares requería un liderazgo externo y en el que, para la mayoría de los países, no existían formas de organización política para canalizarla, surgía así como una respuesta concreta al surgimiento de la pequeña bur-

---

[3] José Ortega y Gasset, *El tema de nuestro tiempo*, Madrid, 1956, p. 6.
[4] *Ibid.*, p. 7.

guesía intelectual, prestigiada, incluso, en el plano de la teoría por lucubraciones al estilo de las de Ortega y Gasset.

El fenómeno de la "nueva sensibilidad" no fue exclusivamente americano en la posguerra del 18. La conflagración y sus consecuencias: la revolución rusa y la caída de las monarquías de Europa central, sirvieron de acicate para esa contemplación narcisista que la juventud hacía de sí misma, en momentos en que el viejo continente era sacudido por una ola revolucionaria que parecía concluir con el pasado.

José Carlos Mariátegui, reflexionando más tarde sobre el "mito de la nueva generación" que floreció en Europa y repercutió en América señalaba un orden causal absolutamente inverso que el propuesto por Ortega: no era la "nueva sensibilidad" de la juventud lo que había encendido el entusiasmo revolucionario en el año 19; era este ascenso de la revolución lo que había provocado la insurgencia juvenil. "Lo que nos interesa ahora —escribe en 1926— en tiempos de crítica de la estabilización capitalista y de los factores que preparan una nueva ofensiva revolucionaria, no es tanto el psicoanálisis ni la idealización del *pathos* juvenil de 1919, como el esclarecimiento de los valores que ha creado y de la experiencia que ha servido. La historia de este episodio sentimental nos enseña que, poco a poco, después que las ametralladoras de Noske restablecieron en Alemania el poder de la burguesía, el mesianismo de la 'nueva generación' empezó a calmarse, renunciando a las responsabilidades precoces que, en los primeros años de posguerra, se había apasionadamente atribuido. La fuerza que mantuvo viva hasta 1923, con alguna intermitencia, la esperanza revolucionaria no era, pues, la voluntad romántica de reconstrucción, la inquietud tumultuaria de la juventud en severa vigilia; era la desesperada lucha del proletariado en las barricadas, en las huelgas, en los comicios, en las trincheras. La acción heroica, operada con desigual fortuna, de Lenin y su aguerrida fracción de Rusia, de Liebneckt, Rosa Luxemburg y Eugenio Leviné en Alemania, de Bela Kun en Hungría, de los obreros de la Fiat en Italia hasta la ocupación de las fábricas y la escisión de las masas socialistas en Livorno." [5]

Las ligazones de la teoría generacional con el APRA aparecen claras, especialmente en lo que la misma tenía de inconsciente intento de la pequeña burguesía por transformarse en líder de una insurrección popular.

[5] José Carlos Mariátegui, *Defensa del marxismo*, Lima, 1959, p. 93.

El programa del APRA permite comprender sin velos que lo oculten el pasaje de lo que puede ser una tendencia espontánea de los grupos ilustrados por conducir a la sociedad hasta llegar a una elaboración más madura (y efectuada ya no en términos de "sensibilidad" y de "generaciones") acerca del papel que esa vanguardia intelectual de clase media debe asumir en la lucha nacional dentro de un cuadro complejo de relaciones entre grupos y clases sociales.

Así, la ideología del APRA aparecerá de alguna forma como la concientización que la pequeña burguesía ilustrada efectúa de su propia movilización, justificada en un principio en los términos más volátiles de la lucha entre generaciones.

La "cuestión juvenil" de tal modo se clarifica como capítulo de la cuestión social. Y el enfrentamiento entre la izquierda y el APRA probará que no eran ciertas las proposiciones orteguianas acerca de la identidad generacional como "común filigrana" que iría más allá de los pro y los anti que dividen a los coetáneos. "La lucha social —dirá Mella— no es una cuestión de glándulas, canas y arrugas, sino de imperativos económicos y de fuerza de las clases, totalmente consideradas."

El "mito de la nueva generación", al decir de Mariátegui, no queda sino reducido a eso: a una primera manifestación del surgimiento pequeñoburgués —a través de su ala más avanzada— para tentar la dirección de las masas. Las claves del proceso (y de su desenlace) las ha fijado Gramsci: "La burguesía —dice— no consigue educar a sus jóvenes (lucha de generaciones) y los jóvenes se dejan arrastrar culturalmente por los obreros y al mismo tiempo se hacen o tratan de convertirse en jefes (deseo 'inconsciente' de realizar la hegemonía de su propia clase sobre el pueblo) pero en las crisis históricas vuelven al redil." [6]

La "joven generación" se transformó rápidamente en el Perú (y en Venezuela y Costa Rica, por citar dos casos) en partido político. No sucedió lo mismo en Argentina en donde, sin embargo, aparecieron las teorizaciones más acabadas sobre el problema. Las causas de ello habrá que buscarlas en la estructura social del país y en su desarrollo político entre 1918 y 1930.

Quien más ampliamente intentó teorizar a la reforma como un movimiento de la nueva generación y justificar, a partir de allí, su ingreso a la acción política, fue el argentino Julio V. González, uno de los principales protagonistas de las luchas reformistas en Buenos Aires, quien finalmente ingresó al partido socialista y fue en varios

---

[6] Antonio Gramsci, *Los intelectuales y la organización de la cultura*, Buenos Aires, 1960, p. 52.

períodos diputado. González aplicó, letra por letra, el esquema orteguiano y a partir de él intentó, en 1927, la creación de un partido —el nacional reformista— inspirado en el APRA. Su pensamiento alcanza mayor interés en cuanto a través de él se desenvuelve el hilo lógico que lleva de un nivel al otro, de la universidad a la política.

"La reforma universitaria —decía ya en 1923— acusa el aparecer de una nueva generación que llega desvinculada de la anterior, que trae sensibilidad distinta e ideales propios y una misión diversa para cumplir." Y agrega: "Significaría incurrir en una apreciación errónea hasta lo absurdo considerar a la reforma universitaria como un problema de las aulas, y aún así, radicar toda su importancia en los efectos que pudiera surtir exclusivamente en los círculos de cultura." [7]

Estamos en 1923, es decir, en el momento en que la reforma universitaria entra en América en su momento de reflujo. El momento en que los estudiantes peruanos y cubanos también se plantean abiertamente el paso a la lucha política abierta, presionados por una realidad dictatorial que reprime bárbaramente sus manifestaciones.

Ese año en la Argentina también significa —ya lo hemos visto— el descenso reformista. Pero la situación no era igual a la de otras tierras de América. El descenso significaba efectivamente pérdida de reivindicaciones conseguidas en 1918, pero el clima político no era de terror, sino de un viraje paulatino hacia posiciones de derecha, en momentos en que la actividad económica era favorable y los "dueños de la tierra" aprovechaban más que nunca las ventajas de la renta diferencial.

El gobierno de Alvear era un retroceso frente al de Yrigoyen y su conservatismo abriría las puertas para la contrarrevolución en 1930, pero en el plano de las libertades públicas nunca hubo un gobierno tan tolerante. Y este hecho definió en gran medida las formas de inserción del movimiento universitario en la política, reclamadas por González y sus compañeros que, con lucidez, advertían que la reforma debía trascender a la universidad.

Si en otros países la organización de los universitarios en partido aparecía como un juego de acción-reacción frente a la brutalidad de las dictaduras militares que determinaban que la exigencia de reformas en la universidad se transformara en bandera de rebelión política, en la Argentina de los veinte eso no resultaba tan claro. "En ese sentido —comenta cáusticamente un historiador— el ritmo

[7] Julio V. González, *op. cit.*, p. 109.

del movimiento reformista en la Argentina fue muy frecuentemente el de una violenta protesta acompañada de un manifiesto altivamente desafiante e inmediatamente seguida de un memorial redactado en términos más apacibles y dirigido al presidente de la República o a su ministro de Justicia e Instrucción Pública." [8]

Pese a ello, la intuición acerca del fracaso inevitable y de la fugacidad de toda conquista democrática elaborada exclusivamente en la universidad estaba presente también en los líderes reformistas argentinos. Ello movía a las discusiones abiertas sobre la acción política que la "nueva generación" debía encarar y a esa inquietud se sumaba otra: la de la necesaria solidaridad con los trabajadores.

"¿Cómo se explica —pregunta González— esta vinculación entre el proletariado, que obedece a intereses económicos y de clase, con los revolucionarios estudiantiles que pertenecían a una distinta y que enarbolaban vagos principios idealistas? Se explica, en concepto general, porque ambos sufrían el dolor de la orfandad; huérfanos los unos, puesto que nada podían hallar en los padres espirituales de la vieja generación que venían a combatir; huérfanos los otros por el desprecio y la falta de solidaridad que siempre han padecido del resto de la comunidad. Sintiéndose así solos los jóvenes de la nueva generación y los proletarios de todas las generaciones, natural era que se uniesen y se sintiesen identificados en una lucha que debía ser forzosamente por ideales comunes." [9]

Claro está que González no avanzaba demasiado en la elaboración de ese programa: "barrer con las oligarquías, descubrir las mentiras sociales, concluir con los privilegios, extirpar los dogmas religiosos, realizar ideales americanos de renovación social", todo, en suma, demasiado vago. Una vaguedad que, como propuesta concreta sólo podía conducir al filantropismo: "La universidad —resume— debe prestar los servicios que la sociedad le exige, es decir, contribuir a su perfeccionamiento y llevar los beneficios de la ciencia a todas las capas sociales. La universidad debe ir hacia los que por razones económicas no pueden gozar de los beneficios de la ilustración." [10]

Éste era el programa que los reformistas podían proponer en la Argentina a las clases populares. No podían organizar una lucha contra el terror dictatorial, porque Alvear distaba mucho de aplicarlo; no podían levantar banderas imperialistas porque el tema —pese a los esfuerzos de la Unión Latinoamericana— sonaba todavía

[8] Tulio Halperín Donghi, *Historia de la Universidad de Buenos Aires*, Buenos Aires, 1962, p. 134.
[9] González, *op. cit.*, p. 119.
[10] González, *op. cit.*, p. 152.

como algo extravagante para el grueso de la población. Adviértase, por, ejemplo, que el antimperialismo de la Unión Latinoamericana apuntaba sus miras hacia la política expansionista de los norteamericanos y no hacía referencia a la inglesa, siendo que la Argentina sufría la explotación del capital británico y no del yanqui. Pero esa explotación era muy poco espectacular como para transformarla en acicate para la lucha.

Eran años de bonanza, años del "granero del mundo": años en los que Ortega y Gassett descubría un "destino manifiesto" para el pueblo argentino.

En ese clima la politización del estudiantado y de la pequeña burguesía no podía generar formas de contestación que fueran más allá del paternalismo ideológico de una "nueva generación" acercándose al pueblo.

Como proyecto autónomo, el paso a la política de los reformistas del 18 debía forzosamente fracasar. En 1927, Julio V. González propone concretamente la creación de un partido político reformista. "Un día —dice en un discurso— al principio de la histórica década reformista, el hombre nuevo que había nacido en la universidad salió, como lo sabéis, en demanda del pueblo, y con su apoyo, con el del proletariado especialmente, volvió triunfante sobre ella para conquistar la imposición del estatuto de la reforma. Ha llegado la hora de que paguéis aquella deuda de gratitud y volviendo al pueblo le digáis que el hombre nuevo ya está pronto para defender sus derechos." [11]

Su llamado no tuvo ningún eco extrauniversitario pese a que se trataba en esos momentos de uno de los dirigentes reformistas más conocidos. La estructura compleja de las masas populares en la Argentina; la existencia de una antigua tradición de luchas sociales; la vigencia de un sindicalismo relativamente poderoso; la presencia de diputados socialistas desde 1904 y un clima ideológico en la izquierda en el que mantenían vitalidad el anarquismo y el comunismo, eran antecedentes suficientemente poderosos como para prever el fracaso de una tentativa tutelar por parte de los estudiantes sobre las clases populares. Estaba, además, el yrigoyenismo como gran movimiento de masas en el que la mayoría de la población se sentía representada. El pueblo —evidentemente— había encontrado ya partidos y organizaciones que lo encuadraban y no vivía la urgencia con que la "nueva generación" quería independizarse de los partidos burgueses.

[11] Julio V. González, *El partido nacional reformista*, véase testimonio en la p. 370.

Julio González, en 1941, ya diputado socialista, trazaría un breve cuadro de ese intento del ala avanzada de la pequeña burguesía por constituirse en fuerza independiente: "Ninguno, desde el 18 al 30, nos hallábamos enrolados en los partidos. Nos defendíamos de ellos. Le teníamos asco a la política y tanto asco que yo, por mi parte, intenté hacer de la reforma universitaria un partido ideal, una especie de república de Platón, desde luego irrealizable. Cayó en el vacío. Mi iniciativa fracasó. Pero tal era la aprensión que le teníamos a la política que, de ir a ella, lo hubiéramos hecho formando partido propio: el de la Nueva Generación." [12]

---

[12] González, *op. cit.*, p. 147.

V. LA REFORMA FUNDA UN PARTIDO POLÍTICO

Si en la más compleja estructura social de la Argentina encontrábamos una de las causas por las que, a pesar de haberse gestado en ese país el movimiento de la reforma universitaria, debía necesariamente fracasar un intento de politizar la misma hasta llevar su programática al nivel organizativo de un partido, en el Perú será también el grado de desarrollo de sus fuerzas sociales lo que nutrirá en buena parte la posibilidad de que inversamente la reforma, a través del APRA, deviniera partido político.

El Perú de entonces era un típico exponente de Indoamérica. Tres "países" diferentes coexistían en su geografía: el de la costa marítima, en donde está asentada Lima, abierto a la influencia europea, modernizado sobre todo en el área del consumo, sede de una burguesía *compradora* y de un capitalismo burocrático y comercial. El de la sierra, asiento de los grupos campesinos de origen incaico y, finalmente, la zona de las selvas orientales, virtualmente despoblada. Las tres secciones del país no se hallaban integradas en un mercado único y la base de poder estaba constituida por una alianza estrecha entre grandes terratenientes, burgueses intermediarios y capitalistas extranjeros.

Esa sociedad, tradicionalmente inmóvil, comienza a inquietarse en las primeras décadas del siglo con algunas oleadas de movilización expresadas en migraciones internas de la zona de las sierras a la de la costa, que tienen por protagonista al *cholo*. El *cholo* —expresa un autor— es un personaje moderno, aun cuando el término es de empleo muy corriente ya en la época de la colonia para designar al mestizo de sangre europea e india. "Entiendo por él —agrega— al mestizo en vías de ascenso, que tiene cierto tinte de instrucción, cierta experiencia de la vida urbana, así como la ambición de ejercer empleos de tipo terciario."[1]

Con esta emigración se reforzará la clase media limeña y a ella se sumarán hijos del patriciado del interior, una aristocracia lugareña empobrecida en muchos casos por la penetración del capital extranjero, que debe refugiarse en puestos burocráticos sin importancia.

[1] François Bourricaud, *Poder y sociedad en el Perú contemporáneo*, Buenos Aires, 1967, p. 62.

El estudiantado hacia 1920 estará en buena parte reclutado en estos estratos sociales. Las consignas de la reforma universitaria tendrán para ellos no sólo un tono ideológico cultural, sino también el carácter más marcado de reivindicaciones económico-sociales, lo que marca, de entrada, una diferencia importante con el caso argentino.

La asistencia libre, es decir la no obligatoriedad de la concurrencia a clase, por ejemplo, no era solamente una manera de castigar a los malos profesores y por lo tanto de conseguir mejores niveles docentes. "A primera vista —comenta acertadamente Bourricaud— sólo planteaba una cuestión menor de disciplina. Pero mirándola más de cerca remplazaba por una imagen nueva la imagen del estudiante tradicional. Si el 'señorito' podía pasarse todo su tiempo en la universidad, lo hacía porque las prodigalidades de su familia lo liberaban de toda preocupación material. El 'cholo' que ha llegado de su provincia debe trabajar para subvenir a sus necesidades; por eso mismo espera de sus profesores una preparación sobre todo profesional y se muestra menos sensible que quienes lo anteceden a las bellezas de la cultura clásica." [2]

Es en este cuadro social que se dará la reforma y posteriormente el APRA. Dentro de una sociedad dependiente, con un proletariado escaso y sin tradición organizativa autónoma y con una burguesía industrial virtualmente inexistente, no es extraño que dado un proceso de movilización de las clases medias el papel de vanguardia para una agitación política y social caiga en poder del estudiantado universitario.

Cuando el régimen de Leguía, que intentó en un principio representar un cierto ascenso liberal apoyando incluso las reformas solicitadas por los estudiantes, giró a la derecha, sobre el fondo de conmoción creado por las luchas universitarias y ampliado por las alianzas incipientes entabladas entre reformistas y obreros en las universidades populares, surgió la posibilidad de encuadrar a la lucha de masas dentro de un movimiento organizado.

Leguía encarcela a Haya de la Torre y luego lo destierra, tras haberle ofrecido —como lo había hecho con Mariátegui en octubre de 1919— una beca para radicarse en Europa, que el futuro líder del APRA no acepta.

Haya de la Torre anclará en México, donde es recibido como un héroe. Vasconcelos, uno de los "maestros" que saludó al movimiento de la reforma, le otorgará un cargo a su lado. Y en 1924,

---

[2] *Ibid.*, p. 59.

el 7 de mayo, Haya propone la creación de una Alianza Popular Revolucionaria Americana, invitando a todos los latinoamericanos a unirse a la nueva organización cuya sigla —APRA— acuñará la voz que distinguirá al grupo.

El programa de la nueva organización, entendido como esquema general sobre el cual cada grupo debía adecuar luego sus plataformas nacionales, poseía cinco líneas fundamentales:

1] Acción contra el imperialismo yanqui.
2] Por la unidad política de América Latina.
3] Por la nacionalización progresiva de tierras e industrias.
4] Por la internacionalización del canal de Panamá.
5] Por la solidaridad de todos los pueblos y clases oprimidas.

La proyección imaginada para el APRA era continental. Su vinculación con el ideario americanista de la reforma se refuerza con esta característica, precisada en el momento de sus orígenes y mantenida luego sólo retóricamente. La idea de Haya de la Torre era concentrar en el APRA a las fuerzas que a partir de 1918 habían luchado por los postulados reformistas y por la extensión de esos postulados a otras capas populares.

Su propia concepción de la reforma universitaria, favorecida por la capacidad demostrada por los estudiantes en 1921-23 para acaudillar y organizar un movimiento político nacional, lo llevaba naturalmente a prolongar la insurgencia estudiantil en organización política. "No sólo en su actitud respecto a la política y el orden social —escribía Haya en 1926— los estudiantes están creando nuevos conceptos y asumiendo nuevas actitudes, capaces de ser convertidas más tarde en precisas formas de acción." Y agregaba: "El estrecho contacto entre los trabajadores y los estudiantes ha formado en cada república latinoamericana una fuerte vanguardia de la juventud, la de los trabajadores manuales e intelectuales."[3] El concepto de la "nueva generación" aplicado originariamente al movimiento universitario era generalizado por Haya de la Torre hasta transformarlo en clave del enfrentamiento social básico y en única posibilidad de proyectar a la comunidad los contenidos de la reforma universitaria; en 1925 escribía, trazando un puente entre la reforma y el APRA: "Sólo así, uniéndonos al trabajador daremos a la revolución universitaria un sentido de perennidad y de fuerza futura. Nuestra generación no es nuestra generación estudiantil o intelectual: nuestra generación es el frente único de las juventudes de trabajadores manuales e intelectuales, frente único revolucionario, frente único

[3] Víctor Raúl Haya de la Torre, *¿Adónde va Indoamérica?*, Buenos Aires, 1954, p. 119.

que debemos formar, disciplinar y extender como salvaguardia del porvenir de nuestros pueblos." [4]

El instrumento de ese frente debía de ser, precisamente el APRA, concebido no como un partido sino como un movimiento amplio de carácter antimperialista que pretendía aglutinar a las fuerzas de la "nueva generación" bautizadas políticamente en las jornadas reformistas. El APRA se autodefinía explícitamente como una "organización de la lucha antimperialista en América Latina, por medio de un frente único internacional de trabajadores, manuales e intelectuales, con un programa de acción política."

Desde 1924 hasta 1930 la labor de Haya —exiliado del Perú— se concentra en la difusión periodística de esta línea de frente único de la que participan incluso partidarios del marxismo. Tal fue por ejemplo el caso de José Carlos Mariátegui que rompió con el aprismo recién en 1928.

Hacia 1929 según los partidarios de Haya de la Torre existían filiales de la organización en París, Londres, Buenos Aires, Chile, Perú, Cuba, Puerto Rico y Santo Domingo. Pero los intentos —finalmente fallidos— de mayor expansión tuvieron lugar en la década del treinta: se crearon, entre otros, partidos apristas en Cuba, México y Argentina. El propio Partido Aprista Peruano es organizado recién en 1930, marcando así el pasaje de una concepción de frente único a otra de partido autónomo.

De todas formas, la verdadera influencia del ideario aprista —transformado en alternativa antimperialista para las clases medias frente a la ortodoxia "clasista" de los partidos comunistas— se ejerció no sobre las fantasmales "secciones locales" del APRA sino sobre otros partidos políticos nacionales que respondían a una concepción sobre la estrategia política latinoamericana similar a la que fuera elaborando Haya de la Torre a partir de 1925. Incluímos entre estas agrupaciones a Acción Democrática en Venezuela; al Partido Febrerista en Paraguay; al Partido Revolucionario Auténtico en Cuba; al Partido Acción Revolucionaria en Guatemala; al Partido Liberación Nacional en Costa Rica; al Movimiento Nacionalista Revolucionario en Bolivia. En todos los casos se trataba de organizaciones con programas nacional-democráticos en los que se agrupaban los estudiantes e intelectuales enfrentados abiertamente con las dictaduras militares.

Pero antes de llegar a esa expansión, que vendría a comprobar que los contenidos del APRA trascendían marcos locales para trans-

---

[4] Víctor Raúl Haya de la Torre, "La reforma universitaria y· la realidad social", véase testimonio de la p. 356.

formarse en bandera de lucha de las clases medias contra la barbarie dictatorial, Haya de la Torre debió precisar su programa.

Esa precisión va a formar parte principal de la historia del surgimiento político de las clases medias latinoamericanas inauguradas a la lucha de masas a través de la reforma universitaria. En ese sentido, como realización de un proceso definido de movilización social, la reforma no encontró un heredero político más auténtico que el aprismo de Haya de la Torre. Sus limitaciones posteriores no son sino el producto de un envejecimiento prematuro, la parábola de un ciclo en el que las clases medias aparecen como vanguardia social cuando la lucha es encabezada por su sector más combativo —los estudiantes—; que se transforma luego en moderación cuando del desorden y de la rebeldía pasa a proponer salidas institucionales y que, en el punto final, elige la franca colaboración con los enemigos que combatió en su hora inicial.

Pero a los fines de medir la inserción del aprismo en el proceso abierto por la reforma, lo que interesa no es la consideración del momento en que el APRA abraza resueltamente posiciones que podrían calificarse como de derecha, sino la etapa primera de elaboración programática, desplegada sobre el fondo de una gran discusión ideológica con los incipientes núcleos ligados a la III Internacional, discusión que reconocía como antecedente inmediato otras polémicas de otras latitudes: la que enfrentó, en China, a partidarios y enemigos del Kuomintang.

En aquellas zonas en las que no existían partidos comunistas organizados, los planes integrativos del APRA en la etapa que podríamos llamar frentista de su historia, facilitaron la participación de núcleos marxistas dentro de la organización. Tal fue —dijimos— el caso del Perú y de quien fuera el primer teórico importante del marxismo revolucionario en Latinoamérica, José Carlos Mariátegui, militante del APRA —no del Partido Aprista Peruano— entre 1926 y 1928, año en que fundará el Partido Socialista Peruano.

En los momentos en que Haya va concretando su programa, el movimiento comunista latinoamericano, débil en casi todos los países del continente, discutía también, como prolongación de los acuerdos de la III Internacional, la estrategia del frente único antiimperialista y de la organización de los partidos clasistas.

En esa discusión el interclasismo es admitido —y con limitaciones derivadas de un análisis extremista sobre las posibilidades revolucionarias de la pequeña y mediana burguesía nacional— solamente para las organizaciones frentistas. Pero en lo que hace a los problemas del partido revolucionario, toda tendencia que pudiese conducir al deterioro del esquema clasista tradicional resulta violentamente impugnada por la estrategia de los partidos comunistas, empeñados entonces, según las disposiciones de la III Internacional, en un proceso de "bolchevización" de los partidos.

Haya va pasando, en los años de gestación de su ideología, del esquema frentista al partidario, manteniendo, sin embargo, la estrategia policlasista. Éste será uno —no el único, ciertamente— de los puntos de ruptura con los comunistas, al que se sobreagregará el problema de la relación entre nacionalismo y socialismo en América Latina.

Sobre este plano se diferenciarán progresivamente los elementos ideológicos más estrechamente ligados con la reforma universitaria, de aquellos vinculados a una flamante incorporación del marxismo, representados por varios dirigentes que habían participado con Haya de la insurgencia estudiantil y de los primeros pasos hacia la politización de la reforma: Mella y el mismo Mariátegui, que aun cuando no participó personalmente de las luchas universitarias, se nutrió de la "revolución espiritual" en ellas expresada y las saludó como "el nacimiento de la nueva generación latinoamericana".

Todavía en sus *Siete ensayos de interpretación de la realidad peruana* publicados en 1928, Mariátegui manifiesta su coincidencia con Haya: "Escrito este trabajo —dice en una nota al pie de página— encuentro en el libro de Haya de la Torre 'Por la emancipación de la América Latina' conceptos que coinciden con los míos sobre la cuestión agraria en general y sobre la comunidad indígena en particular. Partimos de los mismos puntos de vista, de manera que es forzoso que nuestras conclusiones sean también las mismas." [5]

Hacia 1930 Haya de la Torre ha elaborado ya el programa del APRA, no como movimiento continental de agrupamiento antimperialista —al estilo de la Unión Latinoamericana, pero buscándole mayor eco de masas— sino como partido político concebido de manera policlasista, a la manera del Kuomintang.

"En un discurso pronunciado durante la cena conmemorativa de la revolución en Londres, el 11 de octubre de 1926 —recordará Haya años más tarde—, hice hincapié en que el único frente antimperialista semejante en su origen al chino es el indoamericano y el único partido antimperialista del tipo que tuvo el Kuomintang al formarse es el APRA. Insisto en el paralelo a pesar de necesarias distinciones específicas, recordando que la traducción literal de las

[5] José Carlos Mariátegui, *Siete ensayos de interpretación de la realidad peruana*, Lima, 1956, p. 86.

tres palabras que denominan al poderoso organismo político chino significan en nuestra lengua Partido Popular Nacional." Y agrega, definiendo los contenidos de su estrategia: "El Kuomintang no fue fundado como partido de clase, sino como un bloque o frente único de obreros, campesinos, clase media organizados bajo la forma y disciplina de partido, con programa y acción política concretos y propios. Sun Yat-sen, uno de los más ilustres espíritus creadores de nuestro tiempo, vio bien claro en su época que no era posible establecer en China un partido puramente de clases —socialista— o puramente comunista más tarde. Lo admirable de la concepción política de Sun Yat-sen estuvo en su realismo genial; tan genial como el realismo de Lenin lo fue para Rusia. Uno y otro crearon para sus respectivos países las fuerzas políticas que eran necesarias a sus propios medios." [6]

La proclamación del Kuomintang y su bloque de clases como modelo para la lucha popular en Latinoamérica (o Indoamérica, según llama Haya de la Torre al continente) no era una mera disquisición táctica sino la expresión de una estrategia, la de la pequeña burguesía nacionalista, frente a otra, la que intentaban testimoniar los ideólogos comunistas en nombre del socialismo y de la clase obrera. El APRA —dice Haya— sostiene que antes de la revolución socialista que llevaría al poder al proletariado —clase en formación en Indoamérica— nuestros pueblos deben pasar por períodos previos de transformación económica y política y quizá por una revolución social —no socialista— que realice la emancipación nacional contra el yugo imperialista y la unificación económica y política indoamericana. La revolución proletaria, socialista, vendrá después... pero eso ocurrirá mucho más tarde." [7]

Para Haya la lucha antimperialista podía encararse de dos maneras, resultado de dos puntos de vista. "El de una fórmula radical que implique la abolición total del sistema capitalista —del que la dependencia económica es una consecuencia— o el de una fórmula transicional que suponga la prevalencia del capitalismo y la restauración de la independencia latinoamericana dentro de él."

La primera perspectiva sería la de los partidos marxistas, que Haya rechaza argumentando que "la destrucción del sistema capitalista debe producirse donde el capitalismo existe, en sus centros mismos de origen y dominio" y que la América Latina no es una zona característicamente capitalista.

[6] Haya de la Torre, *El antiimperialismo y el Apra*, Santiago de Chile, 1936, p. 68.
[7] *Ibid.*, p. 122.

El camino aprista sería otro: obtener la independencia económica de América Latina dentro del capitalismo, pero "teniendo en cuenta la posibilidad de su destrucción".[8]

Y a partir de esa posibilidad, Haya de la Torre elabora su concepción acerca del papel del imperialismo en América Latina, lo que constituirá quizá el núcleo básico de su defección ulterior.

"El aprismo —dice Haya— considera que el imperialismo, última etapa del capitalismo en los pueblos industriales representa en los nuestros la primera etapa. Nuestro capitalismo nace con el advenimiento del imperialismo moderno."

La conclusión de esta premisa, expresada en términos de "el imperialismo como primera etapa del capitalismo en los países dependientes" no puede resultar finalmente sino apologética, en tanto se transforma al imperialismo en agente activo de modernización económica y social. La contradicción con la teoría leninista es notoria, pese a que Haya en un principio tratara de presentar su concepción como complementaria.

Claro está que en los planteos iniciales esta teoría aprista sobre el imperialismo no pretendía justificar a éste en el continente sino todo lo contrario. Pero después de 1930 servirá para sostener ideológicamente el viraje del aprismo y de las organizaciones inspiradas por su programa.

Una distinción escolástica establecida entre lo que significa *capital extranjero* e *imperialismo extranjero* permite al pensamiento de Haya justificar, dentro de un programa político que se proclama antimperialista, la penetración del capitalismo de los países avanzados a través de las inversiones. Mientras el capital extranjero aparece como necesario para el desarrollo de América Latina, el imperialismo extranjero resultaría en cambio una traba para su desarrollo, en tanto el pragmatismo del pensamiento de Haya define al imperialismo como esa clase de capital que interfiere en la política interna del país que lo recibe, controlando la vida de la nación.

El APRA, para derrotar a esa forma de imperialismo planea un "frente único de clases oprimidas" proyectado hacia el control del estado. ¿Cómo deberá constituirse ese frente político capaz de crear el llamado "estado antimperialista"? La respuesta retoma la argumentación del Kuomintang: "Como las clases oprimidas no pueden ejercer el dominio estatal completamente por falta de preparación para el gobierno entre las campesinas, y en las obreras por falta de número y también de conciencia clasista —condición típica de nuestro incipiente desarrollo económico— *en el dominio del estado deben*

---

[8] Haya de la Torre, *¿Adónde va Indoamérica?*, ed. cit., p. 141.

participar las clases medias campesinas y urbanas, pequeños comerciantes, artesanos, pequeños propietarios, intelectuales, etcétera." [9]

Este gobierno sería "el órgano de relación entre la nación y el imperialismo, mientras éste exista y la escuela de gobierno de las clases productoras para cuando el sistema que determina la existencia del imperialismo desaparezca". El socialismo no podrá imponerse hasta que la industrialización no haya llegado a su vértice; entre tanto, para lograr el desarrollo de los países latinoamericanos harán falta capitales que no podrán ser invertidos sino por las grandes potencias. El papel del estado antimperialista será, por lo tanto, "condicionar al capitalismo imperialista, sometiendo su imperativo de expansión".

No sería necesario que años después Haya intentara prestigiar esta teoría con otra, llena de pretensión provinciana y de coquetería seudofilosófica, llamada del "espacio-tiempo histórico", basada según su autor en Einstein y su teoría de la relatividad. De acuerdo con Haya la teoría del espacio-tiempo histórico equivale al principio de la relatividad aplicada a la historia y la presenta como una corrección de la interpretación marxista de la historia, elaborada en un tiempo histórico anterior —el siglo XIX— y en el "espacio histórico" de Europa Occidental.[10]

La racionalización aprista no alcanza a ocultar que tras el abierto tutelaje propuesto sobre las clases populares hasta que lleguen a un proceso de maduración, se esconden los mismos supuestos ideológicos que permanecían detrás de la reforma universitaria: la condensación, en un plano más abstracto, de las ambiciones hegemónicas de las clases medias, objetivamente ayudadas, en la mayoría de las naciones latinoamericanas, por la debilidad estructural y organizativa de las clases trabajadoras.

La respuesta a los planteos de Haya de la Torre deberá necesariamente surgir de las filas del comunismo, al cual desafiaba como alternativa política. Y en efecto, en 1928, Mella publica en México un folleto destinado a la refutación del aprismo, titulado *¿Qué es el APRA?*

La polémica que a partir de él se abre será un testimonio importante de la lucha ideológica en América Latina; un documento de las dificultades existentes para poder articular un pensamiento que sea capaz de sintetizar los problemas democrático-nacionales de la revolución latinoamericana en el interior de una perspectiva socialista.

[9] *Ibid.*, p. 143.
[10] Haya de la Torre, *Espacio-tiempo histórico*, Lima, 1948.

La crítica de Mella al aprismo, enderezada a demostrar la posibilidad y la necesidad de la lucha por el socialismo en América Latina manifestaba —como el conjunto de la literatura teórica de los jóvenes partidos comunistas— un desprecio, que con el tiempo resultaría fatal para su proyección de masas, sobre los problemas nacionales de la revolución latinoamericana. Si Haya y el aprismo, como expresión del antiimperialismo de las clases medias, al destacar la cuestión nacional, dejaban para un futuro incierto la posibilidad de las transformaciones socialistas, Mella y los partidos comunistas subestimaban ese primer momento democrático-nacional para proyectar su acción práctica sobre una hipotética revolución socialista "pura".

Al comentar la consigna aprista "nuestro programa económico es nacionalista", proposición formalmente correcta para el momento latinoamericano, Mella respondía con un exabrupto ingenuo que desconocía incluso las diferencias marcadas por Lenin entre el nacionalismo de un país oprimido y el nacionalismo de un país opresor: "También los fascistas son nacionalistas!" "Para hablar concretamente —agregaba— liberación nacional absoluta sólo la obtendrá el proletariado y será por medio de la revolución obrera." [11]

Se enfrentaban un "pluriclasismo abstracto" con un "clasismo abstracto" y en el medio de ambos extremos languidecía la posibilidad práctica de alinear en un frente de lucha común al nacionalismo antiimperialista y al socialismo, a la pequeña burguesía y a quienes se reclamaban portavoces del proletariado.

Si a principios de la década del veinte América Latina asiste a un despertar en cierto modo conjunto de la clase obrera urbana y de las clases medias; si ese surgimiento trata de ser expresado sintéticamente —aunque de manera ingenua y vanguardista— por el movimiento de la reforma universitaria y por sus proyecciones sociales posteriores, que abren la discusión ideológica acerca de las formas del socialismo y de la revolución continental, hacia finales de la década el proceso de comunicación entre ambos proyectos estaba cortado. La segunda guerra mundial acortaría esas diferencias entre la pequeña burguesía y los partidos comunistas, pero ya no en los términos originales de una alianza contra el imperialismo, sino en los de una promiscua coalición "antifascista", aprobada por los Estados Unidos, para combatir a las nuevas formas de populismo surgidas en América.

Nuestro momento es ahora el período que corre entre 1928 y

---

[11] Julio Antonio Mella, *Ensayos revolucionarios,* La Habana, 1940, pp. 13 y 24.

1930, cuando el aprismo consolidaba su ideología fundada en el liderazgo pequeñoburgués sobre el movimiento revolucionario y proponía el modelo organizativo del Kuomintang como realización del bloque de clases.

La III Internacional, por su parte, intensificaba en ese momento la elaboración de una estrategia para América Latina a través de una discución cuyo centro se ubica en la Primera Conferencia Comunista Latinoamericana convocada por el Secretariado Sudamericano de la Internacional y reunida en Buenos Aires del 1 al 12 de junio de 1929. Interesa de ese debate por el momento lo que de él surge como precisión de las posiciones asumidas frente al pasaje del aprismo de movimiento frentista a partido policlasista, por José Carlos Mariátegui.

Mariátegui muere en 1930 y dado el enorme prestigio que emanó siempre de su figura el aprismo intentó confundir acerca del carácter de su enfrentamiento con Haya. La confusión ha llegado al extremo de que propagandistas del APRA han elaborado una teoría acerca de los "dos Mariáteguis", cuya manifestación más grotesca es ésta, consignada por un apologista de Haya de la Torre: "Quien quiera analizar la trayectoria ideológica socialista de Mariátegui tendrá que leer cuidadosamente sus escritos de 1923 a 1929 que produjo en estado consciente y pleno de uso de todas sus facultades mentales. Lo que apareció con su firma durante los meses que precedieron a su muerte y que parece seguir fielmente las consignas de Moscú debe ponerse en tela de juicio, puesto que o lo escribieron otros o salió de su mente alterada por las intrigas y la presión de aquellos que lo rodearon y precipitaron la rápida deterioración de su salud." [12]

Efectivamente, hasta 1927 Mariátegui actúa con los apristas en momentos que no existía ni el Partido Aprista Peruano ni el partido comunista y en que el APRA era, como vimos, una propuesta de frente común latinoamericano, cuya difusión era mayor entre los círculos de exiliados de México y París que en los países del continente, comenzando por Perú.

En 1926, Mariátegui funda la revista *Amauta,* que tanta influencia habría de adquirir en la difusión y elaboración de proposiciones marxistas para Latinoamérica. La revista cumple una primera etapa ideológica que podríamos definir como expresión del ala izquierda del pensamiento de la reforma universitaria, puesta a prueba en el período de las universidades populares González Prada, de las que fue profesor el propio Mariátegui.

[12] E. Chang Rodríguez, *La literatura política de Martinez Prada, Mariátegui y Haya de la Torre,* México, 1957.

Esta etapa culminará en 1928, con el vaivén de la polémica ideológica entre nacionalismo y socialismo como herederos potenciales de la reforma y Mariátegui tomará entonces decidido partido por la segunda de las alternativas. Clausurando ese ciclo, dirá: "El trabajo de definición ideológica nos parece cumplido... La primer jornada de *Amauta* ha concluido. En la segunda jornada no necesita ya llamarse revista de la nueva generación, de la vanguardia, de las izquierdas. Para ser fiel a la revolución le basta ser una revista socialista." [13]

En la Primera Conferencia Comunista Latinoamericana Perú está representado por un grupo que en 1928 había fundado una organización ligada a la III Internacional a la cual se le había dado el nombre de partido socialista; Mariátegui era su secretario general.

Por razones de salud no pudo viajar a Buenos Aires pero en la conferencia un delegado peruano da lectura a una ponencia titulada "Punto de vista antimperialista" redactada, según se señala, por Mariátegui.

El documento tiene sumo interés por tratarse, quizá, de uno de los primeros testimonios del encuadramiento antiaprista de Mariátegui, recortado sobre el fondo de la discusión acerca del problema chino en el movimiento comunista internacional. "La divergencia fundamental de los elementos que en el Perú aceptaron en principio el APRA —como un plan de frente único, nunca como partido ni siquiera como organización en marcha efectiva— y los que fuera del Perú lo definieron como un Kuomintang latinoamericano, consiste en que los primeros permanecen fieles a la concepción económico-social revolucionaria del imperialismo, mientras que los segundos explican así su concepción: 'Somos de izquierda (o socialistas) porque somos antimperialistas'. El antimperialismo resulta así elevado a la categoría de un programa, de una actitud política, de un movimiento que se basta a sí mismo y que conduce, espontáneamente, no sabemos en virtud de qué proceso, al socialismo, a la revolución social. Este concepto lleva a una desorbitada sobrestimación del movimiento antimperialista, a la exageración del mito de la lucha por la segunda independencia, al romanticismo de que estamos viviendo ya las jornadas de la nueva emancipación. De aquí la tendencia a remplazar las ligas antimperialistas por un organismo político. Del APRA concebida inicialmente como frente único se pasa al APRA definida como un Kuomintang latinoamericano." [14]

---

[13] *Amauta*, 7, p. 2 (1928).
[14] En Secretariado Sudamericano de la Internacional Comunista, *El movimiento revolucionario latinoamericano*, Buenos Aires, 1929, p. 151.

El deslinde con la ideología de Haya de la Torre resultaba, así, neto. Cierto es que el argumento pagaba tributo a un "izquierdismo" ingenuo: al rechazar el liderazgo pequeñoburgués en la revolución democrática se vetaba, simultáneamente, todo tipo de participación de ese sector social en el movimiento revolucionario latinoamericano, definido como socialista puro. "El antimperialismo —dice Mariátegui en el documento— no constituye ni puede constituir para nosotros por sí solo un programa político, un movimiento de masas apto para la conquista del poder. El antimperialismo, admitido que pudiese movilizar al lado de las masas obreras y campesinas a la burguesía y pequeña burguesía liberales nacionalistas, no anula el antagonismo entre las clases ni suprime su diferencia de intereses."[15]

El análisis se completaba con un pronóstico errado, propio de la dureza de la perspectiva elegida: "Actualmente el aprismo, como propaganda, está circunscrito a Centroamérica; en Sudamérica, a consecuencia de la desviación populista, caudillista, pequeñoburguesa que lo definía como el Kuomintang latinoamericano, *está en una etapa de liquidación.*"

Inocultablemente la disputa con el APRA se transformará en la confrontación ideológica principal. "El partido socialista —dice una resolución de la asamblea constitutiva redactada por Mariátegui— es un partido de clase y por consiguiente repudia toda tendencia que signifique fusión con las fuerzas u organismos políticos de las otras clases. Condena como oportunista toda política que plantee la renuncia momentánea del proletariado a su independencia de programa y de acción, que en todo momento deben mantenerse íntegramente; por eso condena y repudia la tendencia del APRA. Considera que el APRA objetivamente no existe: el APRA ha sido un plan, un proyecto, algunas tentativas individuales, pero jamás se ha condensado en una doctrina ni en una organización, mucho menos en un partido. En las condiciones actuales, el APRA constituye una tendencia confusionista y demagógica contra la cual el partido luchará vigorosamente."[16] Sobre estas bases todo acuerdo entre el socialismo revolucionario y el antimperialismo de los primeros herederos de la reforma universitaria resultaba imposible y la historia del movimiento del 18 se bifurcaba en dos caminos antagónicos.

---

[15] *Ibid.*, p. 152.
[16] R. Martínez de la Torre, *Apuntes para una interpretación marxista de la historia del Perú*, tomo I, Lima, 1947, pp. 208-209.

VI. LAS IZQUIERDAS Y LA REFORMA UNIVERSITARIA

Hacia 1918 el movimiento socialista era aún —salvo las excepciones de Argentina y Uruguay y, en cierto modo, Chile, México y Brasil— extremadamente débil en América Latina. Las organizaciones más poderosas y de mayor influencia eran las argentinas, país en donde el partido socialista había sido fundado en 1896 y en el cual, al comenzar la década del veinte poseía ya una fuerte representación parlamentaria además del control, compartido con sus rivales anarquistas, de un movimiento sindical bastante desarrollado.

Precisamente en 1918, año de la reforma, una escisión de las juventudes socialistas da origen al Partido Socialista Internacional, el que poco tiempo después acepta las condiciones de ingreso a la III Internacional y participa en su congreso constitutivo. En los otros países de América Latina la difusión de las ideas marxistas era aún tarea de pequeños núcleos de obreros e intelectuales sin que sus formas organizativas alcanzaran nivel partidario.

Este incipiente movimiento apoya con las fuerzas de que dispone al proceso de reformas encarado por los estudiantes primero en Córdoba y luego en las otras ciudades latinoamericanas acercándole en especial la solidaridad de los núcleos obreros que controlaba. La perspectiva ideológica que sostenía esa colaboración era la de la lucha común contra los grupos conservadores o las dictaduras militares que gobernaban cada una de las sociedades latinoamericanas.

No aparece en ese primer momento de vinculación entre las izquierdas y el estudiantado universitario ninguna importancia dada por las primeras en lo que la reforma tenía de movimiento continental: el problema del imperialismo no era, todavía, en los núcleos organizativamente más maduros de la izquierda —caso de la Argentina— una reivindicación central. Por entonces la solidaridad continental contra la expansión yanqui era un tema ideológico manejado más por grupos intelectuales que por los sectores obreros.

Se seguía así con una tradición originada en las versiones locales del socialismo de la II Internacional: el Partido Socialista Argentino —líder de ese tipo de organizaciones en América Latina— no le otorgaba importancia programática al antiimperialismo; antes bien lo desdeñaba como un problema secundario para la clase trabajadora. La cuestión nacional quedaba sumergida debajo de una abstracta "cuestión social" que por añadidura era planteada en términos de puro reformismo parlamentario. Algunos de los intelectuales que dentro del Partido Socialista Argentino intentaron plantear una suerte de "latinoamericanización" de su programa, debieron abandonar sus filas: Alfredo Palacios, que fue expulsado en 1914, para retornar al partido recién en 1930 y Manuel Ugarte que jamás volvió a él. Ambos influyeron decisivamente como hemos señalado en la generación que protagonizó la reforma universitaria.

El partido socialista tuvo frente al movimiento del 18 una actitud ambigua. Por un lado, desde el Parlamento sus líderes tomaron su defensa, pero una vez acalladas sus repercusiones políticas más directas se enfrentaron a ciertas conquistas estudiantiles. Nicolás Repetto, el segundo dirigente del partido, opinaba así: "Alentada y realizada en gran parte por políticos de pésima escuela, la reforma universitaria parece que tendiera a desalojar de los altos institutos de enseñanza los nobles ideales de la docencia para remplazarlos por vulgares apetitos de figuración y predominio personal... Uno de los más graves errores en que incurrieron los autores de la última reforma universitaria consiste, a mi juicio, en haber dado participación a los estudiantes en la elección del decano y consejeros no estudiantiles." [1]

Los recientes grupos comunistas mantuvieron otra actitud. Todo el ciclo inicial de la reforma, el que coincide con su apogeo entre 1918 y 1923 revela a una izquierda revolucionaria que acompaña con simpatía al movimiento estudiantil y que trata de articular acciones comunes de trabajadores y universitarios sea para la satisfacción de reivindicaciones particulares o para el logro de medidas de tipo democrático general.

En el interior del movimiento universitario mismo los militantes marxistas, muy escasos por entonces, no buscarán diferenciarse todavía del radicalismo pequeñoburgués que le da tono ideológico al proceso.

Será recién después de 1923, cuando la reforma busca su politización y aparecen teorías como las de la "nueva generación" que la izquierda comienza su tarea de deslinde y crítica ideológica. Mientras la reforma era un movimiento de masas con contenido democrático, sus relaciones con una izquierda, por añadidura débil e incapaz de liderarlo, no eran de tipo conflictivo sino complementario. Pero cuando la reforma comenzó a madurar como una tentativa política de más vastos alcances que los de la lucha universitaria, cuando

[1] Nicolás Repetto, *Los orígenes de la reforma universitaria*, Buenos Aires, 1929, p. 17.

se reveló como el marco más adecuado para generar una experiencia política en la que se expresara el nacionalismo de la pequeña burguesía, la polémica ideológica, estalló.

En países como la Argentina, en los que una mayor complejidad de la estructura social permitía un mayor grado de sofisticación ideológica, la diferenciación entre marxistas y reformistas universitarios se produce rápidamente.

En 1920 se organiza el primer núcleo estudiantil marxista integrado por militantes en el movimiento de la reforma: su nombre es *Insurrexit* y desaparecerá tras una breve vida para reaparecer luego en la década del 30.

En esos años aparecen los primeros análisis políticos y teóricos del movimiento reformista elaborados desde la perspectiva del marxismo. La argumentación utilizada en ellos pasa por dos ejes.

Uno, el de la crítica a las teorías "vanguardistas" acerca del papel de la lucha generacional en los cambios sociales; otro, el de los supuestos económico-sociales de la reforma. "El problema del divorcio de dos generaciones, repetidas veces planteado en nuestro ambiente, es un problema que no es tal o que, por lo menos, no debiera serlo." "Lo que distingue a ciertos grupos de vanguardia del movimiento estudiantil actual de ciertos grupos de la denominada vieja generación es únicamente una posición ideológico-política, vinculada estrechamente al desarrollo económico y social." [2]

En 1925, un dirigente de *Insurrexit*, Mariano Hurtado de Mendoza, escribe un artículo destinado a analizar desde posiciones que se reclaman marxistas el carácter económico-social de la reforma universitaria. Sería un error —dice— juzgarla solamente en su faz pedagógica o aun como "resultado exclusivo de una corriente de ideas nuevas provocadas por la gran guerra y por la revolución rusa o como la obra de la nueva generación que aparece y llega desvinculada de la anterior, que trae sensibilidad distinta e ideales propios y una misión diversa para cumplir". [3]

Para Hurtado de Mendoza, "el movimiento estudiantil comenzado el 18 aunque aparezca como fenómeno ideológico, no es más que el resultado de los cambios profundos en la subestructura económica de la sociedad argentina en el último período de cincuenta años".

Así considerada —agrega— "fácilmente se explica la afinidad entre

[2] Héctor Raurich, "La doctrina de las generaciones", en *Revista Jurídica y de Ciencias Sociales,* Buenos Aires, junio/octubre de 1926, p. 157.
[3] Mariano Hurtado de Mendoza, "Carácter económico y social de la reforma universitaria", véase testimonio de la p. 358.

estudiantes y proletarios; ambos luchan por intereses económicos y de clase, aunque con una diferencia fundamental: mientras los primeros no tienen conciencia de ello, los segundos la tienen y perfecta".

Ese interés de clase que subyacería —según el autor— en la reforma, no es más que "la proletarización de la clase media", que tendría lugar entonces en la sociedad argentina. "La población de nuestras universidades está formada exclusivamente por individuos de la clase media; sus medios económicos, únicos habilitantes para entrar y permanecer en la universidad, van poco a poco desapareciendo en virtud del fenómeno antes citado y se borra así la perspectiva del título salvador que abrirá las puertas del paraíso burgués. El estudiante debe recibirse o de lo contrario caerá en el abismo sin fondo del proletariado. No hay términos medios. De esta manera la universidad aparece al estudiante como un baluarte de privilegio y arremete contra ella, tratando de derribarla, ensayando nuevos estatutos y programas."

Ciertamente la interpretación peca de ingenuidad extremista, como el conjunto de las argumentaciones sobre el tema productos de la izquierda de entonces. Queda como válido, sin embargo, su intento de aportar una interpretación estructural del fenómeno, en contra de las versiones más o menos idealizadas acerca de la misión histórica de una "nueva sensibilidad" aportada por la "joven generación". Pero si la vinculación entre el movimiento reformista y las clases medias parece bien fundada, no lo es tanto la caracterización del proceso sufrido por éstas —en el caso argentino, que es el utilizado como ejemplo— como de "proletarización", sino todo lo contrario, de expansión, de crecimiento de búsqueda de hegemonía en la lucha contra las élites conservadoras.

Otro dirigente del *Insurrexit* y ya entonces figura importante del partido comunista, Paulino González Alberdi, especificaría mejor, en 1928, esta caracterización pero agregándole al juicio un matiz peyorativo, explicable porque en ese momento se encendía la polémica contra el aprismo: "El movimiento de la reforma universitaria significa [...] la expresión del descontento, en un momento dado, de una clase social: la pequeña burguesía. Revolucionarismo en las palabras, conservadorismo o indecisión en los hechos es la característica más notable que el espíritu pequeñoburgués ha impreso a nuestra juventud reformista." [4]

Para González Alberdi es el crecimiento de la pequeña burguesía, manifestado en una renovación de la clientela universitaria y en

---

[4] Paulino González Alberdi, "Interpretación de la reforma universitaria", véase testimonio de la p. 384.

el triunfo electoral del partido radical, la causa fundamental de la reforma ayudada por los ecos de la guerra y la revolución rusa, que le otorgan al movimiento "una ideología vaga y jacobinista".

Pero si en la Argentina el reformismo universitario tiende a transformarse poco a poco en una fuerza conciliadora, dado que sus reivindicaciones coinciden básicamente con el programa del oficialismo y, que además, la acción del imperialismo es para la pequeña burguesía menos visible, en otros países latinoamericanos el eco social obtenido es más intenso. "Allí —dice— la presión sobre los trabajadores y la pequeña burguesía es intensa. De ahí que se hiciera [de la reforma universitaria] inmediatamente un movimiento de propaganda contra el imperialismo y los gobiernos nacionales, cosa que no había ocurrido en nuestro país."

Si para el caso argentino la izquierda criticaba de la reforma sus limitaciones pequeñoburguesas en tanto ellas moderaban los alcances de la lucha estudiantil, para el caso latinoamericano —y el pensamiento se dirigía sobre todo al Perú— la crítica era otra e iba más lejos: a la competencia entre el proletariado y las capas medias por el liderazgo del proceso revolucionario. "Los dirigentes del movimiento reformista, que han dado en llamarse nueva generación americana, pretenden hoy transformarse en directores del movimiento revolucionario americano con gran peligro del proletariado que debe hacer la revolución y no ir a remolque de ningún movimiento pequeñoburgués."

Haya de la Torre respondió al artículo de González Alberdi. El nudo central de la réplica es la "estrechez nacional" del enfoque propuesto por el dirigente de *Insurrexit* y del partido comunista argentino, al querer proyectar para toda América los datos de su país. "La reforma universitaria —dice Haya— nace en la Argentina pero tiene un carácter legítimamente americano. Países en donde los aumentos de población no se han producido tan rápidamente como en la Argentina, donde la inmigración es elemental, donde el yrigoyenismo no puede abarcar su resonancia, han sido también campos de lucha, centros de acción y baluartes de conquista del movimiento. Países donde la clase de los pequeños agricultores situada entre los latifundistas y los trabajadores agrícolas no aparece tan vigorosa como en la Argentina ni donde existen centros industriales y poblaciones tan densas con relación al resto del área nacional como Buenos Aires y Rosario sintieron profundamente la conmoción reformista." [5]

---

[5] Víctor Raúl Haya de la Torre, "La reforma universitaria", véase testimonio de la p. 396.

El punto de vista de Haya nos introduce de nuevo en el corazón vivo de la polémica, al acusar a la versión comunista como "estrechamente nacional".

Para los países latinoamericanos el movimiento reformista del 18 significaba —según el aprismo— algo mucho más profundo que una mera movilización de clases medias: era una suerte de prefacio para la revolución continental que debería manifestarse con formas y contenidos distintos a los que podía imaginar el pensamiento europeizante. Y el análisis efectuado por un marxismo que invocaba los títulos de la ortodoxia, como el realizado por González Alberdi en la Argentina, por Mella en Cuba y aun por Mariátegui en Perú, caía, según Haya, en un esquematismo que distorsionaba la posibilidad de una explicación americana.

Los desencuentros entre los jóvenes partidos comunistas y el movimiento estudiantil reformista se revelaban en dos situaciones distintas pero complementarias.

En países como la Argentina en donde hacia la mitad de la década del veinte el poder político se mantenía aún en manos de sectores liberales de la pequeña burguesía y la presencia del imperialismo no adquiría la presencia manifiesta de otros países del continente, el peligro mayor que acechaba al movimiento reformista, de acuerdo con la opinión comunista, era el de burocratización que lo mantendría simplemente como un intento recluido en el interior de sí mismo, capaz de autosatisfacerse mediante la obtención de algunas ventajas académicas, sin buscar una vinculación más o menos orgánica con las luchas obreras.

Para otros países, de los que el Perú sería un buen ejemplo, la crítica comunista no podía destacar la falta de proyección social de la reforma, sino el contenido que adquiría la politización.

En un primer caso se trataba de estimular la solidaridad que teóricamente podía postularse entre proletariado y pequeña burguesía, reconociendo el alcance democrático de las reivindicaciones estudiantiles, pero criticando paralelamente sus limitaciones no socialistas.

En el otro, el entredicho alcanzaba el plano de un conflicto político mucho más decisivo: la lucha por la hegemonía de la revolución democrática y la discusión sobre el contenido mismo de esa revolución. No por azar Haya de la Torre se proclamaba discípulo del Kuomintang en momentos en que la polémica sobre la revolución china era central en las filas de la III Internacional.

Es pues en este segundo plano, demarcado no por la falta de politización de la reforma sino por los contenidos programáticos de esa politización, que se desarrollará el hilo argumental con que las izquierdas deslindarán su posición frente a las proyecciones del movimiento del 18 encarnadas mejor que nadie entonces por Haya de la Torre. Y esta discusión, de una manera u otra, reaparecerá posteriormente como un enfrentamiento clásico entre los partidos comunistas y las tentativas pluriclasistas por constituir movimientos nacionales de tipo populista como lo fueron, tras el impulso inicial del aprismo, el varguismo en el Brasil, el peronismo en la Argentina o el Movimiento Nacional Revolucionario (MNR) en Bolivia.

La discusión abierta por la izquierda hacia fines de la década del veinte era pues una discusión sobre estrategias globales y la reforma pasaba a ser en ella un capítulo más —el de mayor importancia por su directo significado ideológico— de una caracterización de la realidad para la que resultaba decisivo diferenciar el punto de vista socialista del punto de vista nacionalista o populista de las clases medias.

El punto de vista socialista sobre los problemas de la revolución en el continente se reflejó en la ya citada reunión de partidos comunistas latinoamericanos convocada por la Comintern en 1929.

El objetivo de la misma era culminar el ajuste teórico y organizativo de los jóvenes partidos comunistas de acuerdo con las tesis del VI Congreso de la Internacional. A la misma concurrieron delegaciones de Argentina, Brasil, Bolivia, Colombia, Cuba, Ecuador, El Salvador, Guatemala, México, Panamá, Paraguay, Perú, Uruguay y Venezuela y los informes centrales fueron pronunciados por Victorio Codovilla —como miembro del secretariado sudamericano de la IC y por Umbert Droz, escudado tras el seudónimo de "Luis", por la dirección de la Comintern.

El marco de los informes, referidos a la estrategia de los partidos comunistas para Latinoamérica, estaba constituido por las elaboraciones del VI Congreso de la IC acerca del llamado "tercer período" del desarrollo capitalista, caracterizado como de agudización de la lucha de clases y de polarización de los conflictos sociales. La aplicación a Latinoamérica de esta conceptualización llevaba a formulaciones según las cuales exclusivamente el proletariado y el campesinado debían participar del proceso revolucionario, descartándose virtualmente del bloque popular a todos los otros grupos sociales.

El enfrentamiento —señala uno de los informes centrales— ha de darse entre "las masas obreras y campesinas" contra la burguesía nacional y el imperialismo". Así, la tarea ideológica central de los partidos comunistas era fijada como de "lucha contra la burguesía y la social-democracia identificada con la misma" en tanto —se concluía— "en todos los países de la América Latina la pequeña burguesía, salvo las capas pauperizadas o en vías de pauperización a causa de la penetración imperialista, y la burguesía industrial naciente están ligadas directamente a los intereses imperialistas".[6]

El informe de Droz insiste sobre los mismos puntos. En el momento en que los partidos comunistas latinoamericanos intentaban su proceso de "bolchevización" para lograr autonomía frente a las otras organizaciones que se proclamaban antimperialistas, las actitudes políticas de la pequeña burguesía, en expansión tras la prueba de la reforma universitaria, aparecerán en el horizonte ideológico de la IC como una amenaza para un proceso hegemónico de las luchas populares.

"Trátase —dice Droz refiriéndose al peso de las movilizaciones de la clase media— de estudiantes y jóvenes intelectuales que no han ligado todavía sus intereses a la explotación colonial de los países latinoamericanos. Porque el proletariado es joven, desorganizado y no tiene todavía una ideología, ni una conciencia, ni una organización de clase propia y porque la burguesía nacional es relativamente débil, parasitaria, sin un programa atrevido de desarrollo capitalista independiente, la pequeña burguesía desempeña un papel político e ideológico desproporcionado con su importancia económica y social."[7]

La interpretación no era incorrecta en sus orientaciones generales. Pero sí lo eran las conclusiones políticas que se sacaban de ella. Todas las críticas que pudieran hacerse a las vacilaciones de aquellos a quienes Droz califica como los "ideólogos liberales, humanitarios, socializantes" o incluso a su pretensión de liderazgo sobre los movimientos sociales no aparecen como razón suficiente para considerarlos, en bloque, como el enemigo ideológico principal, salvo que detrás de esa interpretación se halle otra acerca del carácter reaccionario de la pequeña burguesía en su conjunto dada la situación agónica en que se encontraría entonces el capitalismo. Y ésa era, efectivamente, la caracterización propuesta por la Internacional hasta que el ascenso del nazismo en Europa promoviera la búsqueda de nuevas alianzas a mediados de la década del treinta.

Pero en 1929 la orientación se mantenía en los límites trazados por la estricta ortodoxia izquierdista. Así, un movimiento claramente democrático y nacional como la reforma era desahuciado de manera brutal por "Ghitor" (el dirigente argentino Orestes Ghioldi) quien

[6] *El movimiento revolucionario latinoamericano*, ed. cit., p. 32.
[7] *Ibid.*, p. 84.

habló en la reunión en nombre del secretariado sudamericano de la Internacional Juvenil Comunista.

"Al hablar de los movimientos enemigos —dice— debemos reservar un capítulo especial al movimiento de la juventud pequeñoburguesa e intelectual [...] Su expresión máxima es el llamado movimiento de la reforma universitaria surgido en Córdoba (Argentina) en el año 1918 y que rápidamente se extendió por toda Latinoamérica, ejerciendo por momentos marcada influencia en los movimientos sociales." [8]

El informe del secretariado juvenil considera que en 1929 se vivía un "período degenerativo" de la reforma, atribuible a su "ideología confusa en que predominan los elementos de los ideólogos burgueses". La crítica contra los principios reformistas es despiadada y llega hasta los propios documentos primitivos del movimiento y aun a las declaraciones emanadas del Congreso Interamericano de México de 1921, a las que se califica genéricamente como "prosa insustancial".

En cuanto al problema del antiimperialismo, central en la discusión, la polémica contra la reforma alcanza su nivel más alto. "Ante el problema del imperialismo —dice el informante— adoptan posiciones no menos repudiables, a pesar de pretender monopolizar la acción antiimperialista."

La crítica comienza con José Ingenieros, "uno de los pontífices máximos de la reforma en América Latina", pero inmediatamente se prolonga al APRA en tanto "la ideología antiimperialista de la reforma aparece mejor definida en los documentos del APRA, esa híbrida organización fundada por Haya de la Torre".

Las objeciones, ciertamente, resultaban de una apabullante ingenuidad izquierdista, muy inferior no ya al texto citado de Mariátegui, leído en la misma asamblea, sino al propio folleto de Mella. Comentando un manifiesto del APRA relativo a la invasión yanqui a Nicaragua, en 1926, que decía: "Un frente único de los pueblos es necesario; el imperialismo yanqui es el enemigo del mundo", el orador lanza su artillería: "En primer lugar, el vocablo pueblo es muy amplio: las burguesías nacionales, parte integrante de los pueblos, son los agentes del imperialismo en el interior del país."

Hacia fines de la década del veinte el camino del movimiento antiimperialista derivado de la reforma y el del movimiento comunista latinoamericano se desencontraban, sin que una síntesis superior tratara de armar la posibilidad de coincidencia entre los grupos

[8] *Ibid.*, p. 345.

nacionalistas surgidos con posterioridad al 18 y los núcleos marxistas.

Al iniciarse la década del treinta la hostilidad se agudizaría, pese a que el recrudecimiento de la opresión imperialista internamente manifestada en la sucesión de golpes militares que se apoderan del poder en distintos países lleva a los partidos comunistas, a las organizaciones nacionalistas y populistas y al movimiento universitario a una ilegalidad compartida.

La hostilidad del comunismo frente a la reforma no decrecerá hasta que un viraje en la política de la III Internacional, expresado en su VII Congreso, disponga la consigna de unidad con los sectores liberales de clase media para la formación de frentes populares.

Hacia 1934, uno de los principales dirigentes del grupo argentino *Insurrexit*, reconstruido en 1931, trazaba una *Crítica de la reforma universitaria* a través de una serie de artículos agrupados bajo esa denominación. Ellos expresaban todavía la línea marcada en 1929 que se mantenía sin modificaciones como parte de una línea global que convocaba a la formación de soviets de obreros, soldados y campesinos.

Para el autor, "1930 señala la presencia de un segundo ciclo, de un segundo momento crítico en que será puesto a prueba el sistema reformista". La similitud entre el período inicial de la reforma —ubicado entre 1918 y 1923— y el abierto en 1930 radicaba en que en ambos casos la movilización estudiantil había adquirido una "combatividad exaltada".[9]

Ahí terminaban las analogías pues las diferencias situacionales obligaban a replanteos de esa misma combatividad. Hacia 1918 "la clase obrera argentina carecía del partido de vanguardia"; en 1930 "existía un partido comunista organizado, con un programa preciso". Esa situación, así como el momento particular de desarrollo del capitalismo en 1918 "cuando sus posibilidades de restablecimiento económico eran aún positivas" y en 1930 en medio de la "crisis general del sistema", era la que marcaba las nuevas tareas para el movimiento popular.

Hacia 1932 se realiza en la Argentina el Segundo Congreso Universitario, un intento de los dirigentes reformistas por replantear los contenidos del movimiento del 18 de acuerdo con la nueva realidad política y social: de "revisar —dice la convocatoria— la teoría y la práctica del movimiento reformista de la juventud desde su iniciación".

[9] Héctor P. Agosti, "Nueva época de la reforma universitaria", en *Cursos y Conferencias*, 8; pp. 797-817 (1934).

Para los críticos de *Insurrexit* esto no era suficiente: las resoluciones del congreso "revelan la más grande confusión, las más notables inseguridades". "Su única función consiste en corroborar una especie de izquierdismo, una adaptación de la reforma a un lenguaje de izquierda urgido por el momento." [10]

Treinta años después, la visión que los propios comunistas tenían sobre ese congreso era radicalmente distinta: "Fue —dice un comentarista de esa orientación— el primer gran intento después del 18 por definir la misión de la universidad y su contenido social. Indagó en todos los aspectos de la restructuración pedagógica y de reforma educacional con un proyecto de ley universitaria, se hizo eco de los hechos políticos más importantes de la época, declarándose contra el imperialismo y la guerra y por la paz en América, contra la ingerencia clerical en los asuntos públicos, contra la reacción fascista, condenando a sus bandas de choque." [11]

Esta revaloración por parte de la izquierda de los alcances democráticos de la lucha reformista no necesitó esperar tantos años. Si entre 1918 y 1923 la izquierda acompañó a la reforma; si entre 1925 y mediados de la década del treinta la rechazó agresivamente como enemiga en una lucha hegemónica, a partir de 1935 la orientación tornó a cambiar.

Del mismo modo que las críticas más violentas habían estado inspiradas por las interpretaciones del Comintern acerca del "tercer período" del capitalismo, la revaluación se orientó a partir del viraje proclamado en el VII Congreso de la IC, en el que se lanza la consigna de los frentes populares como instrumento institucional para poner en marcha una alianza antifascista que debía incluir a los enemigos de ayer.

En abril de 1935 el periódico de *Insurrexit* publica un artículo de Jorge Dimitrov en el que se señala: "En la época imperialista sólo han podido observarse tendencias revolucionarias importantes entre los estudiantes de los países coloniales y semicoloniales y en las naciones oprimidas."

Sobre la base de esta reinterpretación del papel de los estudiantes como importantes elementos en la lucha democrática, la reforma universitaria alcanza para la izquierda una nueva dimensión. *Insurrexit* es disuelto y en 1938, celebrando el 20 aniversario del movimiento de Córdoba, el mismo escritor comunista que en 1934 había vituperado la "indigencia desesperante" del pensamiento reformista y

---

[10] *Ibid.*
[11] Bernardo Kleiner, *Veinte años de movimiento estudiantil reformista*, Buenos Aires, 1964, p. 23.

señalado su "esencia contrarrevolucionaria", opinaba así: "Veinte años de reforma universitaria prueban su permanente vitalidad, la imposibilidad de considerarla como un hecho terminado, con una fisonomía, un cuerpo teórico y un repertorio de soluciones para los diferentes problemas que la vida plantea de continuo." La razón del cambio de enfoque está dada por el ascenso del fascismo, por la necesidad de intervenir activamente "en esa querella internacional entre la democracia y el fascismo". Y por la convicción de que "el movimiento reformista puede participar en esa empresa".[12]

A partir de ese momento, en los años duros de la guerra civil española y de la segunda conflagración, se abrirá una tercera etapa en la historia de las relaciones entre la izquierda y el movimiento estudiantil reformista. El sectarismo quedaba atrás y daba paso a la colaboración, al entendimiento.

En el período del enfrentamiento más activo, pueden desglosarse dos capítulos, dos aspectos del discurso crítico elaborado por la izquierda.

El primero se refiere a la reforma y en general a la lucha estudiantil, entendida como expresión de lucha democrática en la que se embarcaban sectores de clases medias. Así entendido el movimiento, las críticas sectarias lanzadas por la izquierda exigiéndole que superara sus "limitaciones" y se transformara en apéndice del movimiento socialista resultaban desaforadas e incluso contradictorias con el pensamiento de Lenin. Éste, en 1908, criticando a quienes desde la izquierda se pronunciaban contra la mera lucha reivindicativa de los estudiantes, decía: "Este razonamiento es profundamente erróneo. La consigna revolucionaria —hay que tender a coordinar la acción política de los estudiantes con el proletariado, etc.— se transforma en este caso, de guía viva para una agitación cada vez más amplia, múltiple y combativa, en un dogma muerto que se aplica mecánicamente a etapas distintas de formas diferentes del movimiento. No basta proclamar la acción política coordinada repitiendo la 'última palabra' de las enseñanzas de la revolución. Hay que *saber* hacer agitación en favor de la acción política, *aprovechando* para esa agitación todas las posibilidades, todas las condiciones y ante todo y sobre todo, cualquier conflicto de masas de unos u otros elementos avanzados contra la autocracia."[13] La frase parece pensada para refutar las posiciones que el movimiento comunista latinoamericano asume respecto a la reforma universitaria entre 1925 y 1935.

[12] Héctor P. Agosti, "Veinte años de reforma universitaria", véase testimonio de la p. 436.
[13] *Obras Completas*, tomo XV, Buenos Aires, 1959, p. 9.

El otro plano en que puede ser categorizado el movimiento estudiantil es si lo entendemos como una forma de pasaje hacia la autonomía política de la pequeña burguesía que, a través de sus voceros más dinámicos, aspira a sustituir al proletariado como líder de la lucha nacional y democrática.

Aquí el conflicto se plantea como enfrentamiento entre posiciones de tipo Kuomintang frente a otras que se inspiran en el socialismo. En este sentido, las críticas emitidas, pese a su dureza programática, pudieron cumplir un papel ideológico significativo contra el mesianismo larvado en las teorías "generacionales" o más sistematizado en la concepción del aprismo.

Pero en una medida importante esa posición, teóricamente correcta, perdía su eficacia por la carencia de una suficiente elaboración nacional (o latinoamericana) de la problemática elaborada por el movimiento comunista internacional. La fuerza del aprismo consistía precisamente en lo opuesto: en la intención de buscar un lenguaje propio para la dilucidación de una estrategia de la revolución continental, aun cuando lo hiciera en medio de una subestimación del programa socialista.

La actitud de las izquierdas frente a los fenómenos nacionalistas o populistas en la América Latina será permanentemente de enfrentamiento, pese a las correcciones que la táctica de los frentes populares impuso al duro sectarismo de las primeras horas. Cuando el antifascismo tornó a la pequeña burguesía latinoamericana en "aliada democrática", otras formas de populismo surgían en el continente. Frente a ellas —producto de la crisis, de la industrialización posterior y del crecimiento del proletariado— las izquierdas se ubicaron en una actitud de cerrada oposición. Pero entonces fueron acompañadas por el movimiento universitario, por los hijos de la reforma.

VII. DE MELLA A FIDEL

Fue a comienzos de la década del sesenta que la teoría que atribuía a la insurgencia juvenil el carácter de motor de los cambios revolucionarios, recuperó su vigencia. Uno de los heraldos de esta restauración, C. Wright Mills mencionaba los ejemplos de las luchas estudiantiles en Corea y Turquía como una prueba provisoria de su hipótesis. Al lado de estas situaciones se alzaba otra, que el sociólogo norteamericano también mencionaba y que era, notoriamente, la más abrumadora: Cuba y su triunfante revolución de guerrilleros.

En efecto, no hay ejemplo más restallante de una revolución de jóvenes que el cubano. Y no sólo de jóvenes, genéricamente, sino de jóvenes universitarios que, en la mejor tradición de los sueños del 18, logran derrocar a una poderosa oligarquía política y poner en marcha un proceso de transformaciones sociales. Las proyecciones ideales de la reforma universitaria, las ilusiones soñadas desde el Manifiesto de Córdoba encontraban, en la isla del Caribe, su realización histórica.

Y dentro de esta revalorización de toda empresa revolucionaria como empresa juvenil, como obra de intelectuales al margen de las fijas estructuras políticas, Sartre, visitante en Cuba en 1960, daba un paso más en el razonamiento. No se trataba solamente de un cambio en los agentes históricos de la revolución, tal cual lo había supuesto Mills; se trataba asimismo de relegar a un segundo plano el papel de las ideologías, o quizá mejor su eficacia como prerrequisito de los cambios: de alguna forma la revolución sería una práctica que gesta sus ideas en la acción, a través del rechazo que sus propias medidas provoca en los enemigos. Del rechazo surge la respuesta y cada nueva respuesta es un paso a la radicalización.

Una versión más ortodoxa —la de Paul Baran— intentaba dar otra respuesta al problema. "Lo que en verdad se plantea —dice— no es tanto el hecho de si los intelectuales han tomado parte en los movimientos sociales o si han aportado, a menudo, importantes contribuciones a éstos. El problema más bien consiste en averiguar en qué circunstancias históricas los intelectuales forman parte de estos movimientos; bajo qué condiciones son capaces de afectar el curso de los acontecimientos en una forma determinada y qué fuerzas determinan el papel específico que desempeñan." Y concluía:

"Ninguna de esas teorías explica por lo menos el hecho de que, en ciertos países y en ciertas épocas algunos intelectuales se convierten en líderes eficientes de los movimientos populares mientras que en otras naciones y épocas se encuentran totalmente frustrados o bien se convierten en partidarios activos o pasivos del *statu quo*." [1]

Es posible aceptar sin retaceos la conclusión que, efectivamente, la revolución cubana puede ser históricamente vinculada con todos los movimientos juveniles que marcaron durante más de medio siglo las horas significativas de la política de ese país, desde Martí a Mella y desde éste al propio Fidel. No hay seguramente en todo el continente una sucesión tan acabada de movilizaciones juveniles como la que proporciona la historia cubana. Y no hay tampoco otro escenario en el que esas movilizaciones se hayan transformado, como en Cuba, en episodios políticos de significación decisiva para el resto del país.

Pero esa misma particularidad del desarrollo político cubano puede volverse contra su utilización como ejemplo universal de "rebelión juvenil". Así, el papel que la juventud universitaria tuvo en la caída de Batista y en la posterior consolidación de un grupo político que produjo transformaciones radicales en la estructura social debería ligarse, según la recomendación sensata de Baran, con el análisis de la sociedad cubana, para tratar de ubicar el discurso en un plano que no abstraiga el papel central de las clases en la dinámica histórica.

Cuba es el último país latinoamericano que se libera del colonialismo español: recién lo hace en 1898. Este hecho, que en principio sólo parece ilustrar un retraso en iniciar un proceso similar al de las demás naciones del continente, alcanzará sin embargo una enorme repercusión para la historia interna de sus grupos dirigentes, para el examen de sus fuentes ideales, para la legitimación en suma, que ideologías modernas pueden encontrar en las propias tradiciones de los "padres de la nacionalidad".

Si las revoluciones de independencia de principios del siglo xix se hicieron en América Latina con el justificativo ideológico proporcionado por el liberalismo europeo de fines del xviii, el movimiento cubano, posterior en seis o siete décadas, se nutre ya de una constelación ideológica más compleja. Martí conocía el pensamiento de Marx y si bien no era obviamente un marxista, trabajó por la liberación del yugo español junto con los incipientes grupos socia-

---

[1] Paul Baran, *Reflexiones sobre la revolución cubana*, Buenos Aires, 1963, p. 23.

listas. Uno de los amigos políticos de Martí era Carlos Baliño que a mediados de la década del veinte, poco antes de morir, formó parte del primer grupo dirigente del Partido Comunista de Cuba.

La guerra contra España, además, significó de inmediato el avizoramiento de un enemigo aún más poderoso: los Estados Unidos. Las energías independentistas movilizadas contra los españoles por los grupos más radicales de la pequeña burguesía se volvieron de inmediato contra los norteamericanos y así, la lucha contemporánea por la liberación antimperialista se vinculó estrechamente, como capítulo de un mismo ciclo, con la tradición de la nacionalidad. Hacia los años cincuenta un programa martiano era un programa revolucionario para Cuba, aun tomado literalmente. No podía decirse lo mismo en relación con sus héroes nacionales en otros países de América, en los que la distancia temporal que separaba las luchas presentes de las de los orígenes obligaban a una reelaboración de perspectivas y a una redefinición de agentes sociales, por más que, retóricamente, se buscara siempre una vinculación con las viejas tradiciones populares y revolucionarias del momento de la lucha antiespañola.

La tradición martiana acoge, colateralmente, a los orígenes de la tradición marxista. El citado Baliño participó en 1892 en la fundación, con José Martí, del Partido Revolucionario Cubano y en 1905 creó el Partido Obrero Socialista, solidario con la Internacional y encuadrado en el marxismo. Y esas dos vertientes, el nacionalismo revolucionario y el socialismo habrán de confluir en la década del veinte alrededor del movimiento de la reforma universitaria, verdadera puerta de entrada para una redefinición de las luchas ideológicas y políticas en Cuba.

Ya hemos visto que la tradición reformista en Cuba incluye, junto con la del Perú, una inmediata preocupación por ensanchar y proyectar al movimiento estudiantil en medida mucho más concreta que lo planteado en la Argentina, en donde la extensión de la reforma hacia otros sectores sociales encontró muchos obstáculos, derivados de una estructura social y política más compleja.

Las universidades populares José Martí organizadas por la federación de estudiantes fueron el instrumento básico de esa apertura y las mismas tuvieron desde el primer momento una tendencia a la radicalización social de sus postulados más notoria aún que sus similares del Perú. "Debe hacerse que la Universidad sirva a la sociedad", escribía Mella en 1928. Y agregaba: "Cada estudiante, como cada profesor, es propietario de una cierta riqueza de conocimientos. Si solamente la utiliza en su propio provecho es un egoísta, un individualista imbuido del criterio del burgués explotador. Descontando la pequeña cantidad de estudiantes que trabajan para ganarse su sustento, la inmensa mayoría son células muertas en la vida económica de la nación: no producen y consumen. Indudablemente que alguien, socialmente hablando, tiene que producir lo que ellos no producen y consumen. Las masas populares ven hoy, con bastante justicia, a los cuerpos docentes como unos órganos más de explotación. Debe justificarse con hechos que la universidad es un órgano social de utilidad colectiva y no una fábrica donde vamos a buscar la riqueza privada con el título." [2] Ésa era la filosofía que estaba detrás de las universidades populares puestas en marcha por los reformistas cubanos que a mediados de la década del veinte opinaban que los objetivos políticos de su movimiento debían ser: "la socialización de la cultura, la incorporación de la universidad como factor de orientación ideológica a la vida política del país, la vinculación con el proletariado y la organización de un frente de batalla contra las oligarquías y el imperialismo".[3]

A primera vista las diferencias con la actitud de otros grupos estudiantiles, especialmente de los peruanos, no parecen muy grandes. Sin embargo, dentro del movimiento univeristario cubano en la hora primera de la reforma se desarrollaron tendencias y perspectivas radicalizadas que adquirirían influencia decisiva en la historia posterior del país. Si el líder de los universitarios peruanos fundará como prolongación de la reforma al APRA, modelado en las orientaciones del Kuomintang, el máximo dirigente de los estudiantes cubanos, Julio Antonio Mella, fundará el partido comunista. Si en el Perú la herencia de la reforma la recogerá en primer lugar el APRA y sólo tangencialmente el comunismo a través de Mariátegui, en Cuba esa relación en un principio se invierte: cierto es que del movimiento reformista surgirán fuertes tendencias del nacionalismo de clase media, cuyo peso político en los sucesos posteriores a 1930 fue enorme, pero organizacionalmente el fruto más importante de la reforma es el partido comunista cubano, nucleado alrededor de la figura de Mella y fundado casi simultáneamente con la Confederación Nacional Obrera de Cuba. Esta influencia perderá parcialmente fuerza en los años posteriores a la crisis mundial en tanto los comunistas cubanos no se escaparon del rígido moldeamiento proporcionado por el stalinismo que tanto perjudicó a la expansión del comunismo en Latinoamérica, pero de todas formas en cada encru-

[2] Julio Antonio Mella, "Tres aspectos de la reforma universitaria", véase testimonio de la p. 393.
[3] En Del Mazo, *op. cit.*, tomo III, p. 164.

cijada política importante los grupos marxistas tuvieron una participación destacada.

Y fue la reforma universitaria el catalizador que operó la posibilidad de concretar una vanguardia política en la que confluyeron no sólo un grupo de universitarios sino también los herederos de los viejos clubes marxistas ligados con el sindicalismo —Baliño era obrero del tabaco— y los voceros de un movimiento de renovación cultural: Rubén Martínez Villena, inspirador de los escritores que constituyeron entonces el llamado "grupo de los trece" y Juan Marinello, que será director de la más importante revista literaria de Cuba: la *Revista de Avance*.

Lo que interesa destacar es este peso precoz que el socialismo adquiere en la historia cubana: acompañando desde el origen a la lucha independentista, estructurando el gremialismo universitario, influyendo decisivamente en la organización obrera y en la actividad cultural, la inserción del marxismo en la problemática general del país acumulará sus efectos en el proceso revolucionario liderado por Castro, a través de una alianza con la herencia más avanzada del nacionalismo martiano.

La reforma universitaria en Cuba sigue un proceso similar al de otros países, pero logrará en 1933 una victoria política que, aunque efímera, dará cuenta del peso que en esa sociedad adquiere el gremialismo universitario. En un principio los estudiantes que en 1923 crearon la federación universitaria obtienen las mejoras académicas solicitadas, amparados por el gobierno liberal de Zayas. Al culminar el mandato de éste en 1925 se abre una época de represión bajo el gobierno de Gerardo Machado que suprime las conquistas reformistas, clausura la universidad y persigue sangrientamente al movimiento popular. Sicarios de Machado asesinan a Mella en México.

Las reivindicaciones democráticas de la lucha antidictatorial se suman a las nacionales de la lucha antiyanqui —centradas en el objetivo de la anulación de la Enmienda Platt, un apéndice constitucional que protocolizaba la sumisión política a Norteamérica— y sacuden en esos años a las clases medias cubanas. La crisis del 30 radicaliza aún más a la pequeña burguesía. En 1927, al sancionar Machado una ley que le permitía mantenerse 10 años en el poder, los estudiantes crean el primer Directorio Estudiantil Universitario, inaugurando una forma de expresión política autónoma de los estudiantes, que luego irá adquiriendo gran importancia, en las sucesivas crisis, ya sea en 1933 o en 1959.

En 1930 algunos de los miembros del directorio estudiantil eran Raúl Roa, Carlos Prío Socarrás, Manuel Varona. En 1933 ya la situación para Machado se había transformado en insostenible. Uno de los pilares de la resistencia era la organización universitaria. Los sucesos de ese año darán un buen ejemplo de ciertas particularidades del proceso político cubano, claves para la comprensión de sucesos posteriores. En el mes de agosto una huelga general derroca a Machado; el poder es ocupado por un gobierno ligado a los Estados Unidos pero sin fuerza suficiente como para impedir la creciente movilización popular. El directorio estudiantil entra entonces en negociaciones con un directorio de suboficiales del ejército entre quienes se hallaba el sargento Fulgencio Batista; el 4 de septiembre el gobierno conciliador debe renunciar y, de acuerdo con lo que afirma Blas Roca, "los soldados entregaron el poder, prácticamente, al directorio estudiantil".[4] Es electo presidente el profesor de medicina Ramón Grau San Martín a quien se lo llama el "presidente de los estudiantes".

El ascenso de los estudiantes y su candidato Grau significó —según el citado Roca— que "el poder se desplazó de los partidarios del régimen semicolonial a los nacional-reformistas y social-reformistas". "El nuevo gobierno —agrega— denunció la Enmienda Platt, hizo pública su decisión de oponer resistencia armada a cualquier intento de intervención militar norteamericana, extendió y generalizó, mediante ley, la jornada de ocho horas en los centrales azucareros."[5]

Pero el entusiasmo de la rebelión estudiantil victoriosa duró poco tiempo. Grau renunció y el sargento Batista, ya general, ocupa el poder que había entregado a los candidatos del reformismo universitario. Pese a todo, la revolución de 1933 queda como un antecedente político notable en la historia de Cuba cuya herencia se recogerá, triunfal, a mediados de la década del 50. Fue, además, el punto más alto que la movilización estudiantil alcanzó en América Latina cuando la reforma echó a andar su proyección política. En la revuelta que derrocó a Machado confluyeron los elementos peculiares de la formación ideológica de Cuba: el nacionalismo democrático martiano como programa del presente y no del pasado; su vinculación con las tradiciones locales del socialismo; la fusión entre clases medias y sectores populares que cristalizó la reforma universitaria; el peso de la juventud como elemento dinamizador, detonante, de la actividad política del resto de la sociedad.

Alrededor de veinte años después todo ello reaparecerá cuando Fidel Castro convoca a la lucha contra Batista. Castro y sus amigos representaban, esencialmente, al pensamiento martiano y no mentían

[4] Blas Roca, *Los fundamentos del socialismo en Cuba,* La Habana, 1961, p. 196.
[5] *Ibid.,* p. 197.

cuando trazaban una vinculación estrecha entre su lucha y la llevada a cabo por el prócer máximo del país.

Cuando en 1953, a cien años del nacimiento de Martí, Castro lanza el asalto al cuartel Moncada, su proclama podía decir legítimamente: "La revolución declara que se reconoce y basa en los ideales de Martí, contenidos en sus discursos, en los postulados del Partido Revolucionario Cubano y en el Manifiesto de Montecristi; y adopta como propios los programas de la Joven Cuba, ABC Radical y el Partido del Pueblo (Ortodoxo)." [6] La expresa continuidad entre presente y pasado no podía ser más clara.

En cuanto a Castro, él militaba entonces en el partido ortodoxo, la fracción política que más abiertamente expresaba los ideales de la clase media nacionalista, integrada por profesionales y estudiantes. Su líder, Eduardo Chibás, se había suicidado luego de pronunciar un discurso radiofónico, como protesta por la corrupción imperante en Cuba.

Muerto el líder el partido comenzó a disgregarse lentamente. Castro —que había sido además dirigente universitario y como tal participado de un congreso antiimperialista y anticolonial realizado en Bogotá en 1948— encabeza a su ala juvenil más avanzada, en pugna con el sector que busca la conciliación con los políticos liberales. Hasta marzo de 1956 siguió perteneciendo formalmente al partido ortodoxo, aun cuando cada vez era más marginado por la dirección nacional, que no respaldaba sus planes políticos.

Este conflicto lo lleva, finalmente, a fundar el Movimiento 26 de Julio. Pero el 26 de julio es todavía en sus orígenes, un movimiento de las clases medias nacionalistas, el ala radical que la juventud levanta contra la política conciliadora de los dirigentes ortodoxos. Eran los herederos de Chibás. "El Movimiento 26 de Julio —escribía Castro en 1955— no constituye una tendencia dentro del partido: es el aparato revolucionario del *chibasismo,* enraizado en sus masas, de cuyo seno surgió para luchar contra la dictadura cuando la ortodoxia yacía impotente, dividida en mil pedazos." [7] Del mismo modo que Chibás había acaudillado a las juventudes del Partido Revolucionario Cubano Auténtico, instándolos a romper con el aparato de Grau San Martín y Prío Socarrás, los protagonistas del 33, Castro lideraba una nueva división hacia la izquierda nacionalista cuando la propia ortodoxia entraba en un terreno de complacencias con el sistema.

[6] Fidel Castro, *La revolución cubana,* Buenos Aires, 1960, p. 36.
[7] *Ibid.,* p. 104.

La historia me absolverá, el alegato presentado por Castro ante los jueces que lo condenaron por el asalto del Moncada y que es su primer documento político de importancia, trae el recuerdo, a través de la ideología que lo impregna, de los testimonios de la reforma. "Era una nueva generación cubana con sus propias ideas —dice entonces— la que se erguía contra la tiranía." Esas "propias ideas" eran las que venían proponiendo en distintas latitudes de América Latina los movimientos políticos nacionalistas democráticos, que encontraban su génesis en esa explosión radical de las clases medias que fuera la reforma.

Referirse a Castro, hacia mediados del 50, como un producto de la reforma y de la tradición política que ella impulsa en América, no es disminuir su importancia. Y definir su pensamiento como un bien heredado de la línea de Martí, de los universitarios del 25, de la revolución de 1933 y del populismo de Chibás no equivale a un juicio de minusvalía. Por el contrario: ese pensamiento se manifestó como sumamente eficaz para nuclear a la mayoría del pueblo en la lucha antidictatorial y mantuvo vitalidad aun para orientar los primeros y decisivos pasos de la revolución ya en el poder.

Éste es el punto central que hace a las particularidades de la conformación política e ideológica de la alternativa cubana; el punto desde el que se abre la percepción de una característica absolutamente peculiar del desarrollo social e ideológico de Cuba, decisiva para explicarnos el triunfo de un movimiento aparentemente basado en la "rebeldía juvenil": aún en 1959 de las clases medias podía surgir un grupo coherente que liderara un movimiento nacional popular muy radicalizado, organizara el combate abierto contra la dictadura y llegara al triunfo con el apoyo de las masas populares urbanas y rurales e incluso de sectores de la burguesía acomodada, pese a las formas "plebeyas", jacobinas, elegidas para la lucha. Lo que en otras situaciones de América Latina era ya imposible, aparecía como factible en Cuba.

¿Qué datos de la estructura social de Cuba podían explicar lo particular de su caso?

De acuerdo con estimaciones de 1950 agrupadas por Gino Germani, Cuba, junto con Venezuela y Colombia figuraba, por su tipo de estratificación social, entre los países llamados del grupo B. Argentina, Uruguay, Chile y Costa Rica serían del tipo A; Brasil y México del tipo C y el resto del continente del tipo D. La clasificación se establecía en función del cruce de los siguientes items: porcentaje de estratos medios; porcentaje de la población en actividades primarias; porcentaje de población en ciudades de más de

20 000 habitantes; porcentaje de estratos medios y altos urbanos; porcentaje de población alfabeta; tasa de urbanización anual y porcentaje de población activa en actividades fabriles. La característica general de acuerdo con estos indicadores de la sociedad cubana prerrevolucionaria, sería la siguiente: estratos medios entre el 15 y 20%; existencia cultural, psicológica y política de una clase media; heterogeneidad étnica y cultural; desniveles pronunciados en el grado de participación en la sociedad nacional; discontinuidad pronunciada entre áreas rurales/urbanas y fuertes desniveles regionales.[8]

Estas características determinaban para la sociedad cubana rasgos propios. Cabe enumerar esos rasgos para luego tratar de integrarlos en una imagen de conjunto de Cuba prerrevolucionaria:

a] *Características sociales:* 1] escaso peso de una clase latifundista del tipo "aristocracia criolla"; 2] economía rural de tipo "plantacionista" (ingenios azucareros) con un alto grado de concentración, lo que suponía la presencia mayoritaria de asalariados —con reclamos parecidos a los del proletariado industrial— y no de arrendatarios o pequeños campesinos pobres; 3] peso abrumador del imperialismo norteamericano en la vida económica y virtual carencia de una burguesía local ligada a actividades productivas; 4] alto nivel educacional y rápido crecimiento de capas medias urbanas; 5] alto nivel de desocupación permanente y estacional.

b] *Características políticas:* 1] corrupción generalizada de los grupos de poder; 2] escaso peso institucional de la Iglesia católica; 3] desintegración de las fuerzas armadas.

c] *Factores de unificación entre élites y masa:* 1] autocracia política despótica; 2] sumisión global del país al imperialismo; 3] insatisfacción de las aspiraciones de la mayoría de la población urbana y rural.

Toda la estructura productiva de Cuba giraba sobre la producción de azúcar. Hacia fines del siglo XIX se introdujo en Cuba la racionalización de los cultivos: la producción aumentó de 223 000 toneladas en 1850 a más de 1 000 000 de toneladas en 1894, mientras el número de explotaciones se reducía de 2 000 a 207. El fuerte grupo económico latifundista que se consolida con este proceso será el verdadero beneficiario de la liberación de la tutela española durante los primeros años de gobierno independiente. Pero esta aristocracia criolla recibió un golpe de muerte con la baja de los precios del azúcar que siguió a la primera guerra mundial. El valor de las cosechas desciende de 1 022 millones de dólares en 1920 a 56 mi-

---

[8] Gino Germani, *Política y sociedad en una época de transición*, Buenos Aires, 1962, p. 168.

llones en 1932 y a medida que los precios bajaban las plantaciones fueron cambiando de dueño vertiginosamente: hacia 1929 las compañías norteamericanas cultivaban casi el 80% de la caña y el total de las inversiones en la isla aumentó de 220 millones de dólares en 1913 a 1 525 millones en 1929.

El mismo proceso de concentración capitalista se daba en el tabaco, que tradicionalmente había sido el único sector productivo en el que mantenían peso los pequeños propietarios: el antropólogo cubano Fernando Ortiz señalaba que "el capitalismo está tomando el control de las *vegas* (plantaciones de tabaco); en los últimos años el número de los cultivadores de tabaco disminuyó de 11 mil a 3 mil y el *guajiro* está entrando en las filas del proletariado".[9]

Junto con los inversores norteamericanos los nuevos propietarios de los ingenios que desplazan a la vieja aristocracia criolla, son comerciantes de las ciudades que se enriquecen en el negocio de intermediación y que, especialmente al comenzar la década del cuarenta, adquieren tierras. En un lúcido ensayo sobre la Cuba prerrevolucionaria, Robin Blackburn señala: "El censo de 1946 revelaba que la dimensión característica de la propiedad fundiaria a comienzos del siglo XIX había desaparecido, excepción hecha de algunas zonas de la atrasada provincia occidental de Pinar del Río. Había sido destruida primero la cohesión social y luego la base económica de los latifundistas tradicionales. La clase estaba en declinación. Hacia 1930 la estructura de poder en Cuba se alejaba del tipo latinoamericano. El clásico régimen de la oligarquía terrateniente no había podido sostenerse." [10]

Fuera de la del azúcar no existía virtualmente industria en Cuba. Los servicios estaban en manos del capital norteamericano y la burguesía cubana se concentraba en los negocios inmobiliarios y de construcción y en la red de intermediación comercial.

Tras la crisis de la primera posguerra otra guerra mundial le daría a los sectores urbanos una oportunidad para su consolidación. Claro está que ese auge, dada la dominación que sobre la estructura productiva cubana tenía el capital extranjero, no significó el ascenso de una capa burguesa local con fuerza suficiente para colocar demandas propias dentro del precario proceso industrializador.

"Sólo un sector —dice Blackburn— de la economía cubana demostraba un dinamismo autónomo bajo el régimen neocolonial: la es-

---

[9] Fernando Ortiz, *Cuban counterpoint: Tobacco and sugar*, Nueva York, 1947.
[10] Robin Blackburn, "Il prologo della Rivoluzione cubana", en *Il filo rosso*, 7, p. 27 (1963).

peculación edilicia." Y poco más adelante señala: "Pero más importante, sin embargo, era el carácter particular de la misma burguesía cubana. Su marcado carácter parasitario no podía carecer de efectos sobre su cohesión y su conciencia [...] La burguesía cubana carecía casi del todo de una base económica independiente; le faltaba cohesión histórica y cultural, porque estaba dominada por emigrantes, expatriados y aventureros. No tenía una moral propia y poseía una conciencia muy escasa." De allí no podía salir, por cierto, una élite favorable a los cambios. Más que un grupo subordinado —aunque lo era desde el punto de vista económico—, la burguesía cubana era una suerte de socio menor de un gran negocio: el del azúcar y el de la red de servicios, legales y clandestinos, que el azúcar generaba.

La situación de la clase media urbana, en tanto, era distinta. Desde 1943 hasta 1950 la clase media urbana creció del 22.1 al 36.9%. De acuerdo con los datos ya mencionados de Germani, sólo Argentina superaba en Latinoamérica a Cuba en cuanto a porcentaje de clases medias urbanas. El índice de alfabetización (sólo superado por Argentina y Uruguay y equiparado por Costa Rica y Chile); el de estudiantes universitarios, ubicado en similar orden, le otorgaban a Cuba un alto grado de modernización, en evidente contraste con el estancamiento de la economía. No es extraño que dentro de esas clases medias bloqueadas, que no encontraban el liderazgo de una burguesía industrialista, pudiera generarse una élite revolucionaria.

A las características económicas y de estratificación señaladas habría que añadir la corrupción general del sistema político, el desprestigio del ejército (que en 1933 se había desintegrado ya a un punto tal que un sargento saltaba de ese rango al de general, comandante de las fuerzas armadas y poco más tarde presidente de la república) y el escaso peso de la Iglesia católica: en 1958 había sólo 725 sacerdotes, uno por 7 000 feligreses, casi todos españoles y radicados en las ciudades.

El Movimiento 26 de Julio adquirió caracteres arquetípicos de movimiento avanzado de capas medias en un país dependiente. La composición de su grupo dirigente, su promedio de edades, el tipo de programa y su lenguaje lo acercaban a otras experiencias anteriores: las de los grupos políticos nacidos de la reforma universitaria. ¿Cómo se transformó ese movimiento de clases medias, de contenido y formas nacionalistas populares a contenidos socialistas?

Ya han quedado anotados los aspectos particulares de la estructura social cubana: inexistencia de una burguesía industrial local; sometimiento a un poder extranjero; corrupción del sistema político; enorme peso del proletariado rural, superior en número al campesinado y en mayor situación de conflicto con el sistema que el proletariado urbano; proporción alta de clases medias sin oportunidad de satisfacer sus aspiraciones por la carencia de una estructura dinámica en los sectores vitales de la economía.

A ello se deben sumar los antecedentes ideales: vigencia del programa martiano como motor de un proceso contemporáneo de cambios sociales; tradición política, revelada ejemplarmente en 1933, de insurgencia juvenil y estudiantil triunfante.

Así, en los momentos de crisis política, si el vacío dejado por la debilidad de la burguesía industrial favorecía la posibilidad de una recuperación a corto plazo de las viejas estructuras, ese mismo vacío podría generar una alternativa mucho más radical para la situación política que en otras situaciones del continente, en tanto los grupos avanzados de las clases medias urbanas se orientaran correctamente en la búsqueda de sus aliados y desmantelaran las instituciones sobre las que, pasado el primer momento de euforia populista, el régimen se reconstituía.

Tal era la lección que la revolución fallida del 33 dejó a la juventud radicalizada de las ciudades y que el castrismo aprendió unas décadas después.

Hasta ese momento toda tentativa de insurgencia contra la opresión había fracasado porque la contraofensiva de los grupos tradicionales se consolidaba rápidamente mediante la anexión de las alas conciliadoras del movimiento nacional democrático. La historia política de Cuba es una sucesión de desprendimientos hacia la izquierda dentro de los partidos moderados, guiados por sectores juveniles: Prío Socarrás en los 30, con relación al Partido Revolucionario Cubano; Chibás, luego, con relación al partido de Prío, cuando éste, a su vez, concilia; Fidel frente a la ortodoxia creada por Chibás, cuando sus sucesores intentan, a su vez, integrarse al sistema. La posibilidad de que el castrismo no quedase apresado en los mismos zigzagueos de la historia anterior radicaba, por un lado, en la ampliación de las bases sociales de la rebeldía y por el otro en la búsqueda de puntos de contacto entre la tradición ideal nacionalista revolucionaria y la tradición socialista, más allá de los partidos que intentaban expresar esas opciones.

En ese sentido, la decisión del grupo revolucionario de sentar las bases de su actividad en las zonas rurales mediante la lucha guerrillera, adquirió con el tiempo una importancia fundamental. La fusión que se produce entre la élite dirigente y las masas rurales adquiere una reciprocidad de efectos. El grupo urbano organiza y otorga conciencia a las masas rurales pero éstas, a su vez, le insuflan una oposición irreductible al sistema y no sólo al gobierno. Ese período de influencia recíproca dura más que la propia lucha armada y, cuando termina de consolidarse, el 26 de julio ya no es más un movimiento político de las clases medias: es el portavoz armado de una revolución agraria que va mucho más allá de las previsiones iniciales. El castrismo, al liquidar al latifundio liquida también lo fundamental de la influencia norteamericana porque la aristocracia terrateniente local no existía virtualmente como clase independiente. Poco a poco, por la desintegración del sistema anterior, por la inexistencia de una burguesía local consolidada y por la necesidad de dar respuesta a la ofensiva imperialista, debe "permanentizar" la revolución para poder defender sus logros iniciales.

La complejidad del proceso cubano —aquí sólo esbozada— alerta contra el esquematismo de su interpretación. Cuando Claude Bourdet le señala a Castro en 1960 que la revolución cubana es un segmento de la "revolución de la juventud" que abarca al mundo entero; éste le responde: "Evidentemente de la juventud, pero por encima de todo, de los trabajadores, de los campesinos, de las víctimas del colonialismo, de todos los explotados."[11]

Efectivamente, la participación de los jóvenes y de los estudiantes en la revolución cubana aparece como decisiva; no sólo dentro del 26 de julio sino a través de la actividad de la propia Federación de Estudiantes Cubanos y de su virtual apéndice político, el Directorio Revolucionario, organizador del asalto al palacio presidencial, el 13 de marzo de 1957, en donde perdiera la vida el presidente de la federación, José Antonio Echeverría.

Pero lo que interesa no es sólo esta asociación física entre estudiantes y revolución. Más allá de ello, como programa, como ideología inicial, el movimiento antibatistiano surge como una réplica de los contenidos asumidos por el movimiento universitario en el continente cada vez que, desde 1918, intentó proyectarse a la acción política. Hay una continuidad que puede trazarse desde Mella a Fidel. Pero lo notable de esa continuidad, cuando la asume el castrismo, es que se revela como una síntesis ideológica y práctica de cuarenta años de enfrentamiento interno en el movimiento de las juventudes universitarias, como el resumen superador de una doble perspectiva que en la historia política del continente marchaba desencontrada, desde los enconados enfrentamientos de la década del veinte entre

[11] El reportaje fue publicado en *France Observateur* el 29 de septiembre de 1960. La cita es recogida en Baran, *op. cit.*, p. 24.

el nacionalismo democrático de los primeros apristas y el socialismo abstracto de los primeros marxistas revolucionarios, ambos surgidos de la reforma.

Porque Fidel es Mella, pero es también el espíritu continental, bolivariano, nacional en el sentido de la "patria grande", que los estudiantes reincorporaron al debate político en los inicios de la década del veinte antes que ningún otro sector social.

Es la superación, en el interior del socialismo como propuesta ideológica, de los lastres cosmopolitas con que naciera en América Latina la repercusión de la revolución rusa; la superación de las marcas sectarias que deterioraron durante años la validez de su mensaje para las grandes masas.

La síntesis propuesta por el castrismo —entendido como algo que va más allá que un glosario de tácticas de asalto al poder— tiende a resolver la antinomia histórica, cuyos capítulos centrales hemos tratado de diseñar hasta ahora, entre la imagen de un socialismo ajeno a las llamaradas de una historia anterior y un nacionalismo signado por limitaciones de clase que en el momento decisivo le restan audacia. Si el continente americano tiene tras de sí sesenta años de rebelión estudiantil, el mensaje ideal que de allí se prolonga sólo pudo encontrar realización efectiva en un país en que la reforma, para ser tal, tuvo que ser, primero, revolución. Y esa intuición, dolorosamente adquirida luego con la sangre de infinitas jornadas de lucha, había comenzado a germinar en el continente en el lejano 1918, cuando un grupo de jóvenes estampaba esta frase balbuceante: "creemos no equivocarnos, las resonancias del corazón nos lo advierten: *estamos pisando sobre una revolución, estamos viviendo una hora americana*".

SEGUNDA PARTE

CRÓNICAS Y DOCUMENTOS

I. EL MOVIMIENTO POR LA REFORMA UNIVERSITARIA EN ARGENTINA

1. LA JUVENTUD ARGENTINA DE CÓRDOBA A LOS HOMBRES LIBRES DE SUDAMÉRICA *

Hombres de una república libre, acabamos de romper la última cadena que, en pleno siglo XX, nos ataba a la antigua dominación monárquica y monástica. Hemos resuelto llamar a todas las cosas por el nombre que tienen. Córdoba se redime. Desde hoy contamos para el país una vergüenza menos y una libertad más. Los dolores que quedan son las libertades que faltan. Creemos no equivocarnos, las resonancias del corazón nos lo advierten: estamos pisando sobre una revolución, estamos viviendo una hora americana.

La rebeldía estalla ahora en Córdoba y es violenta porque aquí los tiranos se habían ensoberbecido y era necesario borrar para siempre el recuerdo de los contrarrevolucionarios de mayo. Las universidades han sido hasta aquí el refugio secular de los mediocres, la renta de los ignorantes, la hospitalización segura de los inválidos y —lo que es peor aún— el lugar en donde todas las formas de tiranizar y de insensibilizar hallaron la cátedra que las dictara. Las universidades han llegado a ser así fiel reflejo de estas sociedades decadentes, que se empeñan en ofrecer el triste espectáculo de una inmovilidad senil. Por eso es que la ciencia frente a estas casas mudas y cerradas, pasa silenciosa o entra mutilada y grotesca al servicio burocrático. Cuando en un rapto fugaz abre sus puertas a los altos espíritus es para arrepentirse luego y hacerles imposible la vida en su recinto. Por eso es que, dentro de semejante régimen, las fuerzas naturales llevan a mediocrizar la enseñanza, y el ensanchamiento vital de los organismos universitarios no es el fruto del desarrollo orgánico, sino el aliento de la periodicidad revolucionaria.

* Éste es uno de los primeros manifiestos de la reforma. Fue publicado en Córdoba, el 21 de junio de 1918, en una edición extraordinaria de *La Gaceta Universitaria,* órgano de los estudiantes, y repartido profusamente en toda América, especialmente en las ciudades universitarias del país, Perú, Chile y Uruguay. Fue dirigido como expresa su dedicatoria "A los hombres libres de Sudamérica", y en adelante se lo reconoció .como el "Manifiesto liminar" de la reforma universitaria. Fue redactado por Deodoro Roca.

Nuestro régimen universitario —aun el más reciente— es anacrónico. Está fundado sobre una especie de derecho divino: el derecho divino del profesorado universitario. Se crea a sí mismo. En él nace y en él muere. Mantiene un alejamiento olímpico. La Federación Universitaria de Córdoba, se alza para luchar contra este régimen y entiende que en ello le va la vida. Reclama un gobierno estrictamente democrático y sostiene que el *demos* universitario, la soberanía, el derecho a darse el gobierno propio radica principalmente en los estudiantes. El concepto de autoridad que corresponde y acompaña a un director o a un maestro en un hogar de estudiantes universitarios no puede apoyarse en la fuerza de disciplinas extrañas a la sustancia misma de los estudios. La autoridad, en un hogar de estudiantes, no se ejercita mandando, sino sugiriendo y amando: *enseñando*.

Si no existe una vinculación espiritual entre el que enseña y el que aprende, toda enseñanza es hostil y por consiguiente infecunda. Toda la educación es una larga obra de amor a los que aprenden. Fundar la garantía de una paz fecunda en el artículo conminatorio de un reglamento o de un estatuto es, en todo caso, amparar un régimen cuartelario, pero no una labor de ciencia. Mantener la actual relación de gobernantes a gobernados es agitar el fermento de futuros trastornos. Las almas de los jóvenes deben ser movidas por fuerzas espirituales. Los gastados resortes de la autoridad que emana de la fuerza no se avienen con lo que reclaman el sentimiento y el concepto moderno de las universidades. El chasquido del látigo sólo puede rubricar el silencio de los inconscientes o de los cobardes. La única actitud silenciosa que cabe en un instituto de ciencia es la del que escucha una verdad o la del que experimenta para crearla o comprobarla.

Por eso queremos arrancar de raíz en el organismo universitario el arcaico y bárbaro concepto de autoridad que en estas casas de estudio es un baluarte de absurda tiranía y sólo sirve para proteger criminalmente la falsa dignidad y la falsa competencia. Ahora advertimos que la reciente reforma, sinceramente liberal, aportada a la Universidad de Córdoba por el doctor José Nicolás Matienzo, sólo ha venido a probar que el mal era más afligente de lo que imaginábamos y que los antiguos privilegios disimulaban un estado de avanzada descomposición. La reforma Matienzo no ha inaugurado una democracia universitaria, ha sancionado el predominio de una casta de profesores. Los intereses creados en torno de los mediocres han encontrado en ella un inesperado apoyo. Se nos acusa ahora de insurrectos en nombre de un orden que no discutimos, pero que nada tiene que hacer con nosotros. Si ello es así, si en nombre del orden se nos quiere seguir burlando y embruteciendo, proclamamos bien alto el derecho sagrado a la insurrección. Entonces la única puerta que nos queda abierta a la esperanza es el destino heroico de la juventud. El sacrificio es nuestro mejor estímulo; la redención espiritual de las juventudes americanas nuestra única recompensa, pues sabemos que nuestras verdades lo son —y dolorosas— de todo el continente. ¿Que en nuestro país una ley —se dice— la ley de Avellaneda, se opone a nuestros anhelos? Pues a reformar la ley, que nuestra salud moral lo está exigiendo.

La juventud vive siempre en trance de heroísmo. Es desinteresada, es pura. No ha tenido tiempo aún de contaminarse. No se equivoca nunca en la elección de sus propios maestros. Ante los jóvenes no se hace méritos adulando o comprando. Hay que dejar que ellos mismos elijan sus maestros y directores, seguros de que el acierto ha de coronar sus determinaciones. En adelante, sólo podrán ser maestros en la futura república universitaria los verdaderos constructores de almas, los creadores de verdad, de belleza y de bien.

La juventud universitaria de Córdoba cree que ha llegado la hora de plantear este grave problema a la consideración del país y de sus hombres representativos.

Los sucesos acaecidos recientemente en la Universidad de Córdoba, con motivo de la elección rectoral, aclaran singularmente nuestra razón en la manera de apreciar el conflicto universitario. La Federación Universitaria de Córdoba cree que debe hacer conocer al país y a América las circunstancias de orden moral y jurídico que invalidan el acto electoral verificado el 15 de junio. Al confesar los ideales y principios que mueven a la juventud en esta hora única de su vida, quiere referir los aspectos locales del conflicto y levantar bien alta la llama que está quemando el viejo reducto de la opresión clerical. En la Universidad Nacional de Córdoba y en esta ciudad no se han presenciado desórdenes; se ha contemplado y se contempla el nacimiento de una verdadera revolución que ha de agrupar bien pronto bajo su bandera a todos los hombres libres del continente. Referiremos los sucesos para que se vea cuánta razón nos asistía y cuánta vergüenza nos sacó a la cara la cobardía y la perfidia de los reaccionarios. Los actos de violencia, de los cuales nos responsabilizamos íntegramente, se cumplían como en el ejercicio de puras ideas. Volteamos lo que representaba un alzamiento anacrónico y lo hicimos para poder levantar siquiera el corazón sobre esas ruinas. Aquéllos representan también la medida de nuestra indignación en presencia de la miseria moral, de la simulación y del engaño artero que pretendía filtrarse con las apariencias de la legalidad. El sentido moral estaba oscurecido en las clases dirigentes por un fariseísmo tradicional y por una pavorosa indigencia de ideales.

El espectáculo que ofrecía la Asamblea Universitaria era repugnante. Grupos amorales deseosos de captarse la buena voluntad del futuro rector exploraban los contornos en el primer escrutinio para inclinarse luego al bando que parecía asegurar el triunfo, sin recordar la adhesión públicamente empeñada, el compromiso de honor contraído por los intereses de la universidad. Otros —los más— en nombre del sentimiento religioso y bajo la advocación de la Compañía de Jesús, exhortaban a la traición y al pronunciamiento subalterno. (Curiosa religión que enseña a menospreciar el honor y a deprimir la personalidad: ¡religión para vencidos o para esclavos!) Se había obtenido una reforma liberal mediante el sacrificio heroico de una juventud. Se creía haber conquistado una garantía y de la garantía se apoderaban los únicos enemigos de la reforma. En la sombra los jesuitas habían preparado el triunfo de una profunda inmoralidad. Consentirla habría comportado otra traición. A la burla respondimos con la revolución. La mayoría expresaba la suma de la regresión, de la ignorancia y del vicio. Entonces dimos la única lección que cumplía y espantamos para siempre la amenaza del dominio clerical.

La sanción moral es nuestra. El derecho también. Aquéllos pudieron obtener la sanción jurídica, empotrarse en la ley. No se lo permitimos. Antes de que la iniquidad fuera un acto jurídico irrevocable y completo, nos apoderamos del salón de actos y arrojamos a la canalla, sólo entonces amedrentada, a la vera de los claustros. Que esto es cierto, lo patentiza el hecho de haber, a continuación, sesionado en el propio salón de actos la federación universitaria y de haber firmado mil estudiantes, sobre el mismo pupitre rectoral, la declaración de huelga indefinida.

En efecto, los estatutos reformados disponen que la elección de rector terminará en una sola sesión, proclamándose inmediatamente el resultado, previa lectura de cada una de las boletas y aprobación del acta respectiva. Afirmamos sin temor de ser rectificados, que las boletas no fueron leídas, que el acta no fue aprobada, que el rector no fue proclamado y que, por consiguiente, para la ley, aún no existe rector de esta universidad.

La juventud universitaria de Córdoba afirma que jamás hizo cuestión de nombres ni de empleos. Se levantó contra un régimen administrativo, contra un método docente, contra un concepto de autoridad. Las funciones públicas se ejercitaban en beneficio de determinadas camarillas. No se reformaban ni planes ni reglamentos por temor de que alguien en los cambios pudiera perder su empleo. La consigna de "hoy por ti mañana para mí" corría de boca en boca y asumía la preminencia de estatuto universitario. Los métodos docentes estaban viciados de un estrecho dogmatismo, contribuyendo a mantener a la universidad apartada de la ciencia y de las disciplinas modernas. Las lecciones, encerradas en la repetición interminable de viejos textos, amparaban el espíritu de rutina y de sumisión. Los cuerpos universitarios, celosos guardianes de los dogmas, trataban de mantener en clausura a la juventud, creyendo que la conspiración del silencio puede ser ejercitada en contra de la ciencia. Fue entonces cuando la oscura universidad mediterránea cerró sus puertas a Ferri, a Ferrero, a Palacios y a tantos otros, ante el temor de que fuera perturbada su plácida ignorancia. Hicimos entonces una santa revolución y el régimen cayó a nuestros golpes.

Creímos honradamente que nuestro esfuerzo había creado algo nuevo, que por lo menos la elevación de nuestros ideales merecía algún respeto. Asombrados, contemplamos entonces cómo se coaligaban para arrebatar nuestra conquista los más crudos reaccionarios.

No podemos dejar librada nuestra suerte a la tiranía de una secta religiosa, ni al juego de intereses egoístas. A ellos se nos quiere sacrificar. El que se titula rector de la Universidad de San Carlos ha dicho su primera palabra: "Prefiero antes de renunciar que quede el tendal de cadáveres de los estudiantes." Palabras llenas de piedad y de amor, de respeto reverencioso a la disciplina; palabras dignas del jefe de una casa de altos estudios. No invoca ideales ni propósitos de acción cultural. Se siente custodiado por la fuerza y se alza soberbio y amenazador. ¡Armoniosa lección que acaba de dar a la juventud el primer ciudadano de una democracia universitaria! Recojamos la lección, compañeros de toda América; acaso tenga el sentido de un presagio glorioso, la virtud de un llamamiento a la lucha suprema por la libertad; ella nos muestra el verdadero carácter de la autoridad universitaria, tiránica y obcecada, que ve en cada petición un agravio y en cada pensamiento una semilla de rebelión.

La juventud ya no pide. Exige que se le reconozca el derecho a exteriorizar ese pensamiento propio en los cuerpos universitarios por medio de sus representantes. Está cansada de soportar a los tiranos. Si ha sido capaz de realizar una revolución en las conciencias, no puede desconocérsele la capacidad de intervenir en el gobierno de su propia casa.

La juventud universitaria de Córdoba, por intermedio de su federación, saluda a los compañeros de la América toda y les incita a colaborar en la obra de libertad que inicia.

Enrique F. Barros, Horacio Valdés, Ismael C. Bordabehere, presidentes; Gumersindo Sayago, Alfredo Castellanos, Luis M. Méndez, Jorge L. Bazante, Ceferino Garzón Maceda, Julio Molina, Carlos Suárez Pinto, Emilio R. Biagosch, Ángel J. Nigro, Natalio J. Saibene, Antonio Medina Allende, Ernesto Garzón.

2. ORDEN DEL DÍA DE LA FEDERACIÓN UNIVERSITARIA DE CÓRDOBA *

Las nuevas generaciones de Córdoba reunidas en plebiscito por invitación de la federación universitaria, considerando: que el nuevo ciclo de civilización que se inicia, cuya sede radicará en América, porque así lo determinan factores históricos innegables, exige un cambio total de los valores humanos y una distinta orientación de las fuerzas espirituales, en concordancia con una amplia democracia sin dogmas ni prejuicios; que corresponde a las generaciones nacientes realizar esas grandes aspiraciones colectivas y marcar con claridad las rutas que deben seguir los países jóvenes como el nuestro para el logro de aquellos anhelos; que el movimiento estudiantil, iniciado en Córdoba, lleva en su seno el germen fecundo de esos nuevos ideales, y al mismo tiempo tiende a abatir las fuerzas oscuras que se oponen a su realización abriendo los más vastos horizontes a la vida; que concordando con la idea trascendente que anima el movimiento se hace necesario e impostergable dar a la cultura pública una alta finalidad, renovando radicalmente los métodos y sistemas de enseñanza implantados en las repúblicas, por cuanto ellos no se avienen ni con las tendencias de la época ni con las nuevas modalidades del progreso social; que la organización actual de los establecimientos educacionales, principalmente la de los colegios y universidades, los planes de estudio que en ellos rigen y el dogmatismo y el escolasticismo que son su corolario lógico, corresponden a épocas arcaicas, en las cuales las duras disciplinas, el principio de autoridad y el culto extremo de cierta tradición, eran las normas directrices de la enseñanza; que es un deber de la juventud estudiosa del país y de todos los hombres libres que secundan

* Dirigida a todos los estudiantes del país y de América y leída en un acto callejero el 23 de junio de 1918.

y auspician el actual movimiento, estrechar los vínculos de solidaridad, para que no se malogre este esfuerzo inicial y se asiente sobre fuertes cimientos la obra emprendida. Por todo lo que, resuelve:
Mantener la huelga declarada hasta tanto se satisfagan plenamente las aspiraciones de la federación universitaria. Dirigirse a todas las federaciones estudiantiles y a las instituciones culturales para que apoyen, secunden y prestigien por todos los medios, los propósitos de renovación de los sistemas, regímenes y planes de todos los órdenes de la enseñanza, sostenidos por la Federación Universitaria de Córdoba. Presentar al Congreso Nacional de Estudiantes que se celebrará el 14 de julio en esta ciudad de Córdoba, un proyecto de reforma universitaria que será sometido inmediatamente al parlamento nacional. Enviar una delegación a la ciudad de Buenos Aires para que prestigie la reforma ante los poderes públicos y los centros de enseñanza, valiéndose de los medios de propaganda que sean adecuados a tan importante objeto.

3. ORDEN DEL DÍA DEL MITIN EN BUENOS AIRES *

Los hombres libres y las generaciones estudiantiles de la capital de la República, reunidos en mitin, por iniciativa de la federación de asociaciones culturales y de la Federación Universitaria de Córdoba, considerando:

Que la revolución espiritual iniciada por la Federación Universitaria de Córdoba, cuyos principios están contenidos en el manifiesto dirigido a los hombres libres de América y en el orden del día sancionado el 23 de junio del año corriente, encarna los ideales de las nuevas orientaciones humanas, en concordancia con los grandes hechos históricos que estamos presenciando;

Que al declarar que estamos al comienzo de una nueva civilización, cuya sede radicará en América, reconociendo como aspiración colectiva la realización de una democracia sin dogmas, se hace necesario romper todos los vínculos que nos ligan a las viejas civilizaciones y en particular a la tradición colonial, completando la obra de los revolucionarios de mayo;

Que para alcanzar tan altos fines, concordando con la idea trascendente que anima al movimiento, es indispensable levantar el nivel de la cultura pública renovando radicalmente el sistema de los métodos de enseñanza implantados en el país, por cuanto ellos no

* Efectuado el 28 de julio de 1918.

se avienen ni con las exigencias de la época, ni con las nuevas modalidades del progreso social;

Que la organización actual de los establecimientos de la República, principalmente la de los colegios y universidades; los planes de estudio que en ellos rigen y el dogmatismo y el escolasticismo, que son su corolario lógico, corresponden a épocas arcaicas, en las cuales las duras disciplinas, el principio de autoridad y el criterio estrecho de la tradición eran las normas directrices de la enseñanza.

Que es un deber de la juventud estudiosa del país y de todos los hombres libres que secundan y auspician el actual movimiento, estrechar los vínculos de solidaridad, para que no se malogre el esfuerzo inicial y se asiente sobre fuertes corrientes la obra emprendida; resuelve:

1º Declarar como los más altos propósitos del movimiento revolucionario, los principios y declaraciones proclamados por la Federación Universitaria de Córdoba.

2º Solidarizarse con todas las iniciativas emprendidas, manteniendo la federación de asociaciones culturales, para que secunde y prestigie por todos los medios, la renovación de los sistemas, regímenes y planes en todos los órdenes de la enseñanza, de acuerdo con la nueva orientación espiritual.

3º Aceptar los proyectos que haya sancionado o sancione el Congreso Estudiantil de Córdoba, como parte del programa reformista y prestigiar la celebración de un gran congreso de cultura pública que concrete las bases definitivas de la reforma y organice las fuerzas de la nueva democracia.

4º Propiciar la educación popular como el medio más eficaz para la elevación moral del pueblo y la consecución de la reforma integral.

4. MANIFIESTO DEL COMITÉ PRO REFORMA UNIVERSITARIA DE CÓRDOBA *

La juventud de Córdoba, animada por un impulso irresistible de progreso, se halla en lucha con su vieja y ruinosa universidad. Sus autoridades regresivas, empecinadas en el mantenimiento del dogmatismo docente y en la defensa de intereses insostenibles, se opo-

* Lanzado el día 31, víspera de la apertura oficial de los cursos. La proclamación de la huelga a que el manifiesto se refiere se realizó en el teatro Rivera Indarte, el mismo día, 31 de marzo de 1918.

nen con desdeñoso autoritarismo al impostergable anhelo de renovación que desde largos años le reclaman en vano los propios hijos del vetusto hogar intelectual.

Agotados todos los recursos persuasivos, postergadas todas las solicitaciones de reforma, desechados todos los petitorios remitidos a los cuerpos conciliares, que han permanecido sordos a las incitaciones al progreso y estáticos e indiferentes al movimiento espiritual de la época, proclamamos ante ellos la *huelga general*.

No es éste un acto de inconducta irreflexiva de la juventud. No es una asonada tumultuaria para derribar las divinidades y los símbolos de la universidad caduca, que merece el respetuoso olvido de las generaciones presentes. No nos arrojamos por la pendiente de una rebelión estéril contra las gratas disciplinas del trabajo y del estudio. Aspiramos a vivir en las aulas del saber la vida plena del intelecto, en el ambiente del verdadero liberalismo científico, profesado en las cátedras modernas, exento de prejuicios dogmáticos, desbrozado de arcaicos convencionalismos mentales, sustraído a las taimadas infiltraciones dialécticas que conturban la libre y sincera adquisición del conocimiento. Nos levantamos para sacudir la esclavitud mental en que se pretende mantenernos; para romper el círculo vicioso de la anacrónica maestranza que nos cierra los horizontes de la luz espiritual; para arrojar la carga monstruosa y torturante que la inepcia docente nos impone como bagaje inútil para el noble ejercicio de las profesiones liberales.

Formamos la generación ascendente, que ha de bregar por el progreso de la patria, apta para concebir sus destinos en el consorcio de las sociedades modernas; somos espíritus del presente y del porvenir, y esta universidad pretende educarnos para el pasado y moldear nuestros cerebros para los archivos de la humanidad.

No nos rebelamos contra la universidad-laboratorio, sino contra la universidad-claustral. Vibramos en el ritmo de la ciencia moderna y anhelamos la enseñanza acorde con sus claros y amplios métodos de investigar y de aprender. Exigimos la caducidad del autoritarismo, que pretende mantener la disciplina infantil en un instituto de la adolescencia, y que descubre en toda manifestación de la libertad individual, un delito de rebeldía volteriana, que merece las sanciones punitarias del decadente "principio de autoridad".

A este sano anhelo se opone una vasta organización de intereses subalternos, atrincherados en la vieja casa de estudios para cerrar el paso al progreso y a la ciencia de verdad. Los intereses superiores de la patria y el porvenir intelectual de sus generaciones dirigentes se hallan al arbitrio de esa embozada mosquetería de la regresión.

Son sus autoridades hieráticas, que sólo conciben la disciplina universitaria como concepto de sumisión material: sus maestros retardados, con sus programas ancestrales, que sólo saben de los viejos infolios de la ciencia vetusta; sus academias vitalicias, en perpetua gestación de ancianidad; sus consejos áulicos, sometidos a las sugestiones de la dirección superior; sus dignatarios conciliares, cultores de la solemnidad, apoltronados en sus clausuras crepusculares, reacios al progreso, sordos a las palpitaciones de la celebración y de las actividades circundantes atentos a la pródiga distribución del cuantioso presupuesto universitario entre la empleomanía docente, mientras son sus Cenicientas los gabinetes devastados y las desnudas salas de experimentación.

Invocamos nuestra expectante paciencia y nuestra larga y dócil esperanza, mantenida a despecho de todos los desdenes y subterfugios de las autoridades universitarias, para justificar esta cruzada extrema por nuestra liberación espiritual. Nos acompaña el derecho, nos asiste nuestra circunspección del pasado y nos une la noble solidaridad del vínculo moral para esta lucha enaltecedora. La llevamos confiadamente a los estrados del gran tribunal de nuestro pueblo. Y advocamos el movimiento a las aspiraciones impostergables de la juventud de Córdoba y del país, seguros de que nuestra voz ha de encontrar un eco en todos los espíritus que anhelan el progreso y la regeneración de la universidad argentina.

El Comité Pro Reforma Universitaria. Córdoba, marzo 31 de 1918.

5. EL COMITÉ PRO REFORMA UNIVERSITARIA ANTE EL MINISTRO DE INSTRUCCIÓN PÚBLICA Y CONSEJO SUPERIOR DE LA UNIVERSIDAD

Buenos Aires, 10 de abril de 1918. A su excelencia el señor ministro de Justicia e Instrucción Pública de la nación, doctor José S. Salinas.

Tenemos el honor de dirigirnos a vuestra excelencia en nombre del Comité Estudiantil Pro Reforma Universitaria, adjuntando a la presente el memorial que consigna en forma sintética los anhelos de la juventud estudiosa de Córdoba en lo referente a la reforma universitaria que desean y esperan para que su histórica universidad surja nuevamente con vida próspera y fecunda.

Este memorial debió ser presentado al honorable Consejo Superior de la universidad, pero pese a nuestras mejores intenciones no fue posible hacerlo, pues esa corporación, clausurando la universidad, cerró el camino a toda gestión de nuestra parte, demostrando en tal forma la incapacidad en que se encontraba para abordar una cuestión de vital importancia.

Llegue, pues, hasta vuestra excelencia la expresión de nuestras aspiraciones, que le dirá del espíritu sereno y culto con que obró la juventud que representamos, y que, no habiendo encontrado en su casa de estudios a las autoridades que lo escucharan, acuden a vuestra alta autoridad buscando la reparación que persigue.

Saludamos a vuestra excelencia con la consideración más distinguida. *Horacio Valdés. Gumersindo Sayago.*

Córdoba, 1 de abril de 1918. Al honorable Consejo Superior de la universidad.

Llegamos ante esa corporación, en cumplimiento de un mandato de la juventud universitaria de Córdoba. Somos los intérpretes de sus patrióticos anhelos, y valga a la modestia de sus voceros el alto título que ostentan. La juventud universitaria, que tiene dadas a la causa de la patria, desde los días iniciales de la nacionalidad, jornadas de gloria, identificada con el alma altruista de las generaciones históricas, que consagraron a la madre augusta sus desvelos como su sangre, y fija su vista en el porvenir siente hoy el deber ineludible de alzar su voz en defensa de ese hogar solariego del espíritu argentino, que es nuestra vieja universidad. Es por ello que se ha lanzado a la calle coreando con emoción indescriptible cantos augurales e irguiendo tribuna en todas las plazas públicas; ha agitado el ambiente y conmovido los espíritus más inertes; ha requerido y ha escuchado la palabra de calificados intelectuales y universitarios; ha sugerido nuevas orientaciones; ha promovido el debate en todas las formas y en todos los campos, y hoy recurre a vosotros, con su bagaje de experiencia propio y de opiniones autorizadas, trayendo a vuestro seno su contribución, para que la consideréis al abordar el estudio del grave problema, que os toca la fortuna de resolver, ante la ansiosa mirada del país.

La juventud universitaria se siente orgullosa de las proyecciones alcanzadas por el movimiento por ella iniciado, y ve, precisamente, en su amplitud su más terminante justificación. Detenerse ahora en su camino ante solicitaciones tendenciosas, sería abdicar de los altos propósitos de orden intelectual, moral y social, que la mueven, y perder la confianza puesta en ella, digámoslo sin jactancia, por el país entero, que ha visto en su gesto generoso como el preludio de otras auroras para la vida institucional de la nación.

Es que ha sonado, honorable consejo, la hora grávida de la renovación. Nadie lo discute; nadie puede discutirlo. Se discrepará sobre detalles de organización disciplinaria, pero ninguno se atreverá a manifestar que el antiguo régimen orgánico de la universidad, puesto allí, en la corriente de los tiempos, como un escollo, si no como un reto, a la sentencia del presente, sea sostenible. Es él, nada menos, que una forma de una aristocracia de privilegiados, ha dicho con justicia un profesor de la casa, que fuera vuestro ilustrado colega, y el pueblo, que contribuye, materialmente, al funcionamiento de la universidad, como la alimenta con sus hijos, exige, y exige bien, sin duda, precisamente lo contrario. ¿No es acaso, la actual constitución del gobierno universitario un anacronismo irritante, una flagrante contradicción con los fundamentos de nuestras instituciones políticas? ¿O es que el régimen aristocrático, batido en retirada por el principio de la soberanía popular, debe mantenerse, con todos sus defectos y peligros, allí en la universidad, donde la juventud arma su inteligencia, adquiere nuevas virtudes y fortifica las existentes, para servir mañana con devoción a las instituciones de la patria? No, honorable consejo; el país quiere otra cosa, evidentemente, y, al acatar su decisión intergiversable, ese cuerpo daría un alto ejemplo de la vida, bien necesario, sin duda, para sus mismos prestigios.

Pero, no es sólo, honorable consejo, el régimen orgánico de los estudios superiores que precisa modificarse: es urgente la renovación del profesorado, en forma que asegure la competencia de los docentes designados; es indispensable la reforma de los planes de estudio para modernizar y mejorar la enseñanza, y queremos por fin, los estudiantes, otra organización disciplinaria, menos meticulosa, más sincera y más útil. Todo ello, a nuestro juicio, si no es secundario, tiene como base la reforma de constitución universitaria, que, entregando hasta la fecha a unos pocos el gobierno de la casa, mediante las academias vitalicias, ha sustraído la universidad a las innovaciones que su propio progreso necesita.

¿Será nuestra palabra una nueva *vox clamentis in deserto,* como hasta hoy fueron las de todos los universitarios que auspiciaron ante ese consejo la reforma? No lo creemos, no queremos creerlo, a pesar de los antecedentes que en contrario existen con abundancia aplastadora, y porque resistimos a creerlo es que nos dirigimos al honorable consejo para hacerle partícipe de nuestras aspiraciones, respetables cuando menos como la expresión de una parte activa del cuerpo universitario. Estacionarse, ahogar la reforma en ciernes, sería acentuar el declinar notorio de ésta, otrora ilustre, casa de estudios, hasta conducirla a un marasmo fatal, del que ya no lograrían sacarla ni vuestros esfuerzos ni nuestros clamores.

Esperamos, pues, que el honorable consejo acometa con decisión la tarea impostergable que le incumbe y consulte la opinión estudiantil, que es, en verdad puede decirse, la de toda la intelectualidad nacional, concretada en la exposición que sigue a estas líneas.

La reforma del estatuto universitario debe necesariamente estar encuadrada en el marco que impone la ley de universidades nacionales del 3 de julio de 1885, ley que, contrariando opiniones ligeramente formadas, resulta ser muy estrecha para que dentro de su articulado puedan evolucionar las organizaciones que los tiempos vayan requiriendo en su decurso; coincide esta opinión con la del señor ministro de Instrucción Pública de la nación, expresada con motivo de su reforma en el año 1904. Muchas de nuestras aspiraciones se estrellan en lo imperativo de sus términos precisos, por lo que este comité se interesa en que el congreso nacional apruebe su reforma, en la que están empeñados, por otra parte, numerosos legisladores. Hasta tanto ésta se consiga, esperamos la aprobación por parte de ese honorable consejo de las que propiciamos y que están dentro de sus facultades legales.

Iniciaremos nuestra tarea examinando el capítulo segundo del estatuto vigente que trata de la *Asamblea Universitaria*.

En la actualidad, la Asamblea Universitaria está constituida, según lo prescribe el artículo cuarto, por "la reunión de los miembros titulares de las facultades". Considérase "facultades" en el mecanismo del actual estatuto a las "academias", de modo que quedan excluidos de la asamblea, los profesores y suplentes no académicos y la función periódica que aquélla desempeña, está reservada a un órgano que en su composición no representa todos los intereses. No hemos de abundar aquí en consideraciones respecto de las academias y su órbita de acción, pues nos ocuparemos de ello al tratar de las mismas en particular. Sin embargo, hemos de exponer ligeramente algunos conceptos por el interés que hay en fundamentar la reforma que proponemos al artículo que nos ocupa.

La elección de autoridades en nuestra universidad está hoy por hoy reservada a las academias ya sea conjuntamente para la elección de rector, ya separadamente para elegir decanos o para la confección de ternas en el nombramiento del profesorado. Todo el resorte administrativo y científico del organismo universitario, depende de las academias que, por su actual constitución, están formadas por miembros inamovibles. A nadie se oculta que el ejercicio *ad vitam* de la función académica en el orden científico, es lo más señalado y conducente al fin que se propone, en cuyo caso no debe existir limitación en el número de miembros que la ejerzan; no así tratándose de las funciones administrativas y de gobierno, en las que debe traducirse el mismo espíritu de renovación y de periodicidad existente en el orden político.

La necesidad de la separación de ambas funciones —que consideramos incompatibles— está confirmada por los hechos; de las actas académicas no aparece que las cuestiones científicas hayan preocupado a nuestras corporaciones universitarias, a no ser algún trabajo —fruto de la obligación reglamentaria— leído por algún miembro en el acto de la recepción oficial y que lejos de contribuir a prestigiar los blasones de la casa hicieron por su desprestigio. La función mixta a que nos referimos ha tenido como consecuencia un desarrollo unilateral; lo administrativo ha absorbido lo científico y se ha anulado por este sistema la actividad primordial que debe preocupar a toda universidad.

Después de esta breve digresión y volviendo al tema de la Asamblea Universitaria, entendemos que ésta no sólo debe estar formada por los académicos de las facultades, sino por todos los profesores, titulares y suplentes en ejercicio, por una representación de los estudiantes y por los profesionales egresados de la universidad y residentes en la República.

La función electiva es primordial en todo gobierno; de su amplitud depende la selección de los hombres llamados a ocupar posiciones dirigentes y su libre y periódico ejercicio garantiza la capacidad de los llamados a ejercerlas.

En el gobierno de la casa universitaria deben tomar parte todos los vinculados a la misma, ya sea docentes, educandos o egresados con título, no directamente bajo la forma de corporaciones estables con facultades legislativas o administrativas, sino por modo indirecto mediante la periódica elección de su primera autoridad. El profesor, como el académico, están igualmente interesados en la designación de las autoridades, porque de éstas dependen las iniciativas tendientes al mejoramiento de la enseñanza; el programa de un candidato y su capacidad para hacerlo efectivo, orientará y decidirá a sus electores. El alumno y el profesional egresado, tienen asimismo interés directo en la elección; intereses gremiales los vinculan a la universidad, donde los primeros estudian y los segundos obtuvieron su título; a unos como a otros no puede serles indiferente el gobierno universitario y es menester otorgarles la participación que les corresponde. Del libre juego de estos intereses, debidamente representados ha de surgir seguramente la selección a que todos aspiramos. Así, el interés de círculo que desgraciadamente ha inspirado hasta hoy la designación de las autoridades, desaparecerá ahogado por la presión de una mayoría enderezada al mejoramiento de la enseñanza.

Claustro universitario. No escapará a vuestro criterio, honorable consejo, que nuestros deseos son ver implantado en la actualidad el claustro universitario, vetusta institución de nuestra propia casa que las circunstancias imponen más como reacción que como siderátum. Autores contemporáneos: Cárcano, Colmo y Bianco, aconsejan su implantación y la iniciativa individual fue adoptada en el año 1904 por el ministro de Instrucción Pública de la nación, en el proyecto de reformas a la ley de universidades.

Bien sabemos que podrán hacerse serias objeciones a la implantación del claustro universitario que propiciamos, dado los términos consignados en el artículo primero, regla primera, de la ley número 159, según los cuales la "Asamblea Universitaria será formada por los miembros de todas las facultades", sin embargo al solicitar su implantación lo hacemos por ser la expresión de un anhelo colectivo y que podría realizarse mediante una gestión eficaz en el congreso nacional para obtener la modificación de la ley en lo que obstaculiza esta reforma.

Elección de rector y vice. El actual estatuto establece distintos procedimientos para la elección de estas dos autoridades, diferencias que no se justifican por ser el vicerrector el remplazante nato del primero en las delicadas funciones que le están encomendadas; por lo tanto debería llenar su elección los mismos requisitos que la del rector. Éste debe ser elegido según el procedimiento actual, por la asamblea y el vicerrector, por el Consejo Superior Universitario, debiendo recaer la elección en uno de sus miembros.

La elección de rector no debe estar reservada únicamente al estrecho círculo de las academias; no puede haber sido objetivo del legislador excluir de tan importante función a la mayoría del profesorado; tal interpretación es arbitraria y excusado será decir que el vocablo "facultades" que emplea la ley, significa "la reunión de profesores titulares y suplentes" y no "academias", pues mal podría asignar funciones a entidades que no crea y que deben su existencia exclusivamente a los estatutos.

Así interpretado el concepto de facultades que emplea la ley —reunión de profesores titulares y suplentes— a éstos debe corresponder la elección de rector y vice hasta tanto se obtenga la reforma de la ley para poder crear la institución del claustro universitario que anteriormente propiciamos.

Al procedimiento de la elección, que fija el artículo 9° (estatuto vigente), debe incorporarse la práctica del voto secreto, por cuya adopción abogan razones fundamentales que no escaparán al criterio de los miembros de ese honorable consejo.

Consideramos que el vicerrector debe ser elegido en la misma forma y por los mismos sufragantes que el rector, porque un interinato más o menos largo violentaría el espíritu de la disposición que fija el procedimiento para la elección de este último, desde que el interino goza de todas sus atribuciones; por otra parte, en nada embarazaría los procedimientos a la asamblea votar una fórmula en lugar de un solo nombre.

En cuanto a la reelección establecida por la ley a que venimos haciendo referencia, y practicada durante estos últimos tiempos con una regularidad que va resultando harto sugerente, ofrece sus ventajas y sus inconvenientes; por una parte reporta beneficios cuando perpetúa en el cargo al que ha sabido cumplir a satisfacción su mandato; por otra, puede, el sistema aludido, consolidar situaciones personales y anteponer intereses particulares a los de la institución.

Sin desconocer la positiva ventaja que para los intereses universitarios, significaría la permanencia en el cargo de rector de una persona reconocidamente capacitada, mediante la reelección, sin embargo creemos que ésta no debe ser ilimitada como lo establece el actual estatuto, porque la posibilidad de que se reelija un buen rector no está compensada con la situación de ventaja que podría aprovechar un círculo interesado en conseguir aquélla para el usufructo de las posiciones que la universidad brinda con su presupuesto.

Nuestras aspiraciones van hasta pretender que se establezca la imposibilidad de la reelección, acordando en cambio una mayor duración al período, extendiéndola a cinco años en lugar de los cuatro que actualmente rige; pero, como aquéllas van en contra de lo establecido por la ley, nos limitaremos a pedir que para la reelección, el candidato, deba obtener un número de votos no menor de las tres cuartas partes del total de sufragantes, que serían, como dijimos anteriormente, en número suficientemente crecido como para evitar manejos tendientes a perpetuar dinastías.

Se evitaría así el peligro señalado por el doctor Ramón J. Cárcano al afirmar que "entregar la elección de rector a los sufragios del cuerpo académico, compuesto de los profesores titulares, es abrir las puertas al predominio de las pequeñas pasiones, a las preferencias y rencores de círculos, a los favores personales", porque, según el mismo agrega: "Es fácil decidir sobre la designación de un candidato cuando el colegio que debe elegir es poco numeroso." Y entre nosotros será seguro su éxito si cuenta con las simpatías y apoyo de personajes políticos, de ascendiente y autoridad en el gobierno, que pueden conseguir o resolver el nombramiento como la destitución de un profesor.

Del Consejo Superior. El consejo que ejerce la superior jurisdicción universitaria, tiene en la actualidad no vicios de composición intrínseca, sino vicios de origen.

El mal no radica en el número de sus miembros, sino en la corporación de cuyo seno salen. La renovación que establece el estatuto vigente resulta demasiado relativa, pues ella ha de verificarse entre los académicos de las facultades, sin intervención alguna del resto del profesorado; vicios del que adolecen todos los organismos directivos creados por el actual estatuto. Constitúyese de esta suerte, la segunda y última instancia universitaria con los mismos elementos que la primera; son, ni más ni menos, que su expresión simplificada; y no ha sido excepcional entre nosotros que el honorable consejo haya mantenido a toda costa resoluciones del inferior, por el hecho de que algunos de sus miembros han contribuido con su voto en las academias a la adopción de las resoluciones recurridas. Asimismo, las ordenanzas dictadas por las academias dentro de sus atribuciones y que pasan en observación al superior consejo para su definitiva sanción, no tienen el control que el legislador se propuso establecer.

Encarado el problema desde este punto de vista empírico, aparecen las academias y el consejo como expresiones diferentes de una misma actividad con idéntica dirección. En realidad, el consejo —que por su composición realiza la síntesis universitaria— con los delegados en igual número de las distintas facultades debe tener un origen tan democrático —si cabe— como los consejos directivos de los que a continuación nos ocuparemos.

Las asambleas parciales que designen decanos o miembros de los consejos directivos, podrán elegir al mismo tiempo los delegados al Consejo Superior. Con esta forma de elección se habrá conseguido la absoluta independencia entre el Consejo Superior y los consejos directivos —que remplazarán a las academias actuales— eliminándose por tal medio los inconvenientes que llevamos apuntados.

No sería lo suficientemente garantizada la independencia que anhelamos con los solos procedimientos que dejamos esbozados, por lo que consideramos que es necesario declarar incompatibles los cargos de miembros del Consejo Superior y miembros de los consejos directivos, a excepción de los decanos que, según lo establece la ley de universidades en su artículo primero, regla tercera, son miembros natos de aquél.

Las prescripciones de la ley citada en nada se oponen a los nuevos sistemas que dejamos apuntados.

No es posible, por otra parte, que la más encumbrada corporación universitaria a que la ley atribuye la mayor suma de facultades, provenga de una elección indirecta y restringida como la que hoy se practica. En la Universidad Nacional de La Plata se observa el procedimiento que propiciamos en cuanto a la elección, no así respecto a los miembros en quienes debe recaer, que necesariamente deben serlo de los consejos directivos.

Consejos directivos. Consecuentes con nuestro propósito de esbozar a grandes rasgos los lineamientos de la reforma, abandonamos al criterio de este honorable consejo las ideas ligeramente expuestas sobre los primeros capítulos de los estatutos en lo que se refiere al gobierno propiamente universitario, para descender, con la brevedad que nos hemos impuesto al examen del régimen de las facultades.

Dos años ha, el profesor y académico de la Facultad de Derecho, miembro entonces de ese consejo, doctor Enrique Martínez Paz, presentó a vuestra consideración un proyecto de reforma al actual estatuto acompañado de una exposición de motivos, de la que transcribimos más adelante algunos fragmentos. En ese proyecto se dividen perfectamente las funciones administrativas y científicas que ejercen las actuales academias y se confían las primeras a consejos directivos, formados por miembros designados a base de elección general del profesorado por un período de seis años y renovables por terceras partes cada dos, las segundas permanecen confiadas a "las academias", con el rol esencialmente científico.

El espíritu que informó el proyecto de reforma, aparte de reconocer antecedentes en las universidades de Buenos Aires y La Plata, que han acogido e implantado el sistema, apareció entre nosotros por iniciativa del académico de la Facultad de Medicina, doctor Garzón Maceda, en 1907, que como toda iniciativa tendiente a modernizar el régimen imperante, naufragó en la mayor indiferencia.

Siete años después, el académico de la misma Facultad, doctor Antonio Nores, reiteró en un breve proyecto la iniciativa, obteniendo idéntico resultado.

La crítica que el autor del precitado proyecto, doctor Martínez Paz, hace de las actuales academias, es el mejor de los argumentos contra su mantenimiento en el organismo universitario, al menos en lo que respecta a la perpetuidad de sus cargos y al doble rol que les asignan los estatutos vigentes. Dice, con la experiencia que es presumible en quien ha vivido el ambiente que critica: "las actuales academias han perdido, si alguna vez lo tuvieron, todo carácter científico y hasta didáctico; bastaría recorrer las actas de sus gestiones para convencerse que raras veces una cuestión científica llega a plantearse en su seno, y que hasta las cuestiones didácticas de planes, métodos, programas, etc., no merecen de sus miembros, sino una atención incidental, nerviosa y pasajera; en cambio, los intereses administrativos han ido absorbiendo toda su actividad, han desalojado los grandes problemas [sic] para dejar limitada su acción a las funciones administrativas. Esta transformación, caracterización impuesta por los hechos que han declarado incompatible la coexistencia de las funciones administrativas y científicas, exige que sea la academia un cuerpo amplio, abierto a todas las tendencias de la casa que puedan influir en su desenvolvimiento y esta exigencia fundamental no se satisface sin que el pensamiento de su personal docente influya en la formación y orientación de sus academias". (Proyecto, p. 29, edición oficial).

Si los hombres se caracterizan por sus ideas, si éstas son el único elemento diferencial que los separa, lógico es suponer que la similitud de las mismas los atraiga y los una.

Tal sucede inexorablemente en todos los órdenes de la vida. En todo conglomerado, asociación o corporación, encontraremos, salvo diferencias accidentales, un elemento de coincidencia, un principio de unión, que siendo indispensable excluye al que no lo posea. Esta ley natural enderezada al exclusivismo, a la supresión de la controversia y al reinado de la unanimidad es menester combatirla. Nuestras academias integradas hasta hoy por elementos seleccionados a su arbitrio, perpetúan su espíritu y sus prácticas a través de las parciales renovaciones de sus miembros y si alguna vez —rara y excepcional, por cierto— aparecen en su ambiente petrificado la iniciativa fecunda, el plan trascendente, el proyecto innovador y arremeten contra el pasado, no tardan en perecer faltos de atención, huérfanos de examen y de acogida, a la manera como la simiente plena y exuberante se malogra en campo estéril.

Estas academias, dice Colmo, criticándolas, son como los organismos que no integran fuerzas de afuera y se reducen a vivir de sus reservas orgánicas.

Adoptamos como opinión para la reforma, la creación de consejos directivos, compuestos de seis miembros elegidos en asambleas parciales por el cuerpo docente de cada facultad, por un período de tres años y renovables anualmente por terceras partes (ley 4996, artículo 13, Universidad de La Plata). El período corto facilita y hace al mismo tiempo intenso el ejercicio académico; la renovación procura que con los hombres cambien las ideas y el amplio sufragio asegura el predominio de los mejores.

El número de los componentes parecerá exiguo, si lo comparamos con el de las actuales academias, pero no será necesario insistir en dictados elementales para demostrar que el mayor número no acusa más garantía ni mayor celeridad en los procedimientos. Si bien es cierto que los actuales reglamentos en vista de las necesidades crecientes han creado diversas comisiones en el seno de cada academia, tales como la enseñanza, vigilancia, de bibliotecas, etc. La multiplicidad de éstas no será óbice para que en adelante, con la nueva organización, estas subcomisiones sean formadas por profesores titulares o suplentes, extraños al consejo, presididos por un miembro de éste y obrando bajo su exclusiva responsabilidad y dirección. Si se adopta este temperamento, a pesar del número reducido de miembros del Consejo Directivo, se dará, no obstante, participación indirecta en el gobierno de las facultades a la gran mayoría de los profesores, que están llamados no sólo a desempeñarse en el aula, sino que también en el Consejo.

El artículo 36 del estatuto confía funciones científicas a las academias y demás estará repetir lo que hemos afirmado, sobre el modo en que se ha satisfecho hasta el presente la exigencia reglamentaria. La experiencia nos ha conducido a la convicción indestructible de que toda corporación, con el fin exclusivamente científico, no podrá tener arraigo entre nosotros, tanto más, cuando su creación provenga de la iniciativa oficial y su primera integración sea la obra mecánica de la caducidad de las antiguas academias y su transformación (mediante el traslado de sus miembros) en corporaciones de carácter eminentemente científico que deben estar formadas por individuos que han obtenido con sus enseñanza y obras la más alta consagración pública.

Existe entre nosotros una marcada tendencia hacia el socialismo de estado. Toda institución proviene del estado y las iniciativas, aun las extrañas a la órbita política, le son reservadas. En nuestro ambiente, el estado lo hace todo, es agricultor, colonizador, comerciante, obispo y hasta sabio, cuando erige la ciencia oficial al crear corporaciones científicas. Éstas deben obedecer a la iniciativa privada para que, sin intervención política de ninguna clase, obtengan la mayor independencia de su actuación, para que sus miembros sean electos por obra de sus méritos y no por el vínculo político o amistoso y, por último, para que en su seno tengan cabida no sólo los profesores de la casa, sino todos aquellos —titulares o no— que se hayan hecho acreedores a la distinción que importa el sillón académico. Acaso para conciliar estas ideas fuera señalado que los profesores, una vez reorganizada la universidad y añorando el *alma mater*, la corporación esencialmente científica que orienta las actividades de la universidad, se reúnan y echen las bases de la que con posterioridad —si el medio le es propicio— puede llegar a ser la academia de ciencias.

Por otra parte, no encontramos en la ley de universidades términos que puedan inducir la existencia de facultades para la elección de la institución que impugnamos.

Son éstos, dictados del orden teórico, suficientes por sí solos para fundamentar nuestra opinión; pero, hay también razones que surgen de los hechos y no es oficioso traerlas a cuenta. Se ha presentado a ese honorable consejo un proyecto suscrito por los decanos cuyo artículo 100 dice: "La actual academia nacional de ciencias se refundirá en la de la Facultad de Ciencias Exactas, Físicas y Naturales." Se ha querido, por tal medio y con propósito disfrazado, invadir la honrosa institución que felizmente hasta la fecha y después de una larga existencia, se ha mantenido extraña a los favoritismos y a las consagraciones del tripotaje. Pero las autoridades de la academia nacional, en gesto honroso y adivinando una intención aviesa, han tratado de evitar el zarpazo con la valiente nota de reciente fecha, por la que protestan de la refundición proyectada y al mismo tiempo exponen razones inatacables sobre la absoluta autonomía que debe asistir a las sociedades científicas.

Decanos. Los decanos, según la reglamentación vigente, deben ser electos por las academias y reunir la condición de académicos, motivo por el cual esta designación adolece de los mismos defectos que la directiva. La ley de universidades se ha limitado a consignar que los decanos deben ser elegidos por las facultades, de modo que, siguiendo nuestra norma, de ampliar en lo posible el sistema electivo universitario, proponemos que los decanos sean electos por asambleas parciales, formadas por titulares y suplentes de cada facultad. No será necesario aducir mayores razones para fundamentar lo expuesto sobre el estatuto universitario. Nuestro memorial no es un pliego de condiciones impuestas para volver a las aulas abandonadas, sino más bien la expresión del pensamiento colectivo, el programa que abarca en sus lineamientos los motivos que nos condujeron a la huelga.

Hay otros puntos relacionados con la constitución universitaria, tales son por ejemplo, los que se relacionan con la organización del profesorado, la docencia libre y la provisión de las cátedras mediante la oposición o concurso. Se ha sostenido que la libre docencia como institución universitaria, no es implantable en nuestro ambiente, para lo cual se han acopiado razones, de las que la más importante es nuestra pretendida apatía intelectual. Es indudable y nos adelantamos a concederlo que —con la actual organización disciplinaria— es de todo punto imposible que pueda progresar la libre docencia. En efecto, bajo el imperio de la asistencia obligatoria —sistema infantil y colegialesco— el alumno está imposibilitado para hacer acto de presencia en los cursos libres, aun cuando el profesor que los dicte le ofrezca las mayores garantías de honorabilidad y competencia, desde que implica una sobrecarga la duplicidad de los cursos. Por el contrario, si se adopta la asistencia libre, el alumno interesado en oír a los mejores, no vacilará en optar por ellos y se producirá, a no dudarlo, una saludable selección. El mal profesor, aun cuando se encuentre escudado en un nombramiento oficial, tendrá que eliminarse al contemplar el aula desierta, y conocer por este medio la tácita pero elocuente expresión del concepto que merece a sus alumnos.

La selección del profesorado es punto principal en la reforma universitaria y ella no ha de obtenerse seguramente por la designación electiva.

Si bien para el nombramiento de titulares debe hacerse por el poder ejecutivo a propuesta en tema del Consejo Superior, según lo establece la ley, esto no excluye que, para la confección de las ternas se llame a concurso y ocupe en ellas el primer lugar el que haya obtenido por tal medio su consagración de competencia.

6. PROYECTO DE LEY UNIVERSITARIA Y BASES ESTATUTARIAS (1918)*

I. *Proyecto de ley universitaria.* El primer Congreso Nacional de Estudiantes Universitarios considera necesaria la sanción del siguiente proyecto de ley:

* A fines de julio de 1918 se realizó en Córdoba el Primer Congreso Nacional de Estudiantes Universitarios. El congreso, destinado a tener profundas consecuencias en la historia posterior del movimiento reformista, se fijó como objetivo la discusión de un tema fundamental: la "organización y orientación que deben tener las universidades argentinas en la época actual". Participaron delegaciones de las federaciones universitarias de Buenos Aires, La Plata, Córdoba, Santa Fe y Tucumán, lo cual muestra el grado de extensión que

Artículo 1º: Las reglas a que deben ajustarse los estatutos de las universidades nacionales, quedan modificadas en la siguiente forma:

1] La universidad se compondrá de los profesores de toda categoría, los diplomados inscritos y los estudiantes.

2] Las autoridades de la universidad serán, un presidente, elegido por la Asamblea Universitaria; un consejo superior y los consejos directivos de las facultades.

3] Los miembros de los consejos directivos de las facultades serán elegidos en número que fijen los estatutos universitarios, por los cuerpos de profesores, de diplomados, inscritos y de estudiantes de las mismas.

4] Además del presidente, forman el consejo superior los decanos de las facultades y los delegados de cada una de ellas, elegidos por los respectivos cuerpos de profesores y diplomados inscritos. El cuerpo de estudiantes de la universidad, por sí o por su órgano legítimo, elegirá a los consejeros que le correspondiese. Los delegados no pueden ser al mismo tiempo miembros de los consejos directivos de las facultades.

5] Forman la Asamblea Universitaria los cuerpos de profesores, diplomados inscritos y estudiantes de la universidad, o los electores que respectivamente designen.

6] Los profesores titulares serán nombrados del siguiente modo: el Consejo Directivo de la facultad, votará, con las formalidades prescritas por los estatutos, una terna de candidatos que hayan ejercido la docencia como profesores titulares o libres, la cual será pasada al Consejo Superior con expresión de los fundamentos de la elección, que deberán ser publicados. Si fuera aprobada, se elevará al poder ejecutivo, quien designará de ella al profesor que deba ocupar la cátedra por el período y en las condiciones que determinen los estatutos.

7] Los profesores libres serán nombrados por los consejos directivos y por los consejos superiores en caso de apelación. Tendrán asiento y voto en las comisiones examinadoras.

Artículo 2º: El poder ejecutivo ordenará a las actuales autoridades universitarias que proyecten sus estatutos, los cuales dispondrán la forma de reorganización del personal docente y administrativo; y los elevarán al poder ejecutivo dentro de los tres meses siguientes a la promulgación de esta ley.

había alcanzado el movimiento. El documento que transcribimos forma parte de las "Bases para la organización de las universidades nacionales" aprobadas en dicho congreso.

II. *Proyecto de bases estatutarias*. *Estudiantes:* Para tener derecho electoral el estudiante, además de estar inscrito con un año de antigüedad en la facultad respectiva, deberá estar asociado a un centro que fije como una condición de admisibilidad ser estudiante y cuya cuota mensual de ingreso no sea mayor de dos pesos.

Anualmente serán convocados por aulas (los llamados años), para que cada uno designe de entre sus componentes tres delegados al colegio electoral de consejeros. En las facultades cuyos programas de estudios no estuvieren divididos en cursos anuales, se procederá en la forma establecida para la elección de la mesa directiva, por los estatutos del centro de estudiantes que esté adherido a la federación universitaria.

Las convocatorias serán hechas por el presidente del centro reconocido como representante oficial de los alumnos por la federación universitaria local que esté adherida a la Federación Universitaria Argentina. En caso que hubiese más de uno, convocará a un delegado nombrado por dicha federación local.

No será obligatoria la asistencia de los alumnos a las clases de los profesores titulares, libres o de cualquier otra denominación.

Diplomados: Los diplomados que deseen ser miembros de la facultad, deberán inscribirse anualmente pagando una cuota, que no podrá ser mayor de la quinta parte de la satisfecha por los alumnos oficiales.

Tendrán derecho electoral aquellos que hayan estado inscritos durante todo el año anterior a la elección. Lo tendrán asimismo los que no tuvieren antigüedad de un año en la posesión del grado o título, pero que, habiendo sido socios del centro de estudiantes durante el año anterior a la fecha de su otorgamiento, hubieran solicitado inscripción como diplomados inmediatamente después de graduados.

Las convocatorias serán hechas por las autoridades del cuerpo que el mismo elija anualmente, o en su defecto por el decano de la facultad.

El cuerpo de diplomados deberá organizar y dirigir los seminarios de investigación de cada facultad.

El cuerpo de diplomados puede proyectar modificaciones en los planes de estudios, las que el Consejo Directivo debe considerar y votar. Las modificaciones propuestas en el seno del consejo deberán ser enviadas en consulta al cuerpo de diplomados antes de ser votadas.

Profesores: Libres: toda persona cuya competencia está comprobada con la posesión del grado universitario o de título profesional o por haber realizado otros estudios, o especialización en la materia de la cátedra, podrá solicitar al Consejo Directivo su admisión como director libre. El consejo podrá exigir, además, una conferencia en privado o público, o ambas sucesivamente para conocer los méritos docentes de los candidatos. Éstos podrán, en caso de no ser admitidos, apelar y pedir una nueva prueba al Consejo Superior.

Los profesores libres estarán facultados para dictar cursos completos o parciales; y el decano deberá poner a su disposición las aulas y demás elementos necesarios, en las horas que sean adecuadas a la misión docente. Tendrán además asiento y voto en las comisiones examinadoras.

Titulares: Las ternas para el nombramiento de profesores titulares serán formadas exclusivamente con personas que ejerzan o hayan ejercido la docencia en alguna universidad, ya sea como profesores libres, titulares o suplentes, o bajo cualquier otra denominación. Los candidatos serán elegidos por concurso de examen de títulos o de cualquier otra clase; o por dos tercios de votos del Consejo Directivo. Éste pasará a superior la terna acompañada de un informe que expresará los fundamentos tendidos para la elección haciendo constar respecto de cada candidato: cómputo de la asistencia de los estudiantes; número de conferencias anuales; antigüedad en la docencia y concepto del cuerpo directivo proponente sobre su actitud docente y capacidad científica. Dicho informe deberá ser publicado antes de elevarse la terna al poder ejecutivo.

El profesor elegido por poder ejecutivo, será nombrado por un período de seis años; pero al cabo de este período podrá ser confirmado por otro igual por dos tercios de votos del Consejo Directivo, y así sucesivamente.

Ningún profesor podrá ser titular de más de una cátedra, excepto que se dedique única y exclusivamente a la enseñanza y medien además consideraciones especiales que induzcan a la facultad respectiva y al Consejo Superior a autorizarle para el desempeño de otras.

Suplentes, etc.: El Consejo Directivo podrá nombrar por concurso o por dos tercios de votos, profesores suplentes o adscritos de entre los profesores libres, por el período de tres años; pudiendo confirmarlos al cabo de cada período por otro igual, en la forma establecida para los titulares.

Todos los profesores de la facultad tendrán derecho electoral, que ejercerán en la siguiente forma: los profesores libres, suplentes, adscritos, etc., serán convocados para designar de entre ellos mismos un número de delegados igual al de los profesores titulares de la facultad. Éstos y los delegados de aquéllos formarán colegio electoral.

Las convocatorias serán hechas por el decano de la facultad respectiva.

Consejos directivos: Tendrán quince miembros elegidos: cinco por el cuerpo de profesores, cinco por el de diplomados y cinco por el de estudiantes.

Los consejeros durarán tres años en sus funciones, pudiendo ser reelectos sin intervalo una sola vez. Se renovarán por terceras partes cada año.

Luego de la primera elección y una vez instalados, los consejos determinarán por sorteo quienes deban salir en primero y segundo año, cuidando en cada elección corresponda elegir por lo menos un representante a cada uno de los cuerpos electorales (profesores, diplomados y estudiantes).

Fíjase como único requisito para elegibilidad como consejero, el ser miembro de alguna universidad nacional.

Aun cuando no sea miembro del consejo, el presidente del centro de estudiantes o quien lo represente, será admitido con voz a todas sus deliberaciones y a las de sus comisiones internas.

Las sesiones de los consejos podrán ser presenciadas por todos los miembros de la universidad.

Consejo Superior: El presidente, los decanos, y tres delegados por cada facultad, elegidos uno por el cuerpo de profesores, otro por el de diplomados y otro por el de estudiantes de la misma.

Los delegados durarán dos años en sus funciones, pudiendo ser reelectos sin intervalo una sola vez. No podrán ser al mismo tiempo miembros de los consejos directivos.

Los decanos serán designados por el cuerpo electoral de cada facultad, constituido por igual número de electores designados por los profesores, los diplomados y los estudiantes, respectivamente.

Los miembros del Consejo Superior y de los consejos directivos de las facultades no podrán desempeñar empleos rentados dependientes de la universidad, con excepción del profesorado; ni ser nombrados para empleos instituidos durante su mandato sino hasta dos años después.

Aun cuando no sea miembro del consejo, el presidente de la federación universitaria local y el de la Federación Universitaria Argentina serán admitidos con voz a todas sus deliberaciones y a las de sus comisiones internas.

Las sesiones del consejo superior podrán ser presenciadas por todos los miembros de la universidad.

Asamblea Universitaria: La Asamblea Universitaria que elegirá el presidente de la universidad, estará constituida por treinta miembros designados del modo siguiente: Los estudiantes de los diferentes centros serán convocados para elegir diez representantes: la convocatoria será hecha por la federación universitaria local que está adherida a la Federación Universitaria Argentina.

Los miembros de los cuerpos diplomados de las distintas facultades serán convocados para elegir diez representantes; en defecto de una autoridad general designada por ellos mismos, la convocatoria será hecha por el presidente de la universidad. Los profesores de toda categoría de las distintas facultades serán convocados para elegir diez representantes; la convocatoria será hecha por el presidente de la universidad.

Presidente: El presidente es elegido por el término de cuatro años, pudiendo ser nuevamente electo por dos tercios de votos del total de miembros de la asamblea universitaria, requiriéndose la unanimidad de los presentes cuando hubiera desempeñado ya tres períodos.

La elección se hará por medio de boletas firmadas, expresando el nombre de la persona por quien se vote, y terminará en una sola sesión, proclamándose inmediatamente el resultado, previa lectura de cada una de las boletas y aprobación del acta respectiva.

Para ser presidente se requiere ciudadanía argentina, treinta y cinco años de edad y el grado universitario más alto de alguna universidad nacional.

NÓMINA DE LOS DELEGADOS AL PRIMER CONGRESO NACIONAL DE ESTUDIANTES UNIVERSITARIOS

Federación Universitaria Argentina: Osvaldo Loudet (Buenos Aires), Hiram Pozzo (Córdoba), Raimundo R. Meabe (Buenos Aires), Carlos Lloveras (La Plata), Julio V. González (La Plata), Alfredo Degano (Córdoba), Ángel Caballero (Santa Fe), Alejandro Terrera (Tucumán), Raimundo Bosch (hijo) (Tucumán).

Federación Universitaria de Buenos Aires: Guillermo J. Watson, Dante Ardigó, Gonzalo Muñoz Montoro, Jacinto J. Cuccaro, Amílcar E. Burgos, Francisco Marseillan, Martín Luis Becerra, Carlos A. Colombo, Mario R. Natta, Alfonso von der Becke (hijo).

Federación Universitaria de La Plata: Alberto Mendioroz, Luis H. Sommariva, César Ferri, Walter Elena, David Kraiselburd, Federico

Falco, Carlos Rodríguez Jáuregui, E. Latorre Lelong, Arnaldo Orfila Reynal, E. Darío Pintos.

Federación Universitaria de Córdoba: Horacio Valdés, Ismael Bordabehere, Ceferino Garzón Maceda, Alfredo Brandán Caraffa, Manuel T. Rodríguez, Gumersindo Sayago, Emilio Biagosch, Jorge Bazante, Antonio Medina Allende, Natalio J. Saibene.

Federación Universitaria de Santa Fe: Alejandro Grüning Rosas, Humberto C. Gambino, Octavio R. Martínez, Pablo Vrillaud, Juan A. Sanz, Horacio J. Varela, Julio Pietranera, Raúl Zavalla, Mariano R. Tissembaum, Ángel J. Nigro.

Federación Universitaria de Tucumán: Héctor A. López, Marcial R. Bugnon, T. Passaponti, Jesús M. Quiles, Ernesto Mañá, Oreste Lucca, Pedro Brandenburg, José I. Díaz Romero, J. González Calderón, Ramón Juárez.

MESA DIRECTIVA DEL CONGRESO

Presidente: Osvaldo Loudet.
Vicepresidentes: Horacio Valdés, Guillermo J. Watson, César Ferri, Alejandro Grüning Rosas, Héctor A. López.
Secretarios: J. Hiram Pozzo, Julio V. González.

7. MANIFIESTO DE LA FEDERACIÓN UNIVERSITARIA DE LA PLATA A LOS UNIVERSITARIOS DE LA REPÚBLICA *

La Universidad argentina debe a la juventud universitaria de hoy el gran paso dado para orientar la enseñanza en el sentido de las modernas corrientes de ideas.

No dejan los señores profesores de arrojar palabras despectivas sobre la masa estudiantil del país; no dejan de llamarla inconsciente y bullanguera, y de censurarle su actitud resuelta; pero los hechos están ahí, como refutación incontrovertible, proclamando la verdad de sus afirmaciones y la justicia de su protesta.

* El presente manifiesto fue redactado por Héctor Ripa Alberdi y sancionado por aclamación por la asamblea general de los centros de estudiantes de la Universidad de La Plata, el 29 de octubre de 1919. La misma asamblea resolvió pedir la renuncia del consejo superior de acuerdo al documento que se transcribe más adelante.

Las reformas obtenidas en Córdoba, en Buenos Aires, en La Plata y en algunos otros lugares de la República, han tenido como punto de partida un requerimiento de las instituciones estudiantiles. Y por más que argumenten los directores de la enseñanza, en el sentido de desvirtuar los movimientos universitarios, no llegarán nunca a demostrar lo contrario de la anterior afirmación. El juicio de la historia dirá quiénes fueron los paladines de la Reforma Universitaria en 1918 y en 1919, y a buen seguro que la gloria no ha de ser muy pródiga en palabras lisonjeras para con los consejos superiores y académicos.

Frente a la solicitación franca y a la protesta viril de los estudiantes, no se ha hecho más que esgrimir razonamientos pueriles y ofrecer soluciones engañosas por lo transitorias, todo lo cual no ha hecho más que evidenciar la falta de sinceridad y de decisión en los hombres que rigen la política universitaria del país.

No nos causa, pues, gran extrañeza que el Consejo Superior de la Universidad de La Plata, ante los hechos recientemente planteados asuma una actitud indefinida, como lo hicieron en otra oportunidad sus similares de Córdoba y Buenos Aires; actitud vergonzosa para ese cuerpo de profesores que viene a renovar la posición ambigua de Poncio Pilatos, por no atreverse a pronunciar la palabra que condena o la palabra que absuelve.

No es posible que después de pasados varios meses en el estudio de un asunto que afecta al corazón mismo de la Universidad, se dilate nuevamente el tiempo del pronunciamiento, aduciendo razones triviales que denuncian una vez más la falta de carácter para afrontar una empresa que será dolorosa, pero que es imprescindible para salvar la moralidad universitaria. No se nos pasa inadvertido lo grave de la medida por nosotros solicitada, pero es que no de otra manera puede procederse ante lo grave también de las irregularidades cometidas. Si los señores miembros del Consejo Superior, no se sienten capaces de anteponer sus deberes de tales o la amistad personal, y creen que es muy alta virtud proteger la inmoralidad para cubrir la mentida pureza de un hombre, si eso creen como parece atestiguarlo la actitud asumida, es menester que abandonen sus cargos porque no piensa así la conciencia pública, y porque tampoco es esa la moralidad que los mismos señores profesores pregonaron desde su cátedra.

Vengan a suministrar justicia hombres de más heroico temple espiritual que no amolden a las circunstancias el concepto cabal del deber y que sepan conservar una acendrada rectitud de espíritu, ante todos los casos que se les sometan a la decisión de su criterio.

En un principio no creímos que habíamos de llegar a la situación en que estamos, porque teníamos fe en los hombres que componen el Consejo Superior, reconocíamos en muchos de ellos a las personas que honran a nuestro país por su talento y no había motivo para dudar de su ecuanimidad y rectitud, ante el caso que les sometíamos. Pero los hechos nos han demostrado que una cosa es la virtud cuando se teoriza, y otra cuando es necesario aplicarla; y muy malos maestros han de ser aquellos que puestos en el trance de obrar, no tuvieron en cuenta lo que enseñaron. Así, en nuestro caso, dicen que la razón nos acompaña y temen ponerse del lado de la razón; dicen que de nuestra parte está la justicia, pero el hacer justicia les espanta. ¿Acaso les da vergüenza el curarse las heridas que la juventud les denunció en el propio cuerpo? ¿Acaso les duele tomar un camino, porque la juventud les indicó el rumbo? ¿O es que, como ya dijimos, el vínculo personal o algún temor lejano, hacen enmudecer los labios que han de pronunciar la sentencia? Ya la conciencia de cada uno de los profesores habrá despejado los interrogantes. Pero después de los hechos ocurridos, cabe hacer otra pregunta, más dolorosa aún para el que tiene plena conciencia de lo que ella sugiere: Si los hombres bajo cuya égida crece y se forma el espíritu de la juventud, doblan en esta forma el concepto de justicia. ¿qué porvenir le aguarda a la República? La respuesta sería desoladora, pero para ventura nuestra, tenemos fe en la juventud de hoy, que a falta de maestros se forjará a sí misma, y si menester fuere, forjará también a los maestros.

Por eso, ante la situación indecisa del Consejo Superior, que después de comprobados los hechos no se atreve a imponer la pena evidente, la Asamblea General de Centros levanta su voz para pedirles a los miembros que componen ese cuerpo y a su presidencia, en cuyas manos la ley ha puesto el gobierno supremo, moral, administrativo y didáctico de la Universidad Nacional de La Plata, la renuncia de los cargos que desempeñan.

¡Se necesitan hombres con la suficiente entereza de ánimo, para imponer un castigo y luego responsabilizarse de lo que hicieron!

8. LA FEDERACIÓN UNIVERSITARIA ARGENTINA EXPONE AL PRESIDENTE DE LA REPÚBLICA LA SITUACIÓN DE LA UNIVERSIDAD DE LA PLATA

Buenos Aires, mayo 16 de 1920. Señor Presidente de la República. Excelentísimo señor:

I. En nuestro memorial primero tuvimos la oportunidad de denunciar a vuestra excelencia el estado de profunda anarquía que impera en la Universidad de La Plata, y de señalarlo como la crisis de una de las situaciones de mayor relajamiento e inmoralidad con que haya estado viciada la institución universitaria del país. El aserto acaba de ser corroborado en buena parte por el señor procurador de la nación, en su dictamen reciente. Frente a la claudicación despreciable de los hombres a quienes incumbía la salvaguardia de tan precioso instrumento de civilización y cultura, la juventud universitaria renueva, con la misma firmeza de ayer, su fe en los ideales que sustentara y su propósito inquebrantable de bregar por su consagración definitiva.

II. La Federación Universitaria Argentina tiene mandato de las federaciones locales para hacer efectiva, en el momento que crea oportuno, la huelga general universitaria en todo el país, que fuera proclamada con fecha 29 de febrero ppdo. La huelga fue votada por tiempo indeterminado, hasta tanto no se resolviera definitivamente el pleito de La Plata, es decir, hasta tanto no fueran removidos de sus cargos los actuales dirigentes de esa Universidad y se procediese a renovar sustancialmente sus hombres y sus métodos. Porque como ya expusimos en uno de nuestros memoriales, corroborado por las presentaciones de la federación platense, la situación de dicha Universidad es de tan profunda subversión que ella no podrá remediarse sino mediante la amplia intervención del Poder Ejecutivo Nacional, que garantice la reorganización total y el establecimiento de las reformas que propiciamos. La Federación Universitaria Argentina no ha hecho aún efectiva la huelga, debido a que el conflicto platense fue traído a resolución de vuestra excelencia y la misma Federación de La Plata manifestó su confianza plena en el criterio con que vuestra excelencia habría de solucionarlo. La Federación Universitaria Argentina se adhirió a ese sentimiento de confianza y renueva su creencia de que vuestra excelencia procederá de tal modo que hará inútil todo desagradable entorpecimiento de la labor fecunda a que están entregados nuestros institutos de enseñanza superior.

III. La Universidad de La Plata no funciona desde el 18 de octubre de 1919. Ni aun sometiéndola al vergonzoso espectáculo de la custodia por la fuerza pública, el Presidente de la Universidad y sus acompañantes han podido por un solo instante ejercer un acto pleno de autoridad. El Consejo Superior celebra sesiones sigilosas, a la espera, sin duda, del decreto de vuestra excelencia, que ha de poner fin a tan insostenible situación. Sin embargo, se obstina en realizar lo imposible. Es reciente, el lamentable episodio de la Escuela de Medicina, donde los propios estudiantes que por incitación de los dirigentes iban a rendir exámenes, mataron en un momento de confusión a un infortunado compañero. En su obsesión de quebrar la huelga estudiantil que está diciendo a gritos su autoridad mentida, el consejo superior resuelve convocar de nuevo las mesas examinadoras y abrir los cursos para el jueves de la semana entrante, dando motivo otra vez a que puedan ocurrir sucesos de carácter irreparable.

IV. Si peligrosa es la situación de la Universidad, no es menos grave la de su Presidente. Hízose ésta insoportable el día en que se dirigiera al juez federal solicitando penas hasta de 15 años de penitenciaría para los alumnos, que, en momentos de frenesí incontenible, afirmaron el derecho de la reforma, ocupando su casa de estudios. Ahora, si cabe, el abismo se ha ahondado. El Presidente de la Universidad expulsa, por resolución reciente, a todos los miembros del consejo directivo de la Federación Universitaria y de su comité de huelga, en número de sesenta. Anticipándose al fallo de la justicia trata de este modo de afrentarlos ante la opinión, culpándolos de delitos que no han cometido. La lucha ha sido de esta suerte, áspera y cruda; lleva casi siete meses. Y los que la condujeron, por empecinamiento y ceguera, a estos términos irreductibles, no deben pensar en conciliaciones, ya que no profesamos medias verdades ni nos es posible aceptar la mitad de la moral. El grupo de hombres que detenta aún el fuego universitario, aparentando autoridad, debe convencerse de que su posición es artificial, de que su simulación de gobierno es estéril, de que su desprestigio entre el alumnado es completo. Y si los hemos repudiado como maestros de la juventud, es porque entendemos que tan prominentes posiciones en la enseñanza, sólo pueden corresponder a aquellos que habilitados por las excelencias de su moral y de su saber, puedan hacer de cada actitud un ejemplo y de su palabra una escuela.

V. El prestigio de la Federación Universitaria platense está sólidamente cimentado. Mil trescientos estudiantes acaban de renovar su adhesión a ella. El pueblo comprende el movimiento y le presta su apoyo generoso e ilimitado. En los teatros y en las calles se congregan muchedumbres entusiastas que escuchan la palabra de los oradores y cantan el himno de los estudiantes. Frente a tan magnífica exteriorización que muestra con el infalible instinto popular el gran fondo de verdad y justicia del movimiento, todas las fuerzas de la reacción se han confabulado usando de las armas más innobles. Estamos prevenidos para las nuevas campañas. El señor Presidente de la República nos ha visto luchar y ha de saber comprender nuestro lenguaje; y si ha demostrado en más de una ocasión su fe en la juventud universitaria —ya que la pudo contemplar noble en sus aspiraciones y tenaz y valiente en la brega— ha de contribuir desde su alta posición a que no se desvirtúe el objetivo esencial de este grande movimiento, propendiendo a que de él surja una provechosa lección ejemplarizadora. Y ha de estar conteste vuestra excelencia en que los resultados primeros de la reforma no se harán sentir si no preside la reorganización total de la Universidad platense, quien, o quienes, investidos por el Poder Ejecutivo, puedan ser, por su calificación moral y sus actitudes, gestores eminentes en la ejecutoria de tan elevados propósitos.

Saludamos al señor Presidente de la República con nuestra más respetuosa consideración. *Gabriel del Mazo,* presidente; *Roberto E. Garzoni,* secretario general.

9. LA FEDERACIÓN UNIVERSITARIA ARGENTINA ASUME LA DIRECCIÓN LOCAL Y NACIONAL DEL MOVIMIENTO DE LA PLATA

Considerando: Que el conflicto universitario de La Plata persiste desde hace siete meses y que lejos de solucionarse se ha reagravado considerablemente por los sucesos que son del dominio público. Que todas las federaciones del país se han adherido al movimiento de la juventud universitaria platense, en virtud de la justicia que le asiste. Que la Federación Universitaria Argentina, con fecha 29 de febrero próximo pasado, proclamó la huelga general universitaria, que haría efectiva cuando la Federación de La Plata así lo solicitara. Que la Federación Universitaria de La Plata ha transferido la dirección del movimiento a esta junta representativa.

La Federación Universitaria Argentina, resuelve:

1º Asumir la dirección local y general del movimiento.
2º Constituirse en sesión permanente.
3º Encomendar a las federaciones universitarias, inicien las gestiones necesarias, a fin de estar prontas para hacer efectiva la solidaridad ofrecida cuando así se les requiera. Mayo 27 de 1920. *Gabriel del Mazo,* presidente; *Roberto E. Garzoni,* secretario general.

10. PROCLAMACIÓN DE LA HUELGA GENERAL DE ESTUDIANTES EN TODO EL PAÍS

Presentes: Gabriel del Mazo, Gregorio Bermann, Edgar Latorre Lelong, Juan Antonio Solari, Luis H. Sommariva, Alejandro Terrera, Guillermo J. Watson. *Ausentes con aviso:* Ángel S. Caballero, José A. Negri. *Ausente sin aviso:* Ubaldo Isnardi.

En la ciudad de La Plata, a 29 de febrero de 1920, hallándose reunidos los miembros de la junta representativa al margen indicados en la sede de la Federación Universitaria local, el presidente, señor del Mazo, declara abierta la sesión siendo las cinco y media de la tarde. Se incorpora de inmediato el nuevo delegado por Córdoba, señor Juan Antonio Solari. Se hallan presentes los delegados especiales señores Horacio Miravet, presidente de la Federación Universitaria de Córdoba y Horacio J. Varela, de la Federación Universitaria de Santa Fe. Además, los señores Enrique Torino (presidente del Centro de Estudiantes de Derecho de Buenos Aires), Juan Raggio (presidente del Centro de Estudiantes de Agronomía y Veterinaria de Buenos Aires), Cecilio del Valle (presidente del Centro de Estudiantes de Ciencias Económicas de Buenos Aires), y Manuel Lapido; delegados todos ellos de la Federación Universitaria de Buenos Aires. Los señores miembros de la Federación Universitaria Argentina traen mandato especial de las federaciones que representan en el sentido de que sea proclamada la huelga general de estudiantes universitarios en todo el país, por tiempo indeterminado. La actitud de sus respectivas representadas ha sido acordada después del estudio de la situación de la Universidad de La Plata, para dejar constancia públicamente de la protesta unánime de los estudiantes universitarios del país contra los dirigentes de dicha universidad que han claudicado antes de hacer justicia, ante una situación vergonzosa denunciada por los estudiantes, erigiéndose, al mismo tiempo, en el mayor obstáculo para que la reforma impere. Teniendo en cuenta que la apertura de los cursos aún no se había realizado en los institutos de enseñanza superior, la proclamación de la huelga tendría por el momento el valor de una significativa sanción moral. En cuanto a su efectividad, la Federación Universitaria Argentina quedaría facultada por las federaciones para declararla cuando —de acuerdo con la Federación Universitaria de La Plata— lo creyera oportuno. Deberá ser consultada en particular la Federación Universitaria de Buenos Aires, ya que así lo pide, a fin de poder organizar con tiempo el movimiento en los diversos centros. En vista del acuerdo unánime la presidencia invita a los circunstantes a continuar la sesión en forma pública, en el local del teatro San Martín, donde se proclamaría la decisión mencionada y donde los representantes de cada una de las federaciones expresaría su significado. A las seis de la tarde, en el recinto indicado, colmado de concurrencia, el presidente de la Federación Universitaria local, don Luis H. Sommariva, da lectura a un discurso de apertura y expresa que el acto se realiza bajo la presidencia del presidente de la Federación Universitaria Argentina, señor Gabriel del Mazo, quien proclama, en nombre de esta institución, y en virtud de la voluntad expresada por las federaciones, la huelga general por tiempo indeterminado en todas las universidades del país. La concurrencia, formada en su mayoría por estudiantes, aclama calurosamente la decisión de la Federación Universitaria Argentina. A continuación hacen uso de la palabra los señores: Gabriel del Mazo, en representación de la Federación Universitaria Argentina; Horacio Miravet, por la Federación Universitaria de Córdoba; Horacio J. Varela, por la Federación Universitaria de Santa Fe; Cecilio del Valle, por la Federación Universitaria de Buenos Aires; Juan Antonio Solari, delegado por Córdoba ante la Federación Universitaria Argentina; Alejandro Terrera, por la Federación Universitaria de La Plata; Ernesto L. Figueroa, en nombre de *Renovación*, órgano de la Federación Universitaria de La Plata, cerrando el acto Manuel Lapido, de la Federación Universitaria de Buenos Aires. Terminada la sesión pública se pasa de nuevo al local de la Federación Universitaria, donde se labra la siguiente acta: "En la ciudad de La Plata, a veinte y nueve días del mes de febrero de mil novecientos veinte, los miembros de la Federación Universitaria Argentina y los delegados especiales de las federaciones, en virtud del mandato expreso de las instituciones que representan, proclaman la huelga general universitaria. —Gabriel del Mazo, Luis H. Sommariva, Guillermo J. Watson, Horacio Miravet, Gregorio Bermann, Juan A. Solari, Alejandro Terrera, E. Latorre Lelong, Manuel Lapido, Horacio J. Varela, Enrique Torino, Juan Raggio, Cecilio del Valle". Con lo que se termina la sesión.— *Gabriel del Mazo,* presidente; *Gregorio Bermann,* secretario general provisorio.

11. MANIFIESTO DE LA FEDERACIÓN UNIVERSITARIA ARGENTINA AL PUEBLO DE LA REPÚBLICA *

La Federación Universitaria Argentina, considera que no estaría a la altura de su misión si no pronunciara en estos momentos de incertidumbre y de zozobra mundial una palabra serena, desapasionada y objetiva. Y teniendo en cuenta:

Que además de las pérdidas incalculables de todo orden producidas por la hecatombe de 1914-1918, diez millones de muertos y veinte millones de mutilados, flor de la robusta juventud europea, ofrendaron su vida alimentando la esperanza suprema de que al término de la pavorosa carnicería sobreviniese una era de paz estable y de justicia social.

Que esta esperanza sagrada por la cual los pueblos hicieron tan enormes sacrificios, está muy lejos de haberse transformado en un hecho efectivo, no siendo las doradas promesas de la guerra las amargas realidades de la actualidad.

Que muy al contrario, la guerra sólo aparece como un triunfo de la fuerza, siendo una verdad dolorosa que las rivalidades comerciales han renacido ásperamente como agente de inquietudes y germen de nuevas guerras entre los pueblos aliados y vencedores.

Que el viejo sistema colonial, cruda manifestación del imperialismo económico, se ha vigorizado con los *mandatos* creados por la conferencia de Versalles, lo cual equivale a mantener en la esclavitud a la mayoría de los pueblos de Asia y de África, sin que América esté libre de este peligro.

Que el gran principio de la autodeterminación acogido con tanto júbilo por los pueblos débiles y las nacionalidades sojuzgadas no se ha observado con lealtad, pues mientras se ha creado un semillero de pequeños estados con fines puramente estratégicos y políticos, se niega este precioso derecho a naciones que lo reclaman insistentemente, no siendo una verdad que este principio se aplique para Irlanda o la India, para Rusia o Mesopotamia, para México o Santo Domingo.

Que los apóstoles de las ideas pacifistas y libres siguen estando en la cárcel o son perseguidos implacablemente, como Eugenio Debs y todos los jefes de los obreros industriales del mundo en los Estados Unidos, los profesores Nicolai y Einstein en Alemania, Andrés Lasko

---

* Lanzado el 11 de octubre de 1920 por la junta representativa de la Federación Universitaria Argentina. Como bien recuerda Gabriel del Mazo, el presente es el primer documento del movimiento reformista latinoamericano referido al problema del imperialismo.

y millares de obreros en Hungría, Bertrand Russell en Inglaterra y tantos otros.

En vista de todo esto y por cuanto una nueva guerra mundial sepultaría a la humanidad en la barbarie y el caos más horroroso.

La Federación Universitaria Argentina, fiel al generoso impulso de concordia que siempre le alentara, y poniéndose bajo la advocación del amplio pensamiento pacifista del más grande de los pensadores argentinos, Juan Bautista Alberdi, resuelve:

Declarar que ve con intensa simpatía todos los esfuerzos que se hagan en favor de la concordia universal, que sólo será una verdad con una nueva organización internacional que suprima las destructivas rivalidades económicas entre las naciones, todo régimen de privilegio entre los hombres y asegure una era prolongada de bienestar y sincera fraternidad colectiva.

Expresar su fervoroso anhelo porque se traduzca en una hermosa realidad el principio de la autodeterminación de los pueblos.

Reclamar la libertad y el cese de las persecuciones de todos los apóstoles y héroes del pensamiento pacifista y libre.

Denunciar y condenar enérgicamente las maniobras del imperialismo mundial.

La Junta Representativa: *Gabriel del Mazo,* presidente; *Roberto E. Garzoni,* secretario general; *Alberto Palcos, Eduardo Araujo, Eduardo Ordóñez, Juan Mantovani, Ernesto L. Figueroa, Francisco Villaflor.* Buenos Aires, octubre 11 de 1920.

12. LA FEDERACIÓN UNIVERSITARIA DE SANTA FE, AL PUEBLO, EN LA FECHA DE LOS TRABAJADORES *

Vive el mundo horas bellas de emancipación. A la guerra sangrienta de las nacionalidades, egoísta y torpe, sucede la lucha altiva de los ideales, de la cultura máxima que se impone en Rusia con los soviets, en Hungría con las comunas esencialmente democráticas, en Alemania con sistemas más avanzados de gobierno, en Italia con verdaderas cruzadas ideológicas que hacen peligrar la existencia de la monarquía, en Inglaterra con el laborismo que avanza inconteniblemente, en una palabra, la verdad científica con cimientos tan

* Mensaje dirigido al pueblo el 1 de mayo de 1920 que muestra el contenido democrático y revolucionario del movimiento reformista desde sus primeros momentos.

hondos, que el viejo andamiaje se derrumba para dar paso a las nuevas formas de organización social. Basta a veces un solo grito para despertar la conciencia de los pueblos. Aprovechar este instante de rejuvenecimiento, esta alentadora oleada revolucionaria, es poseer el mejor concepto de lo que vendrá. Por eso la Federación Universitaria de Santa Fe, con el valor suficiente de sus ideas, de acuerdo en un todo con su campaña anterior, sin detenerse en el pasado, con el cual no reconoce ninguna ligadura, une su protesta a la de los trabajadores del mundo; y levantando su penacho idealista, exige como impostergables e imperiosos las reformas y anhelos que abajo se detallan:

Una legislación del trabajo de acuerdo con los principios económicos y sociales más avanzados.

Libertad de pensar y escribir.

Abolición de las leyes de residencia y defensa social. Indulto de los penados por estas leyes.

Divorcio absoluto. Separación de la Iglesia del estado. Expulsión de las órdenes religiosas del país.

Implantación de una ley educacional que obligue al estado a educar a los pobres.

Leyes de libre cambio, impuesto al mayor valor y límite de la riqueza privada.

Reforma de los códigos vigentes.

Federación internacional de estudiantes.

Trabajar por estas reformas, en la convicción de realizar obra sencillamente humana, será uno de los principales postulados de la federación universitaria en su labor futura. Por ello, al unir su protesta a la de los trabajadores, declara con dolor que las condiciones de los mismos no pueden ser más pésimas, debido al evidente desequilibrio en que los colocan las leyes que actualmente rigen.

De esta manera cree la juventud universitaria de Santa Fe solidarizarse con los que, por justicia y derecho debieran estar al frente de los destinos del mundo.

Pablo Vrillaud, presidente; *Manuel A. Chena, Horacio J. Varela,* secretarios.

13. MANIFIESTO DEL CENTRO DE ESTUDIANTES DE DERECHO AL
    INAUGURAR LOS CURSOS DE EXTENSIÓN UNIVERSITARIA *

En las aulas de la Facultad de Derecho de Buenos Aires, se está educando una nueva generación cuyos antecedentes iniciales señalan de antemano la trascendencia de su destino, en el nuevo ciclo histórico que comienza. En breve tiempo, y en su presencia se han liquidado formas sociales que durante varios siglos rigieron al mundo.

Ella ha asistido también, a un cambio decisivo en las costumbres políticas del país, con la totalización de las libertades cívicas que constituyeron 100 años atrás el ideal democrático de los revolucionarios de mayo, y para que ninguna fuerza externa o interna subordine el libre desarrollo de sus actividades, ella ha movido, y ha dado resonancia a una reforma universitaria fundamental, cuya consecuencia inmediata queda señalada con el desplazamiento de los elementos retrógrados que ejercían el gobierno académico.

Por su posición en la historia, por la influencia de estas crisis concurrentes, y por la atmósfera renacentista que rodea a su advenimiento, esta generación tiene que ser, debe ser, profundamente distinta a las anteriores, distinta no sólo en cuanto a su madurez anticipada en gran soplo trágico, sino por la diferenciación categórica en las normas directoras de su pensamiento y de su acción.

De ahí que los estudiantes de hoy entiendan hacer uso ajustado de su espíritu analítico, agitando una primera tentativa innovadora dentro de su propio campo especulativo. Hasta ahora, la universidad, institución del estado costeada por el pueblo, no ha tenido con éste otro contacto fuera del momento en que paga su impuesto para sostener una enseñanza hermética y excluyente, que no reintegra en bienes colectivos; cuántos sacrificios demanda.

Reconocemos las consecuencias perjudiciales que semejante distanciamiento incide sobre la cultura nacional, y denunciamos que sólo un manifiesto error de perspectiva ha hecho olvidar que la universidad necesita desenvolver en la dinámica social una función superior, a la simple tarea periódica de patentar doctores.

Evidentemente esto demuestra que entre nosotros subsisten aún los males derivados de una contradicción inadmisible entre la igualdad de derecho, establecida por las leyes, y la desigualdad de hecho, que impone a unos, lo que no se exige a otros. Juzgamos, por lo tanto, perentoria, la conveniencia de devolver a la colectividad siquiera alguna parte de los beneficios que una situación de fortuna nos permite extraer del patrimonio espiritual de la especie, recla-

_____
* Lanzado en Buenos Aires en agosto de 1920.

mando al propio tiempo la igualización de las oportunidades para que cada individuo pueda adquirir toda la porción proporcionada a sus aptitudes intelectuales.

No le basta, sin embargo, a la generación de la paz, criticar defectos del pasado. Quiere practicar el descontento activo. Quiere ser una energía creadora. Quiere construir. Ya el pueblo no va hacia la universidad, ésta, representada por sus órganos positivos, irá hacia el pueblo procurando llenar su verdadera misión de docencia social. Para ello, los estudiantes de derecho, agrupados en centro gremial, como cuadra a su concepto de la solidaridad específica, toman sobre sí la empresa de corregir este divorcio anacrónico entre la universidad y el pueblo, disponiéndose como medida previa, a divulgar los conocimientos recogidos durante sus largos estudios, conscientes de que servirán a la república, al fortalecer la conciencia jurídica de sus ciudadanos.

Según nos enseñara un maestro ilustre, la ley es todavía, a pesar del progreso integral de la civilización, "la expresión política de normas jurídicas impuestas por las clases dominadoras, para conservar un estado económico que las favorece".

Una minoría calificada, ha hecho, pues, en todas partes, su derecho, y no el derecho de todos. El obrero, en consecuencia, desconfía de la ley, porque no la conoce y porque ella constituye frecuentemente un instrumento manejado en contra suya por el miedo y el egoísmo. Los trabajadores, jamás han intervenido en la ordenación de sus derechos, considerando, por el contrario, que toda regla legal significa un recurso más para oprimirlos. Los estudiantes en ciencias jurídicas y sociales, entre quienes militan los futuros jueces de la nación, protestan contra este sistema absorbente y sostienen la urgencia de que el pueblo conozca el mecanismo de la ley, para que pueda establecer sin intermediarios, relaciones de equidad que aseguren sus intereses permanentes contra los ataques de la violencia y del privilegio.

Un proletariado sin principios jurídicos es, del mismo modo que un proletariado ignorante, incapaz de realizar conquistas definitivas, aunque su brazo tenga un poder suficiente para conseguirlas. La miseria y el dolor son, sin duda, poderosos factores insurreccionales, pero sólo constituyen fuerzas primarias de arranque; no bastan para realizar un movimiento provechoso y duradero. En cambio, la reacción resultante de toda injusticia, lo que vale decir resultante de un conocimiento más denso del derecho, acelera la evolución y se alza contra las aniquiladas que violan la armonía social.

Movidos por estas simples razones, esperamos desviar una parte útil de la enseñanza universitaria, para derramarla entre las gentes que no pudiendo recibirla, estiman, sin embargo, necesario conocer el derecho como garantía de las condiciones de coexistencia dentro de un grupo humano. Nos proponemos, ante todo, demostrar la importancia de la ley como fuerza específica de cualquier estado social, y ofrecer en cursos breves, elementales y objetivos, vistas amplias sobre nuestra legislación vigente, cuyos alcances suelen mirarse con indiferencia, sin reparar que mientras edificamos la ciudad futura, debemos someternos a las limitaciones impuestas por esas leyes, algunas de las cuales costaron largos y penosos esfuerzos a otros hombres que hicieron en su hora el duro aprendizaje de la libertad.

Nuestra iniciativa carecerá empero, de provecho, mientras los trabajadores mantengan un viejo prejuicio que hace de los universitarios una casta o una jerarquía desarticulada de la sociedad, con la cual formamos solidariamente un todo homogéneo e indiviso. La generación de 1920, preocupada en retocar los cuerpos legales de fondo, solicita desde ahora la colaboración del pueblo, para conocer de cerca el contenido humano que falta todavía al derecho. Conocemos la doctrina, conocemos los códigos propios y ajenos, pero no conocemos al hombre que vive con su hambre y su amor, fuera de esa porción mínima del derecho, encerrado por la letra muerta de la ley.

Ciudadanos y trabajadores: En la tierra fecundada con sangre y con lágrimas, hay anuncios de próximo alumbramiento. Los estudiantes, apasionados siempre por todo ideal generoso, saludamos a la nueva esperanza que asoma entre los hombres. Pero como verdaderos idealistas, queremos trabajar, mejorando la realidad ascendente. Mejorarla, es crear, en estas vísperas de paligenesia universal, la oportunidad para que nuestros conciudadanos, mientras se informan de la arquitectura jurídica del país, vayan comprendiendo firmemente que ninguna sociedad humana puede existir sin idea de justicia, de la justicia considerada bajo sus dos aspectos esenciales, como fundamento de la vida civil y como imperativo de toda igualdad. No servimos con estos propósitos a ningún sector, político o religioso. No nos estimula el jacobinismo verbal de moda. No hacemos tampoco una propaganda de intereses particulares. La nueva generación aspira a ser cada vez menos categoría, para hacer cada vez más función dentro del cuerpo social. No queremos imponer una verdad sustantiva. No queremos conducir. Queremos que cada uno tenga capacidad para concurrir con su esfuerzo consciente a preparar el resurgimiento fecundo y dinámico de la humanidad reconciliada.

II. PROPAGACIÓN AMERICANA DE LA REFORMA UNIVERSITARIA

El movimiento reformista en Chile *

14. PRIMERA CONVENCIÓN ESTUDIANTIL: ORGANIZACIÓN Y DECLARACIÓN DE PRINCIPIOS ACORDADOS **

I. Principios fundamentales y medios de acción. La razón de ser de la Federación de Estudiantes de Chile es aunar y encauzar, para su mayor eficiencia, las aspiraciones de perfeccionamiento que animan a la juventud estudiosa y que atienden a asegurar la felicidad del individuo y de la colectividad.

En el desarrollo de sus actividades tendrá en cuenta la siguiente escala progresiva de valores: individuo, familia, patria y humanidad.

---

* La historia de las primeras luchas estudiantiles en Chile puede ser dividida en dos grandes períodos: el de los años 20 y 22, que termina en los años 1931 y 1932, caracterizado por la idea de que los estudiantes eran la vanguardia del pueblo y su misión consistía en encabezar la reforma de la sociedad, y, por consecuencia, de la universidad; y el que comienza en las últimas fechas —que contribuyó grandemente a la caída de la dictadura— culminando el año 1937. En este segundo momento, los estudiantes sostuvieron que no se podían arrogar una misión histórica que no les correspondía y que su deber consistía, como parte integrante del pueblo, en luchar por la reforma universitaria condensada en los postulados clásicos (cogobierno, autonomía universitaria, asistencia y docencia libres, etcétera). En el año 1944 pareció iniciarse una nueva etapa, que con el tiempo se sabrá si llega a caracterizar una tercera modalidad: el movimiento concibe el problema universitario en relación estrecha con los problemas del organismo social; los universitarios tienen un problema propio, específico que resolver, pero la reforma universitaria debe ser considerada como una profunda modificación de conciencia, de actitud espiritual. Esta idea comprende la reforma de la conciencia colectiva (como elemento principal), la reforma de las condiciones estructurales de la universidad (postulado clásico) y la reforma del organismo social, como un todo único que se renueva al impulso de las distintas fuerzas sociales. La reforma universitaria sólo es posible en un régimen de libertad, que entraña necesariamente la defensa y perfeccionamiento del régimen democrático del país. Tiene entonces un carácter político de fondo, pero jamás ha de caer en el partidismo, que la historia ha demostrado como nefasto para la universidad.

** Efectuada en Santiago de Chile en 1920.

Es uno de sus más altos fines la lucha contra todas las formas de inmoralidad.

Auspiciará el respeto de la personalidad humana, la tolerancia y la libre manifestación de las ideas.

Tratará de realizar sus aspiraciones independientemente de toda influencia extraña, por medios racionales y evolutivos.

II. Organización. La federación se compondrá de asociaciones de estudiantes universitarios y de asociaciones de estudiantes secundarios. Los establecimientos de instrucción especial formarán parte, según su importancia, de las primeras o de las últimas.

Habrá un Directorio que residirá en Santiago y estará formado por delegados elegidos por las asociaciones, de acuerdo con su importancia y el número de sus miembros.

En las provincias que haya asociación universitaria y asociación secundaria, ambas instituciones deberán unificar su acción.

III. Cuestión social. La federación reconoce la constante renovación de todos los valores humanos. De acuerdo con este hecho, considera que la solución del problema social nunca podrá ser definitiva y que las soluciones transitorias a que se puede aspirar, suponen una permanente crítica de las organizaciones sociales existentes. Esta crítica debe ejercerse sobre el régimen económico y la vida moral e intelectual de la sociedad.

Ante las necesidades reales de la época presente, estima que el problema social debe resolverse por la sustitución del principio de cooperación al de competencia, la socialización de las fuerzas productivas y el consecuente reparto equitativo del producto del trabajo común, y por el reconocimiento efectivo del derecho de cada persona a vivir plenamente su vida intelectual y moral.

Acepta la acción organizada del proletariado y la acción política no militante en cuanto concurre a la realización de estas nuevas concepciones de la vida social.

Declara, finalmente. que todo verdadero progreso social implica el perfeccionamiento moral y cultural de los individuos.

IV. Cuestiones internacionales. De acuerdo con la subordinación de valores que se ha establecido del individuo a la familia, de la familia a la patria y de ésta a la humanidad, la federación afirma que el patriotismo es un sentimiento noble que entraña el sacrificio del interés individual al colectivo.

En las cuestiones internacionales someterá siempre el interés del individuo, de la familia o de la patria a los supremos ideales de justicia y fraternidad humanas.

Condena en términos generales las guerras, que son atentados contra el derecho y la libertad de los pueblos.

Estima que una de las causas principales de los conflictos internacionales es la actual organización social de los estados, basada en el régimen capitalista, y que será muy difícil llegar a la paz universal mientras no se socialicen las fuerzas productivas y sean organizadas internacionalmente.

Trabajará por el ideal de la abolición simultánea de los ejércitos de todas las naciones, por la aplicación al derecho internacional de las reglas del derecho privado y por un continuo intercambio de ideas y sentimientos entre los distintos pueblos.

Hace un llamado a la nación chilena para que pida a su gobierno el patrocinio de la idea de suprimir o reducir simultáneamente todos los ejércitos, y también un llamado a las juventudes estudiosas del mundo para que hagan suyos estos mismos ideales.

V. Educación nacional. Todo sistema de educación supone un ideal del hombre y de la vida.

La federación de estudiantes anhela que la educación pública de Chile, en todas sus formas y grados, tenga como su más alta aspiración formar hombres libres, que sólo se inclinen ante la razón y el deber; hombres idealistas, que tengan fe en los destinos de la patria y de la humanidad; hombres sanos y fuertes, que sean aptos para colaborar en el advenimiento de una vida más pura, más bella, más justa y fraternal que la vida presente.

La federación mantiene el principio del estado docente y de la educación nacional gratuita y laica. La enseñanza primaria deberá, además, ser obligatoria.

Todos los establecimientos públicos de educación deben formar un conjunto armonioso, un sistema orgánico que funcione bajo la suprema dirección de un solo consejo general de enseñanza, en que estén representadas las diversas actividades esenciales de la vida nacional.

La enseñanza general, en sus dos ciclos, primario y secundario, deberá tender —ajena a todo fin utilitario inmediato— al desarrollo integral de la persona física y psicológica del educando, dentro del justo respeto de su carácter individual. Deberá instruir y educar a la vez, es decir, que junto con dar conocimiento al niño o al adolescente, desarrollará en él buenos hábitos biológicos, morales, intelectuales y estéticos, que lo hagan capaz de continuar indefinidamente el proceso de su autoeducación.

La universidad debe estar formada no sólo de escuelas profesionales, sino también de institutos de altos estudios científicos, literarios y filosóficos.

Son anhelos importantes de la federación, la autonomía económica de la universidad y la formación especial del profesorado de instrucción superior.

La enseñanza especial debe desarrollarse en las distintas regiones de cada una.

Para cooperar al triunfo de estas aspiraciones, la federación luchará por obtener la representación de los estudiantes en los organismos directivos de la enseñanza.

VI. Bienestar para los federados. La federación aspira al mejoramiento moral, intelectual, físico y económico de sus miembros.

Para realizar estos fines, procurará difundir los clubes y casas de estudiantes, las conferencias de cultura general, los periódicos y revistas estudiantiles, los deportes, las secciones de asistencia social y las cooperativas estudiantiles.

15. CRÓNICA DEL MOVIMIENTO DE LOS ESTUDIANTES DE CHILE,*
POR ROBERTO MEZA FUENTES

Desde la presidencia de Santiago Labarca se empezaron a hacer duras críticas a la labor de la Federación de estudiantes. Ahora el estudiante se acercaba al obrero, y, mano a mano, corazón a corazón, colaboraban con él en una labor de justicia social. Buena o mala, aquella orientación recibió las críticas más acerbas en la prensa, en el parlamento, entre los estudiantes mismos, presionados y acobardados por el ambiente. Se dudaba del patriotismo de la federación y hasta se insinuaba que recibía dinero del Perú. *La Nación,* diario del senador don Eliodoro Yáñez, dio un campanazo formidable por medio de su redactor en jefe, Enrique Tagle Moreno (Víctor Noir), basándose en declaraciones que atribuía a los profesores y alumnos de la Universidad Popular Lastarria, acaso la obra más bella de la federación de estudiantes. En ese tiempo don Eliodoro Yáñez era un probable candidato a la presidencia de la república. La actitud de su redactor mereció la felicitación de todos

* Texto principal del que, con extensas citas documentales, fue publicado por la revista *Juventud,* de Santiago de Chile, órgano de la Federación de Estudiantes (número 13, abril-mayo de 1921).

los jefes del ejército y originó una campaña de descrédito en contra de los dirigentes de la federación de estudiantes. *Zig-Zag,* revista del Ministro de Chile en Londres, don Agustín Edwards, de quien también se decía que era aspirante a candidato a la presidencia de la República, publicó, aprovechándose de la excitación patriótica, sobre la irresponsabilidad de una firma anónima, un artículo humorístico en el que se insinuaba que un distinguido profesor universitario, que en su calidad de ex presidente de la federación participaba de las actividades estudiantiles, recibía oro del Perú. *El Mercurio,* diario también de don Agustín Edwards, contribuyó a esta campaña con la artillería gruesa de su ex redactor Joaquín Díaz Garcés, que en más de una ocasión, en el diario primero, y posteriormente en *Zig-Zag,* revista de la que también es ex director, trató a los estudiantes de "invertidos", "degenerados", "traidores", "vendidos al oro extranjero", "perros que husmean las cloacas inmundas", etc. Derivaba esta antipatía de Díaz Garcés a los estudiantes de una antigua enfermedad al hígado y de la campaña que emprendió la federación de estudiantes bajo la presidencia de Santiago Labarca y la vicepresidencia de Juan Gandulfo, en contra de este caballero en vista de irregularidades cometidas por él desde su puesto de director de la escuela de bellas artes. Esta campaña operó la transformación del director en ex director. (Todo esto recuerda el título de uno de los libros de Máximo Gorki: Los ex hombres.) *El Diario Ilustrado,* órgano del senador don Joaquín Echenique, no podía hacer otra cosa que atacar a la federación de estudiantes con mayor fuerza ahora que es su redactor el ex redactor de *El Mercurio,* don Joaquín Díaz Garcés. *La Unión,* diario del arzobispado, tampoco podía defendernos. Teníamos toda la prensa en contra. Y ya se había sentado el precedente de que los señores periodistas son invulnerables. Cuando la campaña en contra de Díaz Garcés, todos los diarios se negaban a publicar los acuerdos de la federación, o los mutilaban. Nos atacaban y no admitían la defensa. Cuando Tagle Moreno puso el grito en el cielo contra "los anarquistas de la Universidad Popular Lastarria" todo fue inútil para obtener la publicación de las defensas de la federación. Decían que el patriotismo ofendido no admitía explicaciones. Sin embargo, *El Mercurio,* diario de don Agustín Edwards, se allanó a publicarlas a dos columnas cuando fueron pagadas como avisos. No se pensó por un momento en que fuera "oro peruano". Sin una hoja donde defenderse, el descrédito de la federación de estudiantes era cada día mayor: los débiles temían y se alejaban de nosotros. Una prensa llena de enemigos nuestros estaba haciendo la opinión.

Santiago Labarca renunció a la presidencia. Le siguió, en un período fugaz, Waldo Urzúa. Sucedió a éste, Federico Carvallo. Labarca dejó la federación para dirigir el periódico *Numen*, que fue procesado pasando por sobre la ley de imprenta. Federico Carvallo lanzó, como suplemento al número 9 de *Juventud*, un manifiesto en que hacía la defensa ideológica y legal de Labarca. Demostraba en forma irrefutable que los tribunales y el gobierno estaban fuera de la ley. Defendió también Carvallo la libertad de palabra en la campaña que hizo cuando apresaron a Juan Gandulfo, que, en un mitin, negó al presidente Sanfuentes capacidad e independencia para servir de mediador entre capitalistas y obreros. A pesar del sereno carácter de Carvallo, que dio a la federación una presidencia correcta, atinada y tranquila, el desprestigio seguía. No se oían razones. Se sabía que los estudiantes estaban en contra de los actos ilegales de la justicia o el gobierno y eso bastaba. "Pero esos muchachos están locos", decían los más benévolos. Otros echaban la culpa al "mal elemento". No lo nombraban, pero se referían a Santiago Labarca y Juan Gandulfo. Otros incluían al profesor don Pedro León Loyola. Para otros, todo estaba podrido. Había que disolver en cualquier forma la federación de estudiantes. En medio de tanto ataque soez, hubo incidentes que fueran cómicos si el cinismo más desvergonzado no los provocara. En una manifestación obrera le tocó hablar a Federico Carvallo, como presidente de la federación de estudiantes, y lo hizo en la forma serena que acostumbraba. Al día siguiente *El Mercurio* decía que había llamado la atención la diferencia entre las fogosas y revolucionarias arengas estudiantiles y los mesurados discursos obreros. Y publicaba como pronunciado por un obrero el discurso de Federico Carvallo. La campaña de descrédito continuaba sin reparar en medios. Cuando la federación de estudiantes obtenía algo, no era por la razón o sin razón que se le otorgaba, sino por diligencias de algún político interesado en cobrar con creces ese "sacrificio". Y en realidad, era desacreditarse juntarse con estudiantes. Inmediatamente se era calificado de anarquista, socialista, pacifista o revolucionario, sinónimo en Chile de malhechor, bandido o vendido al oro peruano. Distinguidos jurisconsultos, alejados de la prensa y la política, apoyaron en la parte legal las campañas de Carvallo, pero nada se consiguió. Los conculcadores de la ley no tuvieron ni tendrán sanción. Algunos han sido ascendidos y otros van en camino del ascenso.

La gran labor de la presidencia de Carvallo fue la preparación de la convención estudiantil que se verificó bajo el actual presidente Alfredo Demaría, los días 12, 13, 14, 15 y 16 de junio de 1920.

No había terminado esta convención sus labores cuando ya protestaba en el senado don Alfredo Barros Errázuriz, extrañándose de que el ministro de instrucción no hubiera expulsado a los estudiantes del local en que estaban sesionando, que era el de la universidad del estado. Las conclusiones se publicaron en *El Mercurio* y *La Nación* el 24 de junio y merecieron las observaciones de un grupo de ex convencionales y de otros estudiantes que no participaron en la convención, que decían estar en desacuerdo con ellas. Les contestó, como presidente, Demaría. La protesta por las conclusiones referentes a la "cuestión" social y "orientaciones internacionales", quedó latente. No se podía concebir que los estudiantes sometieran "siempre el interés del individuo, de la familia y de la patria a los supremos ideales de justicia y fraternidad humanos". Hubo periodistas y parlamentarios que sostuvieron que eso significaba la entrega de Tacna y Arica al Perú. Se consideraba antipatriótico el que los estudiantes aceptaran "la acción organizada del proletariado" para la realización de "nuevas concepciones de la vida social". Nada tiene de particular el asombro de tales mentalidades, porque el senador Enrique Zañartu, uno de los brazos más firmes de la represión, ha dicho en el senado y en la prensa que el que tales principios sustenta debe envejecer en la cárcel hasta morir en ella y que lo que es contrario al régimen capitalista es contrario a los intereses nacionales. Con esa concepción de la patria tan brillantemente planteada por el senador que arengó a la multitud desde los balcones de la Moneda momentos antes que la Federación fuera saqueada, los antipatriotas van a formar legión.

En la primera quincena de julio llegaron noticias de que una revolución reivindicacionista había estallado en Bolivia. Antes, el señor Leguía se había hecho cargo del gobierno del Perú por una revolución, y a nadie se le ocurrió movilizar. Sin embargo, se sabía de sobra, porque una larga y continuada actuación de este caballero lo había demostrado, que el señor Leguía era de los más fieros entre "nuestros tradicionales enemigos", como dicen los señores periodistas y parlamentarios. Por lo demás, las revoluciones son habituales en esos países. Es que entonces no había elección presidencial en Chile. Ahora los ánimos estaban exaltados. Se veía clara la intención del gobierno de Sanfuentes de quitarle el triunfo a Alessandri, que contaba con fuertes simpatías en el ejército. La movilización fue sólo un alejamiento de fuerzas alessandristas. Si la historia dice la verdad tendrá que ver en esta movilización uno de nuestros más legítimos motivos de vergüenza. La prensa publicó telegramas tranquilizadores con declaraciones del señor Saavedra, que era el jefe del movimiento triunfador en Bolivia. El señor Rodríguez Mendoza, encargado de negocios de Chile en Bolivia, daba también informes que no justificaban ninguna alarma. Pero ya el plan estaba fraguado: se decía que el patriotismo chileno estaba herido y cuando esta terminología se empieza a usar en Chile no se puede obtener ni por milagro que la gente sea razonable. La campaña estaba fríamente preparada. Ya en los primeros días de agitación, *El Diario Ilustrado* acusaba a Santiago Labarca de haber lanzado una proclama antipatriótica siendo que se trataba de una proclama de carácter político en defensa de la candidatura presidencial de Alessandri —que se deseaba robar—, mandada imprimir a "Numen", imprenta de que era Labarca uno de los propietarios, por miembros representativos de la alianza liberal.

Los mismos que tenían en la conciencia que todo era una farsa no se atrevían a hablar para que no los creyeran menos patriotas. El candidato Alessandri organizó un desfile de fidelidad a la bandera... y a Alessandri. La situación era indefinida: todo hacía creer que la elección del actual presidente de Chile iba a ser robada. Ella se había verificado en la forma más irregular: la presidió un ministerio de tres caballeros contrarios a Alessandri; sin ninguna ley que lo autorizara, existió de hecho el estado de sitio en los días de elecciones; el gobierno ocultó a la prensa y a los partidarios de Alessandri los resultados de la elección, que eran revisados para el grupo del candidato derrotado, por un conocido ganaelecciones. Culminó tanto el abuso que un anodino como *La Nación* dijo editorialmente que el palacio de gobierno se había constituido en secretaría electoral del candidato derrotado, Barros Borgoño. El señor Alessandri, con su oratoria brillante fanatizaba a las masas populares y era temerario quitarle el triunfo. El país se veía a los bordes de una revolución. Entonces se inventó la movilización y se tocaron los clarines del patriotismo. ¡Inútil empeño! La tropa que fue al norte, crédula primero, comprendió después. Y cuando se le ordenaba gritar: "¡Viva Chile!", gritaba "¡Viva Alessandri!" A la *Canción nacional* prefería el *Cielito lindo,* canción adaptada a la actualidad alessandrista. La indisciplina prendió en las filas. El patriotismo a la manera que lo entienden los militarizantes, hizo crisis. El candidato Alessandri debió redactar una proclama para tranquilizar los ánimos exaltados: la tropa quería venirse a defender los derechos de su candidato que, con razón, creía amenazados. Los oficiales de reserva tenían orden estricta de hacer respetar la disciplina aunque para ello fuera necesario "matar rojos". Pero todo era imposible: el alessandrismo dominaba en las filas del ejército movilizado.

Se cometió la infamia de atravesar las fronteras, hasta dieciocho kilómetros de territorio enemigo, arrastrando con ellos al país a los bordes de una guerra, por fortuna sin encontrar a ninguno de los 35 000 peruanos que el ministro Ladislao Errázuris aseguraba en la cámara que estaban concentrados en el sur del Perú. Mientras la maniobra criminal se hacía, se preparaba el ánimo publicando en los diarios la noticia de los primeros encuentros de tropas chilenas y peruanas. Se agregaba que soldados peruanos habían pisado territorio chileno y disparaban sobre nuestras tropas que, prudentemente, evitaban toda acción violenta. Se fomentaba la alarma con mentiras hábilmente preparadas paar excitar el patriotismo. ¡Y, sin embargo, el ministro de guerra afirmaba que ésas eran "medidas preventivas" cuando veía el total desprestigio de la movilización!

Cuando empezó Santiago y Chile a incendiarse de ardor bélico, la federación de estudiantes, que comprendió la farsa, se reunió en sesión el domingo 18 de julio de 1920 para discutir la movilización. Se aprobaron las conclusiones más moderadas. Ningún diario las quiso publicar. La excitación comenzaba: en un banquete dado a reservistas que iban al norte se dijo que la federación había acordado la entrega de Tacna y Arica al Perú y Bolivia. Ésta era una de las más repetidas versiones grotescas e inverosímiles que circularon sobre el acuerdo de la federación. La prensa que se negaba a publicarlos contribuía a aumentar la agitación y daba margen a los rumores más absurdos. El 19 de julio al anochecer, un desfile de reservistas pasó bajo los balcones de nuestra casa en Ahumada 73 a gritarnos exigiendo la cabeza de Labarca y de Gandulfo.

Otros gritaban en el colmo de la exaltación patriótica: "¡Viva la guerra!", "¡A Lima! ¡A Lima!" Generalmente no eran reservistas los que daban esos gritos. Eran los que se quedaban los que más entusiasmo sentían por Lima y por la guerra. Un grupo subió a discutir, según dijo. En realidad, lo único que hizo fue gritar que los estudiantes estaban vendidos al Perú. En la noche una tropa de matones y aristócratas ebrios asaltó en la calle a Santiago Labarca y penetró al club de estudiantes a apalear a Juan Gandulfo, a quien quisieron obligar a besar la bandera. Después de ser apaleado, fue conducido preso a la comisaría "por incitar al pueblo a la revuelta".

Después de esta hazaña de que dieron amplia cuenta con cínica impudicia algunos diarios de la capital, se dirigieron a la imprenta "Numen", que fue totalmente saqueada. Se pierden, además de las maquinarias, que eran valiosas, originales de artículos y obras, entre ellas *El conventillo*, pequeña novela de J. S. González Vera, y el tomo póstumo de los poemas de Alberto Moreno. Las memorias que costaron fatigas a sus autores, de estudiantes de medicina —requisito indispensable para recibir el título profesional— fueron destruidas en su original e impresos. Y los saqueadores, que tenían amplia libertad para proceder, salieron en libertad bajo fianza de los señores Joaquín Díaz Garcés y Germán Riesco, que los esperaban a un paso del lugar del crimen, después del simulacro de prisión a que fueron sometidos. Las cantinas, los bares, los prostíbulos hervían de patriotismo. Ebrios remisos del servicio militar obligatorio, o exentos por cualquier motivo, en un rasgo sublime hicieron al ministro de guerra una presentación en la que pedían instrucción militar. Se abrió entonces aquel famoso curso militar de tres meses, que no fue otra cosa que el otorgamiento de carácter legal a la guardia blanca. Los que por su participación en los saqueos deberían estar en la cárcel, eran presentados a la admiración de sus conciudadanos como acreedores a la palma de los héroes. Hubo un diario, *La Unión*, que no tuvo el menor empacho en declarar que la guardia blanca había quedado constituida por distinguidos miembros del club de La Unión. Y cuando las calles de Santiago se vieron invadidas de jóvenes elegantes disfrazados de militares, la prensa y el parlamento, en nombre del patriotismo, los defendieron del ridículo que sobre ellos empezaba a caer y de la acusación de ilegalidad que se hizo a ese servicio militar que tuvo más esplendor en los casinos de los cuarteles, en los bares centrales y en los bulevares, que en los campos de ejercicio.

Sólo el día 20 pudo aparecer en forma de volante pagado por la federación, el acuerdo que los diarios se negaron a publicar. Los que lo repartían era apaleados y llevados presos. Todo era inútil. Como malhechores, había que aprovecharse de la sombra de la noche para salir por las calles a meter por debajo de las puertas o pegar en las paredes nuestro cartel. Policías secretas vigilaban a los estudiantes. No podía confiarse ni de aquellas personas que sin ser conocidas nuestros nos ofrecían ayuda: el espionaje estaba organizado científicamente. Al presidente de la federación se le perdió de su escritorio una lista de los asaltantes y sus domicilios que debía presentar a los tribunales, aunque sólo fuera para dar constancia de que éstos no tenían ningún interés en castigar a los delincuentes y que su único empeño era humillar más a las víctimas, extremando la inhumanidad hasta llegar a hacer un mártir de Domingo Gómez Rojas, asesinado por la justicia de Chile.

Se pedían garantías que eran dadas verbalmente y negadas en el hecho. El 21 de julio se saqueaba el club definitivamente en la primera cuadra de Ahumada, la calle principal de la capital de Chile, apenas a cuadra y media del palacio de la Moneda. El senador de Concepción, don Enrique Zañartu, dirigió la palabra a los asaltantes desde los balcones del palacio de gobierno. A la una y media de la tarde, el club de estudiantes fue saqueado. Dirigieron el saqueo los oficiales del ejército, Domingo Undurraga Fernández (teniente), Germán Ossa Prieto (capitán) y otros cuyos nombres no hemos obtenido, todos ellos aristócratas o arribistas, partidarios de Barros Borgoño. La prensa de este candidato identificaba la candidatura Alessandri con el oro peruano, la IWW y la federación de estudiantes. A pesar de todo, figuraron en el saqueo distinguidos alessandristas como don Carlos Alarcón, dueño de un caballo de carreras y postulante a una diputación, y otros, que querían demostrar su amor a la patria. Los saqueadores se fueron a retratar a la revista *Zig-Zag* y llevaron al presidente Sanfuentes los trofeos de la victoria. El presidente, después de felicitarles, les prometió conseguir la cancelación de la personalidad jurídica de la federación de estudiantes. Reunió al consejo de estado y consiguió sus propósitos el 24 de julio. Nadie quería ser menos patriota y cada uno extremaba el rigor, de palabras o de acción, contra los estudiantes. Si alguien pasaba por la calle con un libro bajo el brazo era mal mirado porque decían que era peruano o estudiante. Si pasaba algún muchacho con las melenas algo crecidas sospechaban que era subversivo. Había que andar cubierto de banderas y vanagloriarse de haber apaleado a un obrero o estudiante para que lo creyeran chileno. Los adjetivos "patriótico" o "antipatriótico" se usaban a cada momento. El ministro de Guerra dijo a la cámara el mismo día del saqueo que las declaraciones de la federación eran antipatrióticas. Lo que se había hecho era pedir al gobierno que explicara las causas de la movilización y recomendar al pueblo la serenidad.

El gobierno jamás ha podido explicar legítimamente esas causas y aunque sus representantes de entonces no sean, como lo merecen, acusados como malhechores públicos, serán ellos los culpables del crimen de lesa patria con que fría y cínicamente quisieron enlodar a los estudiantes.

El diputado conservador, Gumucio, en un discurso para la exportación, para que todos admiraran su grandeza de alma, condenó el saqueo de que fue él mismo cómplice e instigador con la violenta campaña de odios que dirigió desde *El Diario Ilustrado*. No obstante, encontró explicación a lo que él llamó "indignación de la juventud chilena" en *la actitud infame, odiosa y traidora de los que intentan la obra criminal de desviar al pueblo de sus deberes pa-*

trióticos, de los que tratan de destruir el más puro sentimiento del alma nacional, de los que se constituyen en auxiliares y cómplices del enemigo extranjero. A pesar de toda esa oratoria incendiaria, que podía bien interpretarse como un estímulo a los malhechores, hipócritamente el diputado conservador y redactor de *El Diario Ilustrado*, Rafael Luis Gumucio, condenó el saqueo.

Nadie se atrevió a defendernos. Todos protestaban del saqueo pero lo justificaban como una reacción del patriotismo herido o bien lamentaban las inoportunas declaraciones que lo provocaron. Y así siguió un largo torneo de oratoria. El senador Enrique Zañartu, mientras se estaba verificando el saqueo a que incitó él mismo desde los balcones de la Moneda, hablaba en el senado, diciendo que los asaltantes habían sacado del salón de honor de la federación el retrato de don Augusto Leguía, presidente del Perú. Leía también unos antiguos documentos firmados por don Pedro León Loyola en una desinteligencia que tuvo con la federación de estudiantes. Contraponía la opinión de ese dirigente de la federación a la de los malvados que habían adoptado el acuerdo antipatriótico. ¡El señor Loyola era el autor de ese acuerdo! Después, en la Cámara de Diputados, el clerical Urrejola repetía que el retrato de Leguía había sido sacado de la sala de sesiones de la federación, absurdo tan grande como afirmar que había un retrato de Sanfuentes.

Se vio el caso inaudito de leer en la prensa que el "pueblo" aclamaba al presidente de la república, que agradecido, salía a los balcones de la Moneda a corresponder con su presencia esas manifestaciones, siendo la verdad que el señor Sanfuentes fue impopular desde 1915, cuando era candidato. Recuérdese que entonces su casa era herméticamente defendida por la policía. En 1920, cuando la transmisión del mando, no era menos impopular. Vale la pena no olvidar que debió concurrir a las ceremonias de ese acto ocultándose como un malhechor del pueblo que quería hacerse justicia. ¡Resulta de una amarga ironía recorrer las colecciones de la prensa de esa época en que aparece Sanfuentes aclamado por el "pueblo"!

La prensa clerical volvió a publicar las renuncias que un año antes había presentado don Pedro León Loyola, en un momento de ofuscación. Y decía: "sólo ahora han venido a conocerse estos documentos reveladores del 'cáncer estudiantil'". La infamia crecía descubriendo peruanos imaginarios por todas partes. Día a día aparecían remitidos de personas que afirmaban no ser peruanos. Los diarios nos trataban de pacifistas para indignar a sus lectores en contra nuestra.

La noche del 21 de julio murió en un encuentro el joven Julio

Covarrubias Freire. Hasta hoy no se sabe quién fue el asesino. Sin embargo, hay dos inocentes pudriéndose en la cárcel. A la tumba de este distinguido joven fueron a llorar todos los partidos políticos chilenos, el gobierno declaró su muerte duelo nacional, y se hizo una suscripción para levantarle un monumento. Sus adversarios lo acusaron de haber asaltado la imprenta "Numen" y haber actuado en forma indigna en los asaltos parciales a la federación de estudiantes escudado por una comparsa llena de vino y patriotería. De la autopsia médica no se ha deducido claramente si fue de las mismas filas del señor Covarrubias de donde partió la bala que lo mató, lo cual no sería extraño porque esos manifestantes se encontraban en su mayoría en un período de ebriedad bastante avanzado. Pero como habían vengado los agravios al patriotismo ofendido y Chile es una república democrática, se les vitoreaba en vez de señalarles el calabozo, que se destina al roto cuando bebe una copa más que las de costumbre. Sobre esta muerte circularon los rumores más infames. Los estudiantes eran los culpables de todo: la prensa, el parlamento, los oradores fúnebres, así lo afirmaban.

El acuerdo de don Pedro León Loyola, tomado sobre las ruinas del club de estudiantes, no quiso ser publicado en ningún diario. Se imprimió en volantes con antojadizos pie de imprenta. Estaban de moda los saqueos y había que dar seguridad a los dueños de imprenta para que ejecutaran este trabajo. Se publicó el acuerdo del doctor Ducci, primer presidente de la federación, que alejado desde hace tiempo, llegó a nosotros en la hora del sacrificio. Se reunió el consejo de instrucción. El ministro don Lorenzo Montt amenazó con su renuncia si la expulsión de Ducci no era aceptada. El rector de la universidad votó en contra de Ducci. Pero, a pesar de todo, la expulsión no obtuvo los votos necesarios y no renunciaron ni el ministro de instrucción ni el rector de la universidad. El decano de teología opinó que todo se debía a la falta de religiosidad. El consejero don Oscar Urzúa culpó a Santiago Labarca y su influencia nefasta. Todos tuvieron palabras en contra de la mala enseñanza del estado. Se amonestó a los miembros del directorio de la federación y se les amenazó con la expulsión de la universidad. El señor rector, ex presidente honorario de la convención estudiantil, que abrió el acto con un memorable discurso en el que sostuvo la teoría de que los libros eran buenos maestros que tenían la ventaja de ser más baratos, no dijo una sola palabra en defensa de sus profesores y estudiantes tan indignamente atropellados. A pesar de que un diario acogió el rumor de la renuncia del señor rector, ésta no había sido presentada. La guardia blanca quedó de hecho establecida en la universidad: se hicieron investigaciones sobre los libros, los profesores, los alumnos y el oro peruano. En alguno de esos elementos estaba la causa del malestar social y de la desconfianza del pueblo en el gobierno. Don Lorenzo Montt se envalentonó con la casi unanimidad que encontró para censurar a esos malos estudiantes y en respuesta a una defensa que intentó el señor Maira, dijo que si en Chile, como en la Argentina, los estudiantes obtuvieran representación en el Consejo de instrucción pública, habría llegado la hora de clausurar la universidad. Parecía el Consejo una reunión de teólogos y el señor ministro el jefe de los inquisidores. A pesar de la democrática división de los poderes, la Moneda dirigía la marcha de los procesos por ella ordenados y el ministro de Justicia e Instrucción Pública era una mano enérgica e infatigable para pedir y exigir el rigor contra estudiantes y obreros. Nadie podía defenderlos. Bastaba la insinuación más tímida de una palabra amable para nosotros para que en nombre del patriotismo se pidiera que callara al que hablaba. Y como nadie quería ser menos patriota que un dueño de viña o de conventillo, nuestros generosos defensores no insistían.

El señor Guillermo Subercaseaux, basándose en los dieciocho años que ha enseñado gratuitamente en la Universidad de Chile, publicó en todos los diarios un artículo violento en contra de la *declaración de principios* de la federación de estudiantes, un mes justo después que ésta había tenido amplia publicidad y apenas pasado tres días del saqueo. ¡Notable diferencia con don Juan Enrique Lagarrigue, que defendió esa *declaración* cuando fue publicada y en los días críticos del terror blanco, cuando todos los diarios cerraron las puertas a su palabra serena! ¡Diferencia más notable todavía con la del criterio de un hombre por su profesión alejado de los estudiantes, el general retirado don Diego Dublé Almeida, que, en esos días, en vez de imitar al maestro universitario que vertía hiel sobre el sangrante espíritu de la muchachada, decía para nosotros una palabra llena de simpatía y hacía una valiente afirmación de ideales humanitarios!

Se hacía gran hincapié en el carácter extranjero de la IWW, cuyos dirigentes eran todos chilenos. Al mismo tiempo se la hacía aparecer como una misma cosa con la alianza liberal y la federación de estudiantes, cuando basta comparar los tres programas para convencerse de la aberración que significa sostener lo que entonces se sostenía. Se hacía gran caudal del oro peruano (que hasta hoy no aparece en ninguna parte) y en la nacionalidad peruana de los asociados de la IWW y hasta la fecha sólo se ha comprobado que el ministro visitador don José Astorquiza y Líbano es el único nacido en el Perú de todos los que han actuado en ese proceso de resonancia. Se habló asimismo en el Parlamento y la prensa, de la dinamita hallada en el local de la IWW de Valparaíso, y a pesar de que todos estaban convencidos de la farsa, sólo últimamente se reconoció en el Parlamento, que esa dinamita fue hecha colocar exprofeso por el prefecto de policía de Valparaíso, capitán Enrique Cavallero, que llevó su servilismo hasta hacer imprimir proclamas anarquistas que después se encargaba de descubrir para dar movimiento al proceso y halagar al ejecutivo, que estaba empeñado en la patriótica obra de encarcelar obreros que creía afectos a Alessandri. Porque hay que reconocer que fue la habilidad de este político de incorporar a su programa en forma vaga y declamatoria la cuestión social, que jamás le preocupó en su vida, lo que le dio el triunfo.

De ahí que los partidos tradicionales vieran en Alessandri, que era de ellos, la encarnación de la revuelta y el desorden. El pueblo, "la carne de taberna", como ellos lo llamaban, estaba fanatizado por la oratoria ampulosa de Alessandri. A una perfecta falta de ideas el actual presidente de Chile siempre ha acompañado una abundante sobra de palabras. Era ese fanatismo el que temía la gente de tradición, el que hacía identificar al alessandrismo con la "chusma". Y fue esa fe del pueblo, que ya en parte comienza a ser defraudada, lo que impidió consumar el robo de la elección al brillante abogado y orador parlamentario. La muerte de Domingo Gómez Rojas, a cuyos funerales no quiso Alessandri asistir, porque, según dijo, "todavía no era presidente de Chile", fue una de las determinantes de su triunfo porque, acaecida el 29 de septiembre, mantuvo viva en el pueblo la agitación, que a ratos decaía. El fallo del tribunal de honor daba el triunfo a Alesasndri el 30 de septiembre de 1920. Alessandri cosechaba los frutos de un martirio que pertenecía a una generación y a un ideal que no es el suyo, que él no comprende y que, ungido presidente, ha empezado a perseguir, a pesar de sus promesas de respeto a todas las ideas.

Arturo Ruiz de Gamboa, el mismo diputado conservador que se había hecho célebre por llamar al pueblo "carne de taberna", calificaba de traidores en la cámara a Juan Gandulfo y Santiago Labarca. En otra ocasión habló de "Gandulfo y de todos los que en la federación han insultado al tricolor nacional", sin duda refiriéndose al varonil acto de Juan Gandulfo que se negó a besar una bandera, hecho a que quería obligarlo una turba repugnante de ebrios que venían de un banquete patriótico.

En un parte firmado por el comandante de carabineros García Vidaurre, se daba como una de las causales de la carga al pueblo, el grito subversivo de ¡viva Gandulfo!, que se atribuía a un grupo. Hubo un obrero que estuvo dos meses preso por gritar: ¡viva Alessandri! frente al local de la federación de estudiantes. Cuando salió de la prisión su madre había muerto, su mujer estaba enferma y sus pequeños no recibían cuidados de nadie.

En una sesión secreta de la Cámara de Senadores, un miembro de esa corporación insinuó al ministro del Interior que terminara con la agitación, arrojando a unos cuantos cabecillas al mar Pacífico, a lo que el señor ministro pidió se le autorizara por una ley.

Dibujantes mercenarios, entonces y ahora, inauguraron una serie de caricaturas de ocasión que eran y son un escarnio para todos los hombres de conciencia libre. Antes ridiculizaban a Alessandri porque no era candidato del gobierno, ahora lo halagan en forma que enrojecería al más desvergonzado de los aduladores. Nunca llegó a tanto la falta de hombría, jamás se extremó a tal límite la cobardía y el servilismo.

Por una especial coincidencia, cuando el proceso empezaba a decaer en su calidad de "asunto del día" estallaban, a la misma hora, dos bombas, que no causaban ningún daño, frente a la casa de dos hombres que, por especial coincidencia también, se han distinguido por sus intensas campañas nacionalistas, acompañadas de un violento odio al Perú, don Gonzalo Bulnes y don Joaquín Walker Martínez. Todo ello hacía presumir la influencia de la "mano oculta" movida por el "oro peruano". El grueso público se impresionaba. Sin embargo, no era difícil comprender que se trataba del desarrollo de un plan torpe y perverso.

Una voz hubo que debió callarse, ahogada por la de sus propios correligionarios: la del diputado radical Wenceslao Sierra, que en sesión de 17 y 18 de agosto de 1920 decía que él no creía en el peligro internacional.

Reinaba, como en más de una ocasión lo repitió el diputado por Antofagasta don Antonio Pinto Durán, en medio del escándalo de sus colegas y las consiguientes llamadas al orden, la tiranía del presidente de la república, a pretexto de alarma internacional. En sesión del 21 de julio de 1920, el ministro de Guerra declaraba que las alarmas eran injustificadas y el ministro de Relaciones Exteriores repetía análogos conceptos en sesión del 27 de julio, de 1920. Y a pesar de todo se vivía en pleno terror blanco; "terror político", como lo llamó el diputado clerical Gumucio.

El 29 de septiembre moría Gómez Rojas. Su asesinato disfrazado de legalidad, fue lento y cobarde. Gómez Rojas es un héroe. En vez de homenaje en el Parlamento y en el gobierno tuvo los dos funerales más grandiosos que ha visto Chile. Era el preludio de la fiesta de primavera. La capilla ardiente se hizo en la sala de la federación, en la que el día antes estaba la exposición de afiches. Los balcones de la federación fueron ocupados por los estandartes de todas las sociedades obreras de resistencia. El día de los funerales hubo paro. Jamás se había visto una apoteosis igual. El proceso se desprestigió. El remordimiento del gobierno dejó pasar sin reprimir todas las protestas que ese asesinato provocó. El ministro que fabricaba ese proceso enfermó y pidió permiso. Vino otro que empezó a proceder honradamente. Lo retiraron y se puso en su remplazo otro muy vinculado en la Moneda, cuya dudosa actuación anterior había obligado a un digno juez a renunciar.

16. SEGUNDA CAMPAÑA EN CHILE: MANIFIESTO PRO REFORMA UNIVERSITARIA *

La Federación de Estudiantes de Chile atenta a la renovación y perfeccionamiento de nuestras instituciones educacionales y compenetrada de las necesidades actuales de la cultura, os llama a cooperar en la reforma de los principios básicos, de los métodos y de los programas de nuestra universidad. Sufriendo día a día sus deficiencias y observando, por otra parte, sus frutos en la realidad social, hemos adquirido el poderoso convencimiento de que ella no responde a las finalidades individuales y colectivas que deberían constituir su espíritu y su vida. Se impone, pues, una amplia y completa reforma. Y ninguno para realizarla, más indicados que nosotros los estudiantes. Ni prejuicios torpes ni mezquinos intereses creados entraban en nuestra acción. Ella es libre y serena y sólo reconoce por norma la más absoluta sumisión a los ideales, y por fin el proceso de nuestra universidad y el enaltecimiento de nuestra cultura.

Una falsa y menguada comprensión de nuestra labor de la enseñanza superior, ha hecho que la universidad sea una forjadora de meros profesionales. Se ha desconocido o sea ha querido desconocer que por sobre el desarrollo de las diversas aptitudes particulares está la insinuación a nobles aspiraciones de belleza y verdad. No ha sabido nuestra universidad cumplir su misión individual ni

* Lanzado en 1922.

tampoco acertadamente su misión social. Y su producto ha sido eso que se ha dado en llamar el profesionalismo: legiones de individuos apegados a los estrechos egoísmos y a las sombrías concepciones del pasado. Necesitamos derrumbar los viejos conceptos y abrir nuestra universidad a todas las corrientes científicas, étnicas y estéticas.

Ha sido hasta aquí el estado el encargado de la organización general de la universidad y quien, de una manera indirecta pero certera, le ha impuesto sus normas directas. Nosotros sostenemos y sostendremos con la fuerza tenaz de los que tienen la razón, que la organización de la universidad debe resultar de la voluntad de los que la constituyen actualmente, alumnos y profesores, y de aquellos que habiendo pasado por sus aulas mantienen con ella vínculos constantemente renovados. Queremos, por lo tanto, estar representados en los consejos para hacernos oír y para establecer relaciones verdaderas de simpatía y mutua comprensión entre los que enseñan y los que aprenden. *La representación del alumnado en los organismos representativos es una de nuestras aspiraciones inmediatas.*

Con fuerza imperativa se nos presenta asimismo la necesidad de transformar el sistema docente, creando al lado de las cátedras servidas por profesores titulares, otras donde cualquiera que reúna los requisitos necesarios de preparación especial y pedagógica, pueda desarrollar cursos libremente. *La docencia libre* consulta el interés real de los estudiantes, ya que por medio de ella se verifica un beneficioso proceso de selección en el profesorado al mismo tiempo que se capacita a todos los que aspiren a dedicarse al servicio universitario para el desempeño adecuado de sus funciones como titulares. Para que este proceso de selección adquiera su completo valor y su íntegro significado, sentamos como un principio y sostenemos como un anhelo imprescindible, realizar *la asistencia libre de los alumnos a las cátedras.*

Además de estas reformas fundamentales que sumariamente hemos insinuado, aspiramos a una reforma lógica y coordinada de nuestra enseñanza superior. Invitamos a cooperar en esta obra a todos los que en verdad y con libertad de propósitos se interesan por el progreso de la Universidad de Chile. Y para que esta campaña que iniciamos con viril entusiasmo y fervorosa esperanza, obtenga unión y a la acción.

Eugenio González P., presidente; *Raúl Silva Castro,* secretario.

RESOLUCIÓN TOMADA POR LA ASAMBLEA DEL 20 DE JUNIO DE 1922

1. *Autonomía de la universidad.* La organización de la universidad debe generarse en los que actualmente la constituyen, alumnos y profesores, y de aquellos que habiendo pasado por sus aulas mantienen con ella vínculos constantemente renovados. En consecuencia, la asamblea declara que los consejos directivos deben ser la expresión de la voluntad libre de todos los universitarios: alumnos, profesores y diplomados. Cada una de estas entidades debe tener en dichos consejos una representación proporcional.

2. *Reforma del sistema docente.* Sostiene la asamblea como una necesidad que consulta los intereses de los estudiantes y el mejor desarrollo de la cultura, el establecimiento de la docencia libre. Como una consecuencia necesaria del principio anterior, la asistencia de los alumnos a las cátedras debe ser absolutamente libre.

3. *Revisión de los métodos y del contenido de los estudios.* En lo concerniente a la revisión de los métodos y del contenido de los estudios, la asamblea recomienda a los diferentes centros estudiantiles el nombramiento de comisiones especiales que estudien el problema en sus respectivas facultades. Los resultados de estos trabajos parciales irán a integrar el proyecto redactado por la comisión nombrada por esta asamblea.

4. *Extensión universitaria.* La universidad debe vincularse a la vida social y atender a la difusión de la ciencia, de la filosofía y de las artes, por medio de cursos libres y de conferencias especiales.

Declarar que las aspiraciones de la juventud universitaria no se refieren sólo a obtener una amplia reforma de la universidad sino también a obtener una amplia reforma de todo el sistema educacional del país y, en consecuencia, pedir la ayuda de todos los profesores universitarios, secundarios y primarios.

El Primer Congreso Internacional de Estudiantes *

17. RESOLUCIONES DEL PRIMER CONGRESO INTERNACIONAL DE ESTUDIANTES

Resolución primera: 1. La juventud universitaria proclama que luchará por el advenimiento de una nueva humanidad, fundada sobre los principios modernos de justicia en el orden económico y en el político.

2. Para ese objeto luchará:

a] Por la abolición del actual concepto del poder político, que suponiendo al estado una entidad moral soberana diversa de los hombres que lo constituyen se traduce en un derecho subjetivo de dominación por lo menos sobre los más;

b] Por destruir la explotación del hombre por el hombre y la organización actual de la propiedad, evitando que el trabajo humano se considere como una mercancía y estableciendo el equilibrio económico y social;

c] Por cooperar, en oposición al principio patriótico del nacionalismo, en la integración de los pueblos en una comunidad universal.

3. La juventud proclama su optimismo ante los graves problemas que agitan al mundo y su confianza absoluta en la posibilidad de llegar, por la renovación de los conceptos económicos y morales, a una nueva organización social que permita la realización de los fines espirituales del hombre.

* El Primer Congreso Internacional de Estudiantes sesionó en la ciudad de México durante los meses de septiembre y octubre de 1921. La invitación al congreso fue enviada a todos los estudiantes del mundo con el propósito de que los que no fueran latinoamericanos se compenetraran del movimiento reformista. Pero excepto los delegados estadounidenses, alemanes y un chino, los componentes del congreso fueron exclusivamente latinoamericanos. Se reunió en el Salón de la Sillería Colonial de la Escuela Nacional Preparatoria. Sus últimas sesiones fueron en la Sala de Actos de la Facultad de Jurisprudencia. A pesar de las intenciones de los participantes, ni la Federación Internacional de Estudiantes constituida provisionalmente en el congreso ni la instalación de las secretarías nacionales comprometidas pudieron llegar a concretarse en una organización permanente debido a las dificultades políticas por las que debió atravesar el movimiento estudiantil en toda Latinoamérica.

Resolución segunda: El Congreso Internacional de Estudiantes declara:

1. Que debiendo ser la escuela base y garantía del programa de acción social ya aprobado y considerando que actualmente no es el laboratorio de la vida colectiva, sino el mayor de sus obstáculos, las asociaciones de estudiantes en cada país deberán constituirse en el censor técnico y activo de las marchas de las escuelas, a fin de convertirlas en garantía del presente y en institutos que preparen el advenimiento de la nueva humanidad. Al efecto lucharán para que la enseñanza en general y en especial la de las ciencias morales y políticas quede fundada sobre la coordinación armónica del pensar, el sentir y el querer como medios de explicación y se rechace el método pedagógico que da preferencia al primero en detrimento de los otros.

2. Que la extensión universitaria es una obligación de las asociaciones estudiantiles, puesto que la primera y fundamental acción que el estudiante debe desarrollar en la sociedad es difundir la cultura que de ella ha recibido entre quienes la han menester.

3. Que debe robustecerse la solidaridad estudiantil como medio de constituir una fuerza efectiva y permanente que sostenga e impulse, con el pensamiento y la acción, todo movimiento constructivo en favor de los ideales proclamados antes y conforme al método que al efecto establezcan las federaciones o centros estudiantiles.

Resolución tercera: El Congreso Internacional de Estudiantes declara que es una obligación de los estudiantes el establecimiento de universidades populares que estén libres de todo espíritu dogmático y partidista y que intervengan en los conflictos obreros inspirando su acción en los modernos postulados de justicia social.

Resolución cuarta: 1. El Congreso Internacional de Estudiantes sanciona como una necesidad para las universidades donde no se hubieren implantado, la adopción de las siguientes reformas:

a] Participación de los estudiantes en el gobierno de las universidades;

b] Implantación de la docencia libre, y la asistencia libre;

Para realizar estos puntos el congreso considera obligatoria la acción inmediata de los estudiantes en sus respectivos países.

Resolución quinta: 1. El Congreso Internacional de Estudiantes declara que las resoluciones internacionales deben descansar sobre la integración de los pueblos en una comunidad universal y que, para llegar a este fin los centros y federaciones estudiantiles deben luchar por la ejecución de los siguientes postulados:

a] Para obtener la cooperación solidaria de todos los hombres dentro de una asociación de pueblos abierta y dotada de influencia bastante para hacer respetar las resoluciones que adopte la mayoría;

b] Por abolir el actual concepto de relaciones internacionales haciendo que en lo sucesivo éstas queden establecidas entre los pueblos y no entre los gobiernos. Para este fin, los centros y federaciones estudiantiles propugnarán:

☐ por establecer una mejor comprensión del espíritu, cultura e ideales de los diferentes pueblos y por apoyar toda empresa que tienda a un acercamiento efectivo entre ellos;

☐ por anular todos los pactos internacionales firmados hasta ahora y por impedir que tengan valor alguno los que se celebren en el futuro sin la previa ratificación por plebiscito de los pueblos interesados;

☐ por obtener el respeto efectivo al principio de la autodeterminación de los pueblos en cuanto se refiere a su organización interna y mientras no esté en contradicción con los propósitos enunciados en la cláusula primera;

☐ por adoptar como medio de resolución de los conflictos internacionales y en tanto se realiza el propósito anunciado en la cláusula primera, el arbitraje obligatorio.

2. En consecuencia de las resoluciones anteriores el Congreso Internacional de Estudiantes de México condena las tendencias imperialistas y de hegemonía y todos los hechos de conquista territorial y todos los atropellos de fuerza; invita a la juventud universitaria a luchar en sus respectivos países por la abolición de las tendencias militaristas, combatiendo todo intento bélico agresivo y recomienda a esa juventud que se constituya en defensora de los pueblos débiles y se oponga, por la palabra y por la acción, a todos aquellos actos que signifiquen contradicción o alejamiento de los postulados antes enunciados.

3. El Congreso Internacional de Estudiantes frente al hondo pleito mantenido en América entre Chile y Perú, protesta por el atropello de fuerza que significa la retención de Tacna, Arica y Tarapacá y expresa su adhesión y su simpatía por la actitud valiente de los estudiantes de Chile que oponiéndose al imperialismo de su gobierno, a su militarismo y a su burguesía está luchando por el triunfo de la justicia y proclamando la solución que este congreso hace suya.

4. El Congreso Internacional de Estudiantes, contemplando el avance imperialista que sobre Santo Domingo y Nicaragua está ejerciendo el gobierno de los Estados Unidos, expresa su protesta

por el atentado cometido en contra de esos pueblos débiles que llega en su avance hasta la supresión de las universidades y de las escuelas.

5. Frente a la tiranía que aherrojando todas las libertades y conculcando todos los derechos ha sumido a la República de Venezuela en la más cruel humillación y teniendo en cuenta que uno de los más odiosos aspectos de esa dictadura es la persecución inicua que contra los estudiantes se ejerce con el propósito de ahogar sus impulsos de libertad, el Congreso Internacional de Estudiantes resuelve:

a] Denunciar y condenar la vergonzosa tiranía impuesta a la República de Venezuela por una minoría ignorante y culpable;

b] Incitar a los estudiantes de todas partes y en especial a los de América para que luchen en toda forma hasta obtener el triunfo de sus hermanos de Venezuela, que es el triunfo de la justicia y de la libertad.

6. Haciendo práctico su postulado de armonía y solidaridad internacionales, el congreso invita a los centros de estudiantes de Nicaragua y Costa Rica para que orienten sus trabajos a fin de que sus respectivos países se incorporen a la república federal que acaba de constituirse con las otras tres nacionalidades centroamericanas, realizando así el ideal de aquellos pueblos y el principio proclamado por este congreso en pro de una comunidad universal.

Resolución sexta: 1. Considerando que las resoluciones del Congreso Internacional de Estudiantes no tendrían cabal realización si no se procediera a crear un organismo de carácter efectivo que tome a su cargo la labor requerida:

a] Declara constituida la Federación Internacional de Estudiantes que tendrá como fin conseguir la unificación de los estudiantes del mundo, suprimiendo los obstáculos que se opongan a la realización de los ideales proclamados por el congreso;

b] La Federación Internacional de Estudiantes estará compuesta por las federaciones nacionales o asociaciones que, bajo cualquier nombre, lleven la representación de los estudiantes en cualquier país;

c] La Federación Internacional de Estudiantes será una institución absolutamente abierta y el ingreso a ella se hará por la libre determinación de las asociaciones que la componen, de acuerdo con los reglamentos anteriores de cada una de ellas;

d] La Federación Internacional de Estudiantes se regirá por los acuerdos emanados de los congresos internacionales de estudiantes convocados periódicamente por el cuerpo ejecutivo de aquélla;

e] Los cuerpos ejecutivos de la Federación Internacional de Estudiantes y las sedes de los mismos serán designados y establecidos por los congresos internacionales de estudiantes en su carácter de asambleas soberanas;

f] La función de los cuerpos ejecutivos será la de realizar los acuerdos tomados por los congresos internacionales respectivos así como el funcionamiento administrativo de ellos.

La Federación Internacional de Estudiantes tendrá como sede temporal la ciudad de México, las secretarías coadyuvantes cuyas sedes, también temporales, estarán en las ciudades de Buenos Aires, Santiago de Chile, Río de Janeiro, Guatemala, La Habana, Nueva York, Madrid, París, Berlín y Roma.

La mesa directiva se constituyó así: Presidente: Daniel Cosío Villegas (México); vicepresidentes: Héctor Ripa Alberti (Argentina), Otto Von Erdmannsdorff (Alemania), Ana N. Wellnitz (Estados Unidos) y Raúl Porras Barrenechea (Perú); secretario: Rafael Heliodoro Valle (Centroamérica).

El Comité Ejecutivo de la Federación Internacional de Estudiantes quedó constituido en la siguiente forma: Secretario: Daniel Cosío Villegas (México); vocales: Pedro Henríquez Ureña (Santo Domingo) y Manuel Gómez Morín (México). El comité comisionó a los estudiantes argentinos Pablo Vrillaud, Enrique Dreyzin y Arnaldo Orfila Reynal para instalar secretarías en Nueva York, París, Roma, Lisboa, Río de Janeiro, Buenos Aires. Desde la primera de estas ciudades, partieron para cumplir su misión, el 8 de diciembre. El comité, además, envió a Luis Enrique Erro, delegado de la Federación de Estudiantes de España, las resoluciones del congreso y la comisión de instalar en Madrid la correspondiente secretaría coadyuvante. México, D. F., 5 de octubre de 1921.

Composición del congreso

Argentina: Héctor Ripa Alberdi, presidente; Miguel Bonchil, Enrique Dreyzin, Arnaldo Orfila Reynal y Pablo Vrillaud, por la Federación Universitaria Argentina. *Alemania:* Otto von Erdmannsdorff, presidente de la delegación: Kurt Doehner, Otto Roehr y Ernest Stobbe, por 82 universidades. *China:* Fong Chi-hai. *Costa Rica:* Antonio Zelaya Castillo y Óscar Vargas, por la sociedad nacional de estudiantes y la universidad respectivamente. *Cuba:* Eduardo Betancourt Aguro, por la Universidad de La Habana. *Estados Unidos:* Byron Cummings, por la Universidad de Tucson, Arizona; Chas C. Allen, por la Universidad de Cambridge; José Antonio Reyes, Gabino A. Palma y Óscar Vargas, por la Liga Panamericana de Nueva York; Anna N. Wellnitz por la Universidad de Columbia; Hugh Rose por la Universidad de Stanford, California; Pedro Henríquez Ureña, por la Universidad de Minnesota; Carlos Soto, por la "Sociedad Ariel", de Nueva York y Francisco Gómez Palacio, por la Universidad de Pensilvania. *Guatemala:* Carlos Samayoa Aguilar, Miguel Ángel Asturias y Óscar Humberto Espada, por la universidad y la Asociación de Estudiantes Universitarios. *Honduras:* Rafael Heliodoro Valle, presidente de la delegación centroamericana, y Roberto Barrios, por la universidad. *Japón:* Takaski Arakaki. *México:* Daniel Cosío Villegas, presidente de la delegación; Raúl J. Pous Ortiz, Rodulfo Brito Foucher, Francisco del Rio Cañedo y Miguel Palacios Macedo. *Nicaragua:* Gustavo Jerez Tablada, Guillermo G. Maritano y Salomón de la Selva. *Noruega:* Erling Winsnes, por la federación de estudiantes. *Perú:* Raúl Porras Barrenechea, presidente de la delegación y Erasmo Roca, por la federación de estudiantes. *Santo Domingo:* Pedro Henríquez Ureña. *Suiza:* Hermann Mooser. *Venezuela:* Miguel Zúñiga Cisneros, por la federación de estudiantes.

Fueron miembros adherentes: Leopoldo Aguilar, Humberto Alvarado, Miguel A. Asonoza, Maximiliano Beylis, Vicente Bárcenas, Luis Felipe Bustamante, Ramón Beteta Quintana, Manuel de la Torre, Juan Espejel, Anastasio García Toledo, Octavio Guala Ferreri, José Gutiérrez, Manuel Gómez Morín, Heinz Hammes P., Hanz Lukeschitz, Vicente Lombardo Toledano, Octavio Medellín Ostos, Arturo Martínez Adame, Ignacio Navarro, Rafael Olivero Delgado, Jorge Prieto Laurenz, Genaro Sánchez Jiménez, Gustavo Sandoval López, Gaspar Schlicnenrieder, Ramón Víctor Santoyo, Ernesto Urtusástegui, José Vásquez Santaella, señorita Luz Vera, Eduardo Villaseñor y Juan Zermeño Azuela.

18. POR EL COMIENZO DE UNA NUEVA VIDA AMERICANA [*]

Heraldo de la juventud argentina, me adelanté hacia vos, oh pueblo hermano, cómo el austero león de Leonardo, lento y seguro el paso,

[*] Discurso del presidente de la delegación argentina, Héctor Ripa Alberdi leído en México, en el anfiteatro de la Escuela Nacional Preparatoria, en la sesión inaugural del Primer Congreso Internacional de Estudiantes, el 21 de septiembre de 1921.

amplia y serena la mirada y con un ramo de lirios dentro del pecho. Ábrase, pues, mi pecho argentino y caiga a vuestros pies el florido presente de mi pleitesía viril.

La Argentina renaciente, la que despertara de su sueño, con motivo de la última revolución universitaria, la que se está forjando en la fragua de una juventud vigorosa de pensamiento, nos envía a esta tierra cordial para que os digamos toda su férvida inquietud del alma joven, todo su inmenso amor dilatado más allá de las fronteras, todas sus esperanzas en la emancipación gloriosa de los hombres y de los pueblos.

Venimos de los campos de combate donde derribáramos los muros de la vieja universidad detenida en el pensamiento del pasado siglo, y donde levantáramos la nueva universidad, abierta a todas las corrientes espirituales; venimos de sostener una dolorosa lucha entre la juventud creadora y la vejez misoneísta, entre la voluntad heroica que avanza y la voluntad abolida que resiste; venimos, compañeros, de vencer a las fuerzas reaccionarias que nos impedían dar el paso definitivo de la liberación.

No os extrañéis, pues, si nuestra lengua vibra como una espada, si a cada instante nuestra palabra se enciende, porque crepita aún en nuestros corazones la roja brasa de la rebeldía. Libertada de toda servidumbre, dominadora de las fuerzas espirituales, la juventud argentina marcha hacia la universidad ideal por las rutas que le abriera la filosofía contemporánea. Enrojecida en la llama de las grandes ideas, templada en los rudos golpes de la acción, su ideal ha de ser tan puro como su frente jamás doblada ni vencida y tan humano como su sangre tumultuosa y cálida. Tendrá los quilates del pensamiento, pero también la fuerza de la vida, porque sabemos, según lo aconseja la "epístola moral", que la más alta educación es aquella que iguala con la vida el pensamiento. De nada vale la austera frialdad de los claustros mientras no lleguen hasta ellos las palpitaciones del mundo, de nada vale la elegante gimnasia del pensamiento si no ha de tener una trascendencia humana. Dejemos para el arte la "finalidad sin fin" de la estética kantiana, pero tratándose de la educación del hombre no olvidemos que la nueva universidad ha de despertar en él un alto amor a la sabiduría en el sentido platónico de la palabra. El amor a la sabiduría es la más preclara virtud del hombre, porque es el amor a la ciencia pura y a la belleza, fuente de la que surge el alma integral nutrida en los valores lógicos, éticos y estéticos. Nada debe ser indiferente a la educación de los pueblos, desde la ciencia que nutre hasta el arte que liberta; en la nueva universidad, grande ha de ser la importancia que se le dé a la historia de los conocimientos humanos como base de toda cultura.

Las jóvenes generaciones argentinas así lo han sentido y así lo han proclamado. Para ello reclamaron el derecho a darse sus maestros, y se dieron sus maestros. Pero antes fue menester libertarse del peso de una generación positivista, una generación que, al desdeñar los valores éticos y estéticos, dejó caer en el corazón argentino la gota amarga del escepticismo. Y no sólo se libertó de ella sino que se levantó contra ella, hundiéndola definitivamente en el pasado.

He aquí, pues, que una nueva vida comienza para mi país; la juventud se ha sentido libre y por eso mismo responsable. Un optimismo sano y fuerte es el acicate de su acción. El sol del idealismo alumbra nuestras rutas, cuya generosa amplitud se pierde en la dilatada sombra del futuro. Hoy tenemos una ética para nuestra voluntad y una estética para nuestra fantasía. La falta de lo primero había hecho perder a los hombres del ochocientos el carácter y la nobleza: el carácter para imponer la propia voluntad; la nobleza, para llevar a la acción la integridad del pensamiento. O bien olvidaban la convicción porque la convicción era un obstáculo para la vida, o bien olvidaban la vida para poder sustentar una convicción. Cuando lo propio de un hombre total es infundir la convicción a la vida, darle a una calor de espíritu y a la otra fortaleza de realidad.

Para llegar a ese limpio modo de vida, que implica firmeza y elegancia a la vez, los griegos no olvidaron ninguna disciplina del cuerpo y de la inteligencia. Las fuentes de educación de un joven ateniense oscilaban desde el citarista hasta el gimnasiarca. Y entre la armonía musical y la agilidad del atleta no desdeñaban tampoco la austera conversación filosófica que dirigiera Platón en los deliciosos jardines de Academo. Allí, bajo la fresca sombra de los plátanos, se congregaban los jóvenes atenienses para escuchar la palabra honda y serena del maestro; allí se entregaban al ocio divino de pensar, que es la mayor ventura de los hombres. Los más bellos motivos y los más hondos misterios de la vida florecían en los labios platónicos, como una profusión de rosas en las mañanas primaverales. Y los jóvenes académicos recogían los conceptos y las metáforas llenos de fragancia idealista, como quien recoge flores silvestres en los campos. La claridad les inundaba el campo, y ante la lejana visión de sus rutas dilataban sus esperanzas hasta lo infinito.

Ved, pues, mis queridos amigos, cómo era la vida en aquellos tiempos de poemas y de mármoles, cuando la mano del artista hacía triunfar la forma en los talleres de Atenas, y la filosofía se brindaba en las divinas ánforas del diálogo, y la gracia escultural de los atletas derramaba una armonía heroica sobre los campos de Olimpia. ¡Oh! la tierra imperecedera y sagrada, donde el espíritu de los hombres fuera profundo y luminoso como el cielo natal; donde al claro repicar de los cinceles florecían de entre los paramentos de los mármoles, armoniosos relieves e inmaculadas estatuas, en tanto discurrían bajo la sombra de los olivos, en el valle de Himeto, los efectivos y los dogmáticos. Así pasaban las horas doradas y florecientes ante la hermosura de la naturaleza y el encanto de la palabra.

Pero hoy la belleza y el conocimiento son flores de soledad. Las metrópolis enormes nos aplastan, y tan sólo se advierte el estruendo de los hombres que luchan contra los hombres.

La vida se nos escapa por mil senderos inútiles; derrochamos nuestra fuerza espiritual en múltiples labores sin objeto. Atraídos por la sonoridad del mundo, renunciamos a la soledad intensa y dolorosa, donde el fuego del pensamiento purifica toda acción. En la soledad asistimos a la propia tragedia interior; en ella se derrumban las ilusiones y se levantan los ideales nuevos; toda inquietud nace a su amparo y todo impulso se levanta de su seno, como las águilas de los abismos de la montaña. En la soledad descubrimos las sendas interiores donde una secreta voz murmura trascendentales palabras, y donde, como una armonía silenciosa, se dilata la música del pensamiento. Allí aprendemos la suprema virtud de dialogar con nosotros mismos; aprendizaje imprescindible para el que quiere tener derecho a hablar con los hombres, puesto que no puede exigir se le escuche, quien no supo escucharse a sí mismo. He ahí la virtud y el blasón que ostentaban los maestros de la Antigüedad. Aprendieron en sí mismos la ciencia que trasmitieron a los demás. Sus palabras salían humedecidas en aguas cordiales y por ello se deslizaban con suavidad hasta el fondo de los corazones. Id, les decían, a las serenas cámaras del silencio y allí oiréis el rumor de una fuente, escuchad la voz de esa fuente con recogimiento que luego os brindará las eternas aguas de la sabiduría... Y decían bien los maestros antiguos. Ellos todo lo sabían porque nunca estudiaron nada. No les preocupó más que la comprensión del propio espíritu, y cuando a ello llegaron, todo lo comprendieron. De ahí que a los discípulos se les hablara en voz baja, en el cálido tono de la conversación, como para que la onda emotiva, mansa por lo confidencial, se derramara en el espíritu atento con la lentitud rumorosa de la ola en la playa. Nunca levantaban la voz en la plaza pública, porque sabían muy bien que ese era oficio de mercaderes que pregonan su mercancía intelectual o material. La profunda, la inmortal sabiduría, ni se inculca ni se vende: se descubre. Es innata como la idea platónica. Y en instantes de soledad, cuando dialogamos con nosotros mismos, o con un maestro de esos que saben su magisterio filosófico, la sentimos aletear dentro del alma como la mariposa que ve entreabrirse el velo de seda del capullo...

Ese sabor suave de la palabra antigua, que trasmitía el saber sin torturar el lenguaje ni el pensamiento, se pierde por completo en la oscura inmensidad de la Edad Media. A la educación clara y sencilla sustituye la enseñanza dogmática con agrio sabor escolástico, hasta que el Renacimiento nos liberta nuevamente devolviéndonos algunas de las cualidades esenciales de la cultura helénica. En el siglo XV, Erasmo de Rotterdam expone ideas nuevas acerca de la educación natural del hombre, ideas que más tarde han de ser sistematizadas por Rousseau. La misma corriente siguen otros escritores franceses como Rabelais y Montaigne que condenan la educación profesionalista; y el más alto representante del humanismo español, Luis Vives, al levantarse contra la escolástica medieval preconiza un ideal de cultura que emancipe al hombre del artificio retórico.

Los más diversos rumbos siguió luego la enseñanza de acuerdo con las oscilaciones de la filosofía, hasta que en el siglo XIX la encadenó por completo el pedagogismo positivista, a pesar de tener dos grandes figuras como Herbart en Alemania y Tolstoi en Rusia; excesivamente rígido por lo cientificista el sistema del primero; bellamente ideal por lo evangélico el del segundo.

Pero un nuevo renacimiento apunta ya. Hay dos fuerzas que comienzan a demoler el viejo edificio de la cultura y en las que yo he puesto toda mi esperanza: el renacer vigoroso de la filosofía idealista y la sana rebeldía de la juventud. Contribuyamos todos a este nuevo despertar del espíritu. Eduquemos al hombre en el amor a la sabiduría. Para ello es menester arrojar a los mercaderes de la enseñanza, derrumbar la universidad profesionalista y levantar sobre sus escombros la academia ideal de los hombres, donde cualquier Sócrates descalzo, sin más prestancia que la de su verbo sabio, pueda volcar en los corazones el agua mansa y melodiosa de su filosofía.

El movimiento estudiantil en Cuba

19. DECLARACIÓN DE LA FEDERACIÓN DE ESTUDIANTES UNIVERSITARIOS *

La Universidad de La Habana tiene el derecho de regir sus destinos con amplia autonomía, sin la intervención del gobierno, ya que esa intervención en los muchos años que han transcurrido no ha sabido hacer del primer centro cultural de la República un centro digno de nuestra capacidad y fama de pueblo culto e intelectual.

El gobierno nacional está en el deber de pagar a la universidad el valor del antiguo local donde está radicada, contribuyendo con estos fondos, y con todos los otros que sean necesarios, a la terminación de los edificios de la universidad y a facilitar los medios de enseñanza para que el lamentable abandono en que hoy se encuentra la Universidad de La Habana, no sea, como es, una vergüenza y un descrédito para la República.

Las asociaciones de estudiantes, como organismos que son de la universidad, por el gran apoyo que prestan al engrandecimiento de la misma, y por estar formadas por todos los estudiantes que dan con su magnífica organización un gran ejemplo de disciplina y progreso, tienen el derecho de tomar participación en la administración de la universidad, mediante la representación legal en el claustro universitario para poder así pedir el reconocimiento de todos los derechos estudiantiles, hoy usurpados, y contribuir con sus energías al desenvolvimiento de la vida universitaria, bajo sus aspectos culturales, administrativos y morales.

Felio Marinello, presidente. *Julio Antonio Mella*, secretario.

20. LOS ESTUDIANTES PROCLAMAN LA UNIVERSIDAD LIBRE **

Nunca más animada la universidad que en las primeras horas de esta mañana.

* Publicado en *El Mundo*, La Habana, 1 de enero de 1923.
** Publicado en *La Prensa*, La Habana, 13 de marzo de 1923.

Grupos de estudiantes se veían por dondequiera y era de notarse la concurrencia del elemento femenino. En todos los grupos se comentaba el asunto del día: el decreto del rectorado suspendiendo durante 3 días las labores; es decir, imponiendo una nueva clausura al primer establecimiento docente de la República. Este acuerdo lo tomó en sesión secreta el Consejo universitario en vista de la nueva agitación estudiantil. ¿Acataremos la resolución del Consejo? Era la pregunta obligada.

Entre los estudiantes, saludamos al culto joven Ignacio Forns, que esperaba hacer hoy su grado en unión del señor Castillo Pokorny, secretario de Obras Públicas. Debían formar el tribunal, como presidente el doctor Dolz y los doctores Bustamante y Tomeu. A las diez, y bajo el laurel que hay en el patio de la universidad, los alumnos celebraron una asamblea. En ella se dio cuenta de que el directorio, anoche, había acordado no tomar en consideración el acuerdo del Consejo universitario y, por lo tanto, hacer que no se altere la normalidad abriendo las aulas y dándose las clases.

Se mencionaron los nombres de los catedráticos Eusebio Hernández, Valdés Anciano, Rodríguez Lendián... como los que darían clases. En síntesis: desobedecer el decreto de clausura.

Fernández Abreu, dará clase en un centro regional. Tenemos entendido que se ha nombrado a los alumnos más aventajados para que den las clases, en defecto de los profesores.

He aquí los decretos de la federación de estudiantes:

Universidad libre: A los trece días del mes de marzo de mil novecientos veintitrés. Considerando el directorio de la federación que la clausura de la universidad es una vergüenza nacional, que sólo demuestra la incapacidad de los actuales directores,

Resuelve: Abrir las clases para dar al pueblo de Cuba un alto ejemplo de civismo y cordura, mediante el perfecto desarrollo de cursos libres en todas las asignaturas con nuevos elementos.

Sergio Viego, presidente; *Julio Antonio Mella,* secretario.

Se invita a todos los estudiantes, catedráticos de la antigua universidad y pueblo en general, para la apertura solemne de las clases de la Universidad Libre en el Aula Magna, a las diez de la mañana del día de hoy.

Julio Antonio Mella, rector interino; *Felio Marinello,* decano de la Facultad de Letras y Ciencias; *Ramón Calvo y Franco,* decano de la Facultad de Medicina y Farmacia; *Rigoberto Ramírez,* decano de la Facultad de Derecho.

21.. BASES DEL PRIMER CONGRESO NACIONAL DE ESTUDIANTES *

I. Este Congreso Nacional de Estudiantes, que se celebra por primera vez en la República de Cuba, organizado por la Federación de Estudiantes de la Universidad, radicará en la ciudad de La Habana, celebrando sus sesiones en el Aula Magna de la Universidad Nacional.

II. El objeto de este congreso es llegar a la determinación de conclusiones conducentes al perfeccionamiento de la acción estudiantil, en los campos EDUCACIONAL, SOCIAL E INTERNACIONAL, presentándose dichas conclusiones, una vez clausurado el congreso, a la Asamblea Universitaria y a los poderes Ejecutivo y Legislativo de la República.

III. Podrán concurrir a este congreso los representantes de todos los núcleos estudiantiles, institutos de primera y segunda enseñanza, colegios y academias, asociaciones de antiguos alumnos, publicaciones estudiantiles, etc., no pudiendo enviar más de tres delegados cada institución.

IV. Cada delegación tiene derecho a consumir un turno de treinta minutos en la lectura de cada trabajo, a los que se añaden diez minutos para responder a las interpelaciones que a la terminación de la lectura de su trabajo le dirijan los señores congresistas, los cuales dispondrán de cinco minutos para dichas interpelaciones.

V. Los trabajos oficiales de las delegaciones deberán de estar en poder de la secretaría del Comité Organizador, antes del día 30 de septiembre para ser revisado por la Comisión de Admisión del Trabajo, sin cuyo requisito no podrán ser leídos en el congreso.

VI. La cuota de ingreso de las delegaciones será de $10.00, m.o.

VII. El único límite a la libertad de exposición de ideas de los señores congresistas será el respeto al derecho de los demás.

VIII. Oportunamente se publicará la minuta o índice del orden en que se celebrarán las sesiones del congreso, el cual quedará abierto el día 10 de octubre próximo, en el que serán invitados los congresistas por la prensa diaria, a la presentación de sus credenciales.

IX. Los delegados de los colegios, academias y demás instituciones antes mencionadas deberán ser alumnos actuales de los mismos, o ex alumnos, prefiriéndose en este caso a los ya ingresados en la universidad.

* Reunido en La Habana a fines de octubre de 1923, fue presidido entre otros por Julio Antonio Mella. El objeto del congreso, según lo establecía la convocatoria, era lograr el perfeccionamiento de la acción estudiantil en los

X. Todas las instituciones que deseen concurrir deberán enviar su adhesión a la secretaría del Comité Organizador del Primer Congreso Nacional de Estudiantes, a la mayor brevedad y recoger en la tesorería del mismo el recibo de la cuota correspondiente.

22. PRIMER CONGRESO NACIONAL DE ESTUDIANTES *

Acto seguido la presidencia dio la palabra al señor Rogelio Sopo Barreto, quien leyó su admirable trabajo sobre la "Prensa estudiantil". Al terminar su lectura, el señor Núñez Portuondo hizo un recorrido por el trabajo del señor Sopo, manifestándose contrario a que se declaren poderes públicos el estudiantil y la prensa; contrario igualmente a que se prohíba tomar el nombre de la universidad para comités de propaganda política; censuró la tendencia marcadamente hispanófila del trabajo de Sopo, así como las injurias que el mismo dirige a los Estados Unidos; se declaró abiertamente contrario a las apreciaciones de Sopo sobre la Enmienda Platt, manifestando que la misma es absolutamente necesaria para Cuba.

La presidencia, para encauzar las discusiones, pidió que no se tratara del asunto internacional planteado por Sopo hasta conocer el trabajo del señor Mella, que trataba de lo mismo.

Leyó el señor Sopo nuevamente su primera conclusión, que dice así: "El Congreso hará público, del modo que la Mesa estime conveniente, un voto de censura contra la prensa indigna, comprendida en el calificativo de libelos, así como la que integran las publicaciones que por intereses de bolsillo defienden tal o cual causa, y que podríamos llamar prensa mercantilista."

Puesta a votación, resultó aprobada por unanimidad.

En estos momentos el señor Portela recuerda a la Mesa que para poder permanecer reunidos tratando de otras cosas que no se hayan presentado antes de las 12 de la noche, es necesario que así lo acuerden las dos terceras partes de los presentes. La Mesa puso a votación la siguiente proposición: agotar la orden del día, cualquiera que fuera la hora de la noche, y resultó aprobada por unanimidad.

Puesta a votación la segunda proposición de Sopo Barreto, quedó

campos educacional, social e internacional. Como consecuencia de este congreso, fue creada la Confederación de Estudiantes de Cuba..

* Fragmento del acta de la sesión celebrada en la noche del 23 de octubre de 1923.

aprobada con una enmienda del señor Iglesias, en la forma siguiente: "Son valores sociales y así lo declara este congreso, el poder estudiantil, por sí y por su prensa."

La tercera proposición de Sopo Barreto, que se refería a la prohibición de organizar agrupaciones políticas con el nombre de universitarias, quedó enmendada en la siguiente forma: "Este congreso recomendará en manifiesto a los alumnos de la universidad y pedirá a la Federación de Estudiantes Universitarios, que indique la conveniencia que tiene para todos, no tomar el nombre de universitarios para actuar en asuntos ajenos a las cuestiones de verdadera índole universitaria."

Puesta a votación nominal, resultó aprobada por 18 votos contra 15, haciéndose constar en acta, a su ruego, el voto en contra de los señores Núñez, C. M. González, Laureano Prado, Julio Figueroa, Carlos M. Palma, Mario Fernández Sánchez, que manifestaron que en ejercicio del derecho que les concede el artículo 10 del Reglamento, no se consideraban obligados por el acuerdo que se acababa de tomar.

Como que se había acordado no tratar de los asuntos internacionales hasta después de conocido el trabajo del señor Mella, se puso a votación la séptima proposición del señor Sopo, que dice: "De acuerdo con este congreso, su presidencia declarará en el solemne acto de su clausura, que el nombre de este congreso, en virtud de sus fines primordiales, es Primer Congreso Nacional Revolucionario de Estudiantes."

Y puesta a votación, resultó aprobada por unanimidad.

La presidencia dio la palabra al señor Julio Antonio Mella, que subió a la tribuna ante el aplauso de todos, y procedió a dar lectura a su trabajo sobre "El deber del estudiante ante la situación internacional de la América", que termina con hermosísimas conclusiones. Al dar fin a su lectura, fue largamente ovacionado el señor Mella. A ruego del propio señor Mella, se acordó no discutir su trabajo sino conjuntamente con una moción del señor Borbolla y otra del señor Castellanos, que en la tarde había sido designado delegado por la Asociación Reformista de Alumnos y Graduados.

Una vez leídas dichas mociones, se procedió a discutir el trabajo del señor Mella y lo que faltaba por aprobar del trabajo del señor Sopo.

La primera parte de la primera proposición del señor Mella había sido objeto ya de acuerdo anterior de este congreso: se refería a la celebración del Congreso Latinoamericano de Estudiantes; por lo que no fue necesario ponerla a votación. La segunda parte dice:

"También deberán celebrarse Juegos Olímpicos Interuniversitarios, pero renaciendo estos juegos con toda su pureza y fin que los tiempos actuales permitan realizar."

Puesta a votación, resultó aprobada por unanimidad.

Al mismo tiempo se da lectura a la quinta proposición del señor Sopo, que dice: "El congreso encargará a la Federación de Estudiantes Universitarios lo relativo a la más pronta organización de la Liga Latinoamericana de Estudiantes, la que por primer motivo tendrá la consideración de los medios necesarios para realizar el empeño de Bolívar: la República Latina de América."

Puesta a votación, resultó aprobada dicha proposición.

La presidencia pide a continuación al señor Mella dé lectura a su última proposición, que no tiene relación con el asunto internacional. Dicha última proposición, dice así: "Recomendar a los estudiantes y profesores la formación del nuevo espíritu revolucionario a base de la lucha por la mayor justicia social y de una mayor fraternidad entre los pueblos que tienen la misma orientación que nosotros, con el fin de que este espíritu nuevo sustituya al antiguo espíritu religioso que ya cumplió su misión histórica, y a pesar de haber fenecido, no ha sido sustituido por nada digno todavía, dejando sólo como vínculo interuniversitario el puro, pero frío amor a la ciencia."

El señor Mella explicó su proposición en forma que a todos satisfizo, y puesta a votación, fue aprobada por unanimidad.

La segunda proposición del señor Mella encierra varios apartados, que se leyeron por su orden y discutieron y votaron separadamente. El apartado A dice: "El Primer Congreso Nacional de Estudiantes se declara contrario a todos los imperialismos y especialmente en contra de la intromisión del imperialismo yanqui en nuestros asuntos interiores."

Puesto a votación, resultó aprobado, con el voto en contra del señor Núñez Portuondo.

Después se dio lectura al apartado B, que dice: "Se declara, igualmente, contra la aplicación y existencia de la Enmienda Platt."

Y acto seguido se procedió a dar lectura a la moción del señor Borbolla que también la firman los señores del Valle, Ciro Jerez, Escandell, B. Valdés, Aldereguía, Sarah Pascual, Bisbé, Bernal, Gay Galbó, Ferrer, González y Fernando Portuondo, de la delegación del Instituto de Oriente. Iglesias, Dulce María Escalona, Pérez Cabrera, Vivó, Entenza, Portela, Cañas, Lavín, Palma, Luaces y Sopo Barreto, y que dice así:

I. El Primer Congreso Nacional de Estudiantes se declara contrario abiertamente al tratado permanente entre Cuba y Estados Unidos (vulgarmente Enmienda Platt), y proclama que una de sus más vehementes aspiraciones es verlo desaparecer. Que asimismo protesta de manera categórica contra toda ingerencia del gobierno yanqui y sus derivados de imposiciones y agresiones a nuestra dignidad nacional.

II. Este acuerdo se enviará a todas las repúblicas de la América Latina por conducto de sus universidades respectivas y especialmente a la secretaría del Congreso Internacional de Estudiantes Latinoamericanos, que reside en Montevideo.

III. La propaganda para la consecución de este ideal se encomienda a la dignidad de la juventud cubana.

Y sometida a votación esta moción, conjuntamente con el apartado B de la segunda proposición del señor Mella, resultaron ambas aprobadas por gran mayoría; a ruego del señor Núñez Portuondo, se consigna en acta su voto en contra de ambas.

El apartado C de la segunda moción de Mella, dice: "Se declara contrario a la doctrina de Monroe y al panamericanismo."

Y puesta a votación, se aprobó con el voto en contra del señor Núñez.

El apartado D dice: "Se declara contrario al actual sistema económico, imperante en Cuba."

Pero habiendo sido enmendado por los señores Iglesias y Portela, se acordó aprobarlo del siguiente modo, con el voto en contra del señor Núñez Portuondo: "Se declara contrario al actual sistema económico imperante en Cuba y contra el capitalismo universal."

Lleyó el señor Mella su tercera proposición, que dice: "El Primer Congreso Nacional de Estudiantes enviará un cordial saludo a la Federación Obrera de La Habana, le comunicará los acuerdos tomados en este congreso y le hará presente los deseos de una perfecta unión entre estudiantes y obreros, mediante el intercambio de ideas e intereses, con el fin de preparar la transformación del actual sistema económico, político y social, sobre la base de la más absoluta justicia."

Puesta a votación, resultó aprobada por unanimidad, y así lo pidió que constara en acta el señor Núñez.

El primer párrafo de la cuarta proposición de Mella dice así: "Pedir a la junta de educación que derogue el acuerdo por el cual los niños de las escuelas primarias no deben aprender la historia y los hechos de los países latinoamericanos en los días de fiesta patriótica de esas naciones, y que se ponga en las escuelas primarias los nombres de esas repúblicas, estableciendo el intercambio y realizando estos actos según ruego del Consejo Nacional Superior de Enseñanza de la República Argentina."

Y puesto a votación, fue aprobada por mayoría.

La primera parte del segundo párrafo de la Cuarta Proposición del señor Mella fue aprobado, y dice así: "Que se conmemore en la universidad las fiestas nacionales de la América Latina, explicando su significado."

El cual, puesto a votación, resultó aprobado.

No así la parte segunda de ese mismo párrafo, que por oponerse a un acuerdo anterior de este congreso, no se tomó en consideración. Dicho párrafo decía: "Que por la Federación de Estudiantes de la Universidad se investigue la mejor forma y se lleve a cabo el intercambio de estudiantes, solamente entre las universidades latinoamericanas, y no con las del Norte, ya que por regla general, el nacional educado en el Norte es nocivo a la cultura e ideología de la patria..."

23. PRIMER CONGRESO NACIONAL DE ESTUDIANTES: DECLARACIÓN DE DERECHOS Y DEBERES DEL ESTUDIANTE

Derechos. 1. El estudiante tiene el derecho de elegir los directores de su vida educacional, y de intervenir en la vida administrativa y docente de las instituciones de enseñanza, ya que él es soberano en estas instituciones que sólo existen para su provecho.

2. El estudiante tiene el derecho de asistir libremente a sus clases, sin la coacción vergonzosa de la asistencia obligatoria a un profesor determinado.

3. El estudiante tiene derecho a exigir la más preferente atención del gobierno, para los asuntos educacionales, por ser la educación la primera función de un gobierno civilizado, debiendo todas las otras funciones, la económica, la administrativa, la política, etc., contribuir al engrandecimiento de aquélla.

4. El estudiante tiene el derecho de la libertad de la enseñanza, impidiendo la intromisión gubernamental en los asuntos educacionales, como no sea única y simplemente para aportar recursos, medios e insinuaciones, en el ejercicio protector que en la declaración anterior a ésta dice ser su primordial deber, desempeño que por ningún motivo le da derecho a dirigir o intervenir en la constitución interior de la enseñanza, que debe ser regida por individuos, profesores y alumnos salidos de su seno, con conocimientos científicos

y prácticos sobre la materia, y no por políticos que desconocen el asunto y que no son representantes legítimos de los ciudadanos que desarrollan la función educativa de la sociedad.

Por libertad de enseñanza sólo puede entenderse la independencia de ésta del actual sistema de gobierno democrático, representativo o parlamentario, existente en casi todos los pueblos del mundo, pero deben regular esa libertad y dirigir esa enseñanza libre los mismos educandos y educadores, mediante el organismo que ellos designen por elección, en virtud del derecho de soberanía reconocido al estudiante en la declaración primera. El profesor usurpaba este derecho desde tiempo inmemorial.

5. El estudiante tiene el derecho de exigir a los más sabios educadores y a las más profundas mentalidades del país, el sacrificio de su valer en aras de la enseñanza de la juventud intelectual.

Deberes. 1. El estudiante tiene el deber de divulgar sus conocimientos entre la sociedad, principalmente entre el proletariado manual, por ser éste el elemento más afín del proletariado intelectual, debiendo así hermanarse los hombres de trabajo, para fomentar una nueva sociedad, libre de parásitos y tiranos, donde nadie viva sino en virtud del propio esfuerzo.

2. El estudiante tiene el deber de respetar y atraer a los grandes maestros que hacen el sacrificio de su cultura en aras del bienestar y progreso de la humanidad, y de despreciar y de expulsar de junto de sí a los malos profesores, que comercian con la ciencia o que pretenden ejercer el más sagrado de los sacerdocios, la enseñanza, sin estar capacitados.

3. El estudiante tiene el deber de ser un investigador perenne de la verdad, sin permitir que el criterio del maestro, ni del libro, sea superior a su razón.

4. El estudiante tiene el deber de permanecer siempre puro, por la dignidad de su misión social, sacrificándolo todo en aras de la verdad moral e intelectual.

5. El estudiante tiene el deber de trabajar intensamente por el progreso propio, como base del engrandecimiento de la familia, de la región, de la nación, de nuestro continente y de la humanidad; por ser este progreso la suprema aspiración de los hombres libres. Si reconocemos una completa superioridad de los valores humanos sobre los continentales, de éstos sobre los nacionales, de los nacionales sobre los regionales, de éstos sobre los familiares y de los familiares sobre los individuales, el individuo es base y servidor de la familia, de la región, de la nación, de nuestro continente y de la humanidad.

24. ESTATUTOS DE LA UNIVERSIDAD POPULAR "JOSÉ MARTÍ" *

1. La clase proletaria cubana funda, profesa y dirige la Universidad Popular "José Martí". (Reconociendo al obrero "los derechos que el profesorado de la Universidad de La Habana niega o discute a los estudiantes".)

2. La Universidad Popular sólo reconoce dos principios: el antidogmatismo científico, pedagógico y político y la justicia social, declarándose, por tanto, no afiliada a doctrina, sistema o credo determinado.

3. La Universidad Popular, de acuerdo con los principios enunciados, procurará formar en la clase obrera de Cuba, una mentalidad culta, completamente nueva y revolucionaria.

4. La Universidad Popular no se organizará definitivamente. Sus clases y métodos variarán según nuevas necesidades y recursos nuevos le exijan y permitan hacer su labor más fecunda y amplia.

5. La Universidad Popular, para la mejor realización de los fines que persigue se subdividirá por ahora en cuatro secciones:

Sección de analfabetos y de escuelas nacionales;

Sección de segunda enseñanza;

Sección de conferencias;

Sección de estudios generales, y

6. Una comisión integrada por estudiantes, elegidos por la Federación de Estudiantes de la Universidad de La Habana, y por igual número de los que acudan a aprender, designados en asamblea, regirá la Universidad Popular "José Martí".

7. La Universidad Popular separará de su seno, por medio igualmente de esa comisión, al profesor que viole la base segunda de estos estatutos; esta separación será definitiva cuando así lo acuerde una tercera parte de los que acudan a clases del profesor de que se trate.

8. Los estudiantes de la Universidad Popular, precisamente por ser estudiantes, tienen los mismos derechos e iguales deberes que la clase estudiantil, declarados por el Primer Congreso Nacional Revolucionario de Estudiantes.

* Publicado en *Heraldo Universitario,* La Habana, 12 de noviembre de 1923.

25. MANIFIESTO-PROGRAMA DE LOS ESTUDIANTES DE CUBA *

Pasados los momentos en que se sobrepuso a la indignación más justa el dolor por la muerte de nuestro compañero Rafael Trejo, parece llegada la oportunidad de decir a todos nuestros propósitos, nuestros ideales, nuestra actitud frente a la injusticia triunfante, nuestro modo de acción futura.

La protesta del pasado día 30 —acto puramente estudiantil— que ahogó en sangre la policía nacional, no fue más que una etapa del movimiento que desde hace más de siete años alienta, manifiesto o latente, en nuestra universidad. En eso, como en tantos aspectos, responde Cuba a las inquietudes mundiales de la hora. Quien haya estado atento a la evolución social de la posguerra o de modo especial a la vida de la comunidad hispanoamericana, sabe cómo las masas estudiantiles —olvidadas de las viejas, ruidosas e infecundas algaradas—, ha realizado intensa labor de renovación. Convencidos los estudiantes del continente de que la universidad ha venido siendo durante siglos lugar propicio a la cristalización de las más monstruosas desigualdades; sabedores de qué función docente ha mirado de modo casi exclusivo a la provisión de títulos académicos, armas las más poderosas para la perpetuación de seculares injusticias; y, penetrados además, de que la cultura que imparte la actual universidad es socialmente inútil, cuando no perjudicial (inutilidad y perjuicios de que habló agudamente nuestro Martí) se ha impuesto el estudiante nuevo de América la labor rudísima —que ya cuenta para su gloria, con más de una víctima— de transformar plenamente la naturaleza de la docencia oficial. En esa labor estuvieron empeñados los más altos y puros representantes de nuestros anhelos colectivos. En ella estuvieron los compañeros que fueron expulsados de la universidad no hace aún tres años. A esa obra, arrostrando todas las consecuencias, nos damos ahora por entero.

No se oculta a los estudiantes de la Universidad de La Habana, con cuya representación se honra este Directorio, que la responsabilidad que el momento echa sobre sus hombros es de las más comprometidas. Como ha ocurrido en otros países, debe el estudiante de Cuba realizar obra política de importancia innegable. Si la universidad es centro de reacción y organismo militarizado, es porque la militarización y la reacción son características del actual gobierno cubano.

Consciente, pues, del papel que la hora nos señala, nuestra voz se alzará un día y otro día, recabando para nuestro pueblo las liber-

* Dirigido al pueblo de Cuba el 28 de octubre de 1930.

tades que la oligarquía ha suprimido: libertad de pensar (censura previa), libertad de reunión (supresión de gremios y asociaciones nacionales y estudiantiles), libertad de locomoción (detenciones ilegales). Ya que ni egoístas en nuestras peticiones, ni aislados del medio en que nos desenvolvemos, comprendemos que no puede existir una nueva universidad, mientras no exista un estado de nuevo tipo, distinto en lo fundamental, del presente. Serena, pero enérgicamente, luchará el estudiante de Cuba, por la honda transformación social que los tiempos piden e imponen. De hoy en lo adelante realizará obra política que, por merecer tal nombre, estará bien lejos de los bajos chalaneos de nuestra farsa electoral.

Para llevar a cabo la obra que las circunstancias imponen al estudiante cubano, precisa —sin que se abandone ningún campo de actividad cívica— sentar las bases que permitan a la universidad el cumplimiento de sus verdaderos fines, que la transformen en organismo viviente, en propulsora del progreso común, en vehículo de toda honrada y honda apetencia popular. Urge que la universidad sea entre nosotros voz de la nueva política y no, como hasta ahora, campo y pasto de los viejos politiqueos. Las reformas que en este manifiesto-programa se piden, quieren hacer de la universidad la célula de la nueva acción cívica, la entidad receptora y difundidora de las nuevas corrientes, el órgano de cultura útil al pueblo.

Para hacer posible la nueva universidad y, por ella, la nueva ciudadanía, se hace indispensable que los estudiantes entren a colaborar en su advenimiento con su dignidad de hombres plenamente satisfecha. Esta acción que ahora reiniciamos tuvo inicio ocasional en una protesta en que perdió la vida un compañero queridísimo. El recuerdo de Rafael Trejo —al cual hemos de mantenernos siempre fieles— impone de modo imperativo que junto a reformas de orden permanente y general, situemos las peticiones que nacen de los hechos dolorosos del día 30. No por circunstanciales tienen para este Directorio menos importancia.

Las reivindicaciones indispensables para que los estudiantes de la Universidad de La Habana reanuden con los profesores la normalidad académica, son las siguientes:

a] Depuración de responsabilidades por los hechos del 30 del pasado septiembre y castigo adecuado de los culpables.

b] Expulsión del doctor Octavio Averhoff, como catedrático de la Universidad de La Habana, y su renuncia como secretario de Instrucción Pública y Bellas Artes.

c] Expulsión del doctor Ricardo Martínez Prieto, actual rector interino de la Universidad de La Habana.

d] Desmilitarización de todos los centros docentes de la república.
e] Derecho de federación de las asociaciones estudiantiles universitarias y nacionales.
f] Intervención del estudiante en el gobierno de la universidad.
g] Rehabilitación plena de los estudiantes expulsados con motivo del movimiento universitario de 1927.
h] Plena autonomía universitaria en lo académico, administrativo y económico.

El Directorio Estudiantil declara que todo pacto que excluyera cualquiera de las bases precedentes, impediría la transformación básica de la universidad —verdadero fin último a que todos tienden— traería nuevos males, la reproducción de hechos de triste significado y sería la traición del nuevo espíritu. Sólo sobre estas bases, puede llegar para el estudiante, para la universidad y para Cuba, un tiempo mejor.

El Directorio Estudiantil: Por la Facultad de Derecho: *Carlos Prío Socarrás, Manuel Varona Loredo, Augusto V. Miranda García, Justo Carrillo Hernang, José Sergio Velázquez, Raúl Ruiz Hernández, José Morrell Romero, Alberto Espinosa Bravo, Francisco Suárez Lopetegui.*

Por la Facultad de Medicina: *Rubén León García, José Leyva Gordill, Carlos Guerrero Costales, Fernando López Fernández, Juan Antonio Rubio Padilla, Rafael Escalona Almeida, Roberto Lago Pereda.*

Por la Facultad de Letras y Ciencias: *Ramón Miyar Millán, Carlos M. Fuentes, Ramiro Valdéz Daussá, Rafael Sardiñas, Antonio Viego.*

La Habana, octubre 28, 1930.

26. MANIFIESTO-PROGRAMA: ALA IZQUIERDA ESTUDIANTIL [*]

Camaradas: Los últimos acontecimientos revolucionarios; la reacción fascista del gobierno; el encarcelamiento de nuestros compañeros por tiempo indefinido y su segura expulsión de Cuba en el caso de ser amnistiados; la política marcadamente oportunista que ha tomado el directorio estudiantil universitario en estos últimos momentos, han decidido a Ala Izquierda Estudiantil a hacer pública la verdad íntegra y las vacilaciones y desviaciones que ha sufrido

[*] A los estudiantes y clase trabajadora de Cuba, La Habana, febrero de 1931.

el movimiento a causa del encauzamiento contrarrevolucionario que ha tenido al servir los intereses de las distintas facciones políticas que se disputan el poder y que han convertido al directorio estudiantil en instrumento de agitación y propaganda política para beneficio de las camarillas de los Menocal, Mendieta y compañía.

El Ala Izquierda Estudiantil, organización revolucionaria antimperialista, la mayoría de cuyos componentes vienen laborando en el seno de las masas estudiantiles desde hace muchos años, que han tomado participación activa en todos los movimientos universitarios, que formaron y dirigieron el directorio estudiantil del año 1927 —en sus campañas contra la prórroga de poderes— y que prepararon por medio de sus campañas constantes tanto en el extranjero —formando en las filas de la Asociación de Nuevos Emigrados Revolucionarios de Cuba (ANERC), fundada por nuestro compañero Julio Antonio Mella— como en Cuba, el movimiento actual, que tiene su inicio el día 30 de septiembre de 1930 —día en que cayó abatido en las calles de La Habana por el plomo asesino de los esbirros de la tiranía nuestro inolvidable compañero Rafael Trejo— no puede permanecer en silencio ante la política descaradamente oportunista del directorio, que tiene su exponente máximo en su último manifiesto de fecha 3 de febrero.

Para nosotros, que conocemos perfectamente el inicio y desenvolvimiento del presente movimiento universitario, y que sabemos la forma en que el directorio estudiantil actual siempre combatió en su seno y fuera de él a todos aquellos que explicaban y analizaban la situación política y económica de Cuba y significaban la necesidad de luchar en contra del imperialismo y por las reivindicaciones de las clases oprimidas; para nosotros, que hemos visto a la mayoría de los miembros de ese directorio horrorizarse ante la idea de ligar las reivindicaciones estudiantiles con las reivindicaciones obreras, tenemos que confesar que este manifiesto último del directorio ha constituido una gran sorpresa, pues nunca creímos que los oportunistas que cifraban todas sus esperanzas en las maniobras de la Unión Nacionalista —aun en las súplicas intervencionistas—, llegaran en su descaro a presentarse en pose de antimperialistas, y mucho menos que estúpidamente se pretendiera arrastrar al proletariado de Cuba —que tiene su interés propio, sus reivindicaciones y fuerza para conquistarlas— con ese plan ridículo y demagógico de reivindicaciones que se dicen conquistables por un "frente único" concebible sólo por aquellos individuos que padecen de una gran miopía producto de su ignorancia enciclopédica del problema económico, político y social de Cuba.

El Ala Izquierda Estudiantil, aludida por el directorio en su último manifiesto, no viene, como afirman los elementos reaccionarios del mismo, a dividir el movimiento ni a crear cismas en el seno de la masa estudiantil, sino a encauzar y dirigir por las sendas verdaderamente revolucionarias el movimiento que hasta ahora han llevado ellos atados al carro de la Unión Nacionalista, sin mostrar siquiera reivindicaciones inmediatas.

El directorio estudiantil, que ha estado alejado de todo contacto con las masas obreras y campesinas, que ha repudiado a los estudiantes que mantuvieron la necesidad de este contacto, hace ahora suya la idea del frente único lanzada por el directorio radical de abogados. El Ala Izquierda Estudiantil mantiene que es imposible la realización de frente único de todas las clases contra la dictadura. En otros puntos del preámbulo de nuestro programa aclaramos cuáles son los intereses de la clase obrera y de los campesinos y cómo estas clases, por sus intereses diametralmente opuestos a los de la burguesía, no pueden formar en un frente único con sus explotadores para combatir en un determinado momento a un representante de estos explotadores y de su amo el imperialismo. El frente único que puede formar el proletariado es con las capas de la pequeña burguesía que sufren también la opresión imperialista, pero por razones que exponemos extensamente más adelante, tienen que formar este frente único conservando siempre la hegemonía y la dirección del mismo. El Directorio Estudiantil Universitario, que no procede honradamente, sino con claro oportunismo político, lanza un programa de reivindicaciones a los obreros queriendo aparecer como dirigentes del frente único. Los obreros y campesinos no se dejarán engañar, no tragarán el anzuelo que les lanzan los "politiqueros" del directorio, que los quieren aprovechar después que hayan visto fracasadas las esperanzas que tenían en Unión Nacionalista, Menocal y compañía.

Cuando sometemos a un análisis revolucionario el movimiento estudiantil en sus últimos meses, tenemos deplorablemente que decir que a pesar de toda su importancia, a pesar de todas las grandes simpatías que hacia él ha excitado de parte de las vastas masas populares, ha sido, sin embargo, un movimiento sin objeto bastante meditado, y ha servido de juguete en manos de un partido político burgués que es enemigo de los intereses de la mayor parte de nuestro pueblo: los obreros y campesinos. Teniendo como lema principal en la lucha la caída de Machado, y no viendo las fuerzas del imperialismo que están detrás de él y le apoyan, no siguiendo la lucha también contra estas fuerzas, tiene que producirse, inevitablemente, un gasto inútil de energías de lucha, porque aun en el caso de que el gobierno de Machado cayera como resultado de la misma, las fuerzas que necesitan un Machado traerían a la vida un nuevo gobierno, cuyo presidente, no llamándose ya Machado, seguiría la misma política machadista que es tan necesaria a estas fuerzas, bajo el nombre de Mendieta o Menocal. No ver el imperialismo norteamericano, que es la causa del régimen dictatorial en Cuba, no dirigir la lucha contra este imperialismo, que produce y reproduce regímenes políticos a lo Machado: he aquí el error principal del movimiento estudiantil en los últimos meses.

Dejando el análisis del terror para luego, queremos, sintéticamente, señalar también los demás errores del movimiento estudiantil. El segundo error principal, que vino como consecuencia del primero, es que el movimiento estudiantil, contra Machado, no se ha ligado con la clase obrera y el campesinado, que son las únicas y principales fuerzas sociales en nuestro país que históricamente están llamadas y son capaces, no solamente de derrocar este u otro régimen dictatorial burgués, sino también de arrancar la raíz sobre la cual estos regímenes crecen y fructifican, es decir, el imperialismo. Estos dos errores principales arriba mencionados, originan un tercer error, que es el siguiente: no ligando la lucha contra Machado con la lucha contra el imperialismo, y no ligándose al proletariado, y al campesinado, ha sido el movimiento estudiantil un movimiento que ha aspirado a sustituir un gobierno que sirve los intereses del imperialismo por otro gobierno que sirva a los mismos intereses, es decir, un movimiento hostil a los intereses del pueblo trabajador.

Por extraño que pueda parecer, tenemos que sacar de los tres errores arriba mencionados, la siguiente conclusión: las luchas estudiantiles bajo la dirección del actual directorio no obstante haber reflejado la hostilidad general del pueblo contra el régimen de Machado, y haber tenido por eso la simpatía popular, han sido luchas no en favor de los intereses populares. La mayor prueba de la justeza de esta apreciación la constituyen el grupo de países de la América Latina donde han ocurrido últimamente levantamientos militares contra los viejos dictadores. Estos levantamientos, además de haber sido realizados bajo los lemas de democracia y de libertad (como lo hacen en Cuba la Unión Nacionalista y Menocal) fueron también acompañados de la simpatía de los estudiantes y gran parte de las masas populares (como ocurre ahora en Cuba) ¿Cuál ha sido el resultado de estos levantamientos? En Perú fue establecida, en lugar de la dictadura de Leguía, una dictadura de la Junta Militar, a cuyo frente está Sánchez Cerro, que defiende los intereses de las compañías norteamericanas a costa de la sangre y sacrificios de los obreros y campesinos peruanos, como en el caso de la huelga de los mineros de Cerro de Pasco. ¿En Argentina? Ya es de todos conocida la mano sangrienta del verdugo Uriburu, que asesina no solamente a los obreros y campesinos, sino que echa también en las cárceles a cientos de estudiantes, a los mismos estudiantes que le ayudaron a llegar al poder.

Para que la lucha de los estudiantes sea en beneficio de los intereses de la mayor parte del pueblo, los obreros y campesinos, tiene el movimiento estudiantil que ser un movimiento contra el imperialismo, que tiene esclavizado y en su poder nuestro país, riquezas y pueblo, y contra aquellas partes de la burguesía de nuestro país que lo sirven y apoyan. El movimiento estudiantil, bajo la dirección del actual directorio, no es antimperialista, no se desenvuelve contra la esclavitud económica y política a que está sometido nuestro pueblo. Es solamente un movimiento antimachadista que tiene objetivamente la finalidad de seguir la misma esclavitud bajo Mendieta, Menocal o Miguel Mariano Gómez. He aquí por qué la parte de izquierda de los estudiantes no puede hacer suyo el programa político del actual directorio y presenta a la masa estudiantil y al pueblo trabajador su propio programa, que es un programa de lucha contra el imperialismo y contra los grupos y partidos burgueses que lo apoyan y siguen. Ésta es también la causa por la cual nosotros, el sector de izquierda de los estudiantes, nos hemos organizado en un Ala Izquierda Estudiantil.

Programa de Ala Izquierda Estudiantil:

1. Cuba es de hecho una colonia del imperialismo yanqui, aunque políticamente es aparentemente independiente. La Enmienda Platt y el derecho de intervención política y militar, son nada más que la expresión jurídica del poderío económico que Wall Street tiene sobre nuestro país. Luchar por eso solamente contra la Enmienda Platt no haciéndolo al mismo tiempo contra las compañías y bancos norteamericanos, que son los verdaderos dueños de Cuba, sería solamente una lucha contra una fórmula sin que eso traiga la independencia política y económica de Cuba. Machado mismo se ha pronunciado repetidas veces demagógicamente contra la Enmienda Platt. El hecho de que la mayor parte de la tierra cultivable, fábricas, transportes, finanzas, etc., pertenezcan a capitalistas y compañías americanas, define también su dominación política en

Cuba. Aunque oficialmente Cuba es independiente, sin embargo, llevaron todos nuestros gobiernos hasta ahora una política en favor de los intereses de Wall Street. Por esto es la lucha contra estos gobiernos, no ligándola también contra los dueños económicos (Wall Street), una lucha que no cambia el carácter de nuestro país semicolonial, y no trae beneficio a las masas trabajadoras de nuestro pueblo. Todos los partidos burgueses existentes actualmente en Cuba, estén en el gobierno o al lado de la oposición, son partidos que no están en contradicción con el imperialismo, por el contrario, lo apoyan y sirven. Ninguno de estos partidos puede por esto ganar la simpatía del Ala Izquierda, que basa su acción en el punto de vista de la lucha contra el imperialismo, no solamente en su expresión jurídica (Enmienda Platt), sino también contra su poderío económico y político. La lucha del Ala Izquierda contra el imperialismo, se extiende por eso también contra esos partidos que lo apoyan. Para realizar la lucha antimperialista y atraer hacia ella la mayor parte de nuestro pueblo, realiza el Ala Izquierda una propaganda y acción contra el imperialismo no solamente entre los estudiantes, sino también entre las demás partes del pueblo.

2. El Ala Izquierda reconoce la existencia de la lucha de clases en la sociedad, y que el proletariado, por el lugar que ocupa en la producción, es la clase más progresiva de la sociedad actual, y está históricamente llamado a dirigir la lucha de las demás masas trabajadoras contra el capitalismo e imperialismo, y que todo el desarrollo del orden capitalista y la lucha de clases, conducen a que el proletariado se haga dueño de todas las riquezas económicas y del poder político. En los países oprimidos, el proletariado es el dirigente de las demás masas oprimidas de la población en la lucha contra el imperialismo, contra la esclavitud colonial, por la completa independencia económica y política de los pueblos. El Ala Izquierda reconoce la hegemonía del proletariado en la lucha antimperialista y se incorpora a ésta bajo su dirección.

3. El Ala Izquierda luchará contra el carácter feudal burgués de nuestra universidad y hará todo lo posible por establecer una estrecha ligazón con el movimiento estudiantil revolucionario internacional. El Ala Izquierda luchará por la completa autonomía de la universidad, por el derecho de la juventud a participar en la lucha sociopolítica, por la participación de los estudiantes en el gobierno de la universidad, contra las expulsiones, por la restitución de todos sus derechos a todos los estudiantes expulsados, y por la creación de la federación estudiantil.

4. El Ala Izquierda se pondrá en estrecha ligazón con las organizaciones obreras, las ayudará a organizar las escuelas, universidades populares, etcétera.

¡Compañeros Estudiantes!: El Ala Izquierda los llama a incorporarse a sus filas, y junto con la clase obrera, lanzarnos a la lucha contra el imperialismo y la esclavitud colonial de Cuba. ¡Abajo el imperialismo! ¡Abajo el gobierno dictatorial de Machado, servidor fiel de Wall Street! ¡Abajo la Unión Nacionalista, Menocal y Miguel Mariano Gómez, vendidos al imperialismo y enemigos de la clase trabajadora! ¡Viva la lucha revolucionaria de los estudiantes en estrecha unión con la clase obrera!
Por el Ala Izquierda Estudiantil.

Compañeros presos: *Aureliano Sánchez Arango, Porfirio Pendas Garra, Manuel Guillot Benítez, Raúl Roa García, Jesús García Menocal, Ladislao González Carvajal, Pablo de la Torriente Brau.*

En libertad: *Marcos García Villareal, José Díaz Ortega, Jorge Quintana, Gabriel Barceló Gomila, José Antonio Guerra Doben, Carlos M. Martínez Sánchez, Rodolfo de Armas Soto, Jacinto Cantón Rueda, Manuel Soto Román, José A. Soler Lezama, José Chelala Aguilera, Felipe Fuentes, Leonardo Fernández Sánchez, Manuel Durán, José Elías Borges Caras, Óscar Jaime Hernández, Miguel Angel Medina, Filomeno Rodríguez Abascal, Antonio Arroyo, Mario Soto Román, José A. Eli, Gabriel Vandama, Roberto Alonso, José Antonio Inclán Villada, Lelio Álvarez García, Julio Villanueva, Mario Averhoff Grau, Carlos Fernández Arratte, Mario Triay.*

Por el directorio normalista: *Esther Borjas, José Utrera Valdés, Silvio Machado, Joaquín de la Lastra.*

Por el directorio del Instituto de La Habana: *Diego González.*

La juventud reformista en Paraguay

27. MENSAJE A LOS HOMBRES DE LA NUEVA GENERACIÓN *

En la hora difícil porque atraviesa la federación de estudiantes, minada en sus fundamentos por una honda crisis moral, esta Junta Directiva juzga de su deber apelar a la conciencia solidaria de la juventud estudiosa federada bajo sus banderas, recordándole la trascendencia inmensa de su destino histórico, para inspirarle nueva fe y nuevos bríos en el camino azaroso de su realización.

Los deplorables sucesos tenidos lugar en el seno de la federación, lejos de ser para nosotros motivo de desaliento, deben servir para fortalecer nuestra convicción de hombres nuevos, definiendo la disidencia entre los dos bandos tradicionalmente opuestos que se disputan la dirección espiritual de la joven generación. Los que hemos asistido de cerca al desarrollo de esos sucesos, provocados con el auxilio de los más indignos recursos de la política criolla, hemos llegado a comprender el significado cabal de los acontecimientos y reconocemos que la desafiliación de los gremios universitarios responde a una necesidad ineludible de la evolución ideológica realizada en los últimos años por el estudiantado de los institutos de enseñanza secundarios.

Es necesario que nos demos cuenta exacta del sentido real de lo ocurrido. Creemos llegada la hora de afirmar el nacimiento de una nueva generación en el Paraguay. Una nueva conciencia se está forjando en la fragua de las inquietudes, siempre puras y elevadas, que atormentan el espíritu de la juventud. Nuevas idealidades han hecho su entrada en el alma de la muchedumbre estudiantil, que comienza a abrirse al soplo de las modernas corrientes espirituales y a agitarse a impulsos de irresistibles factores del dinamismo social. Un gesto de rebeldía, enérgico y potente, parece sacudir su organismo precozmente envejecido y su frente otrora abatida se yergue atraída por un destello de luz que rompe las tinieblas del horizonte, anunciando la proximidad de un día más feliz para la humanidad decepcionada.

Cunde la insurrección del espíritu juvenil. Es el síntoma de que

* De la Federación de Estudiantes del Paraguay en 1927.

pisa los umbrales de la historia una generación que rompe el ritmo habitual de los acontecimientos, cortando los ligamentos que la atan a la generación madre, para proclamar su autonomía de criterio frente a los principios y las normas que gobiernan el régimen social de la actualidad. Al hacerlo, la juventud deja de ser una fase incompleta o interior de la especie humana, un apédice tributario de la generación adulta, un retoño del pasado, y surge entonces la disidencia espiritual. Éste es el conflicto que se plantea.

La nueva Junta Directiva de la federación de estudiantes se declara con orgullo hija de la nueva generación. Y esta pretensión se encuentra legitimada por el modo con que se operara su constitución, habiendo sido impuesta por el voto unánime de los estudiantes de los colegios secundarios, normales y comerciales, que en estos momentos ostentan y monopolizan el patrimonio moral de la nueva generación paraguaya. Mas, he aquí que los centros universitarios rompen sus relaciones con esta junta, declarando no querer solidarizarse con su orientación ideológica. Con esto, no hacen sino poner de manifiesto su disidencia con el ideario de la nueva generación, separándose de ella para volver las espaldas a la corriente de la historia y plegarse a la retaguardia del viejo mundo que se bate en retirada.

No ha habido, pues, división en el seno de la juventud; sólo ha habido una delimitación. Tal suceder respondía, desde luego, a una necesidad lógica; nosotros la habíamos previsto. La lucha entre la ideología caduca y la revolucionaria había llegado a un grado tal de intensidad y desarrollo que ya toda colaboración se hacía imposible. Había sonado la hora de trazar la línea divisoria; el deslinde de los campos ya era impostergable; no faltaba más que una definición precisa de las respectivas posiciones. Llenada esta condición previa, vamos a presentar batalla a los últimos vástagos de la vieja estirpe abolida.

Para esta lucha, la federación de estudiantes llama bajo banderas a los soldados de la nueva generación, alumnos de las instituciones de enseñanza universitaria, militar, comercial, secundaria y normal. La deserción de los gremios universitarios ha engrosado las filas enemigas; pero nosotros no debemos contar el número de nuestros adversarios. La rebeldía es, por definición, la negación de todo lo que constituye norma para el vulgo concupiscente y rutinario. Siempre el pendón de la renovación ha tremolado en manos de las minorías de avanzada. El poder de las ideas vencerá la presión de número. Nuestra fuerza reside en el empuje avasallador de la corriente espiritual que nos ha lanzado sobre la arena del combate y nos ha exaltado a los puestos directivos de esta federación. La trayectoria de la historia, como la de un cometa, dice un escritor americano, no puede ser desviada.

Nosotros creemos que la cultura contemporánea se halla comprendida en un proceso fatal de decadencia orgánica. Hablamos de la cultura materialista que nos ha legado el Occidente, cuyos orígenes deben buscarse en el espíritu racionalista y utilitario de la edad positivista, cuyos rasgos más característicos los encontramos en los fenómenos económicos del industrialismo, del maquinismo y del imperialismo, productos del régimen capitalista, y cuyo resultado final ha sido la última guerra mundial, a cuya terrible sacudida la nueva generación latinoamericana despertara de su sueño y percibiera la intuición de su misión histórica.

Hoy ya se vislumbran los tenues reflejos de un nuevo ciclo cultural, que no tardará en abrirse paso a través de la conciencia de los pueblos. El siglo en que vivimos, se prepara y se viste de gala para asistir a la fiesta de un segundo Renacimiento, que devolverá al hombre su dignidad y la dicha del vivir, emancipando los valores espirituales de las contingencias de orden material. Las novísimas corrientes filosóficas nos predicen el advenimiento de una cultura que sabrá conciliar los intereses del alma con los del cuerpo, de una cultura verdaderamente humana, y la nueva generación se apresta a servirle de heraldo y paladín.

A ella, más que a nadie, le incumbe este deber, no tan sólo por ser la juventud el nervio motriz de las transformaciones sociales, sino, ante todo, por ser ella el sujeto directo de la educación. En efecto, cultura y educación designan dos conceptos estrechamente emparentados; ambas obran y recobran recíprocamente entre sí como causa y efecto al mismo tiempo. No se puede pensar en operar un cambio en los fundamentos de la cultura sin modificar sustancialmente los principios en que descansa la educación. Es a una reforma radical del régimen educativo que deben dirigirse por consecuencia, los esfuerzos de la nueva generación.

La reforma universitaria concreta y resume en este sentido nuestro programa de acción, que es programa de cultura. El "reformismo" define nuestra filiación ideológica. En éste marchamos acordes con las juventudes universitarias de la Argentina, de Chile y de Bolivia, del Perú y del Ecuador, de Colombia, Cuba y del Uruguay, que se han adherido oficialmente, por intermedio de sus respectivas federaciones, a los postulados de la revolución universitaria.

Debemos advertir, sin embargo, que este movimiento de extensión continental, no se limita, por cierto, a una simple renovación de orden educacional, teniendo además proyecciones de vasto alcance en el campo de la política, de la economía, del derecho, de la moral y hasta del arte. La cultura comprende todas las esferas en que se manifiesta la actividad del espíritu humano. Por tanto, no pueden serle ajenas sus realizaciones en el orden jurídico, político y económico. Al sostener la necesidad de un cambio esencial en los basamentos de nuestra cultura, afirmamos al mismo tiempo la necesidad de efectuar una rectificación en los conceptos que inspiran la organización social del presente, cimentándola sobre un ideal ético de cooperación y de concordia entre todos los humanos.

No somos socialistas, ni comunistas ni anarquistas: Somos reformistas, en la acepción específica de esta locución y en su aplicación al problema universitario. Nunca debemos profanar el claustro de la ciencia con prédicas demagógicas y clamores multitudinarios. Como jóvenes, nos creemos en el derecho de clamar nuestro verbo de rebeldía, y de clamarlo bien alto y fuerte, en las bocacalles donde el pueblo congregado en parlamento, promulga la justicia del porvenir. Como estudiantes, nuestra visión se orienta preferentemente hacia una finalidad de cultura que por más atingencia tenga con la política, nunca debe serle subordinada. La universidad no puede ser degradada al rango de un simple medio o instrumento para la consecución de fines extraños a su misión educativa. Y si bien es cierto que las instituciones de alta docencia cumplen, a más de aquella tarea de índole pedagógica, una trascendente función social en el seno de la colectividad, lo hacen en vista de un fin de culturización, pero no de proselitismo sectarista.

Como jóvenes, somos libres de profesar cualquiera doctrina que nutre un anhelo de emancipación humana. Como estudiantes, debemos sentirnos parte integrante de la institución de enseñanza y solidarizarnos con sus fines propios, posponiendo nuestras convicciones personales a los dictados supremos de la cultura, último fin de toda enseñanza. En virtud de estas consideraciones y en discordancia con muchos de nuestros camaradas latinoamericanos, afirmamos que la reforma universitaria, antes que un problema social, es un problema cultural.

Protestamos al mismo tiempo contra la aserción formulada por algunos autores del Río de la Plata, de que la lucha de la nueva generación por la implantación de la reforma, es una parte o un aspecto peculiar de la lucha de clases. Nada más errado que semejante suposición. Si rendimos homenaje al ideal ético de la justicia social, lo hacemos en nombre de la cultura y con absoluta independencia de los factores económicos que determinan la lucha entre las clases ricas y las pobres. El hecho de que nuestros ideales culturales sean concurrentes con las aspiraciones reivindicatorias de los trabajadores, no constituye sino una feliz coincidencia, que celebramos en alto grado.

El imperativo del momento histórico manda que nos acerquemos al alma del pueblo. Sólo así el movimiento reformista ha de adquirir, en nuestras manos, la significación social que le ha caracterizado desde sus primeros orígenes, en todos los países de la América Latina. No olvidemos, sin embargo, que esta significación social tan sólo representa una faz particular de su más amplia y elevada significación cultural, en la que se cifran y resumen todas nuestras aspiraciones ideológicas.

Tales son los principios en que esta Junta Directiva de la federación de estudiantes se declara inspirada.

Es la profesión de fe de la nueva generación.

Nada hace que para la realización de tan nobles idealidades, no contemos con el concurso de los centros universitarios. Recordemos que la reforma ha fracasado en el Río de la Plata por causa de haberse pretendido reformar la mentalidad de los jóvenes después de dejarla domesticar en los colegios normales y secundarios. Nuestra misión consiste, pues, en adiestrar al ejército de la nueva generación para la batalla decisiva a librarse en las aulas de la universidad o también fuera de ellas. La redención espiritual de la juventud paraguaya, diremos parodiando a los revolucionarios de Córdoba, será la única recompensa de nuestro esfuerzo.

Por la Junta Directiva: *Oscar A. Creydt;* Presidente de la Federación de Estudiantes: *Obdulio Barthe;* Vicepresidente: *Herib Campos Cervera;* Secretario: *Sinforiano Buzó Gómez.*

La convención estudiantil de Bolivia

28. PRIMERA CONVENCIÓN NACIONAL DE ESTUDIANTES BOLIVIANOS.*
PROGRAMA NACIONAL Y UNIVERSITARIO

1. *Política Universitaria.* Autonomía integral de la universidad. Las declaraciones de la reforma universitaria concuerdan con las del manifiesto de Córdoba de 1918, y las del Congreso Internacional Mexicano de 1921.
2. *Política territorial.* Reintegración marítima de Bolivia. Defensa de las fronteras contra invasiones de conquista. Intensificación de la vialidad. Colonización a base del bienestar popular.
3. *Política demográfica.* Creación de un tipo de cultura autóctona. Emancipación del indio. Moralización del mestizo. Cooperación entre el proletariado intelectual y manual. Id. al feminismo integral. Organización de la Sanidad Pública. Política de defensa nacionalista, contra el monopolio del capital extranjero.
4. *Política interna.* Repudio de la política caudillista, cuyos principios de liberalismo arcaico y cuyos métodos conservadores poco honrados, han demostrado su incapacidad para resolver los problemas de la hora actual. Adhesión al principio federalista. Depuración del electorado. Adopción del sistema de la democracia funcional, complementado por el procedimiento electoral Víctor D'Hont.
5. *Política económica.* Socialización progresiva de la propiedad privada. Nacionalización de las minas y del petróleo. Fraccionamiento obligatorio del latifundio y dotación de tierras a los indios. Fomento de las industrias suprimiendo los monopolios. Reglamentación completa del trabajo. Regulación del crédito, evitando la explotación por el capital bancario.
6. *Política financiera.* Estatización progresiva de las fuentes de riqueza. Reforma del sistema impositivo, gravando fuertemente el ausentismo y la inmovilidad de capitales. Aumento progresivo de impuestos a las sucesiones. Reducción de los gastos militares. Garantías contra la política colonizadora de los empréstitos.
7. *Política legislativa.* Reforma radical de la legislación, inspirándose en los nuevos postulados de justicia económica. Separación

* Efectuada en Cochabamba en 1928.

de la Iglesia del estado. Reforma de la Constitución: Federalismo. Parlamento a base de representación gremial. Limitaciones al absolutismo del Ejecutivo. Autonomía económica del poder judicial. Régimen de alcaldías en la organización municipal, respetando su autonomía. Disposiciones constitucionales sobre legislación social. Reforma de la legislación civil: implantación del divorcio absoluto, plenitud de derechos para la mujer y garantías para el proletariado. Reforma de la legislación penal, según los nuevos principios positivistas. Simplificación y armonización de las leyes.

8. *Política religiosa.* Laicización de la instrucción primaria oficial y particular. Nacionalización de los bienes y servicios eclesiásticos. Extinción de las instituciones monásticas.

9. *Política militar.* Adhesión al principio pacifista. Expresión de simpatía al militarismo honorable identificado con la causa de la emancipación proletaria.

10. *Política internacional.* Adhesión al principio de solidaridad latinoamericana. Cooperación en sentido de establecer la unidad política de los estados sudamericanos. Repudio del panamericanismo puesto al servicio del imperialismo yanqui. Llamado al pueblo y la juventud libre de los Estados Unidos para la consolidación de un panamericanismo verdadero. Adhesión a la causa de todos los hombres libres del continente y del mundo, que luchan por el advenimiento de la patria universal.

Los estudiantes de Brasil

29. MANIFIESTO DE LOS ESTUDIANTES DE RÍO JANEIRO
A SUS COMPAÑEROS EN EL PAÍS *

Compañeros: Desplegamos, en esta hora decisiva de la vida nacional, la bandera de la reforma universitaria concitando, a las energías jóvenes a la batalla reivindicadora de la manumisión educacional. Nos precede el glorioso movimiento de Córdoba, la brillante página que la juventud argentina escribió, inspirada en los más altos y generosos sueños de libertad y justicia social.

Ha llegado nuestra hora. Los ideales son esbozos dinámicos del porvenir. Rompamos, con el tumulto genésico de las agitaciones juveniles, la atonía, el marasmo, la caquexia, el enervamiento, la lasitud, arrojando las simientes de la renovación en los surcos de la conciencia nacional, en espera del alba de un renacimiento definitivo. ¡Asumamos contra la esterilidad de los escépticos, de los que abdican, de los desesperanzados, la actitud fecunda de los constructores del futuro!

¿Cuál es el vehículo histórico de las grandes transformaciones sociales?

Las generaciones que surgen, iluminadas por la claridad sideral de los idealismos innovadores, rebeldes a las solicitaciones de los apetitos, a la domesticidad de las conveniencias, a las complicidades de los intereses.

Qué es la universidad actual. ¿Dónde se caldea la mentalidad de las nuevas generaciones para las grandes cargas de la batalla campal del siglo? En la universidad.

¿Y qué es la universidad?

Julio Arcos va a responderlo:

"Una organización perfecta del parasitismo, de la rutina, de la esclavitud mental de la juventud por la tiranía dogmática del espíritu".

Un incesante proceso de disciplina de las energías insumisas, que castra las inteligencias. ¿En nombre de qué? De la ortodoxia. Se

---
* Este manifiesto fue lanzado en Río de Janeiro en noviembre de 1928.

impone ortodoxia en el arte, en la ciencia, en la filosofía. Impera una instrucción al margen de las corrientes profundas, recientes, revolucionadoras y creadoras del pensamiento contemporáneo. Una cultura enclaustrada y anacrónica.

La idiosincrasia misoneísta de los gobernantes eterniza la estagnación burocrática y escolástica de la educación superior, todavía viciadas por el *magister dixit* de autoritarismos regresivos, aferrados en plasmar la mentalidad nueva dentro de los moldes apolillados de las generaciones difuntas...

Hoy, la universidad es forja de doctores librescos, ineptos, de antemano arrojados al parasitismo de los empleos públicos o al pillaje de las posiciones políticas, en los malabarismos de la canallería electoral.

Función social de la universidad. Es ese quiste de preconceptos que urge extirpar en beneficio de la salud mental del país.

Reivindiquemos el advenimiento de la universidad moderna, laboratorio de valores morales y mentales, en comunicación directa con el pueblo, del que ha mucho se halla divorciada por su estructura medioeval y retardataria, fundada, como dice incisivamente el glorioso manifiesto de la juventud argentina de Córdoba a los hombres libres de la América del Sur (1918), "sobre una especie de derecho divino: el derecho divino del profesorado universitario. Se crea a sí mismo. En él nace y en él muere. Mantiene un alejamiento olímpico".

Las universidades tienen forzosamente que reflejar el ambiente social, sus tendencias, sus desequilibrios, sus matices, su momento histórico. Una mirada retrospectiva lo demuestra. La aurora del humanismo es uno de esos movimientos de liberación del espíritu humano. Usando la imagen de Huxley: fue una de esas roturas periódicas de la caparazón dogmática incompatible con los nuevos rumbos de la ciencia. Al resplandor de ese renacimiento, Reuchlin, Erasmo, Petrarca —¡y cuántos más!— renovaron la estagnación universal; frente a la Universidad de Basilea estaba la Asociación Danubiana; la Academia Platónica a la cabeza de la Universidad de Boloña (Julio V. González, *La Reforma Universitaria*, p. 84). Son las universidades medioevales las que provocan el movimiento intelectual. Después, gotosas y encerradas dentro de los dogmas, desean retenerlos. De ahí se originaron los primeros ataques de los humanistas a la universidad, "como reducto donde se refugiara el viejo espíritu. Se funda en las grandes ciudades centros intelectuales donde el pensamiento humanista germina y fructifica en oposición al que se elabora en la ciencia dogmática".

No nos detendremos en la reforma que la revolución francesa realizó en los moldes universitarios. Una verdad resalta nítida, vívida, poderosa: las revoluciones profundas tienen verdaderamente una ideología definida, que es anticipación del orden futuro. Y sobre las generaciones actuales, pesan los dos extremos del dilema:

O las universidades se convierten en centros de elaboración innovadora, con el despedazamiento de su estructura, o permanecerán como organismos artificiales, parasitarios, de los que huyó toda la savia de la opinión nacional, y que se derrumbará a los estremecimientos de la primera convulsión social.

Demos universitario. ¿Cuál es la finalidad de la reforma universitaria?

Hela aquí: el gobierno estrictamente democrático, la soberanía emanada del *demos* universitario, radica visceralmente en la masa estudiantil. Así lo expresa el llamado de Córdoba: "El concepto de autoridad que corresponde y acompaña a un director o a un maestro en un lugar de estudiantes universitarios, no puede apoyarse en la fuerza de disciplinas extrañas a la sustancia misma de los estudios. Por eso queremos arrancar de raíz del organismo universitario el arcaico y bárbaro concepto de autoridad que en estas cosas es un baluarte de absurda tiranía y sólo sirve para proteger criminalmente la falsa dignidad y la falsa competencia."

Cuando en el mundo entero se inicia el proceso de una total división de valores sociales, desencadenando conmociones originadas por nuevos rumbos y por la nueva dirección del espíritu humano, determinados por el conflicto entre las fuerzas económicas y los sacudimientos de las morfologías sociales, en desequilibrios sucesivos, la universidad no se podrá eternizar, anquilosada y retrospectiva, dentro de la muralla china donde se esteriliza. La fuerza ineluctable de un imperativo histórico la transfigurará, fatalmente, tarde o temprano, quiéranlo o no los defensores de intereses creados, en núcleo dinámico y propulsor incontestable de la evolución humana.

¿Quiénes son los adversarios?

Helos aquí: La mentalidad retardataria de las vejeces consumidas, los reclutas y veteranos del fariseísmo republicano, la coalición formidable de los intereses contrarios a los anhelos juveniles de manumisión educacional.

Postulados cardinales de la reforma. a] La autonomía didáctica y administrativa de las universidades, lo que significa eliminación de los influjos políticos dentro del ambiente estudiantil, que desvirtúa e impide la elección criteriosa de los docentes;

b] Extensión universitaria: la comunicación amplia y directa con la inmensa masa trabajadora, imposibilitada de salvar las vallas onerosas de tasas y tributos absurdos que convierten los establecimientos superiores en monopolio de las clases privilegiadas;

c] Exclaustración de la enseñanza (corolario inevitable);

d] Separación de las graduaciones científicas de los títulos de habilitación profesional;

e] Participación de los estudiantes en la dirección y orientación de las universidades, consejos directivos y escuelas especiales;

f] Incorporación a la universidad de los valores extrauniversitarios;

g] Creación de nuevas cátedras que pongan a la juventud al nivel de las nuevas corrientes del pensamiento contemporáneo;

h] Estrechamiento de las relaciones entre estudiantes y maestros de la América Latina, orientando esa mentalidad nueva, a ejemplo de la internacional del magisterio chileno, en el sentido de abrir los ojos a las generaciones nuevas sobre los problemas sociales, poniéndolas en contacto con las fuerzas vivas que los determinan.

En síntesis: destrucción de la enseñanza monopolizada por el estado y constitución de la universidad en órgano vivo y vitalizante.

Juventud universitaria. ¿Quién realizará esa conquista sino vuestra energía moza, los templarios ardientes de las generaciones que alborean? ¿Quién, sino vosotros, operará esa revisión total de los valores, derribando la mole obstruyente y bárbara de esa enseñanza claustral, ajena al ambiente oxigenado del mundo contemporáneo? No olvidemos las palabras oraculares de ese profesor de energía que fue Rodó: renovarse o morir. La vida es variación permanente, plasticidad, tendencia hacia nuevos equilibrios, perfeccionamientos incesantes. La parálisis es la vejez, la decrepitud, la muerte.

No hay lugar, en esta cruzada universitaria, para el derrotismo poltrón, para la incapacidad pesimista, para la cobardía pusilánime. El movimiento revolucionario de Córdoba y Santiago de Chile tuvo sus mártires. Su bandera se tiñó de la sangre de los combatientes. Pero la bravura moza venció y floreció.

Gritemos como el super hombre de Nietzsche: "Creemos en nosotros y en las energías nuevas". Y desenvolvamos en todos los rincones del país la actividad de los batalladores infatigables en un vasto clamor de reivindicación universitaria que se ha de realizar, cueste lo que costare, como primer paso definitivo para las grandes y profundas transformaciones sociales del mañana.

Djacir Meneges, José Bruno Lobo, José Decusati, Francisco Lobo; Firuso Pereira Da Silva.

La reforma universitaria en Perú

30. CRÓNICA DEL MOVIMIENTO ESTUDIANTIL PERUANO [*]

El año 1918 comienza una nueva etapa en la vida de la juventud de América. El manifiesto que los muchachos de Córdoba lanzaron ese año a los hombres libres de todo el continente, vigoroso y magnífico llamado, encontró eco en todas las universidades latinoamericanas porque condensaba la vaga inquietud, la sorda rebeldía, la disconformidad inquietante de los estudiantes frente a la incapacidad y la ignorancia de los viejos profesores, frente a los arcaicos métodos, frente a un régimen universitario de insultante privilegio medioeval.

La revolución estudiantil que en Córdoba estallara se extendió no sólo a todas las universidades argentinas, sino que llegó también a las universidades peruanas, originando el fuerte y fecundo movimiento del año 19. Pero no vaya a suponerse que en los últimos años en la vieja Universidad de San Marcos de Lima todo había sido paz y mezquina conformidad con los viejos métodos y el absurdo régimen.

Podemos señalar como punto de partida de los movimientos reformistas primeros y revolucionarios después, el nacimiento del Centro Universitario de Lima por el año de 1907, que aunque fuera centro de galantes fiestas, torneos oratorios, concursos literarios e intrigas de política menuda, propendió grandemente al desarrollo de la solidaridad estudiantil, que de tan grande eficacia iba a resultar en años venideros. Dicho centro propició también conferencias sobre temas diversos, de las cuales merece recordarse la de Carlos Paz Soldán sobre la reforma de los estudios médicos. (De esta conferencia pronunciada el año 1909 transcribo: "También nosotros los estudiantes, debemos intervenir en los actos directivos de la universidad, y nuestros ideales pedagógicos deben influir en las orientaciones de la enseñanza superior".)

Conferencias, artículos periodísticos, cambios en los planes de enseñanza, intentos tímidos de reforma, todo era inútil ante la incapacidad docente, ante la costumbre de hacer de la universidad

---

[*] Escrita en 1926 por Enrique Cornejo Koster.

el asilo de una casta, ante la inmoralidad e injusticia de los concursos para proveer las cátedras, que eran adjudicadas, no al más competente, sino al más apadrinado de los postulantes. Muchos concursos terminaron en el escándalo; otros, por su parcialidad e injusticia descarada, llenaban toda medida y la muchachada estallaba en franca revuelta que se tradujo muchas veces en manifestaciones bulliciosas que terminaban apedreando la casa del profesor indebidamente elegido. Hay en esta etapa de inquietud precursora muchos episodios interesantes, pintorescos unos, tumultuosos otros, pero todos sintomático de la inconformidad con el régimen universitario existente. Entre ellos merecen citarse la primera huelga estudiantil peruana llevada a cabo por la juventud universitaria de la legendaria ciudad del Cuzco en el año 1909, y el bochornoso suceso de la escuela de obstetricia en el año 1917, en el cual las alumnas se insurreccionaron contra un mal profesor. Este suceso convulsionó al claustro de San Marcos, y aunque por ese entonces existía ya la federación de los estudiantes, que fuera fundada el año 1916, la solidaridad estudiantil no tuvo la fuerza suficiente como para que todo el alumnado acompañara a las muchachas de obstetricia, de modo que el movimiento fracasó y fueron expulsadas de la universidad las alumnas líderes de la revuelta.

Respecto al pensamiento estudiantil, era francamente reaccionario, patriotero, a tal punto que en varias ocasiones llegó a expedirse la militarización de las universidades. Consejo universitario existió que pidió formalmente la absurda medida; felizmente hubo en los parlamentarios de esa época un poco de sentido común, del que frecuentemente son tan escasos, y tan ilógico pedido fue rechazado.

El año 1918 encuentra a la juventud con una firme inquietud de renovación, no tan sólo en lo relativo a las cosas universitarias, sino en las cuestiones nacionales. A fines del citado año un grupo de audaces que se había encaramado en la directiva de la federación de estudiantes aprovechóse del movimiento que se operaba contra la oligarquía civilista. Se trataba de los partidarios del actual dictador Leguía, a quien presentaba como el caudillo redentor que había de mejorar las condiciones de vida de las clases pobres, y sobre todo que había de restituir las provincias conquistadas por Chile en la guerra de 1879; en fin, quien arrojaría del gobierno, para siempre, a la oligarquía pardista que de tantos males había llenado la república. Los falsos renovadores, en un golpe de audacia y servilismo, eligieron a Leguía, entonces candidato a la presidencia de la república y ausente del país, "maestro de la juventud". Un tal

Chueca, presidente de la federación de estudiantes fue, en nombre de éstos, a recibir a aquél a Panamá.

La revolución universitaria. Algunos intelectuales, desde las columnas del diario *La Razón*, de Lima, al iniciarse el año universitario en 1919, emprendieron una campaña contra los malos profesores de la universidad, abogando por la reforma universitaria. Las noticias un tanto agrandadas del movimiento y de las conquistas que los estudiantes argentinos habían realizado y alcanzado, y lo que fuera más decisivo aún, las campañas oratorias de Alfredo Palacios durante su estancia en Lima, sobre aquel tema, llenaron el ambiente estudiantil de inquietud, encauzaron el descontento hacia un objetivo determinado, llevaron al espíritu de la masa estudiantil el convencimiento de la necesidad de reformar la universidad, reforma que sólo podía alcanzarse mediante métodos un tanto violentos.

Era junio del año 1919. De pronto la revuelta estalló. Un suceso banal, cuestión de régimen interno en la Facultad de Letras, fue la chispa inicial. Fue un conflicto entre los alumnos de un curso de historia y el profesor. Intervino el decano. El conflicto se agravó. Estalló intempestivamente la huelga en la citada facultad. Formóse un comité de reforma que tomó la dirección del movimiento. Se solicitó el apoyo de los estudiantes de otras facultades, los que paulatinamente fuéronse plegando a la agitación. La revuelta llegó a la Facultad de Medicina; tras numerosas y abigarradas asambleas, los estudiantes de dicha facultad resolvieron plegarse al movimiento y la huelga fue general en toda la universidad.

Primeramente el conflicto estuvo circunscrito a esa casa de estudios. Memoriales, más o menos virulentos, propuestas de los alumnos y contrapropuestas del rectorado, que medroso no se atrevía a adoptar ninguna actitud decisiva; promesas de mínimas reformas por parte de los profesores y exigencias máximas de los alumnos, y el marco de hierro de una anacrónica ley de instrucción, hicieron imposible la solución directa del conflicto.

Mientras tanto, pasaban los meses, la huelga continuaba firme, pero ya comenzaba a cundir el desaliento. Los estudiantes resolvieron entonces pedir la intervención del gobierno. El 4 de septiembre se realizó un mitin monstruo. Los estudiantes, arengados por sus líderes, se dirigieron al Palacio de Gobierno y pusieron en manos del presidente de la República un extenso memorial donde solicitaban el apoyo gubernativo y pedían se hiciera defensa de los legítimos anhelos y derechos estudiantiles.

Eran los primeros meses del gobierno del tirano Leguía, quien había escalado el poder merced a la revolución del 4 de julio. Como se ha señalado anteriormente, Leguía era "maestro de la juventud"; había llegado al gobierno mediante un falso movimiento renovador que tenía por objetivo arrojar a la rama "pardista" del "civilismo". Leguía tenía interés en continuar apareciendo a los ojos de la juventud como un líder de la democracia y tenía, además, interés en arrojar de la universidad a sus enemigos políticos que estaban encaramados en las cátedras.

Por esos días realizábanse las sesiones de la asamblea nacional que estaba encargada de reformar la Constitución. Dentro de la asamblea había un crecido núcleo de parlamentarios jóvenes de ideas renovadoras que simpatizaban sinceramente con los ideales de la juventud. Uno de ellos, el doctor Encinas, fue más tarde delegado de los estudiantes ante el Consejo universitario. (Todo ese núcleo de diputados fue deportado al año siguiente, embarcándose con rumbo a Australia. Así se deshizo Leguía de la oposición parlamentaria.)

Los alumnos sostenían y exigían la supresión de listas de asistencia, la representación estudiantil en los consejos directivos de la universidad; además, pedían la renuncia de un lote de malos profesores. Como los estudiantes estaban decididos a continuar la huelga hasta que sus peticiones fueran atendidas favorablemente, el único medio que encontró el gobierno de resolver el conflicto fue acceder a las exigencias estudiantiles.

Dictó primeramente el decreto del 20 de septiembre, por el que se establecía: *1]* las cátedras libres rentadas por el estado (se pensó así suplir la enseñanza de los malos profesores); *2]* La representación estudiantil en el Consejo universitario; *3]* La supresión de listas. El intento de arreglar así el conflicto fracasó por no haber nadie que se encargara de las cátedras libres. Vinieron luego las leyes sancionadas por la asamblea nacional. Primero fue la 4002, que correspondió ampliamente al anhelo estudiantil no sólo en sus conclusiones sino aun en los considerandos, que resultan de gran interés. El artículo 3º de la citada ley establecía que el nombramiento de los nuevos catedráticos sería hecho por el gobierno entre los doctores que hubiesen obtenido las cuatro quintas partes de los votos estudiantiles.

La ley fracasó por el *lock-out* de los catedráticos de la Facultad de Medicina, que se sintieron heridos. Dictóse entonces la ley 4004, que manteniendo las conclusiones de la anterior modificaba solamente la cuestión del nombramiento de los nuevos catedráticos, que debía ser realizado por el Consejo de facultades. A continuación de la sanción de esta ley, el poder ejecutivo expidió un decreto declarando vacantes las cátedras cuyos profesores habían sido tachados por los estudiantes. Inmediatamente después los estudiantes eligieron sus representantes al Consejo universitario y al Consejo de las facultades; fueron elegidos para el desempeño de ese cargo los doctors Carlos Enrique Paz Soldán y Enrique Encinas.

El 20 de septiembre celebró sesión el Consejo universitario aceptando las nuevas leyes e incorporando a los delegados de los alumnos. En sesión del 27 del mismo mes se nombraron los nuevos catedráticos, quedando así resuelto el asunto. Los estudiantes de medicina, considerando que durante casi todo el año habían estado ausentes de las clases prácticas y de las clínicas, y por lo tanto no estaban capacitados para un examen provechoso, resolvieron dar ese año por perdido, y no se presentaron a examen.

No bien hubo terminado el movimiento de reforma cuando la federación de estudiantes renovó su junta directiva. Víctor Raúl Haya de la Torre resultó elegido presidente.

Con el fin de unificar el pensamiento de toda la juventud nacional en las cuestiones referentes no sólo a la reforma sino en todo lo relativo a los problemas sociales y nacionales que ya comenzaban a agitarse en el ambiente, fue que la nueva directiva de la federación se ocupó de organizar un congreso nacional de estudiantes. Tras días de propaganda y labor constituyente, el congreso se reunió en la legendaria ciudad de Cuzco, en marzo de 1920. Concurrieron a él estudiantes de las cuatro universidades nacionales.

La primera sesión se caracterizó por la serie de resoluciones patrioteras y la cantidad de votos de aplauso, de los que sólo merece recordarse el saludo al doctor Alfredo L. Palacios. La segunda reunión resolvió todas las cuestiones relativas a la organización de los centros federados (centros formados de estudiantes de cada facultad) y de la orientación del organismo representativo de los estudiantes. La sesión tercera se ocupó de la orientación que debería darse a la literatura en el Perú. Todas las resoluciones fueron de índole nacionalista y lo único que merece ser recordado fue el homenaje que se rindiera en dicha oportunidad a la memoria de González Prada. La reunión tercera fue señalada por un debate acalorado y brillante en torno de la moción siguiente, que fuera presentada por Luis F Bustamante. "La federación de los estudiantes defenderá en todo momento los postulados de justicia social." Esta moción fue rechazada (no hay que extrañarse por ello, pues por ese entonces la gran mayoría estudiantil era reaccionaria y patriotera). La cuarta sesión se ocupó de los deberes cívicos de los estudiantes. En ella hubo delegados que propusieron que el Congreso pidiera a los poderes públicos la derogación de la ley que establece la excepción de servicio militar que gozan los estudiantes. En lugar de tan torpe pedido fue aprobado otro no menos malo que solicitaba la instrucción militar durante las vacaciones. La quinta reunión se señaló por algunas conclusiones interesantes; entre ellas podemos citar las siguientes: 1. Se reconoce la legitimidad del derecho de huelga como medio eficaz para solucionar los conflictos estudiantiles; los estudiantes que abandonen la huelga serán castigados borrándoseles del padrón de los centros federados y los centros traidores serán separados de la federación. 2. Cada centro federado acreditará un representante ante la junta de catedráticos o profesores de la facultad o escuela respectiva. (Posteriormente esta resolución fue aceptada por la Universidad de Lima y desde ese mismo año 1920 en cada facultad hay un delegado estudiantil que, para ser elegido, debe tener título académico de la facultad respectiva.) Los centros federados procurarán resolver sus conflictos universitarios: a] Por arreglo directo mediante su delegado ante el consejo directivo. b] Por arbitraje mixto; el comité arbitral será formado por 5 miembros: 2 nombrados por los estudiantes, 2 por los profesores y un quinto por los cuatro anteriores; el fallo deberá producirse en un plazo de 3 días. Los centros federados pueden rechazar el fallo por 2/3 de votos de sus miembros. En las cuestiones de índole general la federación intervendrá en igual forma ante el Consejo universitario. Fracasados estos arreglos se recurrirá a la huelga que podrá ser parcial (una facultad) o general.

En reuniones posteriores se discutieron y se aprobaron multitud de cuestiones relativas a la organización y orientación de la enseñanza general y universitaria, distinguiéndose todas las conclusiones por su carácter eminentemente nacionalista.

Pero de las conclusiones del congreso, ninguna tuvo trascendencia en el futuro y ninguna se hizo después tan efectiva como la referente a las universidades populares; presentada la ponencia por un estudiante Gómez, fue sostenida y defendida por Luis F. Bustamante y Víctor Haya de la Torre.

De las 14 conclusiones del acuerdo sobre universidades populares, las más importantes son:

1. El Primer Congreso Nacional de Estudiantes, acuerda: la creación inmediata de la universidad popular, bajo la dirección de la Federación de Estudiantes del Perú.

2. El Primer Congreso Nacional de Estudiantes, declara: que todo estudiante peruano tiene el deber ineludible de prestarle su más decidido apoyo.

3. Todo centro federado organizará una activa campaña de propaganda entre los obreros y estudiantes, en favor de la universidad popular.

4. La universidad popular tendrá intervención oficial en todos los conflictos obreros, inspirándose en los postulados de justicia social.

5. La enseñanza de la universidad popular comprenderá dos ciclos: uno de cultura general de orientación nacionalista y eminentemente educativa, y otro de especialización técnica, dirigida hacia las necesidades de cada región.

6. La enseñanza estará exenta de todo espíritu dogmático y partidista.

7. La enseñanza será sencilla, metódica y eminentemente objetiva, haciéndose ella por lecciones y conversaciones, sirviendo la conferencia sólo como síntesis y complemento de éstas.

11. Para mejor realización de sus fines, la universidad popular organizará: a] una biblioteca con préstamo de libros a domicilio; b] un museo de productos nacionales e industriales; c] un consultorio técnico atendido por alumno de las distintas facultades, que resolverá las cuestiones que se le propongan.

12. La universidad popular procurará el acceso de sus asociados a los gabinetes y laboratorios de los centros de instrucción superior y demás instituciones con carácter cultural.

El caos universitario. Al comenzar el año 1921, Leguía, en su afán de exterminar a sus enemigos políticos desplazados por él del gobierno, temeroso siempre de una revolución de alguna otra rama "civilista", empieza sus atropellos. La flamante constitución que promulgara el año anterior fue echada al olvido. Nada se respetó: garantías sociales, individuales, inmunidades parlamentarias, dignidad del poder judicial, desacatos respectivos a las resoluciones de la suprema corte, persecuciones, prisiones, deportaciones, en fin, bajo la careta de un gobierno democrático que no cesaba en sus demagógicas declaraciones renovadoras, se instalaba una torpe tiranía. Los "civilistas" no leguiístas, desplazados de todas partes, tenían por último refugio la universidad. Los catedráticos de más relieve pertenecían a los grupos enemigos de Leguía. *La Prensa* emprendió campaña violenta contra el gobierno. Intelectuales y profesores resolvieron secundar la campaña en favor de la democracia conculcada.

El primer paso consistió en protestas nutridas contra el gobierno por la burla que de las resoluciones de la Suprema Corte de Justicia hacía. En la federación de estudiantes se produjo el choque; estudiantes partidarios de Leguía se oponían a que la federación diera su tribuna y prestara su apoyo al movimiento; enemigos de Leguía, clamaban en nombre de la democracia y de la constitución violada y lograron que el comité estudiantil propiciara la primera de las conferencias que los profesores "civilistas pradistas" habían resuelto pronunciar en favor de los fueros del poder judicial.

La mano oculta del ministro de Gobierno, un primo de Leguía, logró que a última hora el comité de la federación, en pequeña minoría, negara el local. La conferencia anunciada ya en los diarios y por numerosos volantes, parecía fracasar. A última hora la universidad cedió su local. La agitación popular era intensa. Los estudiantes acudieron en gran número. La universidad resultó estrecha para la multitud innumerable. El local de la universidad estaba lleno por una masa compacta e impaciente: el orador, Víctor Andrés Belaúnde, catedrático de filosofía, resolvió hablar en uno de los patios de la vieja casa de San Marcos. Con palabra vibrante entusiasmaba a la multitud, arremetía contra el gobierno. De pronto un grupo de gentes gritando "viva Leguía" y haciendo disparos con armas de fuego, hizo irrupción en la universidad. Fueron momentos de confusión; los tímidos trataban de huir a toda costa, los valerosos se enfrentaron a los intrusos, quienes resultaron ser agentes de policía secreta mandados por el ministro de Gobierno. Los estudiantes, a puñetazo limpio unos, con bastones otros, a balazos un escaso número, rechazaron el ataque. Para evitar otra intromisión desagradable cerráronse las puertas de la universidad, y el orador continuó con un entusiasmo que enardeció a la multitud.

Al terminar la conferencia, estudiantes y catedráticos se lanzaron a la calle y pretendieron organizar un mitin público. La policía atacó, tras breves instantes de lucha, y con la llegada de un escuadrón de caballería, la muchedumbre se dispersó temerosa.

Al siguiente día los profesores de la universidad, reunidos en asamblea, resolvieron declararse en receso. La federación de estudiantes se solidarizó con los profesores. La universidad se clausuró voluntariamente. Tan sólo una facultad, la de ciencias naturales, abrió sus puertas.

Vino entonces un verdadero caos universitario; la federación se disolvió, quedando reducida al presidente y sus dos secretarios. Los estudiantes, éntre ellos los líderes del movimiento de receso, se marcharon en gran número a las universidades de provincia. Los muchachos de medicina que podían hacerlo se iban a España. Tan sólo la facultad de ciencias funcionaba en la inmensa casa de San

Marcos. El gobierno, deseoso de que el centenario de la independencia que debía celebrarse dicho año no sorprendiera a la más vieja universidad del continente con las puertas cerradas, intervino; pero intervino solapadamente por medio de un grupo de estudiantes que, engañando a la masa estudiantil, la indujeron a ocupar violentamente el local de la federación. Se constituyó así el Comité de Reforma Universitaria. Al poco tiempo los estudiantes diéronse cuenta que los directores de aquel movimiento eran agentes del gobierno, le quitaron al comité todo apoyo, gran número de los que lo formaban renunciaron, y sólo quedaron los agentes gubernativos.

El gobierno intentó formar un cuerpo de profesores con los profesionales independientes y ajenos al claustro. Ningún hombre de valer quiso prestar su concurso y el centenario sorprendió a San Marcos, a pesar de todos los esfuerzos que se hicieron para evitarlo, con las puertas cerradas. El Comité de Reforma Univeristaria, reducido a 14 individuos, fue disolviéndose conforme el gobierno iba dándoles puestos rentados a cada uno de sus miembros.

La reorganización de la universidad. En los primeros meses del año 1922, gran número de profesores y estudiantes trataban de reorganizar la universidad. Por otra parte, convencido el gobierno que le era imposible reorganizarla por su cuenta, declaró que estaba dispuesto a respetar la autonomía universitaria y que daría toda clase de garantías para la libre función de la universidad, prometiendo, además, una eficaz ayuda económica.

Reabierta la universidad, los profesores, en gran número, creyeron llegado el momento de iniciar una reacción disimulada contra las conquistas de la reforma. Solapadamente empezaron a trabajar no sólo por el regreso de algunos profesores tachados, sino que empezábase a pasar lista en algunos cursos, especialmente en los de primeros años. Los estudiantes respondieron altivamente a tales intentos, haciendo llegar hasta el rector y profesores las manifestaciones de su protesta indignada que contuvo la reacción, haciéndose efectivas nuevamente las conquistas del 19. Entró en vigencia la nueva ley de instrucción, que entre otras muchas cosas consignaba que los alumnos que en la Facultad de Ciencias estudiaban los años preparatorios para ingresar a medicina, deberían de estudiar cursos semestrales de psicología, moral, lógica y composición castellana. Los alumnos de filosofía y letras estaban, por su parte, obligados a estudiar un curso anual de una ciencia experimental en la Facultad de Ciencias.

El derecho de tacha. Tres conquistas fueron las del año 1919: La supresión de listas, la representación en el Consejo Universitario y en el Consejo de facultades y el derecho de tacha. La primera de estas conquistas se hizo efectiva en todas las universidades; sin embargo, como dijimos anteriormente, al reorganizarse la universidad, algunos profesores pretendieron reaccionariamente tornar al sistema de listas. Produjéronse ligeras incidencias: en la mayoría de las cátedras, los alumnos se negaban a contestar la lista; en otras, se interpeló al profesor; se produjeron, además, pequeñas asambleas. Los profesores, seguramente temerosos de nuevas revueltas, no insistieron.

La representación estudiantil es efectiva y está consignada en la ley orgánica de enseñanza. Además, los consejos de catedráticos y de profesores de cada facultad han concedido a los respectivos alumnos tener un representante que debe ser persona graduada en la facultad o escuela respectiva.

El derecho de tacha, no establecido por la nueva ley, es un derecho que ha quedado entre los estudiantes como una preciada conquista de la reforma del 19. Consiste en el repudio que los alumnos de un curso pueden hacer del respectivo profesor. Desde el año 1921 hasta la fecha ha sido este derecho de tacha motivo de numerosos conflictos.

Los más importantes han sido los siguientes: en 1921, los alumnos del primer año de física en la Facultad de Ciencias, descontentos con la enseñanza del profesor, se reunieron en asamblea; se planteó la tacha, fue aprobada por gran mayoría; se resolvió no ir a las clases del referido profesor, al que una comisión de alumnos pidió la renuncia; el decano no quiso aceptar la tacha, pues el tal profesor era su compadre. Cuatro meses duró el conflicto y al fin se nombró un nuevo profesor.

El año 1923 fue fecundo en revueltas estudiantiles. En otro capítulo he de referirme al movimiento del 23 de mayo, a las campañas de las universidades populares. Aquí voy a referirme únicamente lo relativo al régimen interno de la universidad.

Fue interesante la tacha hecha por los alumnos de primer año de medicina, del profesor de química biológica. Este señor se empeñaba porque los alumnos supieran al pie de la letra los cientos de fórmulas de reactivos con las cantidades exactas de sus componentes. Además, la parte fundamental del curso y las prácticas, eran grandemente descuidadas. Acordada la tacha, se le pidió la renuncia y se boicotearon las clases. De los cuarenta alumnos sólo cinco traicionaron el movimiento (cinco estudiantes que en el resto del año estuvieron completamente aislados). El profesor renunció, pero la facultad no quiso aceptar la renuncia ni nombrar nuevo profesor. Los alumnos se dividieron el curso tomando cada uno una bolilla del programa, con una semana de plazo para prepararla y enseñarla a los compañeros. Se dictaron en dos meses 17 clases, de las cuales las hubo magníficas. Los alumnos declararon que si no se dictaban clases prácticas asaltarían el laboratorio de química. Algunos profesores que escucharon las clases que entre los alumnos se dictaban, apoyaron a los estudiantes, y se nombró nuevo profesor de química. Ese mismo año el profesor de fisiología, ofendido por una publicación en la revista *Claridad*, le pidió a los alumnos le dijeran si estaban o no conformes con su enseñanza. Los alumnos le contestaron negativamente, y el viejo profesor renunció.

A mediados de junio, los alumnos de la escuela de ingenieros, tacharon un lote de profesores. Éstos no renunciaron y la junta directiva de la escuela no aceptó la tacha. Se produjo la huelga. Dos meses después los profesores tachados salían, por decreto de gobierno, el que reglamentaba el derecho de tacha para las escuelas de ingenieros y agricultura, estableciendo un tribunal arbitral. (Ambas escuelas dependen directamente del poder ejecutivo y están militarizadas.)

Meses después, ya reorganizada la federación de los estudiantes y con motivo de una tacha en la facultad de letras, el Consejo universitario reglamentó también dicho derecho estableciendo el tribunal arbitral. Con motivo de las luchas de los estudiantes contra la tiranía se rompió todo vínculo de la universidad con el gobierno y los estudiantes procuraron extirpar de la universidad a todos los profesores con cargos políticos. Gran número de ellos fueron tachados y se vieron precisados a renunciar o pedir licencia indefinida.

Ese mismo año 23 se produjo la huelga de los estudiantes de farmacia, que exigían la renuncia del director y algunos profesores, las que se produjeron después de ligero entredicho con el Consejo universitario.

Al año siguiente hubo un gran conflicto en la Facultad de Ciencias. Por cuestiones personales los estudiantes tacharon al profesor de astronomía. La facultad, en antecedentes, no aceptó la tacha. Un incidente personal entre el citado profesor y un alumno determinó la expulsión de éste. La federación declaró que no aceptaba la expulsión de ningún estudiante. Los muchachos de ciencias resolvieron declararse en huelga hasta que no fuera revocada tal medida. Once estudiantes de matemáticas, en una carta pública insultaron al Consejo de catedráticos. Éstos renunciaron en masa y se abstuvieron de seguir dictando clases mientras los once alumnos no fueran expulsados. El gobierno vio en este conflicto un motivo para atacar la universidad, a quien considera su peor enemigo. Los alumnos contemplaron la situación serenamente. Dieron satisfacciones a los ofendidos profesores. Éstos volvieron a dictar sus clases, la expulsión de los estudiantes no se produjo y el catedrático de astronomía siguió en el desempeño de su cátedra. Al año siguiente volvióse a producir el mismo conflicto. Además, los alumnos más exigentes pidieron la renuncia de algunos profesores. Lo único que pudo lograrse fue que algunos de ellos permutaran sus cátedras. En medicina prodújose ese mismo año (1925) la tacha del profesor suplente del 2º curso de anatomía. El movimiento fracasó.

Puede decirse que todos los profesores llevados por los alumnos o nombrados para remplazar a los tachados, son en todo superiores a aquéllos. En algunas cátedras, como en psicología, los nuevos profesores son de lo mejor.

El espíritu de la reforma no sólo ha sido comprendido por gran número de estudiantes, sino que muchos profesores tratan de ponerse al unísono de la juventud. El rector, el año 24, patrocinaba reuniones de la directiva de la federación en el salón del rectorado, para discutir con los estudiantes los problemas universitarios.

Del mismo modo, muchos decanos trataban de resolver con los respectivos centros federados las cuestiones internas. La comisión de reforma de estudios de la Facultad de Medicina, nombrada a fines del 24, estaba compuesta por profesores y delegados estudiantiles. En todas las facultades los pedidos de los alumnos eran considerados, discutidos y, muchas veces, aceptados.

El régimen político de tiranía no permite el progreso de la universidad ni la marcha ascendente de la reforma. Desde los últimos sucesos vive la universidad bajo la amenaza perenne de clausura. El dictador Leguía, en todos sus mensajes, habla de la clausura o reforma de la universidad, a la que finge mirar con desprecio, aunque en realidad le teme, pues de las filas estudiantiles han salido y seguirán saliendo quienes con gran fervor combaten sus métodos tiránicos, su sometimiento al capital yanqui y su complicidad con los señores feudales propietarios de la tierra, que al indio esclavizan.

El año 1924 fue el año no sólo de gran agitación, sino que fue el año en que los ideales de la reforma hicieron carne en la masa estudiantil, la que como se verá más adelante, fue revolucionaria, hizo del ideal de justicia social su más alta esperanza, fue a la masa obrera, y los obreros acudieron a la universidad. Este estado de espíritu se debió en gran parte al movimiento del 23 de mayo, a las campañas que hiciera Haya de la Torre el año anterior exponiendo en asamblea entusiastas, de facultad en facultad, su programa de acción en la presidencia de la federación, y a dos profesores hoy fatalmente fallecidos: Humberto Borja García y Pablo Zulen, espíritus cultos, eruditos en las materias que enseñaban; moral el primero y psicología el segundo: hicieron de sus cátedras tribuna para todas las corriente e inquietudes del pensamiento contemporáneo. Además Zulen, como director de la biblioteca de la universidad, la renovó totalmente. Creó una sección llamada "Ideas contemporáneas", que fue la más consultada. Lenin, Trotski, Marx, Engels, Spengler, Freud, Born, Einstein, Russell, Croce, y muchos más de los más notables pensadores y escritores representativos del pensamiento contemporáneo, eran frecuentemente leídos, y lo eran a tal punto que al publicarse la estadística de libros consultados en la biblioteca, los diarios gobiernistas la llamaron, poniendo el grito en el cielo, "sucursal de Moscú".

La universidad popular. Su fundación.

Capítulo especial merece la universidad popular, el más original, valioso y perseverante de los movimientos que la juventud del Perú ha realizado en estos últimos años; aún más: toda acción de importancia, toda campaña de trascendencia, a partir del año 21, hasta la fecha, ha sido, cuando no realizada, influenciada por esa institución de libre cultura popular.

La federación de estudiantes, a fines del año 20, presidida por Juan V. Valega, para cumplir el más importante de los acuerdos del Congreso Nacional de Estudiantes, encargó a Víctor Raúl Haya de la Torre la organización de la universidad popular, quien la fundó después de activa campaña entre los trabajadores de la capital, el 22 de enero de 1921.

La primera etapa de la universidad fue un éxito rotundo; asunto novedoso y un tanto novelesco en sus comienzos atrajo a muchos estudiantes y algunos intelectuales de nota; unos por verdadero afán idealista, otros movidos por ridículo afán de publicidad barata. La sala de conferencias de la federación, situada en un magnífico y bello edificio propiedad del municipio, véase todas las noches repleto de obreros y estudiantes atraídos, ya sea por el tema sugestivo de las conferencias, ya por el renombre de algún conferencista, ya por el deseo noble de instruirse.

Haya de la Torre procuró dar, desde los primeros días, a la extensión universitaria que en la universidad popular se realizaba, un carácter revolucionario; sólo así la obra tan brillantemente comenzada sería duradera. Respondiendo a ese fin se extendió la acción de la universidad popular al pueblo textil de Vitarte, compuesto exclusivamente de obreros.

El caos univeristario que viniera con el receso de la universidad y la disolución de la federación, dejaron a Haya de la Torre plena libertad para orientar definitivamente la universidad popular hacia el campo revolucionario.

Los dos primeros años de la universidad popular fueron, después del entusiasmo de los primeros meses, de organización, y sobre todo de cristalización revolucionaria. Hubo en muchas ocasiones crisis hondas que vencer. Los profesores que con tanto entusiasmo acudieran, desertaban día a día; los obreros dejaban de acudir. El tesón de Haya y de una minoría, que en muchas ocasiones estuvo compuesta por cuatro estudiantes; la orientación abiertamente revolucionaria que adquirió, la cual se puso de manifiesto no sólo en la orientación de la enseñanza, sino en las campañas oratorias de Haya de la Torre entre los trabajadores de Lima y pueblos vecinos a favor de la organización obrera y la formación de la conciencia de clase, y el hecho de que la universidad popular se pusiera siempre al lado de los proletarios en toda huelga o conflicto de otra índole, ganaron poco a poco la confianza obrera.

Los trabajadores empezaron nuevamente a llenar el local, que a veces resultaba estrecho para la enorme multitud que acudía ciertas noches. En Vitarte la población obrera cada día se entusiasmaba más y más con la obra que la universidad popular realizaba. Tres noches en Lima y tres en Vitarte se dictaba clases sobre múltiples temas: arte, historia, economía, ciencia, cuestiones obreras y revolucionarias.

Alejados de su seno los profesores "esnobistas", formada por una minoría de muchachos revolucionarios, con la confianza plena de la masa proletaria de Lima y sus alrededores, la universidad popular fue bautizada en los comienzos del año 1923 con el nombre de "González Prada", en homenaje a ese gran luchador puro y viril que fuera don Manuel González Prada, el precursor.

La organización de la universidad popular. La Universidad Popular González Prada se componía del cuerpo de profesores y los alumnos. La asistencia era libre, aunque existía un registro donde los obreros se inscribían. La enseñanza era gratuita. Ni los alumnos pagaban ni los profesores recibían paga. En Vitarte el sindicato de trabajadores recargaba a cada asociado cinco centavos semanales para los gastos que demandaba el local de clases y los pasajes de los profesores. La Universidad Popular de Lima recibía hasta el año 1924 la cantidad de cinco libras de la Universidad de San Marcos. El Centro de Estudiantes de Medicina contribuía con una libra mensual.

Todos los profesores reunidos formaban la junta de profesores, que estaba integrada además por los representantes de los alumnos, que debían ser obreros. La junta de profesores presidida por el secretario general, se ocupaba de todas las cuestiones relativas a la enseñanza, a la orientación doctrinaria, a las conferencias, a las diversas campañas en pro del proletariado y al ingreso de nuevos profesores, los que debían ser presentados por un profesor antiguo y eran admitidos si contaban con la unanimidad de votos en el Consejo. Todas las resoluciones de la junta de profesores eran ratificadas por los alumnos reunidos en asamblea general.

Los alumnos constituían, por otra parte, el centro pro cultura popular que, elegido anualmente en asamblea de alumnos, se encargaba de todas las cuestiones relativas a la propaganda en pro de la universidad popular entre las clases trabajadoras y, además, de los asuntos financieros para el sostén de la obra, cuando de suscripciones especiales se trataba.

La disciplina. Entre los profesores, la disciplina era como la de todo partido revolucioanrio: dentro de la junta podía discutirse grandemente, pero una vez resuelto un asunto, debía ser sostenido, defendido y ejecutado por todos. Todo profesor estaba obligado a realizar todo lo que la junta le encargara. Nadie podía disculparse, ni aún tratándose de la misión más peligrosa. Nunca hubo, después de la fuga de los esnobistas y los diletantes, profesor que se negara a cumplir la misión que se le encargara; muchas veces hubo de dar conferencias bajo la amenaza de prisión; repetidas veces varios profesores terminaban su misión en las prisiones, pues Leguía procuraba obstaculizar la obra de la universidad popular por todos sus medios. De todos los profesores no hay uno que no haya sufrido repetidas prisiones; actualmente estamos los más antiguos, deportados y los que quedan, en la actualidad son tan sólo cuatro, continúan su campaña en virtud de las federaciones obreras.

Las clases y las conferencias. En lo relativo a la enseñanza, ésta se dividía en materias que se enseñaban sistemáticamente en clases, y en temas de cultura general que se exponían en conferencias. Las clases se dictaban tres por noche, durante tres noches en Lima, y dos noches en Vitarte, donde se dictaban cuatro clases cada noche. Las conferencias se realizaban una cada 15 días, a veces en el mismo local de la federación de estudiantes, que era donde las clases se dictaban, y otras en diversos locales de sociedades y sindicatos obreros de la capital o pueblos vecinos.

Las clases que se dictaban eran de matemáticas: aritmética y geometría; de ciencias: química, física y biología general y especial, fisiología, higiene; de geografía científica y social; de historia de la civilización e historia de las ideas sociales; de psicología, economía política e historia de la crisis mundial. Valiéndose del material que la universidad y el colegio nacional prestaban, por simpatía de algunos profesores de esos institutos a la obra de la universidad popular, y valiéndose de la linterna de proyección, comprada por suscripción popular, las clases eran prácticas y demostrativas.

Las conferencias eran de índole diversa: cuestiones sociales, organización obrera, orientación revolucionaria de la clase trabajadora. Además, sobre cuestiones de arte, de ciencias, de historia: muchas de ellas eran pronunciadas por intelectuales que no formaban parte del cuerpo de profesores. Las conferencias sobre tópicos revolucionarios eran pronunciadas por Haya de la Torre en los diversos sindicatos y sociedades obreras. Después de su deportación lo remplazaron algunos de los profesores de la universidad popular.

Las fiestas. La universidad popular, que como he indicado ya, a comienzos del año 1923 se le bautizó con el nombre de González Prada para distinguirla de la que los conservadores trataban de formar, y de cualquier otra institución que realizara la extensión universitaria, porque la universidad popular era abiertamente revolucionaria, en sus carteles de propaganda estaba inscrito el siguiente lema: "La universidad popular no tiene más dogma que la justicia social." Todas las campañas, las mismas clases, estaban orientadas en ese sentido; por eso, con la finalidad de acrecentar la solidaridad obrera, la universidad popular patrocinaba fiestas diversas. Unas veces realizábanse picnics, ya sea en los campos vecinos, ya en los cerros que rodean la capital peruana. En veces eran exculsiones nocturnas a una hermosa playa llamada La Herradura, denominada así por su forma especial. Siempre, ya en los picnics, en los paseos por los cerros, en las excursiones a las playas, se daba a la fiesta un carácter revolucionario condensado en los cánticos, en las conferencias que en medio de la fiesta se realizaban. También solían darse lecciones a pedido de los obreros. Si era una excursión nocturna, un profesor disertaba sobre astronomía, teniendo como material de enseñanza a las estrellas o la luna; si era un paseo por los cerros escarpados, algún entendido disertaba sobre geología o mineralogía, etc. Otras veces los poetas, ya fueran profesores o simples simpatizantes, recitaban sus versos en pleno campo. De todas las fiestas, ninguna adquirió un relieve de tanta importancia como la fiesta de la planta, que, para los días de Pascua, realizábase en Vitarte.

Esta fiesta fue instaurada el mismo año que la universidad popular se fundara. Al año siguiente adquirió grandiosas proporciones y ha venido realizándose hasta la fecha a pesar de la deportación de su fundador, Haya de la Torre, y de casi todos los profesores de la universidad popular.

Vitarte, población eminentemente obrera, habitada por los trabajadores de una gran fábrica de tejidos de propiedad yanqui, congrega el día que dicha fiesta se realiza, cerca de 5 000 trabajadores, pues a los que en el pueblo viven, se suman los venidos de Lima, Callao y pueblos y estancias vecinos. El pueblo, que con sus casas pintadas de rojo con los zócalos negros, parece un símbolo, adquiere con sus arcos alegóricos, sus banderas rojas y verdes, el aspecto de las villas engalanadas en día de fiesta.

Después de recibir a los viajeros, la multitud se congrega en el campo de deportes del Sindicato Textil de Vitarte. Viene una serie de discursos de índole diversa, pero de idéntica tendencia; luego dase comienzo a los juegos atléticos: múltiples carreras, saltos diversos, luchas variadas. Hombres, mujeres y niños toman parte en el certamen. Mientras tanto, la multitud plena de entusiasmo entona himnos revolucionarios, que interrumpe para aplaudir a los vencedores. Transcurre así la mañana y conforme avanza el día llénase de más y más entusiasmo el ambiente. Llega la hora de yantar, que dispersa la compacta multitud para reunir a las gentes en grupos pequeños que se pierden en las casas. A las 14, una banda de música desafina pero alegra el ambiente, las gentes se congregan en el parque 9 de Enero (llámase así en conmemoración de una fecha trágica en que el ejército asesinó a gran número de trabajadores durante una huelga). Después de uno o más discursos iniciales dase comienzo a la plantación de árboles variados. Fresnos, casuarinas, pinos y otros árboles plantados en las diversas y sucesivas fiestas de la planta adornan el parque, las calles y los contornos del campo deportivo. Hasta la fecha se han plantado más de 600 árboles. Cada obrero se hace responsable de la vida de un árbol, al que debe solícitos cuidados. Terminada la plantación, dase comienzo a la asamblea popular, donde se rinde homenaje a los caídos en la lucha social, donde se recuerda a los presos y a los que están deportados y donde con múltiples y variados discursos, alumnos y profesores incitan a la lucha y a la afirmación revolucionaria. La asamblea se disuelve en medio de cánticos diversos y atronadoras exclamaciones. A las 19 un tren descarga el pueblo, llevándose gran número de gentes que en otros pueblos o ciudades viven; música alegre, gritos más alegres aún, exclamaciones exaltadas, sonoros vivas, variados cánticos, despiden a los viajeros. Al caer la tarde dispérsase nuevamente la vibrante muchedumbre. Por la noche, en el amplio local del cinematógrafo reúnense las gentes al llamado de una campanilla chillona, a las 21 empieza una función de teatro, los artistas son obreros. En los entreactos repártense los premios a los triunfadores en los juegos atléticos, entre lo que mejor cuidaron el árbol que el año anterior fuera plantado; en fin, entre los que mejor trabajaron por la universidad popular, el sindicato o la biblioteca. La fiesta termina al terminar la función. Obreros, estudiantes, empleados, vanse, departiendo alegremente.

Las campañas de la universidad popular. Tal vez más importante que la acción cultural desarrollada en las diversas clases, fue la acción social de la universidad popular. Las campañas y acciones revolucionarias dan a la universidad popular peruana un sello especial que la distingue de las instituciones diversas de extensión universitaria. La universidad popular fue hacia los obreros, entre ellos creció, en medio de ellos y conjuntamente con los líderes más entusiastas del movimiento obrero organizó la propaganda revolucionaria y contribuyó grandemente a la organización y a la formación de la conciencia de clase y aún, sobre la misma Universidad de San Marcos, sobre el alumnado, hizo sentir su influencia renovadora. La universidad popular realizó intensa campaña antialcohólica logrando, después de años de lucha, disminuir grandemente el alcoholismo en el pueblo de Vitarte. Realizó también una vasta campaña sanitaria, en conferencias y afiches combatió las múltiples plagas que azotan a los países tropicales.

No hubo, y aun podemos decir no hay, movimiento obrero peruano que no tenga la solidaridad de la universidad popular. No hay huelga que no cuente con su más decidido apoyo. La actual campaña de reivindicaciones proletarias; la lucha contra la tiranía de Leguía; la lucha contra el imperialismo yanqui; la lucha por la revolución peruana, por la reivindicación del indígena, actualmente esclavizado ha sido y sigue siéndolo, mantenida por los profesores de la universidad popular. Los que se encuentran en el destierro siguen desde allí su lucha incansable.

Es respecto a la cuestión indígena que la universidad popular ha desarrollado sus campañas más importantes y más activas, apoyando a aquellos en todo momento y adhiriéndose a sus congresos. Por otra parte, los indígenas como los obreros, han respondido dándole toda su confianza.

Me refiero aquí a la campaña lenta, pequeña, diaria, llevada a cabo en conferencias, conversaciones, cartas, manifiestos, que se realiza desde hace varios años. Las grandes campañas, los hechos salientes, serán tratados aparte y conforme han ido realizándose; entre ellos citaremos la acción del 23 de mayo, la deportación de Haya de la Torre, etc. Habremos de empezar por el primero y más importante de todos ellos, es decir, por la campaña contra la consagración del Perú al Corazón de Jesús, que culminó con la masacre del 23 de mayo.

23 de mayo. Antecedentes: El gobierno tiránico de Leguía representa la suma de tres fuerzas reaccionarias: el gamonalismo, el capitalismo yanqui, y los intereses del clero rico y extranjero. Estos tres factores reaccionarios no son independientes sino que están unidos por múltiples intereses comunes.

Al asaltar Leguía el poder lo había hecho en nombre de un movimiento para arrojar a la rama aristocrática del civilismo; muchos hombres de tendencia liberal se habían sumado a su movimiento, pero una vez en el poder le fue necesario al dictador librarse de un núcleo de gente que militaba en las filas de su partido. Rápidamente Leguía se deshizo de todo ese elemento liberal que tanto le molestaba. Unos fueron reducidos al silencio mediante buena paga, otros por el temor, muchos por la prisión primero y la deportación después.

El capitalismo yanqui se unió al clero para defenderse ambos mutuamente en sus intereses. Una campaña americana, la Fred T. Ley Company tomó todos los bienes de la Iglesia para administrarlos, muchas de las viejas casas de propiedad de la Iglesia se convirtieron, en virtud del dinero yanqui, en casas de cinco o seis pisos. Pero para mayor fortaleza del gobierno de Leguía, que era mayor poder para el clero y más seguridades para los capitalistas yanquis, y mayor miseria y esclavitud para las masas de trabajadores y campesinos peruanos, era menester que el clero volviera a tener todo el poder político de años anteriores.

Con tal fin, el gobierno y el Vaticano se pusieron de acuerdo para firmar un concordato, cuyo proyecto llegó a publicarse en algunos periódicos ingleses, concordato por el que toda libertad religiosa quedaría suprimida y el poder del clero, rico y extranjero, sería enorme. Había que preparar el ambiente, ganarse la opinión pública. El arzobispo, que continuamente hacia viajes a Nueva York, de acuerdo con los yanquis, propuso con ellos a Leguía la realización de una extraña ceremonia que movería a la opinión pública en favor de los avances clericales. Esa ceremonia fue la de consagrar la República al Corazón de Jesús. La noticia circuló primeramente a media voz; era un rumor insistente, rumor lanzado por el gobierno para ver cómo respondía el público.

En conocimiento de las causas que obligaban al gobierno a la realización de tan anacrónica ceremonia, comprendiendo que todo no era sino maniobra para sojuzgar más al trabajador peruano, la universidad popular empezó a moverse subterráneamente para oponerse a tal medida, para lo cual encargó a su director Haya de la Torre, la organización de la oposición. Haya empezó por formar un comité de frente único. Según su criterio, no convenía que el público se diera cuenta que la universidad popular era quien movía todos los hilos del asunto, pues por su carácter revolucionario podía despertar temores. Se instigó por intermedio de terceras y cuartas personas amigas de los diarios a publicar editoriales abogando por la campaña en contra de la medida del gobierno. *Variedades*, una revista, fue la que publicó el primer editorial. Además, era conveniente que una fuerza sin mayores resistencias, como la de los estudiantes, apareciera encabezando el movimiento. Se formó el comité de frente único bajo la dirección de Haya; fue formado por la universidad popular, que representaba al proletariado; por los masones, protestantes, estudiantes, etc.; se hizo una bolsa para los gastos y se emprendió al campaña. Ésta fue llevada a cabo entre los obreros por los profesores de la universidad popular. Mientras tanto, los estudiantes convocaron una asamblea que debería reunirse el 23 de mayo. La noche anterior Haya y otros profesores, invitaron desde las tribunas de la universidad popular, a concurrir en masa y dispuestos a todo a la asamblea universitaria.

La asamblea. Fue formidable. Centenares de estudiantes y obreros se apiñaron dentro del Aula Magna de la universidad. Los que no cupieron en ella se aglomeraron en los patios. Numerosos quedaron en el Parque Universitario en espera de los acontecimientos. Miles de alumnos de la universidad popular estaban allí porque la orden era que ningún obrero consciente debía faltar.

Agentes del gobierno y miembros de congregaciones católicas que fueron con el propósito de frustrar la asamblea, tuvieron que retirarse o reducirse al silencio temerosos de la multitud. Agitada, tumultuosa, cálida, vibrante fue la reunión. Discursos de los líderes, mociones de los estudiantes, protestas airadas de la masa, dieron la nota bulliciosa en la asamblea del 23 de mayo de 1923, reunida a las 17 horas. A las 18 y media la asamblea había terminado. La multitud, entusiasta e indignada, lanzóse a la calle. Los que en el Parque Universitario esperaban se unieron a los que iban saliendo y se organizó un mitin estupendo. La caballería cerró el paso hacia la avenida Piérola. La multitud se dirigió entonces por la calle de los Huerfanos. No bien hubo pasado cerca de la mitad de la bulliciosa muchedumbre, cuando la caballería con la punta de sus sables cerró el acceso a la calle de los Huérfanos y dejó al resto de los indignados manifestantes seguir por la avenida Piérola. Mientras una parte llegaba a la plaza de San Martín, donde fue disuelta a sablazos, la otra, que seguía por la calle de los Huérfanos, fue atacada por la espalda algunos momentos después. Eran cerca de las 19; oscurecía y las luces eléctricas comenzaban a prenderse. Las gentes avanzaban gritando contra el tirano y contra el clero por la angosta calle. De pronto, al pasar por la iglesia de los Huérfanos, retumbaron disparos hechos desde la torre. Los pelotones de soldados situados en el extremo de la calle dispararon sus fusiles y al mismo tiempo la caballería cargaba con sus sables en alto. Obreros y estudiantes, se arrojaron unos al suelos, otros procuraron refugiarse en las casas cuyas puertas iban cerrándose con estrépito, otros más valerosos o temerarios recostados a las paredes o desde el medio de la calle, arrojaban iracundos contra la soldadesca inconsciente, los cantos rodados que se utilizan para empedrar las calles, los que habían sido removidos seguramente para algún trabajo edilicio.

Cuando la multitud se hubo dispersado indignada o temerosa, la policía empezó a recoger a los numerosísimos heridos. Un obrero, Salomón Ponce, y un estudiante, Alarcón Vidalón, resultaron muertos. Los manifestantes quisieron cargar con los cadáveres, pero la policía se los arrebató. Además resultaron muertos cinco pobres soldados, aparte de los muchos de ellos que fueron heridos.

Dispersada la muchedumbre, volvió a reunirse en la plaza principal, de donde partió tumultuosa manifestación que recorrió el jirón de la Unión obligando al comercio a cerrar sus puertas. La manifestación se acercó a los diarios para obligarlos a protestar por el atropello. Durante la noche, en todos los barrios de la ciudad se produjeron mítines de protesta que pusieron en jaque a la policía. La federación obrera local decretó esa noche el paro general, mientras Haya, en una escapada cinematográfica, se libraba de las garras de la policía, que allanó su domicilio.

El rescate de los muertos. La protesta unánime que la masacre del día anterior despertó en todos los sectores de la opinión, pareció haber dejado perplejo al gobierno. El día 24 de mayo a las once se reunió una asamblea de protesta en la universidad. Estudiantes y obreros llenaron nuevamente la vieja casa de San Marcos. El rector y el secretario de la universidad quisieron oponerse al ingreso de los obreros, pero éstos, ayudados por los estudiantes, penetraron en gran número. Esta segunda asamblea superó a la primera. Llovieron las protestas de todas las escuelas, de todos los colegios laicos, trajeron su voz de indignación y de protesta. Cada discurso, cada moción, cada delegación, era aclamado. Se acusó al arzobispo, a Leguía, a su ministro Rada como asesinos, se resolvió exigir a todos los catedráticos que ocupaban cargos políticos la renuncia de su cátedra. A las doce se organizó un mitin público que fue haciéndose más y más numeroso conforme hacia la plaza central se acercaba. Los miles de obreros que acababan de abandonar el trabajo de acuerdo con la resolución de paro general se agregaban al mitin. En la plaza central se improvisó desde las gradas de la catedral una tribuna. Hablaron allí, entre muchos, Manuel Seoane y Haya de la Torre, este último con voz vibrante gritó a pulmón pleno la acusación, llamando tirano a Leguía, que seguramente escuchaba los discursos desde el palacio de gobierno, situado en otro frente de la plaza.

La multitud obligó al comercio a cerrar sus puertas y, al llegar a la plaza de San Martín, se detuvo a escuchar nuevamente a Haya, que en corta peroración los citó a estar todos presentes a las 3 de la tarde en la morgue, para presenciar las autopsias.

La morgue está situada al lado de la Facultad de Medicina, la que se levanta en medio de un jardín separado del botánico por un mero cerco de alambre en el que los estudiantes han abierto numerosas puertas para poder pasar fácilmente de un lugar al otro. Los jardines, rodeados por una alta reja de hierro, tienen muchas puertas que dan a diversas calles. Desde temprano las calles adyacentes a la facultad y sus jardines estuvieron repletas de la gente, y conforme avanzaba la hora la multitud iba siendo cada vez más y más numerosa. Pero al mismo tiempo que la muchedumbre aumentaba llegaban más tropas que, con las bayonetas relucientes, parecían tratar de atemorizar a los hombres desarmados. Papeles de mil colores con la inscripción de "Frailes no" eran arrojados al aire. Un obrero arengó a la multltud para que desarmara a la tropa; la intervención oportuna de Haya con un corto discurso, impuso disciplina e hizo que tal medida no fuera intentada. Los médicos legistas se vieron obligados a hacer un honrado protocolo: todos los muertos y heridos lo eran por bala de fusil mauser.

Terminada la autopsia, los médicos entregaron los cadáveres. La policía exigió fueran conducidos al cementerio; mientras la multitud protestaba, los profesores de la universidad popular y muchos obreros, con un plan para engañar a la policía aceptaron la imposición, y mientras ésta ordenaba a la muchedumbre, que se insubordinaba más y más, seguir hacia el cementerio, un grupo de obreros y estudiantes cargaban los cadáveres, uno en el cajón respectivo y otro en la tapa, y se encaminaron, pasando por una de las muchas brechas abiertas en el cerco de alambre y sólo conocidas por estudiantes de medicina, a través del jardín botánico. La multitud se dio cuenta del fraude y corrió a unirse con la vanguardia que cargaba los cadáveres. La policía y el ejército, al darse cuenta, atacaron. La muchedumbre se dispersaba para unirse nuevamente y ser de nuevo dispersada por los sables de los soldados. Quienes llevaban los cadáveres fueron atacados frente al cuartel Santa Catalina. Mientras los del fuerte disparaban sus fusiles, un pelotón de caballería trataba de interceptar el paso. Muchos se colaban entre los claros que los caballos dejaban; unos pasaban ilesos, otros después de recibir la caricia de acero de un sable. Los cadáveres servían de escudo. Además los caballos, más sensibles que quienes los montaban, se encabritaban en presencia de los cuerpos rígidos y ensangrentados. Pudo romperse después de una lucha entre la multitud provista de piedra y soldados, la barrera que éstos oponían. Los cargadores de los cadáveres pasaron y cuadras más allá fueron nuevamente atacados; nueva lucha, nuevos heridos, nueva sableadura y nueva lluvia de innumerables piedras; nuevo encabritarse de caballos que no dejaban que sus jinetes accionaran con sus sables fratricidas. Y así, soportando carga tras carga, de la caballería, la multitud cada vez más reducida llegó al Parque Universitario, donde miles de gentes venidas por diversas calles esperaban a los que los cadáveres conducían.

Al fin, tras derribar de una pedrada a un gigantesco negro que con su caballo y su sable cerraba el paso en plena puerta de la universidad, la multitud pudo irrumpir en la casa de estudios. Fue ése un instante de alegría y entusiasmo indescriptible. La gente, dentro ya de los patios, saltaba, gritaba y se abrazaba. Recuerdo a un estudiante que bailaba blandiendo un sable arrebatado a un gendarme. La tropa trató de cerrar el acceso a la universidad. Pudo lograrlo después de cargas sucesivas sobre la multitud.

Los cadáveres fueron colocados en la capilla mortuoria que en el Salón de Grados de la Facultad de Letras se había levantado. Allí, ante los cadáveres veteados por los sablazos, obreros y estudiantes pronunciaron enérgicos discursos.

Cuando se supo que la policía no dejaba ingresar a nadie al local de la universidad y sí dejaba pasar a todo aquel que quisiera abandonarla resolvióse, en medio de aclamaciones, permanecer allí hasta el día siguiente.

Cerca ya de las 9 de la noche, un agente de la policía secreta que simpatizaba con el movimiento y que se había puesto al servicio de Haya, lo informó del plan que el Ministro de Gobierno tenía, de llevarse los cadáveres a eso de las 3 o 4 de la mañana. Los agentes que deberían atacarnos vendrían como obreros trayendo ofrendas florales a la hora convenida para atacar la universidad y serían ayudados por la tropa destacada en el Parque Universitario. Apenas se supo esta noticia reuniéronse todos los que dentro de la universidad se encontraban y unánimemente se resolvió defender la universidad, incendiarla en último caso y perecer todos antes que permitir que se llevaran a los muertos. Haya encerróse con los obreros en el salón de sesiones del Centro de Estudiantes de Ciencias para discutir la manera de defenderse; los estudiantes reuniéronse en los laboratorios de química, donde los que tenían conocimientos químicos fueron encargados de repartir ácidos y preparar explosivos. Mientras esto sucedía, penetró en la universidad el ministro de Gobierno con algunos agentes para ver dónde se encontraban los cadáveres. Alguien dio el aviso y todos, obreros y estudiantes, corrieron con el propósito de bañar al intruso en una de las pilas que en medio de los amplios patios existen. La intervención del rector, que bajó del rectorado al oír los gritos que pedían un baño para el ministro, impidió que tal medida se llevara a cabo.

El ministro dejó la universidad apresuradamente, cerráronse luego las puertas, cada una de ellas transformóse en una barricada. Se distribuyó la defensa y se estableció la vigilancia. Los tipos sospechosos fueron agrupados y vigilados.

Los que nos proponíamos defender la universidad éramos apenas más o menos un centenar; para la defensa se contaba con 14 o 15 revólveres, los ácidos cáusticos que debían arrojarse a la cara para desarmar al atacante, algunos explosivos y gran cantidad de piedras. Contábase que la ayuda vendría de afuera al ver incendiarse la torre de la universidad. Cada cual ocupó su puesto. Haya ejercía el mando y la vigilancia en general. Óscar Herrera y Nicolás Terreros vigilaban los techos, Jacobo Hurwitz, yo, y el obrero Fonken vigilábamos desde la torre del observatorio meteorológico, que por ser de madera deberíamos incendiar al producirse el ataque. Un poco de resina, algo de petróleo, algodón, fósforos, para incendiar la torre, una bombilla de luz para arrojarla al patio y dar la alarma, eran nuestros pertrechos. Heysen, Lecaros y otros, vigilaban las puertas.

Toda la noche llegaban avisos telefónicos de los amigos de afuera. Las mismas telefonistas nos transmitían las noticias. El agente que estaba de nuestra parte mandaba mensajes anunciando los preparativos para el ataque. Los diarios pedían datos, los que eran proporcionados prontamente. En medio de la noche fresca de otoño se sentía el bullicio lejano de las numerosas manifestaciones que en las calles se realizaban, siendo disueltas prontamente por los gendarmes. Muchos estudiantes trataban de acercarse a la universidad, no siéndoles posible, pues el cerco de bayonetas era implacable. Un reloj situado en una torre frente a la universidad iba contando las horas una a una.

Los avisos eran cada vez más alarmantes. Ya era un diario que anunciaba que la tropa se dirigía hacia la universidad, ya era el agente amigo que comunicaba las discusiones entre Leguía y el ministro de Gobierno. Informado el primero por un primo suyo de la gravedad de la situación, se oponía a que la universidad fuera atacada. El ministro se constituyó en la comisaría para planear el ataque. A las tres pasó por el parque el automóvil de Leguía. Pudimos verlo desde nuestro puesto de observación de la torre. Después se supo que iba a convencer al ministro Rada de la inconveniencia de atacar la universidad.

A las cuatro el agente comunicó que ya no se llevaba a cabo el ataque y que se permitiría el entierro de los muertos. Parece que éste fue acuerdo de última hora, pues a eso de las tres y media muchos agentes provistos de piezas florales estuvieron golpeando con insistencia la puerta de la universidad con el pretexto de dejar esas ofrendas a los muertos, en nombre de los obreros.

A las ocho llegó el rector; hubo de esperar media hora mientras se quitaban bancas y mesas que formaban las barricadas de una de las puertas. Minutos después la puerta volvió a ser golpeada: era el intendente de policía que venía a conferenciar con el rector sobre el entierro; como éste le indicara que todo estaba en manos de los estudiantes y obreros, el intendente, después de pedir una delegación para que conferenciara con el ministro, se retiró. La comisión se marchó presurosa a pedir dejasen enterrar los muertos. Después de acordar una ruta por calles un tanto apartadas, el ministro dio orden se levantara el sitio de la universidad. No bien se iban los soldados retirando del Parque Universitario, éste y la universidad, que abrió sus puertas, se llenaron de una muchedumbre. Obreros, estudiantes, empleados, profesores, catedráticos. A las 10 se inició el entierro; la multitud avanzaba entre un cerco de bayonetas que además cerraban todas las bocacalles por donde el entierro iba pasando. La multitud avanzaba lentamente, aumentando paulatinamente con los nuevos contingentes cada vez más numerosos que iban agregándose conforme la columna inmensa avanzaba por las calles. Treinta mil hombres, y tal vez más, formaban la columna. A las gentes de Lima sumábanse las venidas de Callao y otros pueblos vecinos. Banderas rojas, estandartes de sociedades obreras, banderas con inscripciones revolucionarias y gran cantidad de piezas florales adornaban el cortejo. La multitud innumerable marchaba silenciosa y en orden perfecto. A su paso muchas mujeres en las ventanas o balcones lloraban sigilosamente. El resto de la ciudad estaba desierto; en las calles solitarias resonaban las pisadas aceradas de los caballos de las rondas.

En el cementerio, antes de encerrar a los muertos en sus nichos blancos, pronunciáronse varios discursos. Hablaron allí Manuel Beltroy en nombre de los intelectuales, Humberto García Borja en nombre de los profesores de la universidad, Haya de la Torre en nombre de la universidad popular, Barrientos en nombre de la federación local de Lima. Ni uno solo de los discursos fue de femenina lamentación: todos fueron de vigorosa y viril afirmación revolucionaria.

Terminado el entierro, procuróse organizar un enorme mitin, que fue disuelto brutalmente. Todo el día la molicie de Lima fue turbada por las descargas de fusilería y las carreras de los caballos que se dedicaban a dispersar las múltiples manifestaciones que la gente de vuelta del cementerio organizaba.

Ese mismo día, 25 de mayo, había aparecido desde la mañana un decreto del arzobispo en el que anunciaba la suspensión de la ceremonia. La enorme estatua del Corazón de Jesús, que debió erigirse en la plaza principal y ante quien todo el ejército, la marina, los poderes ejecutivo y judicial, las cámaras legislativas, todos los funcionarios públicos, debían desfilar el día 30, quedóse en los talleres donde había sido fabricada.

Después del triunfo. El decreto del arzobispo encerraba frases ofensivas para los estudiantes y el pueblo. Para protestar contra ellas se reunió el lunes 28 de mayo una gran asamblea en el local de la federación de estudiantes. Después de acalorada discusión resolvióse la creación de un comité obrero-estudiantil para que continuara la campaña. Elegidos los miembros de dicho comité, la asamblea se disolvió.

El comité despertó la alarma de la burguesía. Todos los diarios empezaron contra él una campaña de difamación. Los diarios del gobierno hablaban del comité como el organismo que iba a producir en el Perú la revolución social, clamaban sobre el peligro del bolchevismo, la ruina de la nacionalidad, etc. Esta campaña se hizo cada vez más virulenta, muchos líderes estudiantiles renunciaron teatralmente para no ver sus nombres entre los abominados por la prensa burguesa. Haya de la Torre, que era contrario al comité pues creía que la universidad popular se bastaba para continuar la lucha y acrecentar la solidaridad obrero-estudiantil, estaba gravemente enfermo. Cabe recordar aquí la valiente actitud de Edwin Elmore, que fue el único intelectual que defendió valientemente al comité cuando con más virulencia se le atacaba. Ante tanta oposición y comprendiendo su ineficacia, los miembros del comité optaron por disolverlo.

La universidad tornó a su calma habitual. La universidad popular continuó su labor incansable de culturización, organización y propaganda revolucionaria entre las clases trabajadoras. El gobierno comenzó a perseguir a los profesores. La federación obrera pidió garantías para el libre funcionamiento de la universidad popular y amenazó con producir un paro general si llegaba a apresarse a cualquiera de sus profesores.

En la universidad los estudiantes comenzaban a trabajar por la reorganización de la federación de estudiantes. Los de farmacia lanzaron la candidatura de Haya; le siguieron los de ciencias, los de la normal, etc. Haya fue invitado por los estudiantes de cada una de las facultades a exponer sus plataformas. Inició así una intensa e interesante campaña que contribuyó grandemente a formar la inquietud revolucionaria de la juventud. La masa estudiantil lo aclamaba continuamente. Mientras tanto, los conservadores y los liberales conspiraban para lograr que Haya no llegara a la presidencia de la federación. Elegidos los delegados, se presentaban tres candidaturas: la de Haya, la de los conservadores y la de los liberales. A última hora estas dos fuerzas se unieron y lanzaron como candidato a Seoane. La noche de la elección, el 2 de octubre, el local de la federación estaba repleto de estudiantes y obreros. La masa estudiantil estaba dispuesta a todo trance a imponer a Haya, pues se sabía que muchos delegados habían sido ganados a la causa contraria; muchos delegados, como los de odontología y otras facultades, estaban comprometidos para votar contra Haya, a pesar de que los estudiantes del centro respectivo lo habían proclamado como su candidato. Llegó la hora de la elección: eran las 2 de la mañana. Seoane obtuvo 20 votos, Haya 18 y dos en blanco. La masa de estudiantes y obreros protestó y hubiera sido inminente un formidable escándalo a no mediar la serenidad de Seoane, que ante la protesta y los gritos de la multitud que acusaba de intrigas a muchos delegados, pidió se aplazara la elección para el día siguiente, cuando algunos centros hubiesen ratificado o rectificado a los delegados que por él habían votado.

Mientras tanto, Haya había sido esa misma noche reducido a prisión por los agentes del gobierno y conducido a la isla de San Lorenzo.

No bien se supo al siguiente día la infausta nueva, cuando los estudiantes, que en gran número se encontraban en la universidad comentando los sucesos de la noche anterior, se reunieron en bulliciosa asamblea, que como es de costumbre terminó con manifestación pública. El rector quiso detener a los estudiantes con palabras prudentes, mas éstos siguieron su camino. Una vez en la calle vino lo de siempre: el choque con la policía y los gendarmes. La manifestación se formaba nuevamente cada vez en calles adyacentes. Gritando contra el tirano y por la libertad del detenido, pudieron los estudiantes, después de mil escaramuzas, llegar a la plaza principal, donde fueron en gran número reducidos a prisión. Mientras tanto, miles de volantes profusamente repartidos comunicaban al pueblo de Lima lo acontecido y lo invitaban a luchar abiertamente por la libertad de Haya. Por la tarde de ese mismo día la federación obrera local decretó el paro general, presentando al gobierno el siguiente pliego de reclamos: "1. Que el compañero Haya sea puesto en libertad y goce de amplias garantías. 2. Que el gobierno formule la declaración de que se permitirá el libre funcionamiento de las universidades populares González Prada y de los sindicatos obreros. 3. Que se ponga en libertad a todo estudiante u obrero que fuera apresado durante la presente campaña en pro de la libertad de Haya. 4. Que se garantice que no se obstaculizará la formación de nuevas organizaciones obreras."

La prisión de Haya, cuya figura suscitaba simpatías hasta en el campo contrario, provocó un sentimiento general de protesta. Esa misma noche la federación se reunió secretamente para eludir la persecución policial. En un ambiente de emoción, Seoane propuso elegir a Haya presidente, como la mejor protesta contra la injusticia de que se le hacía víctima. Este temperamento fue aprobado por unanimidad, votándose también en igual forma por Seoane para vicepresidente en ejercicio del cargo.

Durante 8 días Lima vivió en estado de sitio. Las asambleas estudiantiles, seguidas de manifestaciones tumultuosas que eran disueltas por la policía, se sucedían a granel. El gobierno clausuró la universidad, todas las facultades y escuelas, la federación de estudiantes y los locales obreros. Estudiantes y obreros, no teniendo dónde reunirse, invadieron clubes y locales de sociedades científicas, como el círculo médico, los que eran inmediatamente cerrados por los agentes del gobierno.

Todo el ejército se había volcado en las calles. Las plazas estaban llenas de soldados. Sin embargo, las manifestaciones surgían por doquier para ser disueltas a sablazos. Centenares de estudiantes y obreros llenaban los calabozos de la policía. En Vitarte los sucesos fueron más graves. El pueblito fue sitiado por el ejército después de masacrar a la multitud, matando a dos obreros e hiriendo a muchos.

La directiva de la federación obrera local y los profesores de la universidad popular fueron sorprendidos sesionando y reducidos a prisión. El movimiento quedó en manos de gente joven e inexperta que, al ver los centenares de presos y el despliegue de fuerzas que hacía el gobierno, no se atrevieron a proseguir. Habiendo sido Haya deportado a Panamá después de ocho días de huelga de hambre, los inexpertos dirigentes de la federación obrera local levantaron el paro transando con Leguía, el que aceptó todos los puntos del pliego de reclamos, menos el referente a la libertad de Haya.

Deportado Haya, la universidad popular continuó su labor incansable. Reorganizada, recibió el aporte de nuevos elementos que en gran número engrosaron sus filas. La federación de estudiantes, bajo la presidencia de Seoane, emprendió la lucha contra la tiranía; publicó un periódico quincenal; inició un importante ciclo de conferencias, patrocinó torneos deportivos, juegos florales, etc. A fines de año fue despojada de su local por la municipalidad. Este despojo afectó también a la universidad popular, que quedó sin tener dónde dictar sus clases. Todos los sindicatos obreros ofrecieron sus casas. La universidad popular las aceptó y como contaba con un buen número de profesores, dictó sus clases en cuatro locales distintos en diversos sectores de la ciudad; además se extendió al balneario de Barranco, y los profesores hacían excursiones a los pueblos vecinos de la capital para dictar clases y conferencias, dando prelación a los temas de índole obrera y a la propaganda revolucionaria.

Se establecieron universidades populares en las principales ciudades de la república: Cuzco, Trujillo, Arequipa, Jauja, Chiclayo. Todas funcionaron normalmente hasta mediados de 1924, fecha en que el gobierno inició una nueva ofensiva que trajo como consecuencia su clausura, con excepción de la de Lima, que se salvó y aún funciona por estar defendida por una fuerte organización obrera.

Los últimos sucesos. A mediados de 1924, el gobierno, siempre fiel servidor del capitalismo extranjero, dio un decreto para reglamentar la ley de accidentes de trabajo, decreto que lo que en verdad hacía era dejar sin efecto la ley citada. Por esos mismos días los pueblos del departamento de Junín estaban preocupados por el problema cada vez más serio que planteaban los humos de la fundición de las minas de La Oroya, de propiedad de una gran firma norteamericana. La enorme cantidad de productos venenosos, compuestos arsenicales, sulfurosos, que desprenden los grandes hornos de la citada fundición, al depositarse sobre extensiones enormes de terrenos fértiles, los inutilizan completamente, constituyendo además un ambiente nocivo para la vida del ganado.

Todos los pueblos de la zona afectada, y en especial los campesinos pobres, indígenas en gran parte, protestaron fuertemente. En Lima, la Universidad Popular González Prada inició una intensa y violenta campaña en contra del mencionado decreto sobre accidentes de trabajo y en contra de la compañía yanqui, incitando al pueblo que presionara al gobierno en el sentido de obligar a la compañía yanqui a neutralizar los humos nocivos o cerrar en caso de negarse, la fundición. Uno de los profesores, Merino Vigil, fue encargado de la dirección de la campaña a favor de la ley de accidentes del trabajo; otro profesor, Nicolás Terreros, se encargó de la cuestión de los humos de La Oroya. Después de una serie de conferencias y de organizar mítines, estos dos profesores fueron reducidos a prisión por el gobierno y remitidos a la isla de San Lorenzo.

La universidad popular con la federación obrera local se ocuparon entonces de organizar un paro general; además, había que interesar a la opinión y hacer que la masa estudiantil tomara parte en el movimiento.

La federación de estudiantes se adhirió espontáneamente y designó una comisión.

Al final de una conferencia sobre el problema indígena mexicano, dada por el ministro de ese país y patrocinada por la federación de estudiantes, Óscar Herrera, secretario de la universidad popular, habló a los estudiantes que a ella concurrieron y los invitó a realizar un mitin público de protesta por la prisión de los compañeros Vigil y Terreros. El mitin se organizó inmediatamente después, y los estudiantes pudieron llegar hasta las calles céntricas de la ciudad gritando contra el tirano y pidiendo la libertad de sus compañeros. Como de costumbre, la guardia pretoriana dispersó con sus sables a la entusiasta muchachada. Posteriormente los obreros protestaron del atropello infligido a los estudiantes. La federación, dirigida por Seoane, tomó activa parte en la campaña. Los estudiantes se declararon en asamblea permanente e invitaron a los obreros a concurrir a ellas. Diariamente se organizaban mítines públicos que eran bárbaramente dispersados. El diario gobiernista comenzó una violenta campaña contra el rector, culpándolo de todo lo que en la universidad acontecía. Este último, que en verdad no tenía ninguna culpa, renunció, alegando que con la falta de garantías no podía cumplir su misión en el rectorado. Seoane fue apresado cuando se ocupaba de publicar el segundo número del periódico de la federación de estudiantes. La federación obrera local anunció un paro general. Ante la agitación intensa de estudiantes y obreros, ante la agitación en las provincias, el gobierno anuló el decreto sobre los accidentes del trabajo, y decretó el funcionamiento de un solo horno en las fundiciones.

Meses después se iniciaron los trabajos para la renovación de la junta directiva de la federación de estudiantes. Dos grupos luchaban por la presidencia. Los de la universidad popular, llamados los rojos, y los liberales conservadores, que se llamaban los social-demócratas; después de una activa campaña triunfaron por gran mayoría los primeros, resultando elegidos presidente Luis F. Bustamante, y vicepresidente Luciano Castillo, ambos profesores de la Universidad Popular González Prada.

La nueva junta directiva se instaló casi a fines de año, en pleno período de exámenes. A su instalación concurrieron gran número de estudiantes y obreros, y a pesar de que en años anteriores concurrieron a este acto el rector, decanos y gran número de profesores, en esta ocasión sólo estuvo el decano de medicina, el que, al verse solo, se retiró apresuradamente.

Con motivo de la celebración del centenario de Ayacucho, la federación de estudiantes resolvió iniciar una campaña contra la tiranía para desenmascararla ante los embajadores de los países extranjeros. El primer número del vasto programa de esta ocasión consistió en un mitin en homenaje a Bolívar y San Martín. El 14 de diciembre, fecha en que el mitin debió de realizarse, a las 14 horas, reuníase el público en gran número al pie del monumento a San Martín, y cuando la concurrencia era ya bastante numerosa, se desplegaron gran número de banderas rojas con inscripciones alusivas a la libertad de los obreros presos por la propaganda social, en favor del retorno de los deportados, en favor de la raza indígena y en favor de la unión de los pueblos latinoamericanos. Iba a comenzar el desfile, mas la caballería, irrumpiendo en la plaza por cuatro calles distintas, dispersó a la muchedumbre, que volvió a reunirse en la calle de la Unión en el instante en que pasaban Leguía y Saavedra, presidente de Bolivia. La multitud enfurecida los silbó e insultó hasta que, nuevamente, fue dispersada. La reacción no tardó en llegar, ciega y brutal: poco después, Jacobo Hurwitz, Nicolás Terreros y el que estas líneas escribe, fueron apresados y deportados después de haberse declarado en huelga de hambre. Con anterioridad, con motivo de haberse difundido un manifiesto de Haya de la Torre, dirigido a los estudiantes y obreros, en ocasión del Centenario de Ayacucho, fueron perseguido Óscar Herrera y Luis E. Heysen. El primero logró refugio en Vitarte y el segundo fue apresado y deportado. Poco después, Óscar Herrera era también apresado y deportado conjuntamente con Eudocio Ravines. El secretario de la federación obrera local, Miguel Arceles, fue asimismo deportado.

Algunos meses más tarde, con motivo de los movimientos chauvinistas que originó el laudo de los yanquis en el asunto de Tacna y Arica, el grupo de la derecha de la federación de estudiantes se aprovechó para convocar un mitin patriótico. Bustamante, presidente, reclamó el derecho de hablar en dicha reunión, y al hacerlo habló contra el imperialismo yanqui y sus agentes internos en los países de la América Latina. Esto motivó que fuera deportado en compañía de Esteban Pavletich.

Todos los deportados eran miembros de la universidad popular y de la junta directiva de la federación de estudiantes. La primera quedó reducida a su más mínima expresión. Funciona aún, solamente en la capital y en Vitarte, por el apoyo que le prestan las organizaciones obreras. Luciano Castillo y Carlos M. Cox son los únicos profesores que quedan de años anteriores. Han ingresado cuatro o cinco muchachos más que continúan su labor pese a las dificultades y múltiples peligros que dicha acción trae consigo.

El movimiento en provincias. No vaya a creerse que el movimiento renovador que realizan los estudiantes peruanos está circunscrito únicamente a la capital. En todas las ciudades importantes de la república se organizaron universidades populares que después de una labor más o menos larga, más o menos eficaz, fueron clausuradas por el gobierno. En Arequipa se realizaron movimientos importantes encabezados por la universidad popular y el centro universitario (mítines, protestas públicas, revueltas estudiantiles, obreras, y hasta un conato de revolución bárbaramente reprimido, se realizaron en la tradicional ciudad). En Cuzco, hasta los muchachos de los colegios nacionales tomaron parte en las campañas renovadoras. Hubo época en que la universidad fue clausurada, los estudiantes en gran mayoría se refugiaron en los pueblos vecinos para escapar a la cárcel y al exilio. Casiano Rado, presidente del centro universitario, fue apresado. Luis F. Delgado, poeta fundador de la universidad popular, fue deportado.

En Trujillo, otra importante ciudad universitaria, fueron expulsados de la universidad todos los líderes.

Palabras finales. El sentido de la política universitaria, dentro de la federación, ha cambiado completamente; a las federaciones en las que se luchaba únicamente, por cuestiones personales, en donde las elecciones se hacían tan sólo por compromisos de amistad y donde primaba la intriga del comité político, ha sucedido la lucha amplia, abierta, generosa de las ideas.

Desde 1923 luchan, dentro de las universidades peruanas, dos tendencias: una, liberal-democrática, sostiene la necesidad de remplazar a la tiranía actual por un sistema donde prime la democracia (esta tendencia derechista cree que el estado económico y cultural del pueblo peruano no está preparado para una transformación social definitivamente revolucionaria). Al lado de esta tendencia se han agrupado los conservadores y ambos sostienen el odio a Chile y el rescate armado de las provincias de Tacna y Arica.

La otra tendencia es la mantenida por los muchachos de izquierda; sostienen los principios que han sido condensados por su líder, Haya de la Torre, en el programa de la Alianza Popular Revolucionaria Americana (APRA).

Es la tendencia de izquierda la que prima entre los estudiantes de todas las universidades de la república (cabe destacar aquí que en la delegación de la universidad católica que en 1924 integró la federación de estudiantes los cuatro delegados eran izquierdistas y uno de ellos, Pavletich, ingresó a la universidad popular).

Idéntico al pensamiento de los políticos, se consideraba aquel problema como el problema trascendental de la nación y se predicaba el armamentismo y la necesidad de un rescate armado. En las manifestaciones patrioteras contra Chile u otro vecino, eran los estudiantes los primeros en presentarse. Este criterio ha cambiado radicalmente, y hay que hacer notar que fueron los estudiantes chilenos quienes comenzaron la campaña de acercamiento y de olvido de los odios nefastos que dividen a los pueblos hermanos del lado del Pacífico. Esta campaña comenzada en Chile por el poeta Domingo Gómez Rojas en 1918, repercutió entre los estudiantes del Perú y el año 1921 el mensaje que los chilenos mandaron con motivo del centenario de la independencia fue bien recibido por la muchachada peruana.

La universidad popular en este sentido, mantuvo siempre una intensa campaña en pro del acercamiento con Chile. El año 1922 llegó a Lima de paso un ex presidente de la Asociación de Estudiantes de Santiago expulsado de la universidad por sus campañas en pro de la reforma universitaria. La universidad popular realizó en su honor un gran mitin en el local de la federación y, al terminar, gran número de estudiantes y obreros realizaron una manifestación pública vivando a la juventud chilena y a la solidaridad de los pueblos de América.

Pero es en el año 1923, cuando el ideal de un acercamiento con Chile hizo carne en la masa estudiantil y en el sector culto y consciente del proletariado peruano. Como expresión auténtica de este sentimiento puédese citar los ocurridos en el congreso de empleados. Un señor que aspiraba a ser diputado, quiso reunir un congreso de empleados y citó a todas las instituciones que representaban a la clase media. La universidad popular quiso mandar una delegación, pero fue rechazada. La federación de estudiantes presidida por Seoane fue admitida; además, muchos estudiantes lograron ser nombrados delegados en representación de provincias.

El plan de todos los muchachos de izquierda era hacer fracasar la política de adulación a Leguía que pretendía seguir el presidente del congreso y plantear las bases de una organización revolucionaria de los empleados. En la primera sesión, como moción previa, se presentó una ponencia en la que se declaraba que el congreso de empleados se solidarizaba con toda campaña contra Chile y ofrecía el contingente de su sangre. Los estudiantes, con Seoane como líder, se opusieron tenazmente a tal mocion y en medio de un tumulto indescriptible fueron expulsados después de declarárseles traidores a la causa de la patria.

Otro cambio fundamental es el operado en la apreciación de los problemas políticos y sociales del país. A la juventud politiquera, oportunista, que afiliándose a los partidos políticos se presentaba como defensora de la democracia y como paladín de la grandeza patria para reducirse al silencio en cuanto pescaba un puesto rentado, ha sucedido la juventud que combate por un ideal de justicia social, que repudia a todo aquel que milita en las filas de los partidos burgueses que execra a los que sirven al gobierno tiránico y que lucha a pesar de las amenazas de prisión y destierro.

El sentido social de la reforma universitaria ha sido ampliamente interpretado no sólo en el estudio que de los grandes problemas sociales ha de hacerse en las aulas universitarias, sino que se procura dar a la universidad un carácter revolucionario. La unión del estudiante y del obrero, de la universidad y el pueblo, es una realidad. En campañas como la del 23 de mayo y otras más, sangre de estudiantes y obreros ha corrido bajo el sable del gendarme fratricida. Claro que este sentido revolucionario es tan sólo de la juventud; los profesores, salvo escasas excepciones, son tan reaccionarios como en cualquier otro país americano.

Como habrá podido notarse en las páginas que anteceden, la emoción social, la preocupación que por los hondos problemas actuales tiene la juventud estudiosa del Perú ha transformado completamente el sentido de las organizaciones estudiantiles, ha creado un espíritu de lucha y sacrificio, ha encendido un gran entusiasmo y dado una clara visión de la ruda tarea que a la juventud de América tócale en esta hora ejecutar.

El movimiento reformista en Uruguay

31. LA REFORMA UNIVERSITARIA EN URUGUAY *

Hecha la aclaración de que lo que voy a decir no es ni siquiera un intento de historia de las luchas reformistas en nuestro país, séame permitido otra aclaración que considero importante y es ésta: no es posible incluir en el movimiento llamado de la reforma universitaria a todas las agitaciones estudiantiles producidas de 1918 a la fecha. Me referiré a aquellas agitaciones o luchas que han tenido, en forma evidente, un sentido que respondía al ideario fundamental de la reforma. Esto no quiere decir que haya modificado mi convicción, expresada en alguna otra circunstancia, de que en casi todos los movimientos colectivos de los universitarios jóvenes de nuestro país realizados en estos últimos 15 a 20 años, ha habido un contenido, ya manifiesto o ya más o menos oculto, que puede incluirse en el de las luchas de las nuevas generaciones americanas hacia la nueva universidad. Es difícil en nuestro país hacer un examen serio, histórico y crítico, de esos acontecimientos. En el año 1929 pensé evocarme a esa tarea, cuando a pedido de mi compañero Ricardo Yannicelli, que era entonces director de *El Estudiante Libre,* escribí para un número especial de esa revista, un artículo acerca de las actitudes de la Asociación de los Estudiantes de Medicina y de su órgano *El Estudiante Libre* ante los diversos aspectos del gran movimiento renovador de la universidad, tarea que fue en aquellos momentos, como lo es ahora y quizá seguirá siéndolo, superior a mis posibilidades y a mi tiempo, pues pude comprobar que no existe, no ya una documentación seria, ni siquiera un modesto trabajo de síntesis de las distintas agitaciones que han traducido una fecunda inquietud en la masa universitaria después del surgimiento de las nuevas ideas que encarnaron en la reforma. Esas circunstancias traen una consecuencia inevitable: las omisiones. (Quizá alguno de los que me escuchan la adviertan en el curso de mi exposición.) Deben ser disculpadas. Posiblemente se encontrarían en una conferencia o en

* Exposición hecha por José P. Cardoso en el Centro de Estudiantes de Derecho de Montevideo, celebrando el nuevo aniversario de la reforma en Uruguay en 1934.

un libro sobre este punto; con cuánta razón han de encontrarse en un simple esbozo como el que hago hoy.

Creo que el movimiento estudiantil reformista, con el sentido amplio que hay que darle, puede ser dividido de 1918 hasta ahora, en tres etapas o épocas: la primera, anterior a la fundación de la actual federación de estudiantes, en mayo de 1929, la segunda desde entonces hasta el golpe de estado de 1933, la tercera desde marzo de 1933 hasta los actuales momentos. Demás está decir que no es ésta una división rigurosa, ni mucho menos; es sólo un esquema, pero creo que contribuye a configurar bien tres situaciones distintas: *una* en la que, bajo la influencia de los acontecimientos producidos en la Argentina y en otros países americanos y comprendiendo que vivíamos realidades análogas, se producen movimientos —algunos serios, como veremos— que acusaban una coordinación solamente transitoria de la acción estudiantil; *otra* en que la federación de estudiantes da cohesión, en algunos momentos una gran cohesión, a las fuerzas dispersas; y *otra*, finalmente, en que las organizaciones estudiantiles y la universidad misma, en cuyos organismos directivos han llegado a sentarse ya militantes de la reforma, se han encontrado abocados a una situación que reclamaba, y reclama, el cumplimiento, frente a la realidad inconfundible de la reacción, el cumplimiento de los postulados, los principios, los propósitos proclamados en la hora propicia de los congresos y de los discursos.

Al referirme a la primera época debo, por una razón de justicia, mencionar en primer término al Centro "Ariel", que era entonces Centro de Estudiantes "Ariel". Su actividad llena gran parte de esa época anterior a la fundación de la federación de estudiantes; él cumplió en muchas ocasiones esa función coordinadora de cuya falta se resentía el movimiento estudiantil y bien puede afirmarse que fue, en esa época, el organismo universitario que con más claridad planteó los problemas que desbordaban ya los muros de las casas de estudios y reclamaban la definición colectiva de los estudiantes agrupados en sus centros gremiales. Lamento que el escasísimo tiempo de que he dispuesto para ordenar estos antecedentes me haya impedido traer en forma concreta una relación de las primeras actividades del Centro de Estudiantes "Ariel". Me he de referir dentro de un momento a hechos más cercanos en que le tocó actuar; pero quede desde ya sentado que su papel fue, en verdad, decisivo, no sólo por su acción en sí misma, sino también por su función fermental y porque de sus filas surgieron elementos de gran utilidad para el movimiento estudiantil que iba tomando cada día una mayor amplitud.

La primera manifestación importante, la primera agitación pública —que tuvo, desde luego, sus antecedentes, su preparación— en que se proclamaron abiertamente y se divulgaron en el pueblo los postulados fundamentales de la reforma, se produjo en el año 1922 con la huelga de estudiantes de enseñanza secundaria y preparatoria. Fue un movimiento serio, que tuvo dirigentes serios. Reclamaban "la inmediata y categórica reforma de la enseñanza secundaria de todo el país", pero al mismo tiempo —y lo declaraba expresamente el comité de huelga, en extenso documento público— el conflicto se engranaba con los conflictos análogos producidos en Argentina, Perú, Chile, Paraguay, etc., y quería ser, como ellos, un episodio acaso decisivo en las intensas luchas, decía el comité de huelga, "en que la nueva generación ha procurado polarizar el nuevo espíritu que agita las grandes masas de hombres y jóvenes que se dedican a enseñar y a aprender".

De las perspectivas que aquellos dirigentes asignaban a la huelga y de cómo la consideraban parte integrante del gran movimiento americano, ilustran claramente algunos párrafos de su manifiesto al que colocaron un título sugestivo: "La colectividad estudiantil en huelga, a la conciencia pública." Refiriéndose a los falsos maestros a los que se quería desplazar, decían: "Nada vale, nada significa, nada les enseña la evidencia brutal de los hechos colectivos y la rapidez instantánea con que las masas se congregan en torno de la divisa de la reforma y de su bandera de lucha, donde quiera que fuera levantada por la amplia extensión de las tierras de América" y agregaban poco después que las masas magisteriales, estudiantiles y docentes reclamaban: "Vinculación continental de los establecimientos educacionales de América; unidad institucional y autonomía de los poderes políticos de todas las casas de enseñanza pública o privada primaria, secundaria, normal, especial y superior; dirección y manejo de las mismas por el conjunto de educadores y educandos a ellas vinculados —maestros, discípulos, egresados; gobierno educacional fundado en un maestrazgo de amor y respeto al libre desenvolvimiento de la personalidad humana", etc. No he podido resumir todos los tópicos del pliego de condiciones presentado a las autoridades de la sección.

El reclamo fundamental era la inmediata reforma de la enseñanza secundaria, para lo cual proponían los huelguistas una comisión, que integrarían Vaz Ferreira, Ricaldoni y Dardo Regules, tres delegados del consejo y tres de los estudiantes. Se reclamaba, además, la renuncia del decano Musso y el levantamiento de la suspensión que pesaba sobre dos estudiantes, directores del periódico *La*

Reforma, cuya propaganda había preparado el ambiente para el movimiento. Uno de esos estudiantes era Héctor González Areosa, que ha continuado, a través de los años su prédica por la cultura, por la justicia, por la elevación del pueblo. Aquel movimiento no alcanzó el triunfo inmediato que sus gestores deseaban, pero dejó una simiente cuya influencia y repercusión en las luchas que le sucedieron, no es posible medir.

. A fines de ese mismo año el Centro de Estudiantes de Derecho, presidido en esos momentos por Carlos Quijano, inicia un debate público sobre las reformas a introducir en el estatuto universitario. El año anterior, en mayo, el delegado de los estudiantes, doctor Regules, había propuesto al consejo de la facultad la reunión de una asamblea de profesores y estudiantes, análoga a las realizadas por la iniciativa de Ricaldoni en la Facultad de Medicina y que tan útiles fueron para el porvenir de nuestra casa. La asamblea no se reunió, pero el consejo recomendó al doctor Regules la redacción de un proyecto de ley, sobre la materia. Fue el primer proyecto formulado dentro de la universidad. Fuera de la universidad ya existían varios proyectos o anuncios de proyectos: del entonces ministro de instrucción pública Pablo Blanco Acevedo, de Carlos M. Prando, Santín Carlos Rossi, Gustavo Gallinal, etc. La Comisión Directiva del Centro de Estudiantes de Derecho al iniciar el debate con la publicación del proyecto de Regules, a lo que siguieron varias conferencias, declaraba: "la universidad nueva habrá de ser, pese a la inepcia o a la incuria de tantos dirigentes, autónoma y democrática en lo formal; científica y social en lo sustantivo". Por su parte, en septiembre del mismo año, la Asociación de los Estudiantes de Medicina realizaba en el Salón de Actos de la facultad una gran asamblea pro reglamentación de la autonomía universitaria, iniciando un intenso movimiento en ese sentido. Incurriría en una omisión importante si no citase entre los factores que más han contribuido a dar al movimiento estudiantil sus caracteres actuales, a una institución que por aquel entonces empezaba a actuar disciplinadamente; me refiero al Centro Cultural Liceo Nocturno.

En el año 1924, durante una campaña por un período de exámenes en julio que culminó en una huelga sin importancia, tuve oportunidad de conocer de cerca la acción de este centro estudiantil y de apreciar sus características. Eran los primeros años del Liceo Nocturno y su población estaba constituida en su gran número por obreros y empleados que traían a la acción universitaria, por una parte el orden y el buen sentido, la disciplina de la acción sindical y, por otra parte la manifestación auténtica del auténtico pueblo obrero que, como tal, venía a ocupar un lugar en las aulas universitarias. Era admirable el funcionamiento de aquel centro, claro su criterio en la acción reformista como que la reforma venía, en cierto modo, a comprender, por así decirlo, la situación de aquellos núcleos de jóvenes trabajadores que eran universitarios sin dejar de ser trabajadores. No olvidaré nunca aquel sótano de la calle Charrúa en que tenía entonces su sede el Centro Cultural Liceo Nocturno y declaro que, en lo que me es personal —y acaso esto sucedió a muchos otros— el contacto con aquella institución estudiantil me hizo ver que la acción universitaria debía tener una amplitud mucho mayor que la que suele asignarle un criterio estrecho, regido por el interés o por la ignorancia.

En el año 1925 se produjo en la universidad un hecho que tuvo un significado que podríamos llamar simbólico: fue la toma del Salón de Actos por los estudiantes a raíz de haber sido negado para realizar una conferencia en unión con los estudiantes argentinos. Como no existía federación y nos conocíamos muy poco con los universitarios argentinos, fue posible y explicable que un núcleo de distinguidos compañeros en la Argentina, llegase hasta Montevideo invitado por el Centro de Confraternidad Universitaria, al que muchos de ustedes conocerán, siquiera de nombre, centro constituido con fines de turismo y... ramas anexas, descalificado por el primer Congreso Nacional de Estudiantes.

Sacados de su error los argentinos, y como el programa del Centro de Confraternidad estaba constituido exclusivamente por visitas a ministros, decanos, etc., dos centros, el Ariel y la Cultural Universitaria planearon un acto a llevarse a cabo en el Salón de Actos de la universidad y que tendría el carácter de recibimiento a los compañeros de La Plata, y de exposición pública de los problemas fundamentales que interesaban a las universidades de nuestro país. A última hora, el rector, por animosidad para el Centro Ariel que había calificado duramente algunas de sus actitudes, negó el salón. Encontramos la universidad cerrada, pero valiéndonos un poco del ardid y otro poco de la fuerza, penetramos en ella y nos posesionamos del salón. Con nosotros entró una gran cantidad de público.

A pesar de la intervención de los bomberos, que llegaron hasta el estrado, el acto se llevó a cabo. Aquello tuvo un gran significado, conmovió a la opinión universitaria y al pueblo y fue el punto de arranque de una campaña que los dos centros organizadores llevaron a cabo, venciendo diversas dificultades. El sentido de esa agitación fue bien claro: se pretendía encauzar la acción universitaria en un sentido netamente reformista. Se dieron a conocer al pueblo manifiestos murales, en los que se decía: "El pueblo está con los estudiantes y contra las autoridades universitarias. Un triunfo más de la juventud auténtica. El hecho es simbólico —agregaba—. Es preciso destacar la trascendencia del acontecimiento porque él significa la entrada de la ideología renovadora de la juventud en esos claustros donde se perpetúa una atroz insensibilidad para con los problemas contemporáneos. La reforma educacional necesita de esas actitudes enérgicas. Hay hombres interesados en obstaculizarlas que ocupan los puestos directivos de la universidad. Frente a ese empecinamiento del conservadorismo burocrático es menester afirmar nuestras aspiraciones que son las mismas que definen ya el contenido ideológico de las nuevas generaciones de América. La universidad debe cumplir una función social" y terminaba: "El suceso del día 15 de octubre señala una etapa de la lucha por la reforma educacional. ¡A proseguir la lucha iniciada!"

Hechos de gran trascendencia para la conformación del actual estado de conciencia universitaria y para la organización estudiantil, fueron las prolongadas huelgas sostenidas por el alumnado de la Facultad de Derecho que añadieron al prestigio de sus finalidades renovadoras, la creación repetida de la Facultad Libre de Derecho. Imposible resulta en estos momentos hacer un resumen de las etapas de aquel movimiento que, a pesar de sus períodos de calma, fue, en realidad, único por la unidad ideológica que lo caracterizó y porque no tuvo solución hasta que el alumnado no logró, tras de prolongada lucha de varios años, la renovación del elenco dirigente de la casa y las conquistas mínimas en materia pedagógica.

Era fácil comprender la índole reformista de aquel movimiento organizado por estudiantes que declaraban categóricamente que no abandonarían la lucha por "el mísero plato de lentejas" de un período de exámenes en julio, que había sido la chispa inicial del conflicto.

Voy a destacar de la lucha de los estudiantes de derecho —con la que en algunos momentos llegó a identificarse, como veremos, toda la acción estudiantil—; voy a destacar sólo algunos hechos que es necesario poner en evidencia para la justa valoración de esa etapa decisiva de la acción reformista en nuestro país. Uno de esos hechos es la huelga general de estudiantes que se produjo en abril de 1929, como manifestación de solidaridad con los compañeros de la Facultad de Derecho. La justa iniciativa de la Asociación de Estudiantes de Medicina tuvo un éxito rotundo. Adhesión completa de todos los centros representativos del alumnado, abstención unánime de asistir a clase durante los días señalados para la huelga general, concurrencia numerosísima y entusiasta, tanto al mitin realizado frente a la Facultad de Derecho como a la manifestación que desfiló después por las calles de la ciudad. Los centros organizadores habían dado un manifiesto en el que expresaban que se habían reunido para considerar la situación de la Facultad de Derecho cuyas aulas habían sido abandonadas por los estudiantes desde hacía un año. Y agregaba: "Al examinar esa situación de indiscutible gravedad y denunciadora de un hondo mal que al aquejar al organismo universitario tiene funestas repercusiones en la vida del país, han convenido unánimemente en que los más claros deberes y los más serios motivos les indican una posición definida junto a los estudiantes de abogacía y notariado en huelga" y luego de hacer la crítica de las reaccionarias autoridades de la Facultad de Derecho, terminaba diciendo: "Es con el convencimiento de que al apoyar los propósitos y las aspiraciones de los estudiantes de la Facultad de Derecho se defienden los ideales de toda la juventud estudiantil y se tiende a consolidar las conquistas alcanzadas en materia de organización y orientación universitarias, que los de Montevideo han resuelto expresar su adhesión a los compañeros de abogacía y notariado, organizando una huelga general estudiantil, etc." Los centros estudiantiles me honraron con su representación en el mitin, y en esa oportunidad ratifiqué en su nombre los motivos de nuestra actitud, declarando que la adoptábamos por algo más que una reacción ante un consejo intransigente y culpable, sino porque, decía, "es una lucha entre un pasado que se defiende acantonado tras los muros de la Facultad de Derecho y las realidades de esta hora inquieta, viva en el espíritu de los hombres nuevos, porque es una lucha entre el concepto funesto que asigna al profesor y al estudiante el destino pasivo de un pasaje fugaz, sin afecto y sin ideales, a través de las aulas extrañas, y el concepto nuestro, humano, que ve en el profesor y en el estudiante fuerzas activas, fecundas, responsables en la creación de los valores universitarios y en los destinos de la cultura nacional". Hablaron en aquel acto, Carlos Quijano, E. Rodríguez Fabregat, y es necesario destacar el hecho elocuente de la intervención en el mitin, como orador, del doctor Santín Rossi que acababa de ser designado ministro de Instrucción Pública, actitud que consideramos como un alto ejemplo y que le valió una interpelación en la Cámara de Diputados en la que ratificó la firmeza de sus convicciones.

No existía todavía la federación de estudiantes, pero su fundación fue una consecuencia del movimiento. De la unión accidental, resultó la unión permanente.

Poco después el conflicto finalizó, al formular el consejo la promesa de convocar a la Asamblea de Profesores y Estudiantes que se abocaría al estudio de los serios problemas estatutarios, docentes y sociales que la realidad de la hora planteaba. La Asamblea de Profesores y Estudiantes trabajó intensamente bajo la presidencia del doctor Eduardo Acevedo y formuló un importante proyecto en el que se señalaba la obra que podía realizarse de inmediato en la Facultad de Derecho y la que debía realizarse para toda la universidad por el cuerpo legislativo. Se contemplaban las bases para una ley sobre autonomía universitaria, se establecían las atribuciones del rector y del Consejo Universitario, se democratizaba el gobierno de la facultad, se establecían las reformas a introducirse en el plan de estudios, se proyectaba un estatuto profesoral, se modificaba el régimen de exámenes, se reclamaba la publicidad de sesiones, etcétera.

El consejo no cumplió el compromiso de estudiar el proyecto y se produjo entonces aquel hecho resonante que fue la toma de la Facultad de Derecho el 30 de junio de 1930, por un núcleo de estudiantes de esa facultad con el que colaboraron algunos alumnos de otras facultades. Aquel acontecimiento precipitó, indudablemente, la solución del conflicto, aunque éste sólo se solucionó cuando el decano, doctor Irureta, abandonó la dirección de la casa y cuando elementos más comprensivos hicieron posible avenimientos que significaban positivos progresos y garantías de futuro para la vida de la facultad.

En el año 1927 se había constituido, con delegación de los distintos centros, una comisión nacional de estudiantes que actuó como una federación provisoria y que debía echar las bases de la federación definitiva, pero, como lo decía, ésta se fundó recién en mayo de 1929 como una consecuencia del movimiento de solidaridad con los estudiantes de derecho en huelga. Y entramos en lo que he considerado la segunda etapa del movimiento estudiantil reformista. Me veo obligado a resumir, dada la extensión que ha tomado esta exposición y, por otra parte, muchos de ustedes han sido actores en los hechos a que voy a referirme o los conocen bien.

Antes de hacer una sumaria revisión de los hechos más importantes de esta etapa, es necesario que deje una constancia aclaratoria aplicable también a la etapa actual, a la que estamos viviendo, y es que luchar contra las tendencias reaccionarias, contra la injusticia, contra la opresión, contra las dictaduras como la nuestra, en que todo eso se auna, es luchar por los principios fundamentales que animaron y son la esencia misma del movimiento llamado de la reforma universitaria. Con ese concepto, y abreviando mucho, debo citar como jalones de esa etapa en la que la federación desempeñó un papel verdaderamente decisivo, los siguientes hechos:

La federación se enfrentó desde el comienzo al problema de la organización universitaria, a propósito de un nuevo proyecto de reforma debido al doctor Santín Rossi; lo estudió conjuntamente con él, y manifestó su opinión. Poco después como se plantease en el Parlamento la discusión de un proyecto del doctor Carlos Quijano, por el cual se creaba la Asamblea de Profesores y Estudiantes como organismo estable en cada facultad, la federación se manifestó públicamente en favor de la citada iniciativa, fijando de paso su posición frente al problema integral de la reforma y elevando al Parlamento un petitorio.

Voy a citar ahora, sin mayores comentarios, varios hechos que ponen claramente en evidencia cómo los universitarios del Uruguay hemos entendido que debíamos encarar la acción que nuestro más claro deber nos señalaba, fuera de la universidad:

☐ Campaña pública para permitir la entrada de Simón Radowitzky al país, desde que la prensa reaccionaria había querido evitarla.

☐ Campaña y manifestaciones públicas, resonantes, contra la organización los "Vanguardias de la patria", institución netamente reaccionaria. En esa ocasión se estableció una colaboración estrecha con las entidades obreras.

☐ Realización del Primer Congreso Nacional de Estudiantes, en el que se definió claramente la posición de la juventud universitaria organizada. El Congreso fue, además, la demostración de la madurez alcanzada por el movimiento estudiantil.

☐ En octubre de 1930, ante rumores de un posible motín, fomentado por las fuerzas reaccionarias, la federación publicó un manifiesto enérgico en el que, después de analizar la situación política y económica del país, se anotaban estas resoluciones:

1] Realizar desde este momento una acción pública tendiente a robustecer la conciencia popular de repudio a los gobiernos de fuerza.

2] Declarar que desde ahora, y luego si el golpe reaccionario se produjese, los estudiantes propiciarían todo género de acción pública o privada que, de acuerdo con las circunstancias, se oponga eficazmente a la dictadura.

3] Adoptar, como lo hace en esta misma sesión, una serie de medidas que aseguren el cumplimiento de las precedentes resoluciones.

Fue entonces —dice la memoria de la federación—, así como en la campaña antivanguardista donde se hizo más efectivo, en la realidad de los hechos, el principio de la solidaridad proletario-estudiantil.

☐ La federación se hizo representar en el Congreso Ibero-Americano de Estudiantes, realizado en México. Los delegados llevaron como normas para su acción las resoluciones emanadas del Congreso Nacional de Estudiantes y presentan a su regreso un extenso informe en el que consta documentadamente la labor realizada.

☐ En febrero de 1932 se producía el "golpe de timón a la derecha" que propugnaban las fuerzas reaccionarias y que fue un significativo antecedente del golpe de machete de 1933. Distintas organizaciones estudiantiles y obreras dieron entonces la voz de alarma y se entregaron a una agitación que, en sí misma y en las actitudes que provocó en el gobierno, tuvo aspectos dignos de conocerse o de recordarse con cierto detalle en los actuales momentos. Fui encargado entonces de hacer una explicación de la conducta estudiantil y de ella extraigo los siguientes conceptos:

La explicación, por una parte, de la actitud de los mencionados centros estudiantiles (nos referimos a los apolíticos), y por otra parte, de la de aquellos estudiantes que han manifestado su desacuerdo con dichos centros y hasta los llaman "comunistas", no debe buscarse solamente en una diferente apreciación de los hechos. Ella radica fundamentalmente, en la distinta forma de concebir lo que podríamos llamar la "función social" del estudiante, de concebir los deberes del estudiante frente a la sociedad. Mientras nosotros creemos que las instituciones estudiantiles tienen el deber ineludible de preocuparse hondamente de los problemas colectivos y de contribuir a su mejor solución, ellos, los que podríamos llamar "enclaustrados", creen que esas instituciones no deben "mezclarse" en cuestiones extrauniversitarias. Mientras nosotros pensamos que si la acción de los centros se limitase a los asuntos estrictamente gremiales, se negarían abiertamente los principios fundamentales de la reforma universitaria que establecen la estrecha vinculación de la universidad con los problemas del medio social; ellos detienen su "reformismo" en los límites de la casa de estudios y fuera de ella son "conformistas" decididos. Mientras nosotros afirmamos que estamos en deuda con el pueblo al que pertenece la universidad gratuita que nos habilita para el trabajo, ellos defraudan al pueblo porque entienden que sus deberes universitarios terminan en las rendiciones de exámenes o, a lo más, en casi burocráticas gestiones directamente relacionadas con sus estudios.

No quiero dejar de citar, en esta etapa, en lo que se refiere a la aplicación práctica de los postulados de la reforma, en el campo cultural, la importante Universidad Popular que fundó e hizo funcionar con gran éxito el Centro "Ariel", y en el campo social y político la solidaridad con los estudiantes y el pueblo argentinos, primero, cuando la dictadura de Uriburu trajo hasta nosotros a muchos perseguidos por la reacción política y social fuera y dentro de las universidades argentinas, y, segundo, cuando aquella absurda y sospechosa ruptura de relaciones nos dio oportunidad para proclamar en ambas márgenes del Plata que las juventudes de estos países, las auténticas, están unidas por ideales de justicia, de libertad, de solidaridad más fuerte que los turbios intereses que suelen mover los mecanismos de las cancillerías.

Repito que todo eso es, en mi opinión, hacer prácticos los postulados que han informado el extenso e intenso movimiento universitario americano de estos últimos años llamado de la reforma universitaria.

Los estudiantes y la reforma en Venezuela

32. LA FEDERACIÓN DE ESTUDIANTES Y LA REFORMA UNIVERSITARIA EN VENEZUELA *

Entre las características más interesantes del actual momento venezolano se cuenta sin duda la amplitud, el vigor, la segura orientación de nuestro movimiento estudiantil. Mientras en los más de los países hispanoamericanos el estudiantado vegeta hoy, cómodamente marginado a la vigencia angustiosa de los grandes problemas sociales —enclaustrado en dedicación superficial a la ciencia de textos y magísteres criollos, o presa a lo sumo del más frívolo mundanismo— en Venezuela, en su intensa mayoría, nuestros universitarios y liceístas se dan de alto en las filas, hoy como nunca diezmados por la represión, de nuestra lucha contra la barbarie y el imperialismo.

La tiranía entronizada por medio siglo sobre Venezuela, redujo la vida intelectual del país al más lamentable atraso. Desde la escuela hasta la universidad el *statu quo* colonial, mantenido a todo lo largo del siglo XIX en el régimen cultural de nuestros pueblos americanos, representó en todo momento la conveniencia tácita y la política confesada del sistema. Gómez necesitaba de una universidad que le diera todos los años "hornadas" de ministros dóciles, cuadros de leguleyos con la mente atiborrada por esa técnica de la sutileza en que nuestros doctores lograron siempre el servicio de los mandones en auge, o del extranjerismo colonizante, mesa repleta y fácil renombre de ignominia.

Las más elementales reivindicaciones de la revolución cultural que a todo lo ancho del continente se emplaza con la hecatombe de la guerra —alumbramiento de un mundo nuevo entre los hombres— quedaron largo tiempo "archivadas". La reforma universitaria, con sus consignas fundamentales de docencia libre, modernización de la enseñanza y democratización del régimen administrativo en los planteles superiores, lograda en Argentina, Colombia, Uruguay, Chile, México y otros países americanos, apenas si tuvo en Venezuela

* El presente trabajo del dirigente estudiantil y político venezolano Jovito Villalba fue publicado en 1936.

otra resonancia que la de simple novedad periodística. En la "Universidad" de Caracas mandaba Gómez, como en todas las dependencias de la gran "hacienda" que fue para él Venezuela. Y más de una vez dióse el caso de que cierto "colaborador" de su gobierno, célebre en fuerza de torturas y atropellos ejecutados a título de jefe civil o jefe de policía en una ciudad del interior, pasase por *úkase* a la rectoría de nuestro primer instituto. Esto, desde luego, cuando los "bochinches" estudiantiles hicieron necesaria la aparición de la pezuña del troglodita en el tapete venerable de la sabiduría.

Mas todo esto, que en lo intelectual significa cierto retraso para las masas estudiantiles (en la medida que ello no pudo ser subsanado por el esfuerzo autodidacta) trasciende a la vida moral de nuestra juventud bajo la forma de un impulso revolucionario que había de influir decisivamente en el destino de la nación venezolana.

A través de la propia miseria de su clase —miseria de la mente y del cuerpo— los sentidos del estudiante se abrieron a la percepción de cuanto pasaba en las barriadas miserables, en los cuarteles regidos por el látigo, en las cárceles atestadas de víctimas, en el agro feudalizado en los *tambos* de la región petrolera, donde el tacón del rubio intruso estigmatiza el rostro ciudadano de nuestros trabajadores. Y así, sucedió que cuanto nuestros estudiantes aprendían, pasaba, según las normas de fray Bartolomé de las Casas, por el "corazón abierto a cosas de humanidad". La universidad, llena de espías, ahogada en escolásticas, atada al poste de la conveniencia de un régimen para quien la cultura tenía la significación de un suicidio, fue también el crisol de una juventud a quien la lucha social habría de salvar del profesionalismo egoísta y a quien el libro no servía de muralla de la China para cuanto hay de esencial y fecundo dentro de lo humano.

Reorganizada por cuatro veces durante el gobierno gomecista —1914, 1918, 1922, 1928—, la Federación de Estudiantes de Venezuela fue otras tantas disuelta. La Rotunda se abrió siempre para sus líderes y militantes. Ortega Lima, el dirigente incomparable de la promoción de 1914, murió tuberculoso en una celda. Zuloaga, de La Plata, Machado, Damirón, Tejera, Leoni, Jiménez Arraiz, fueron, o encarcelados o perseguidos, o arrojados al extranjero. "Dondequiera que estén juntos dos miembros de la FEV ahí estaré yo en espíritu" —escribió una vez Rodó desde la mesa de un café napolitano. Rodó confundía su nombre con el aliento idealista de la época. Ante Gómez, a pesar de la Rotunda, de los grillos y las persecuciones, la FEV significó siempre ese aliento idealista, profesado lealmente por nuestra juventud.

1928 señala la iniciación de una etapa decisiva en nuestro movimiento. He nombrado a Rodó, maestro entonces de América. Sirva su nombre para caracterizar la orientación de las generaciones precedentes: las inspiraba cierta vaga noción de una misión social, que aparecía más como "deber" o como "actitud" —especies individualistas, ambos modos románticos— que como impulso generado en la entraña misma de las realidades sociales. El último acto de esa primera etapa "fevista" es la Semana del Estudiante, el suceso con que empieza nuestra lucha en 1928: la coronación de una reina, el habla jacobina, el énfasis idealista. Nos creíamos la generación predestinada. Gómez era para nosotros el hombre "malo" de la tesis liberaloide. Su desaparición, la técnica milagrera por la cual nuestra patria amanecería el día de la pascua revolucionaria convertida en el mundo de Cándido, en el "mejor de los mundos posibles".

Pero nuestra prisión colectiva, a consecuencia de las fiestas de la Semana, provocó la huelga general en Caracas, las batidas de las barriadas obreras contra los "chacharos", especie de cuerpo mazorquero al servicio de la tiranía. Desde la calle nos llegó a la celda, donde nos encontrábamos echados como bestias, el rescoldo dialéctico de lo que ya nos empujaba sin saberlo: la realidad social, la tragedia y el anhelo del pueblo. Aquella vez ya el pueblo hablaba por nosotros. Y el estudiante· venezolano, antes de enquistarse otra vez en su antigua posición intelectualista, se echó a la calle y al campo, a hombrearse codo a codo con la realidad en que hasta entonces había sido —profesional, burócrata, artista— apenas si una partícula de inconsciencia.

El gobierno había ya liquidado la oposición caudillista. De la cárcel habían salido un año antes (convertidos en fichas enclenques de consultorio) los jefes militares rivales del presidente. El imperialismo, cerrando filas en torno al régimen entreguista, liquidaba toda esperanza de obtener en el exterior elementos de guerra. En tales condiciones, el movimiento popular suscitado y dirigido por el estudiantado, fue sorpresa inaudita para la tiranía. Se trataba por primera vez de un sacudimiento proyectado a fondo en el querer popular, sin nombres propios ni banderías. Algo contra lo cual no valdrían de nada el terror, la persecución, el soborno, el todopoderoso soborno. El ministro Arcaya llamó a esto "comunismo". Su objetivo era la revolución democrática. Pero la revolución democrática planeada y realizada por métodos nuevos, a través del contacto con el pueblo, por las manos del pueblo, por su fuerza. Hasta entonces las mal llamadas revoluciones habían tratado siempre de aprovechar la fuerza de nuestras masas aniquilando en ellas la conciencia de esta misma fuerza.

Crear esta conciencia sería nuestra norma para realizar con ella una obra de efectiva incorporación democrática y de emancipación nacional. Lo que todavía, desde luego, está por hacerse.

A través de siete años de lucha y persecuciones —en que cada fracaso significó para nosotros un paso hacia la depuración teórica y la dedicación revolucionaria— los estudiantes perseguidos o encarcelados vamos ganando, en el estudio de las realidades sociales hispanoamericanas, un criterio realista y científico acerca de lo venezolano. Gómez deja de ser para nosotros el autócrata dueño y señor de sus actos, para convertirse en el personero de los imperialistas, de los usureros, del terrateniente feudal. Nosotros, de generación predestinada o de grupo "rebelde" y "ciudadano", nos transformamos a nuestro turno en soldados de la causa del pueblo, en luchadores cuyo bagaje, en lo teórico como en lo moral, viene de la vida social en que una gran mayoría "trabaja, sufre y espera" Para el nuevo criterio que nos llena, nuestra obra se mide con las cifras del petróleo robado a la nación, del salario esclavista, de los niños sin escuela, de la tierra acaparada por los usufructuarios de la tiranía...

1936 nos sorprende armados con ese nuevo y fecundo sentido de la vida venezolana. La FEV de esta última etapa es una organización sentada sobre un concepto realista de las cosas, abierta a la verdad social, aliada de su pueblo. Las universidades populares, las misiones rurales, la prensa divulgadora, los cursos sobre temas sociales, la utilización de la radio, representan sus manos tendidas hacia el hombre que crea, con su oscuro esfuerzo cotidiano, la vitalidad misma de la nación. "Creemos y difundamos la cultura para el triunfo de la justicia social" es el lema de su obra de cultura. "Antes la muerte que una nueva tiranía", es su divisa revolucionaria.

En artículos posteriores enfocaré el desarrollo de nuestra labor estudiantil en 1936 y el anhelo abiertamente unionista que nuestra federación de estudiantes abriga respecto a Colombia. Una ligera advertencia me resta para terminar.

Los gomecistas y en general todas las derechas venezolanas acusan a la FEV de ser una organización política militante, cuya labor desorienta a la juventud y dilapida sus mejores energías en un apasionamiento prematuro por las cuestiones candentes de la lucha política y social. La verdad es muy otra. La federación de estudiantes es una organización juvenil, cuyo programa comprende las reivindicaciones de las más amplias masas estudiantiles y cuya labor social presta preferente atención al deporte, a la cultura, a cuanto dignifica y hace alegre la vida. Sin esto no habría podido conservar en su seno a la aplastante mayoría de la juventud venezolana.

Pero al mismo tiempo es una organización llamada a suscitar preocupaciones revolucionarias en el espíritu de sus militantes; a poner en la mente de éstos el fermento que pueda más tarde salvarlos al destino lamentable de un profesionalismo de tenderos. No es una organización política. Es sí una organización generadora de vocación política, de militancia revolucionaria, de sentido de responsabilidad social.

Con este título yo la presento, sin vanidades chovinistas ni pujos literarios, al estudio y la imitación de nuestros compañeros de América.

Conquista de la autonomía universitaria. El movimiento estudiantil en México

33. PROYECTO DE AUTONOMÍA UNIVERSITARIA PRESENTADO POR EL DEPARTAMENTO TÉCNICO DE LA FEDERACIÓN DE ESTUDIANTES DE MÉXICO A LA CÁMARA DE DIPUTADOS *

Proposiciones:

1. La Universidad Nacional de México será autónoma en todo lo que se refiere a la organización técnica de la misma.
2. La Universidad Nacional de México podrá nombrar y remover el personal docente y administrativo de ella.
3. La Universidad Nacional de México podrá disponer libremente de la cantidad que le señale cada año el presupuesto de Educación Pública y no tendrá más obligación que presentar al fin del ejercicio fiscal, con la debida oportunidad, las cuentas que demuestren la inversión de esas cantidades.
4. Pertenecerán a la universidad los edificios que actualmente ocupan las diferentes facultades y escuelas y los que en adelante adquiera.
5. El rector de la universidad será nombrado directamente por el presidente de la República de una terna que le proponga el Consejo Universitario, los profesores y alumnos de las escuelas y facultades universitarias.
6. El Consejo Universitario se compondrá del rector de la universidad, de los directores de las facultades y escuelas universitarias y del jefe del Departamento Escolar de la Secretaría de Educación Pública, como consejeros *ex oficio*. Será integrado:
   I. Por cuatro profesores que nombre la Secretaría de Educación Pública.

* Con posterioridad al Congreso Internacional de Estudiantes de septiembre de 1921, el movimiento estudiantil eleva a la Cámara de Diputados, el 27 de agosto de 1923, un proyecto de organización autónoma de la Universidad Nacional, cuyos puntos fundamentales transcribimos. El proyecto no fue tratado por la Cámara pues por esos días se produjo la ruptura política entre el general Álvaro Obregón y el general Plutarco Elías Calles, por una parte, y Adolfo de la Huerta, secretario de Hacienda, ruptura que condujo a la sublevación de este último y a su derrota varios meses después.

II. Por profesores ordinarios en la proporción de tres por cada escuela, o facultad, que eligirán en escrutinio secreto las respectivas juntas de profesores, y

III. Por un representante de la federación de estudiantes y un alumno por cada escuela o facultad universitaria escogido entre los alumnos numerarios del curso escolar.

34. MANIFIESTO DE LOS ALUMNOS DE LA FACULTAD DE DERECHO CONTRA EL SISTEMA DE "RECONOCIMIENTO" (MAYO DE 1929) *

[...] No aceptamos los Reconocimientos, porque son creadores de rebaños humanos, petrificadores de las ideas y ladrones de la conciencia, a la vez que hacen perder a quienes los sustentan, todo sentido de una responsabilidad en el ejercicio supremo de sus acciones, matando la individualidad y extorsionando toda iniciativa personal.

A través de la obstinación del licenciado Antonio Castro Leal, rector de la Universidad Nacional y del señor licenciado Narciso Bassols, director de esta facultad, se deja traslucir una franca y amplia idea de imitación de los "sistemas yanquis", que si bien en el Norte surten maravillosos efectos, por ser país de atletas, en nuestro medios jamás podrán ser aplicables, por el fervor y la idiosincrasia de nuestra raza latina, eterno enemigo de la sangre azul del sajón imperialista. Sea éste, entonces, un grito de rebeldía que repercuta en todas las almas conscientes de nuestro México, que ya es necesario que lance a los cuatro vientos su protesta más formidable, en contra de quienes todavía pretenden entregar nuestra juventud a las garras opresoras del coloso dorado del Norte.

Con motivo de que las autoridades no han cedido ni un ápice a las

* Desde 1912, se venía planteando un conflicto estudiantil en la Facultad de Jurisprudencia, a causa de que el director de ese plantel, el licenciado don Luis Cabrera, quiso implantar un "sistema de reconocimientos trimestrales" en cada materia en remplazo del examen anual escrito u oral. Diecisiete años después, se volvió a plantear el mismo problemas en la Facultad de Derecho y Ciencias Sociales que se integraba entonces por tres escuelas: la de Derecho, la de Economía y la de Comercio y Administración.

El 27 de abril de 1929 el rector de la universidad, licenciado Antonio Castro Leal, resuelve implantar de manera definitiva el sistema de reconocimientos en la Facultad de Derecho, "que ya existe —decía en su resolución— en otras escuelas y facultades universitarias". Los alumnos de dicho centro de estudios se declararon en rebeldía y en mayo de ese año iniciaron la huelga, a la que convocaron a los estudiantes en varias proclamas, una de las cuales es la que reproducimos fragmentariamente.

peticiones hechas por nosotros, de una manera respetuosa y razonada, se ha declarado la huelga general desde el día de hoy estableciéndose la acción directa, contra quienes traicionen los acuerdos generales de las asambleas, constituidas los últimos días [...]

35. PETITORIO DEL COMITÉ DE HUELGA A LA PRESIDENCIA DE LA REPÚBLICA *

I. a) Pídanseles sus renuncias a los ciudadanos licenciado Ezequiel Padilla, secretario de Educación Pública; profesor Moisés Sáenz, subsecretario de Educación Pública; licenciado Antonio Castro Leal, rector de la Universidad Nacional.
b) A todos aquellos ciudadanos directores y empleados de Educación Pública y de la Universidad Nacional que resulten responsables de las represalias ejercidas en contra de los estudiantes en huelga.

* La intransigencia del rector Castro Leal en acceder a las peticiones estudiantiles y la fortaleza del movimiento huelguístico de estos últimos obliga a la intervención del presidente de la República, Emilio Portes Gil, quien dicta una resolución fechada el 14 de mayo de 1929, en la que apoya la actitud del rector y amenaza a los estudiantes con la adopción de severas medidas tendientes a restablecer el orden universitario. El 23 de mayo se producen hechos de violencia en la zona universitaria de la ciudad de México. La represión de las fuerzas policiales origina luchas con los estudiantes. Los desórdenes continuaron en los días subsiguientes, produciéndose las renuncias de varios profesores y del director de la Facultad de Derecho, Narciso Bassols. La presión estudiantil obliga al presidente Portes Gil a modificar su posición frente al movimiento y en una declaración pública exhorta a los estudiantes a exponer ante su persona sus quejas y proposiciones. Es con ese motivo, y habiendo mediado la entrega de escuelas y facultades a los estudiantes, que éstos resuelven presentar a la Presidencia de la República un escrito que firma Ricardo García Villalobos en el que fundamentan el petitorio final cuyos puntos fundamentales reproducimos aquí. La Presidencia de la República no aceptó el petitorio estudiantil, pero convocó al Congreso Nacional a sesiones extraordinarias para elevar a su consideración una ley que concediera la autonomía a la universidad. Ese proyecto se aprobó pero autorizando a la Presidencia a redactar el texto definitivo de la ley. Como dice el profesor Jesús Silva Herzog en el texto que sobre este tema ha escrito y del que hemos extraído esta breve síntesis: "Sea de ello lo que fuere, lo cierto es que la conclusión a que es preciso llegar es que la autonomía universitaria de 1929 fue una autonomía precaria, incompleta o más bien un remedo de autonomía. Los que sin conocer la ley hablan de ella como si en 1929 se hubiera concebido en realidad la autonomía de la universidad, cometen una muy seria equivocación."
Esa ley de 1929 establece, entre otras cosas, que la universidad ha de responder a los ideales del estado, que quedará "bajo la vigilancia de la opinión pública de la revolución y de los órganos representativos del gobierno", que el presidente nombrará la terna para elegir rector, que éste

II. Destitúyase, por indignos de los puestos que actualmente desempeñan, a los ciudadanos Valente Quintana y Pablo Meneses.

III. Acéptese que, a partir de la renuncia del señor licenciado Castro Leal, el rector de la Universidad Nacional sea electo por el C. presidente de la República, de una terna que en cada caso presentará el Consejo Universitario. Intégrese, a partir de esta fecha, en lo sucesivo dicho Consejo por un número de delegados estudiantiles igual al número de delegados que formen los directores y profesores de las escuelas; dándose en el mismo, derecho a voz a un delegado de la Confederación Estudiantil de la República y a un delegado de la Federación Estudiantil del Distrito Federal; que el rector tenga en dicho Consejo voto de calidad para caso de empate. El espíritu de este acuerdo deberá ser el de que nunca y por ningún motivo los delegados oficiales y docentes con voz y voto, sean en mayor número que los delegados estudiantiles con el mismo derecho de voz y voto.

IV. Créese con la misma organización y funcionamiento del Consejo Universitario, un consejo de escuelas técnicas y un consejo de escuelas normales.

V. Reincorpórense todas las escuelas secundarias existentes a la Escuela Nacional Preparatoria, sin perjuicio de que, de no ser posible reunirlas todas en el mismo edificio, ocupen diversos locales, teniendo cada una la denominación de Escuela Nacional Preparatoria.

VII. Ábrase una minuciosa y tenaz investigación a fin de determinar quiénes fueron los responsables de la agresión en que resultaron víctimas los estudiantes y aplíquese a los culpables un enérgico castigo.

Esperamos todos los estudiantes, señor presidente, de los antecedentes de justicia y de los méritos revolucionarios que en usted se reúnen, tenga a bien acceder a estas peticiones que constituyen un viejo e insatisfecho anhelo nuestro y compendian las más altas y ardientes aspiraciones de la clase estudiantil. Ellas serán, si usted se

debe enviar un informe anual al presidente de la República, al Congreso y a la Secretaría de Educación Pública, que el Ejecutivo podrá designar profesores extraordinarios y conferenciantes y que podrá interponer su veto a resoluciones del Consejo Universitario sobre clausuras de escuelas, sobre admisión de estudiantes o revalidación de estudios, sobre alumnos becados, sobre la erogación de cantidades mayores de cien mil pesos o sobre los reglamentos de la ley o modificaciones de éstos. Igualmente, "el Ejecutivo podrá pedir en cualquier tiempo todos los informes que necesite sobre el estado económico de la Universidad". [Véase *Una historia de la Universidad de México y sus problemas*, México, Siglo XXI, 1974, pp. 54-59.]

digna resolverlas favorablemente, la máxima conquista revolucionaria de nuestra clase, que, como la obrera y campesina y como todas las clases sociales de la República, desea que llege hasta ella la obra avanzada y reivindicadora de la revolución mexicana. México, D. F., a 27 de mayo de 1929. Por el Comité General de Huelga, el secretario, Ricardo García Villalobos.

36. IX CONGRESO NACIONAL DE ESTUDIANTES: BANDERA DE PRINCIPIOS DE LA JUVENTUD MEXICANA *

1. Los estudiantes no pueden permanecer indiferentes frente a los hondos problemas sociales que conmueven la vida nacional en los momentos que vivimos. Por el contrario, tienen la obligación de ejercer las funciones que el bien común exige de sus capacidades.

2. Consideramos que el empirismo político en que hemos vivido debe sustituirse por la política basada en el estudio serio, constante y completo de la realidad nacional. En tal sentido, la acción estudiantil frente a los problemas sociales debe llenar dos aspectos: teórico y práctico. El primero consiste en un estudio sólido de los problemas sociales, sin olvidar jamás que la complejidad de la materia nos obliga a no descansar en los datos adquiridos, sino a verificarlos continuamente y a completarlos con el estudio, cada vez más hondo, de las necesidades y condiciones de las diversas regiones del país. La práctica consiste en luchar por la difusión y aplicación de los resultados de ese estudio a la resolución de los problemas nacionales.

3. Proclamamos la necesidad de que los estudiantes, de un modo constante y organizado, emprendan una campaña de moralización en todos los órdenes sociales, especialmente entre los funcionarios estudiantiles, universitarios y de la administración pública, agrupando a los estudiantes honrados de todas las tendencias en la lucha por los fueros de la moral y la justicia, por el respeto de los valores humanos, para terminar, de una vez para siempre, con la arbitrariedad, la opresión y el atentado, sea cual fuere el credo a favor del cual se esgriman.

4. Consideramos que los derechos de subsistencia de los hombres están muy por encima de los derechos de propiedad, y que el trabajo

* Efectuado en México en 1932. Por disposición de este Congreso Nacional de Estudiantes Mexicanos, fue que se decidió tuviera lugar en Guadalajara un congreso nacional de universidades, con el propósito de "definir la orientación de la enseñanza superior".

es un valor humano y no un valor comercial, sujeto a la voluntad y a los intereses de los poderosos.

5. El estado tiene la obligación de intervenir en las relaciones económicas de los coasociados en defensa de los oprimidos, y tiene el derecho y el deber de establecer aquellas modalidades de la propiedad que precavan las conmociones sociales y se adapten al bien común.

6. Reconocemos como una exigencia del bien común la repartición de tierras, pero elevamos nuestra protesta por la utilización del programa agrario como medio de lucha y como arma de políticos sin escrúpulos, así como por el aprovechamiento de la crítica situación territorial por parte de los intereses extranjeros para la especulación y creación de nuevos latifundios.

7. Reclamamos un estudio serio del problema agrario, en cada región, y el establecimiento, cada vez más cabal, de las medidas que completan la política de repartición, como son: el crédito agrícola, la irrigación, la dotación instrumentaria y la educación agrícola.

8. Rechazamos la tesis del panamericanismo por ser arma del imperialismo yanqui y rechazamos éste en todas sus formas y manifestaciones así como todo lo que pueda ser arma de penetración imperialista.

9. Proclamamos como norma del estudiantado la defensa de la autonomía efectiva de la Universidad Nacional de México y la lucha encaminada a lograr la autonomía de las universidades de los estados, para de una vez por todas, salvar a nuestras instituciones de cultura de que se intente convertirlas en botín del partido del poder.

37. LEY ORGÁNICA DE LA UNIVERSIDAD AUTÓNOMA DE MÉXICO (1933)*

Artículo 1º La Universidad Autónoma de México es una corporación dotada de plena capacidad jurídica y que tiene por fines

* La ley de autonomía universitaria de 1929 fue derogada y sustituida por la del 19 de octubre de 1933, redactada por el ministro de Educación, licenciado Narciso Bassols. La ley fue discutida ampliamente ante las cámaras con la presencia del autor de la misma y aprobada después de dos días de discusión. Dicha ley mantuvo su plena vigencia hasta 1944, cuando debido a una violenta huelga estudiantil, debió renunciar el entonces rector, licenciado Rodulfo Brito Foucher.

El presidente de la República, Manuel Ávila Camacho, convocó a los ex rectores de la universidad para que. le propusieran un nuevo rector. Pro-

impartir educación superior y organizar investigaciones científicas principalmente acerca de las condiciones y problemas nacionales, para formar profesionales y técnicos útiles a la sociedad y extender con la mayor amplitud posible los beneficios de la cultura.

Artículo 2º La Universidad Autónoma de México se organizará libremente dentro de los lineamientos generales señalados por la presente ley.

Artículo 3º Las autoridades universitarias serán:

I. El Consejo Universitario.
II. El rector.
III. Los directores de facultades, escuelas e institutos universitarios.
IV. Las academias de profesores y alumnos.

Artículo 4º El Consejo será la suprema autoridad universitaria y dictará todas las normas y disposiciones generales encaminadas a organizar y definir el régimen interior de la universidad, sin contravenir las prescripciones de esta ley.

Artículo 5º El rector será el jefe nato de la institución, su representante legal y presidente del Consejo.

Será designado por el Consejo Universitario y durará en su cargo cuatro años.

Artículo 6º Los directores de facultades, escuelas, institutos y otras instituciones universitarias serán designados por el Consejo, en la forma y por el tiempo que señalen los reglamentos que expida el mismo Consejo. Estos reglamentos determinarán los requisitos y calificativas técnicas que hayan de exigirse para cada puesto.

Artículo 7º Tratándose de las academias de profesores y alumnos, el Consejo Universitario por medio de reglamentos, establecerá las formas y condiciones de su integración, funcionamiento, facultades y renovación.

Artículo 8º El patrimonio de la universidad estará constituido con los bienes y recursos que a continuación se enumeran:

a] Con los inmuebles que ocupan actualmente las facultades, escuelas, institutos y demás instituciones universitarias;

puesto el nombre del doctor Alfonso Caso, de inmediato fue designado y ocupó la Rectoría sin ninguna oposición ni de profesores ni de estudiantes. De inmediato el doctor Caso convocó a un Consejo Universitario Constituyente, integrado por profesores y alumnos, directores de facultades, escuelas, institutos y el propio rector. Éste presentó un anteproyecto de la ley orgánica de la universidad, que una vez discutido por el consejo fue aprobado y elevado a la consideración del Poder Ejecutivo. En el *Diario Oficial* del 6 de enero de 1945 se publica el texto de la nueva ley que es la que actualmente rige la organización de la UNAM.

b] Con los inmuebles que para satisfacer sus propios fines adquiera en el futuro la universidad, por cualquier título jurídico;

c] Con el edificio del ex cuartel de San Ildefonso y con la Sala de Discusiones Libres (ex iglesia de San Pedro y San Pablo);

d] Con el mobiliario, equipos y semovientes con que cuenta en la actualidad;

e] Con los legados y donaciones que se le hagan;

f] Con los derechos y cuotas que por sus servicios recaude;

g] Con las utilidades, intereses, dividendos, rentas, aprovechamientos y esquilmos de sus bienes muebles e inmuebles;

h] Con el fondo universitario que recibirá del gobierno federal conforme al artículo siguiente.

Artículo 9º El fondo universitario se compondrá:

a] De las cantidades que el gobierno federal entregará en el resto del año de 1933, hasta completar el subsidio establecido en el presupuesto de egresos vigente;

b] De la suma de diez millones de pesos que el propio gobierno federal entregará a la universidad en los términos siguientes:

I. Si la universidad organiza su hacienda propia sobre la base de imponer su capital a fin de gastar solamente los réditos que produzca, el gobierno aportará con ese fin hasta los diez millones de pesos o la parte de ellos que se imponga en cada caso. Si al hacerse una imposición de capital por todo o parte de dicha suma, el gobierno no estuviere en condiciones de entregarla en efectivo, podrá entregar obligaciones especiales pagaderas en un plazo no mayor de cuatro años;

II. Durante los meses del año de 1934 que transcurran antes de que esté realizada la imposición anterior, el gobierno entregará mensualmente la suma proporcional que corresponda al pago de los diez millones de pesos en cuatro años. Si durante el mismo año hubiere imposiciones parciales, se descontará su monto, a prorrata, de cada exhibición mensual.

Cubiertos los diez millones de pesos en la forma establecida en este artículo, la universidad no recibirá más ayuda económica del gobierno federal.

Transitorios:

Artículo 1º Una asamblea compuesta de:

I. Los directores actuales de las facultades, escuelas e instituciones universitarias; y

II. Un representante de los profesores y otros de los alumnos de cada Facultad o Escuela, elegidos en cada caso por la actual Academia de Profesores y Alumnos;

tendrá facultades para:

I. Designar un encargado provisional de la Rectoría, que será presidente de la Asamblea;

II. Ejercer provisionalmente las funciones del Consejo Universitario; y

III. Expedir a la mayor brevedad, las normas destinadas a regir la integración del Consejo Universitario.

Artículo 2º Se deroga la Ley Orgánica de la Universidad Nacional de México Autónoma, expedida el diez de julio de mil novecientos veintinueve.

Artículo 3º La presente ley entrará en vigor desde la fecha de su publicación.

J. B. Castelazo, M. Garrido L., ingeniero Ángel Barrios, D. García Leal. Rúbricas.

Un balance crítico a 15 años de la reforma

38. MANIFIESTO DE LA FEDERACIÓN UNIVERSITARIA ARGENTINA *

A los tres lustros de continua y renovada acción, cada vez más perfilada y definida, repetimos palabras de uno de los primeros manifiestos de la reforma, publicado en Córdoba el 21 de junio de 1918, que continúa siendo de actualidad en momentos en que vivimos una era de agudizamiento de la reacción intensificada en el país y en la universidad con el motín de septiembre de 1930.

Decían en ese entonces los camaradas de la Córdoba del 18: "Las universidades han sido hasta aquí el refugio secular de los mediocres, la renta de los ignorantes, la hospitalización segura de los inválidos y —lo que es peor aún— el lugar en donde todas las formas de la tiranía y de insensibilizar hallaron la cátedra que las dictara. Las universidades han llegado a ser así, el fiel espectáculo de una inmovilidad senil. Por eso es que la ciencia, frente a estas casas mudas y cerradas, pasa silenciosa o entra mutilada y grotesca al servicio burocrático." Esa situación continúa agravada hoy en que el fracaso de una sociedad fundada en la economía privada y el derecho individual ha significado la intensificación de la reacción dentro y fuera de la universidad. La reforma universitaria continúa en franca beligerancia con los enemigos de toda hora. La Federación Universitaria Argentina incita a los organismos estudiantiles a intensificar sin desmayos sus esfuerzos, luchando de acuerdo al ideario reformista concretado en el Segundo Congreso Nacional de Estudiantes Universitarios, reunido en agosto del año pasado, en uno de cuyos temas se llegó a la conclusión que resumimos con las siguientes palabras: "Los estudiantes deben trabajar por la estructuración de una sociedad fundada en la economía colectiva y en el derecho social."

La situación universitaria. La Federación Universitaria Argentina señala la prolongada situación de las universidades de Buenos Aires y Córdoba, gobernadas por ilegales estatutos y por los más crudos representantes de la extrema derecha, neofascistas criollos que utili-

* Lanzado el 15 de junio de 1933.

zan la cátedra y la burocracia universitaria para desparramar por el país su detonante "revolucionarismo" que añora el régimen dictatorial de Uriburu con sus canongías.

Llama la atención la Federación Universitaria Argentina muy especialmente, sobre el aumento de los aranceles universitarios, poniendo en evidencia la maniobra reaccionaria, tendiendo a reservar la universidad a las clases que representan y sirven, estimando necesaria una urgente y enérgica campaña contra el aumento de aranceles.

También señala la Federación Universitaria Argentina la actitud del poder ejecutivo nacional al suprimir por decreto la Facultad de Agronomía y Ganadería de la Universidad Nacional del Litoral y la actitud frente a la Universidad Nacional de Tucumán.

La declaración del segundo congreso nacional de estudiantes universitarios se mantiene en pie: "Los universitarios argentinos se consideran en conflicto mientras no tengan solución las cuestiones estudiantiles de Córdoba, Tucumán y Buenos Aires."

El problema de la guerra. Insiste la Federación Universitaria Argentina, en sus manifestaciones frente al problema mundial de la guerra, de cuyas bárbaras e inhumanas causas y efectos tenemos ejemplos tan cercanos en la lucha fratricida entre Paraguay y Bolivia. Es necesario que los organismos estudiantiles denuncien a cada momento la verdad sobre el negocio imperialista de las guerras y la esterilidad de esas luchas para llevar el firme convencimiento a los ciudadanos de la necesidad de negarse a empuñar las armas como medio de impedir el sacrificio, la masacre y la miseria de posguerra.

La reacción político-social de Sudamérica. La reacción político-social en el mundo, por lógica incidencia, repercute en América, donde una ola regresiva, representada por "revoluciones americanas" con hondas raíces económico-imperialistas, ha impuesto sucesivas y oligárquicas dictaduras en distintos países. Remarcamos la situación de Cuba, Venezuela, Perú y ahora el Uruguay, países en los que su juventud universitaria, especialmente, libra heroica lucha por la libertad.

Hace resaltar la Federación Universitaria Argentina, por cercana y por los vínculos firmes que la unen a la Federación de Estudiantes Universitarios del Uruguay, la situación de ese país y la energía con que profesores y estudiantes siguen luchando contra el estado de fuerza que impera, con la Facultad de Derecho clausurada por propia voluntad de las autoridades, hasta que su decano, deportado en la Argentina, el doctor Emilio Frugoni, alto exponente de los universitarios uruguayos, sea reintegrado a su patria. Dictadura, la del Uruguay que viola el sagrado derecho de asilo y entrega ignominiosamente a los asilados políticos argentinos.

La preparación fascista. El movimiento gremial obrero sigue cercenado. Se prohíbe o se dificulta la prensa proletaria. Se persigue y se deporta a militantes obreros. Se coarta la voz de la oposición. Se prescribe la clásica bandera roja del proletariado. Cuando la Federación Universitaria de Buenos Aires, auspiciada por la Federación Universitaria Argentina, quiere realizar un mitin en contra del fascismo y de las legiones militarizadas, que amenazan las instituciones existentes, se le oponen trabas de todo orden, pese a lo cual se acaba de realizar un grandioso acto de intensa repercusión. Cuando la Federación Universitaria Argentina quiere significar su solidaridad con los camaradas uruguayos se pretende someter a censura policial la palabra de sus oradores.

Al lado de esa actitud oficial, los burócratas de la universidad, jubilados del presupuesto nacional, militares en retiro, abogados y representantes "nacionalistas" de empresas extranjeras y otros resabios de la época septembrina, preconizan gobiernos de fuerza e imitaciones del fascismo mussoliniano e hitlerista, de un tono sui géneris, y amenazan con movimientos armados y demostraciones uniformadas de fuerza. El gobierno nada dice a esto.

La Federación Universitaria Argentina continuará luchando contra los intentos regresivos y contra el fascismo y recomienda se intensifique en todo el país una activa campaña de solidaridad con obreros y maestros colaborando en todo esfuerzo orgánico en el campo político y social por fundar las nuevas bases solidaristas y colectivistas de la sociedad.

TERCERA PARTE
UNA ACCIÓN PARALELA

La fundación de la Unión Latinoamericana

39. ACTA DE FUNDACIÓN DE LA UNIÓN LATINOAMERICANA *

Reunidos en Buenos Aires los que suscriben, a los 21 días del mes de marzo del año 1925, en la redacción de la revista *Nosotros*, acordaron constituir una asociación denominada Unión Latinoamericana, de acuerdo con la siguiente declaración:

La Unión Latinoamericana ha sido establecida para mantener y realizar estos propósitos fundamentales:

Coordinar la acción de los escritores, intelectuales y maestros de la América Latina, como medio de alcanzar una progresiva compenetración política, económica y moral, en armonía con los ideales de la humanidad.

Desenvolver en los pueblos latinoamericanos una nueva conciencia de los intereses nacionales y continentales, auspiciando toda renovación ideológica que conduzca al ejercicio efectivo de la soberanía popular y combatiendo toda dictadura que obste a las reformas inspiradas por anhelos de justicia social.

Orientar las naciones de la América Latina hacia una confederación que garantice su independencia y libertad contra el imperialismo de los estados capitalistas extranjeros, uniformando los principios fundamentales del derecho, público y privado, y promoviendo la creación sucesiva de entidades jurídicas, económicas e intelectuales de carácter continental.

La Unión Latinoamericana declara, expresamente, que no tiene vinculación alguna, oficial ni oficiosa, con los gobiernos latinoamericanos. Desea de ese modo, conservar entera libertad de opinión sobre la política de las potencias extranjeras que constituyen un peligro para la libertad de los pueblos de la América Latina.

La Unión Latinoamericana afirma su adhesión a las normas que a continuación se expresan:

Solidaridad política de los pueblos latinoamericanos y acción conjunta de todas las cuestiones de interés mundial.

Repudiación del panamericanismo oficial y supresión de la diplomacia secreta.

* Efectuada en Buenos Aires, el 21 de marzo de 1925.

Solución arbitral de cualquier litigio que surja entre naciones de la América Latina, por jurisdicciones exclusivamente latinoamericanas, y reducción de los armamentos nacionales al mínimo compatible con el mantenimiento del orden interno.

Oposición a toda política financiera que comprometa a la soberanía nacional, y en particular a la contratación de empréstitos que consientan o justifiquen la intervención coercitiva de estados capitalistas extranjeros.

Reafirmación de los postulados democráticos, en consonancia con las conclusiones más recientes de la ciencia política.

Nacionalización de las fuentes de riqueza y abolición del privilegio económico.

Lucha contra toda influencia de la Iglesia en la vida pública y educacional.

Extensión de la educación gratuita, laica y obligatoria y reforma universitaria integral.

Los que suscriben se constituyen de hecho en comisión organizadora de la Unión Latinoamericana, para dictar su reglamento y convocar una asamblea general, a la que asistirán, los adherentes que hayan suscrito los propósitos y normas expresados en la anterior declaración.

José Ingenieros, Alfredo L. Palacios, Américo A. Amaya, Alfredo A. Bianchi, Julio H. Brandán, Vicente Martínez Cuitiño, Julio V. González, Gabriel del Mazo, Enrique Méndez Calzada, Gabriel S. Moreau, Arturo Orzábal Quintana, Gustavo Paulsen, Aníbal Ponce, Carlos Sánchez Viamonte, Florentino V. Sanguinetti, F. Suárez Calimano.

40. ORGANIZACIÓN (PRIMER EDITORIAL DE "RENOVACIÓN") *

Las fuerzas que tienden a hacer de la América Latina un vasto imperio colonial, gobernado por los mandatarios políticos del capitalismo norteamericano, se hallan organizadas desde hace treinta y cinco años. El gobierno de Washington, iniciador y principal propulsor de las actividades "panamericanas", costea en parte los gastos de la magna empresa, lo cual es lógico. Grave e inquietante es, en cambio, el hecho de que los gobiernos latinoamericanos apor-

---

* *Renovación* se llamó el órgano de la Unión Latinoamericana. Fueron sus directores José Ingenieros, Gabriel Moreau, Arturo Orzábal Quintana, Fernando Márquez Miranda y Manuel Seoane.

ten·su cuota con el dinero de nuestros pueblos, concurriendo de ese modo a fomentar una tendencia política que terminará, si no logramos vencerla, por reducir a una mera ficción la independencia de nuestras nacionalidades; pues es preciso no olvidar que la Unión Panamericana, no obstante sus apariencias de institución útil a la América Latina, es, en realidad, el órgano embrionario de un supergobierno que el imperialismo del Norte pretende establecer en el Nuevo Mundo, para beneficio de los magnates petroleros.

Nuestra repudiación del panamericanismo oficial significa, en consecuencia, ante todo, que deseamos la supresión de la Unión Panamericana. Creemos que ha llegado el momento de oponer a la organización diplomática de nuestro vasallaje la organización popular de nuestra libertad.

El dólar todopoderoso, nervio motor del panamericanismo, será, sin duda, nuestro primer· enemigo. Tampoco han de mirarnos con buenos ojos aquellos políticos latinoamericanos que, sin reparar en el porvenir de esclavitud que están labrando a nuestras masas ignaras, recurren al expediente suicida del empréstito externo, como único remedio a sus yerros financieros. Todos los que, en una palabra, medran en América a la sombra del capitalismo invasor han de estar contra la Unión Latinoamericana. No importa. Poseemos un tesoro espiritual que no cambiamos por ninguna cantidad de dólares. Sabemos que está de parte nuestra, y que algún día ha de darnos la victoria, esa incontenible energía que radica en la aspiración latente de veinte pueblos. También tenemos la conciencia clara de obrar al unísono de aquel impulso renovador que hace ocho años partiera del Oriente y que hoy, en el vasto escenario de un mundo anarquizado, socava lenta, pero seguramente, el poderío de las grandes potencias capitalistas.

Los escritores, intelectuales y maestros argentinos que hemos organizado la Unión Latinoamericana hacemos un llamamiento a nuestros amigos de los países hermanos para que establezcan, con el mismo programa, centros análogos de acción y de combate que sirvan de base al ulterior establecimiento de una organización continental. Nuestra voz, no lo dudamos, será oída. El ideal que nos mueve a la acción es demasiado grandioso, demasiado impregnado de sugestiones dinámicas para que no suscite, en todos los ámbitos de nuestra América, la apasionada adhesión de todo espíritu verdaderamente libre. Esperamos, confiados, la respuesta.

41. MANIFIESTO DE LA FILIAL DE CÓRDOBA DE LA UNIÓN LATINOAMERICANA *

La Unión Latinoamericana se dirige a los trabajadores manuales e intelectuales de América para formar el frente único de la justicia. Sus lemas pueden concretarse en los que Haya de la Torre formulara al entregar a la juventud de México el 7 de mayo de 1924 la bandera de la nueva generación latinoamericana: Acción conjunta de los pueblos de América: *1*] Contra el imperialismo; *2*] por su unidad política, para la supresión de la explotación del hombre por el hombre, por la nacionalización de las industrias y el reparto de la tierra; *3*] por la internacionalización del canal de Panamá; *4*] en favor de todos los pueblos oprimidos del mundo.

La intervención militar de Estados Unidos en Nicaragua agita otra vez la conciencia de América y actualiza los postulados de nuestra asociación. La existencia de un peligro común solidariza a los amenazados. Es menester señalar ahora en qué consiste ese peligro, en qué medida lo es de América y nuestro, y apercibirnos a la defensa.

La proyección de la doctrina Monroe sobre la América ibérica se acentúa y amplifica, a través de sus modernas transformaciones plutocráticas. Lo que en sus orígenes fuera prenda de libertad y garantía de independencia, deviene instrumento de tiranía. La doctrina de Monroe es hoy la más fina ganzúa internacional que se conoce. En manos de los Estados Unidos la seguridad de los estados latinoamericanos es un mito. Serán abiertos a la codicia y a la violencia del imperialismo yanqui en la medida de sus necesidades circunstanciales. Hoy es la necesidad de asegurar su predominio comercial, y, sobre todo, el monopolio en la explotación de la inmensa riqueza petrolífera continental, lo que da aspecto dramático a la variada ingerencia de Estados Unidos en los países de Centro y Sudamérica.

No es lo más alarmante aquello que se ve: la marinería yanqui cazando revolucionarios en los trópicos u ocupando aduanas de rentas precarias, bajo el socorrido pretexto de que puede peligrar el capital o la vida del temido estadounidense. Muchas veces es el mismo explotado de los trópicos quien se coloca, voluntaria y alegremente, la soga al cuello. Frecuentemente vale tanto Díaz como Sacasa y poco suele interesar al dominador el juego de ilusorias libertades políticas. Lo más alarmante es, precisamente, aquello que no se ve, el juego sutil de influencias en donde se ejercita la fuerza del coloso del Norte. El "quid" de las actuales acciones y reacciones interna-

* En protesta por la invasión de Nicaragua, enero de 1927.

cionales a lo largo del continente americano, lo que va por debajo atando y desatando, es el afán desesperado por la conquista del petróleo en un continente en donde el enemigo mundial está prácticamente ausente merced a las aristas de una doctrina que ahora sirve admirablemente para apartar a los testigos molestos, del propio modo que sirvió en la liquidación de la gran guerra para reconquistar el "espléndido aislamiento" de Norteamérica y descargar sobre Europa las consecuencias de la victoria mundial.

América no tiene que cuidarse como Europa de la restauración de sistemas imperiales de superposición. La ascensión de unos pueblos y el descender de otros, imprime a la acción equilibradora de ese continente fatigado, una actividad sin reposo. En el nuestro, el sistema del equilibrio, consumido por alianzas inestables, carece de sentido. De ahí que todas las alianzas hegemónicas, o limitadamente defensivas, hayan fracasado. La del A B C es la más reciente. Las repúblicas sólo se anticipan en crecimiento. América es un mundo auroral del que sólo hay que apartar los viscosos reflejos de Europa, los vicios que en ella muerden con mordedura mortal.

La magnitud y la potencia de irradiación del pueblo americano, soslayan un peligro que no podemos ignorar. Las actividades de la plutocracia yanqui de tipo parejo a las más temibles de Occidente, han de darnos por largo tiempo la clave de cuanto pueda acaecer desde el canal de Panamá hasta el extremo sur de Chile. Su política es de tipo mundial. De consiguiente, contemplar la política exterior yanqui equivale a considerar nuestros propios problemas, nuestras más grandes y próximas inquietudes.

Estados Unidos se atribuye la tutela del continente americano. Todo apartamiento institucional, toda desviación o toda creación o toda experiencia que se aparte del tipo de las instituciones políticas o económico-sociales que constituyen la estructura de su sistema tendrán en esa tutoría un obstáculo inmediato y cierto. Las supuestas actividades bolcheviques en México son un pretexto para disimular ingerencias contrarias al derecho internacional, y la cólera oficial refleja el derecho que se abrogan los Estados Unidos para dar el *exequatur* a las instituciones libres que den para sí los demás países del continente sometidos tácitamente a su magisterio imperial. Esa tutela arraiga en el contenido vago, místico, impreciso de esa condulante doctrina, de ese "andador" del que ya no precisa la América Latina.

La búsqueda febril del petróleo ha dado un nuevo impulso a la doctrina proyectándola de una manera cada vez más acentuada a la región sur del continente en donde se acostumbraba a considerarla apenas como tema de doctas disertaciones. Muerde ya en la entraña vital de Chile, Perú, Bolivia, Argentina, constituyendo un foco cierto y nuevo de perturbación internacional. El "panamericanismo" hipócrita y dulzón, dialoga en los congresos, mientras la Standard Oil se adentra en las realidades y tiende sutiles redes. La conferencia de Santiago de Chile hizo madurar el arbitraje del viejo y casi derimido pleito del Pacífico. El incauto Alessandri entregó la solución al menos indicado para resolverla. El llamado fracaso del árbitro está fresco en la conciencia de todos. No hay tal fracaso. Toda la gestión ha sido conducida al punto en donde actualmente se encuentra; hace terciar a Bolivia en un arbitraje al cual es ajena, reclamando la revisión de un tratado y la entrega de un puerto. ¿Para qué? A Estados Unidos sólo interesa que tengan salida propia y protegida por su fuerza, los petróleos yanquis del altiplano.

Había otro vago y candoroso pleito de límites entre Bolivia y Argentina que dormía sepulto en viejos anaqueles. La Standard Oil Company lo actualiza en momento en que rige la economía de Bolivia y de la noche a la mañana la República Argentina reconoce la soberanía de Bolivia sobre territorios que han sido siempre argentinos, pero por los cuales cruzan las venas profundas y más ricas de los yacimientos petrolíferos del norte argentino. El senado de la nación no debe aprobar ese tratado *ad referendum* sin una amplia y pública discusión, a la cual sea previa una prolija y previsora legislación del petróleo, que salve también el porvenir de las demás cuencas petrolíferas del país.

Norteamérica necesita del precioso mineral porque sus reservas propias —auguran sus técnicos— se agotarán a plazo fijo. Los tomará al precio que acostumbra a pagar. He ahí por qué los países que aspiran a realizaciones mundiales, como los Estados Unidos, encaminan sus esfuerzos a la conquista del petróleo. Las formas que ese esfuerzo central asuma darán fisonomía en un futuro muy cercano a los problemas internacionales de Centro y Sudamérica. De ahí el peligro que señalamos, el cual enfoca en las preocupaciones dominantes de la Unión Latinoamericana. Defenderse pacífica, pero tesonera y previsoramente, es lo mismo que defender la libertad de las instituciones económico-sociales que se imponen al claro destino de la América Latina. De otra suerte no realizaremos una vida plenamente soberana y día llegará en que no tendremos casi derecho a modificar nuestras leyes constitucionales que aseguren una mejor justicia a los oprimidos de la tierra.

Por eso protestamos contra las francas ingerencias bélicas en Nicaragua y contra los solapados ataques a la soberanía mexicana, llamando la atención de los trabajadores manuales e intelectuales de América sobre los problemas que esos hechos plantean, incitándolos a la acción conjunta que forma el programa de nuestra asociación.

Por la filial de Córdoba de la Unión Latinoamericana:

Deodoro Roca, presidente. *Ricardo Vizcaya,* secretario. *Guillermo Ahumada,* tesorero. *Saúl Taborda, Gregorio Bermann, Jorge Orgaz, Gumersindo Sayago, Enrique F. Barros, Carlos Astrada Ponce y Julio H. Roca,* vocales.

CUARTA PARTE
TESTIMONIOS Y POLÉMICAS

DEODORO ROCA: LA NUEVA GENERACIÓN AMERICANA *

Señores congresales: Reivindico el honor de ser camarada vuestro. Reclamo, pues, la consideración que se os dispensa. Para ello, sabed que practico esta enseñanza de Enrique Bergson: conservar la disposición de espíritu con que "entráis" vosotros a la universidad y estar siempre dispuesto —cualquiera que sea la edad y la circunstancia de la vida— a volver a ser estudiante. Si esa disposición de espíritu es el aliento del trabajo filosófico, lo es también del vigor juvenil. Apenas me adelanté en corta jornada: la que remata el ciclo oficial de los estudios. Ahora os estaba aguardando. En el camino no había una sola sombra quieta. Alcé el zurrón de los peregrinos y me puse en el cruce de las rutas fatales, sobre la calle amarga de los sacrificios, seguro de que por ahí habríais de pasar. Anduve en lo cierto. Pasásteis. Se os distinguía en la música pitagórica de las ideas, en los ritmos amplios, en las frentes claras; tal como en los símbolos heráldicos, en las manos abiertas.

Y en el hondo me sentí hermano vuestro, oprimido de la misma angustia, tocado de la misma esperanza. Por eso estuve en la calle estentórea ardiendo en grito de rebelión y por eso estuve aquí oyendo profundamente las cosas esenciales que dijísteis. La calle fue el teatro romántico de la revolución. Es, también, su destino más glorioso. ¿Y cuál fue, desde lo inmemorial, la que no pasó por ella, descompuesto el ademán, ronco el grito, inflamada, heroica, magnífica? El corazón anduvo libre por plazas y calles. El congreso de hoy se afana por expresarlo. Ahora, los vidrios rotos representan la consistencia frágil, los gritos cobran la dignidad de las ideas. Caracteres esforzados timbraron de heroísmo y de locura los instantes iniciales. Quedaron los sueños vivos y desde aquí los selectos imaginan y construyen.

Pertenecemos a esta misma generación que podríamos llamar "la de 1914", y cuya pavorosa responsabilidad alumbra el incendio de Europa. La anterior, se adoctrinó en el ansia poco escrupulosa de la riqueza, en la codicia miope, en la superficialidad cargada de hom-

* Discurso de clausura del Primer Congreso Nacional de Estudiantes Universitarios, en Córdoba, leído al finalizar la sesión de clausura del 30-31 de julio de 1918.

bros, en la vulgaridad plebeya, en el desdén por la obra desinteresada, en las direcciones del agropecuarismo cerrado o de la burocracia apacible y mediocrizante.

Fugábase la espiritualidad; hasta el viejo *esprit* de los criollos —gala de la fuerza nativa, resplandor de los campamentos lejanos en donde se afianzó nuestra nacionalidad— iba diluyéndose en esta grisácea uniformidad de la conducta, y enredándose en las oscuras prácticas de Calibán. El libro recién llegado —cualquiera que fuese su procedencia y su calidad— traía la fórmula del universo y la única luz que nuestros ojos podían recoger. Asumía el carácter de un símbolo: el barco no llegaba y entonces el rumor de la tierra perdía sentido y hasta el árbol familiar callaba su voz inefable.

No importaba que unos pocos espíritus de escritores salieran cantando de la selva con el hacha al hombro. En los ojos traían copiadas las líneas esbeltas y ágiles de la montaña nativa; el corazón venía hecho paisaje de campo. Eran como islotes de la raza en donde se hubieran recogido todas sus fuerzas vivas. Llegó con ellos la fe en los destinos de la nacionalidad. Y precisamente, irrumpieron en las ciudades, cuando la turba cosmopolita era más clamorosa, y nuestros valores puramente bursátiles.

Entraron a codazos. De escándalo en escándalo, de pugilato en pugilato, llamaron sobre sí la atención. Y en todos los campos se inició la reacción. La primera y la más gloriosa y enteradamente solidaria con las demás, fue la cruzada literaria. Las penúltimas generaciones estaban espesas de retórica, de falacia verbal, que trascendía a las otras falacias, pues lo que en el campo literario era grandielocuencia inútil, en el campo político era gesticulación pura, en el campo religioso rito puro, en el campo docente simulación clínica o pedantería hueca, en la vida comercial fraude o escamoteo, en el campo de la sociabilidad ostentación brutal, vanidad cierta, ausencia de real simpatía, en la vida familiar duplicidad de enseñanza, y en el primado moral enajenación de rancias virtudes en favor de vicios ornamentales.

Entonces, se alzaron altas las voces. Recuerdo la de Rojas: lamentación formidable, grave reclamo para dar contenido americano y para infundirle carácter, espíritu, fuerza interior y propia al alma nacional; para darnos conciencia orgánica de pueblo. El centenario del año 10 vino a proporcionarle razón. Aquélla no fue la alegría de un pueblo sano bajo el sol de su fiesta. Fue un tumulto babélico; una cosa triste, violenta, oscura.

El estado, rastacuero, fue quien nos dio la fiesta. Es que existía una verdadera solución de continuidad entre aquella democracia romántica y esta plutocracia extremadamente sórdida. Nuestro crecimiento no era el resultado de una expansión orgánica de las fuerzas, sino la consecuencia de un simple agregado molecular, no desarrollo, y sí yuxtaposición. Habíamos perdido la conciencia de la personalidad.

Volvernos hacia la contemplación de la propia tierra, y hacia la de nuestros hermanos: "adentrarnos" en nosotros mismos y encontrar los hilos que nos atan a nuestro universo en las fuerzas que nos circundan y que nos llevan a amar a nuestro hermano, a labrar nuestro campo, a cuidar nuestro huerto, a dar de nosotros lo que los demás piden, ser como el buen árbol del bosque nórdico del recuerdo de Bravo, que mientras más hunde sus raíces, más alto se va para las estrellas y más vasta sombra proyecta para aliviar la fatiga de los errantes viajeros: tal parece ser el sentido de lo que llega.

Dos cosas —en América y, por consiguiente, entre nosotros— faltaban: hombres y hombres americanos. Durante el coloniaje fuimos materia de explotación; se vivía sólo para dar a la riqueza ajena el mayor rendimiento. En nombre de ese objetivo, se sacrificó la vida autóctona, con razas y civilizaciones; lo que no se destruyó en nombre del trono se aniquiló en nombre de la cruz. Las hazañosas empresas de ambas instituciones —la civil y la religiosa— fueron coherentes. Después, con escasas diferencias hemos seguido siendo lo mismo: materia de explotación. Se vive sin otro ideal, se está siempre de paso y quien se queda lo admite con mansa resignación. Es ésta la posición tensa de la casi totalidad del extranjero y esa tensión se propaga por contagio imitativo a los mismos hijos del país. De consiguiente, erramos por nuestras cosas —sin la libertad y sin el desinterés y sin "el amor de amar" que nos permita comprenderlas. Andamos entonces, por la tierra de América, sin vivir en ella. Las nuevas generaciones empiezan a vivir en América, a preocuparse por nuestros problemas, a interesarse por el conocimiento menudo de todas las fuerzas que nos agitan y nos limitan, a renegar de literaturas exóticas, a medir su propio dolor, a suprimir los obstáculos que se oponen a la expansión de la vida en esta tierra, a poner alegría en la casa, con la salud y con la gloria de su propio corazón.

Esto no significa, por cierto, que nos cerremos a la sugestión de la cultura que nos viene de otros continentes. Significa sólo que debemos abrirnos a la comprensión de lo nuestro.

Señores: la tarea de una verdadera democracia no consiste en crear el mito del pueblo como expresión tumultuaria y omnipotente. La existencia de la plebe y en general la de toda masa amorfa de ciudadanos está indicando, desde luego, que no hay democracia. Se suprime la plebe tallándola en hombres. A eso va la democracia. Hasta ahora —dice Gasset— la democracia aseguró la igualdad de derechos para lo que en todos los hombres hay de igual. Ahora se siente la misma urgencia en legislar, en legitimar lo que hay de desigual entre los hombres.

¡Crear hombres y hombres americanos, es la más recia imposición de esta hora!

Y bien, señores. El mal ha calado tan hondo, que está en las costumbres del país. Los intereses creados en torno de lo *mediocre* —fruto característico de nuestra civilización— son vastos. Hay que desarraigarlo, operando desde arriba la revolución. En la universidad está el secreto de la futura transformación. Ir a nuestras universidades a *vivir* no a *pasar* por ellas; ir a formar allí el alma que irradie sobre la nacionalidad: esperar que de la acción recíproca entre la universidad y el pueblo, surja nuestra real grandeza. La confederación de los espíritus realizada en sus formas suplantará a las otras. Poco a poco las formas milenarias irán siendo remplazadas. Probablemente la organización de los pueblos se realizará conforme al tipo de una cierta universidad, que todavía no hemos delineado, pero al que se aproximan en mucho las universidades americanas. Y yo tengo fe en que para estas cosas y para muchas tan altas como ésta, viene singularmente preparada nuestra generación. En palabras recientes he dicho que ella trae una nueva sensibilidad, una posición distinta e inequívoca ante los problemas universales de la cultura.

Frente a los primeros arrestos he reafirmado mi fe, recordando las expresiones augurales con que un poeta amigo se dirige al espíritu de las montañas. Donde quiera que esta juventud ensaya algo, se advierte ya la presencia del espíritu que ha de culminar en su vida.

Siempre se debe decir la verdad que se piensa. Y yo, honradamente, pienso que lo que este congreso ha hecho es expresar aquella sensibilidad, tanto en la corazonada que lo reunió, como en el espíritu que le animó. Esto quedará no como una fórmula hecha, sino como un anhelo. Ese anhelo debe recogerlo quien sepa servirlo, pero, ante todo, ustedes deben agitarlo como fermento de fe. Tal vez los políticos comprendan poco lo que está pasando en el alma de la juventud de nuestra patria. Y si han de recoger ese anhelo que lo recojan maduro, que antes de una colaboración, sea más bien un reconocimiento: la fabricación de algo existente. Este congreso no puede ser una meta, sino el tránsito a otro congreso, y en ese tránsito de un año, debéis difundir el espíritu que os abraza. La revolución que ha comenzado, yo creo, no estaría satisfecha, con una ley solamente, porque, como enuncia la recordada frase de Nelson, éstos son más que problemas de leyes: son problemas de almas. Y el alma que ha de producir la solución de todos los problemas clarea ya. La he visto asomar en este congreso, que es el único puro, el único que, en cierto plano, tiene realmente el país, en esta hora triste para la inteligencia y el carácter de los que actúan.

Por vuestros pensamientos pasa, silencioso casi, el porvenir de la civilización del país. Nada menos que eso, está en vuestras manos, amigos míos.

En primer término, el soplo democrático bien entendido. Por todas las cláusulas circula su fuerza. En segundo lugar, la necesidad de ponerse en contacto con el dolor y la ignorancia del pueblo, ya sea abriéndole las puertas de la universidad o desbordándola sobre él. Así, al espíritu de la nación lo hará el espíritu de la universidad. Al espíritu del estudiante lo hará la práctica de la investigación, en el ejercicio de la libertad, se levantará en el estadio, en el auditorio, en las fraternidades de la futura república universitaria. En la nueva organización democrática no cabrán los mediocres con su magisterio irrisorio. No se les concibe. En los gimnasios de la antigua Grecia, Platón pasaba dialogando con Sócrates.

Naturalmente, la universidad con que soñamos no podrá estar en las ciudades. Sin embargo, acaso todas las ciudades del futuro sean universitarias; en tal sentido las aspiraciones regionales han hallado una justa sanción. Educados en el espectáculo fecundo de la solidaridad en la ciencia y en la vida; en los juegos olímpicos, en la alegría sana; en el amor a las bellas ideas; en el ejercicio que aconsejaba James: ser sistemáticamente heroicos en las pequeñas cosas no necesarias de todos los días; y por sobre todo, en el afán —sin emulación egoísta— de sobrepasarse a sí mismos, insaciables de saber, inquietos de *ser,* en medio de la cordialidad de los hombres.

Señores congresales: No nos desalentemos. Vienen —estoy seguro— días de porfiados obstáculos. Nuestros males, por otra parte, se han derivado siempre de nuestro modo poco vigoroso de afrontar la vida. Ni siquiera hemos aprendido a ser pacientes, ya que sabemos que la paciencia sonríe a la tristeza y que "la misma esperanza deja de ser felicidad cuando la impaciencia la acompaña". No importa que nada se consiga en lo exterior si por dentro hemos conseguido mejorarnos. Si la jornada se hace áspera no faltarán sueños que alimentar; recordemos para el alivio del camino las mejores canciones, y pensemos otra vez en Ruskin para decir: ningún sendero que lleva a ciencia buena está enteramente bordeado de lirios y césped; siempre hay que ganar rudas pendientes.

SAÚL ALEJANDRO TABORDA: REFLEXIONES SOBRE EL IDEAL POLÍTICO DE AMÉRICA

Europa ha fracasado. Ya no ha de guiar al mundo. América que conoce su proceso evolutivo y así también las causas de su derrota, puede y debe encender el fuego sagrado de la civilización con las enseñanzas de la historia.

Es urgente hacer de modo que la manía furiosa de europeización que nos domina, no nos impida ser originales, esto es, americanos, por la creación de instituciones civiles y políticas que guarden relación con nuestra idiosincrasia. Que América no esté circunceñida a pensar, a sentir y a querer, como piensa, siente y quiere Europa.

Sólo hemos sabido dificultar nuestro mesianismo, consagrando instituciones que lo niegan y traicionan. Hemos invocado a Rousseau para declararnos libres y nos hemos sometido voluntaria y deliberadamente a Maquiavelo.

Puestos en condiciones de crear una cultura genuinamente nuestra, por obra de la gesta que cortó de un tajo el cordón umbilical que nos ligara al capricho de los conquistadores, dependemos todavía de la civilización transitoria elaborada por Europa.

A cien años de distancia del heroico gesto de nuestros antecesores, el homenaje más grande que podemos tributarles es confirmarlo, y de modo indestructible, en esta hora de suprema incertidumbre, de angustia universal.

Cien años hace que nos dijimos libres; ¡comencemos a serlo! Seamos americanos. Seamos americanos por la obra y por la idea. O simples factorías, o pueblos independientes al servicio del ideal.

Córdoba, 1918.

ALEJANDRO KORN: LA REFORMA UNIVERSITARIA *

1. Nuestros institutos universitarios se hallan labrados por una gravísima crisis y las fases sucesivas del proceso, de vez en cuando con episodios más dramáticos, sorprenden al público y obligan al comentario de la prensa. Al fijarse la atención en cada uno de los incidentes singulares, olvidados ya los anteriores y desconocida su

* Publicado en *El Argentino* de La Plata, durante la gran huelga estudiantil en 1919.

trabazón íntima, el juicio simplista y superficial no atina a librarse de una impresión molesta. Peor aún si afectos o intereses heridos pretenden amenguarlos o si la apreciación sincera, pero unilateral, solamente advierte una faz de los hechos sin ahondar sus raíces. Tan a riesgo de decir cosas sabidas que, entre universitarios, son casi lugares comunes, conviene darle una difusión más amplia.

Si un movimiento se incuba durante varios años, estalla en Córdoba, luego en la capital y repercute en La Plata, si logra apasionar a la parte mejor de nuestra juventud, si se mantiene con vigor y resiste todas las asechanzas, debemos suponerle causas propias y no atribuirlo con ingenuo candor a una "confabulación siniestra". Los motivos aparentes de cada conflicto en particular pueden ser diversos y ofrecer caracteres locales, pero esta perturbación general por fuerza ha de responder a una causa general. Se trata, no de un hecho, sino de una serie continuada de hechos en los cuales se exterioriza un estado de ánimo: la protesta contra resabios anacrónicos del pasado y el deseo de enaltecer la vida universitaria. Negarlo, reducir la reforma universitaria a las proporciones mezquinas de una gresca estudiantil, explicada por tal o cual motivo personal u ocasional, es una falta de visión del conjunto, es no tener la sensación del momento histórico que vivimos. ¡Toda la humanidad se halla conmovida y no había de inquietarse la juventud argentina!

Ocurre que la universidad ha perdido entre nosotros la dirección de la vida intelectual, la cátedra se halla rezagada con relación al medio ambiente. Dejemos a salvo, como es natural, las excepciones, pero la renovación de las ideas directrices, el arraigo de nuevas tendencias sociales, estéticas o filosóficas, la controversia entre posiciones opuestas, toda la brega espiritual, se verifica fuera de las aulas. El libro y la revista son los vehículos del pensamiento; la cátedra no enseña, el estudiante se vuelve autodidacta y la concurrencia a clase una obligación penosa.

Sin embargo, la ausencia del maestro se hace sentir, su dirección, su influencia, no puede suplirse con una información libresca. El estudio mismo de los autores y su elección requieren un guía, un comentario, una apreciación fundada; la letra muerta sobre todo ha de animarse, la materia especial subordinarse a sus conceptos generales; toda la cultura de un espíritu amplio y la autoridad sugestiva de una personalidad son necesarias para dar a la enseñanza su eficacia. Los estudiantes bien lo saben; con acierto implacable distinguen al maestro del simple pasante que repite su texto o toda la lección, o con desgano divaga para matar a todo trance la hora de academia.

Todas estas deficiencias se acentúan por cierto si la universidad, ajena a los cambios que sobrevienen en el mundo de las ideas, abstraída en rutinas y doctrinas pretéritas, se divorcia de las fuerzas activas y en lugar de irradiar su influencia en la vida nacional se convierte en refugio de la desidia y de la mediocridad. ¿Cómo el descontento de una situación semejante no había de provocar en la juventud el desdén primero, la protesta después y, por último la inevitable rebeldía?

Las reflexiones serias y las declamaciones fingidas sobre la falta de disciplina, a su vez no tardan en manifestarse. La consagración al estudio no puede prosperar en el desorden, la disciplina es necesaria, pero en el ambiente universitario no puede imponerse ni por una reglamentación pedantesca, ni mucho menos por la coerción física. No cabe sino una autoridad moral, y haberla querido suplir con el machete del gendarme ha sido un delito y el origen de las reacciones violentas. La universidad aspira a ser en el desenvolvimiento de nuestro pueblo una entidad directriz merced a su alta autoridad moral y no puede ejercer otra en su propio recinto.

Suprimida la asistencia obligatoria, profesores incapaces de reunir cuatro oyentes en torno de sus cátedras, claman por medidas compulsivas en lugar de tomar resignados el camino de sus casas. Y en nombre del socorrido principio de autoridad, las oligarquías dirigentes, también ansiosas de perpetuarse, amparan la ineptitud, toleran la indolencia, incurren en favoritismos y postergaciones, eso sí, atentas siempre al formulismo legal, satisfechas de salvar las apariencias.

Entre tanto, fuera del claustro se derrumban viejos conceptos, germinan nuevas ideas, bulle la vida en almas jóvenes y las mentalidades académicas nada barruntan.

Si luego los nuevos tiempos se anuncian con algunos aldabonazos recios, se sobresaltan e imaginan subvertido el orden cósmico porque les peligra su plácida quietud.

Así, pues, como la asistencia libre es condición indispensable para estimular al docente, la renovación a breve plazo de los cuerpos académicos con la cláusula de la no reelección es la segunda exigencia de la reforma a fin de evitar la estabilización, algunas veces vitalicia, de los mismos personajes en los mismos puestos directivos.

No concluye, sin embargo la reforma universitaria con estas y otras modificaciones de los estatutos vigentes, ni se la identifique con la letra de alguna ordenanza reciente tan permeable al fin a las arterías habituales como las antiguas. La reforma es un proceso dinámico, su propósito es crear un ·nuevo espíritu universitario, devolver a la universidad consciente de su misión y de su dignidad, el prestigio perdido. Al efecto, es imprescindible la intervención de los estudiantes en el gobierno de la universidad. Ellos y solamente ellos representan el ímpetu propulsor, la acción eficiente, capaz de conmover la inercia y de evitar el estancamiento: Sin ellos nada se ha hecho ni nada se habría hecho. La forma en que han de intervenir, es cuestión secundaria; lo importante es que constituyan un poder del cual en adelante no se pueda prescindir. Por conquistar o afirmar este poder la juventud universitaria en un esfuerzo solidario que abarca todo el país, lleva dos años de gallarda lucha, y de su éxito depende el porvenir de la cultura argentina. Los adversarios francos de la reforma, por suerte a la fecha han sido arrollados; nadie osa combatirla de frente. Enemigos más taimados son otros que acuden a los recursos más insidiosos para desvirtuarla y los peores amigos simulados que la aceptan con reservas mentales.

Si desde luego resisten a la reforma universitaria en primer lugar los intereses creados, no todos cuantos se le oponen son espíritus retrógrados o aviesos; en parte son hombres dignos de respeto, que sin abrigar intenciones mezquinas, se alarman ante tendencias a su juicio anárquicas y disolventes. Sin desconocer la existencia de prácticas viciosas, esperan poderlas remediar por otros medios y califican los empleados como subversivos. Temen, pues, la ingerencia directa de los estudiantes.

Los que simpatizamos con la reforma, en cambio, nos resistimos a magnificar ciertos incidentes, conservamos la fe en los sentimientos espontáneos de nuestra juventud, y el desquicio de la enseñanza lo achacamos a las corruptelas acumuladas durante años. En la agitación momentánea tan sólo vemos el punto de partida de un gran movimiento espiritual encaminado a trasmutar la orientación ideológica de las nuevas generaciones. Hemos anunciado el advenimiento de una intensa cultura ética y estética, genuinamente argentina, ennoblecida por el anhelo de la justicia social y destinada a superar, sin desmedro para la ciencia, la época intelectualista y utilitaria. Complace ver a la juventud, aunque sea por distintos rumbos, buscar la luz de nuevos ideales.

Una cátedra libre rodeada por estudiantes libres, dueños y responsables de sus actos, ha de contribuir mejor a formar el carácter nacional que la tutela verbosa de quienes jamás dieron un ejemplo de entereza.

Pecóse dentro y fuera de los muros de Troya. Así suele acontecer cuando el conflicto de las ideas abstractas se concreta en el choque áspero de sus representantes. No pueden, empero, equipararse los extravíos de una muchachada impulsiva con la incomprensión y los desplantes de hombres maduros. Ciertos alardes serían inexplicables, si no conociéramos la psicología risueña de la indignación —con los otros. He ahí gentes que impasibles han contemplado largo tiempo artimañas y flaquezas humanas y ahora, ante unos gritos destemplados, ante unos trastos rotos, se emocionan con sensibilidad femenina y no pueden contener el torrente de su indignación. Y hasta la revisten, si el caso llega, con las formas de ese mísero derecho que se emplea, no en servir la justicia sino al cliente.

Hace poco más de un año, al asumir una función académica, dijimos que algún estrépito había de ocasionar el crujir de los viejos moldes. No debióse tomar la metáfora en su sentido literal, pero algunos vidrios estrellados y una venerable poltrona perniquebrada nos tienen sin cuidado. Están en juego prendas más valiosas.

ALEJANDRO KORN: LA REFORMA UNIVERSITARIA Y LA AUTENTICIDAD ARGENTINA *

Sobre el problema de la enseñanza superior abunda una literatura esparcida en libros, revistas y periódicos y no me propongo agregarle una página más. No voy a recomendar ni el modelo de las universidades germánicas, ni el ejemplo de las norteamericanas, no pienso inspirarme en la organización de los institutos franceses o italianos. Porque a esto se reduce entre nosotros el debate de los asuntos universitarios: a ponderar como eximio, como único, algún trasunto extraño. No podemos renunciar a la propensión simiesca de la imitación tan desarrollada en el espíritu argentino.

Promulgadas las reformas últimamente conseguidas, más de una vez he escuchado la angustiada pregunta: ¿En qué país ha visto usted semejante cosa? Y avergonzado ante el reproche, he debido atribuirlas a un remoto atavismo, pues valido de la erudición ajena he llegado a saber que algo análogo se usaba en la vieja universidad de Salamanca. Todo, antes de confesar nuestro coraje de hacer algo propio.

Ante el espectáculo de la reforma impuesta con violencia revolucionaria, los hombres de mi tiempo se hallan en la situación trágica de aquellos padres españoles que en la época de la emancipación veían afligidos a sus hijos criollos enrolarse en las filas de la rebelión. No podían ni comprender, ni justificar, ni sancionar una subversión destinada, a juicio de ellos, a conculcar todos los

* Texto de 1920.

respetos morales y tradicionales. Aún cada generación caduca y agotada vuelve a experimentar las mismas congojas. *Casca il mondo,* decía aquel fraile, porque se demolían algunas piedras en la Porta Pía. Gracioso es hallar la misma zozobra en quienes alguna vez, antaño, también tuvieron su cuarto de hora revolucionario.

La reforma universitaria no es una obra artificial. No ha nacido en la mente pedantesca de un pedagogo, no es el programa fugaz de un ministro, ni, como propalan los despechados y los desalojados, la trama insidiosa de espíritus aviesos. Es la obra colectiva de nuestra juventud, movida por impulsos tan vehementes y espontáneos como no habían vuelto a germinar desde los días de la asociación de mayo, cuando el verbo romántico de Echeverría despertó las conciencias a nueva vida.

Fue en Córdoba, en el centro urbano más argentino, más saturado de tradición ancestral, donde estalló el movimiento, latente de tiempo atrás. Por eso no se extravió. Con conciencia plena de los males, con intuición clara de su remedio, creó las nuevas formas de la vida universitaria, despreocupado de fórmulas y ficciones. E hizo obra nuestra, obra nacional, pese a algunos alardes de ingenuo exotismo; al fin el carmín ocasional no ha de desteñir el color nativo.

La iniciativa arribeña, tan oportuna, tan eficaz, de inmediato repercutió en el litoral y éste es momento en que tras recia lucha, la reforma acaba de enseñorearse del último baluarte, de la Universidad de La Plata.

No ha triunfado por acaso. Si ha podido convencer la obstinada resistencia, si se ha sobrepuesto a la incomprensión de unos y a la malevolencia de otros, si ha hallado bríos y tenacidad para mantener la larga contienda, es por ser la expresión de una necesidad histórica.

Había sobrevenido en las universidades una verdadera crisis de cultura. Por otra parte la persistencia de lo pretérito, el imperio de difundidas corruptelas, predominio de las mediocridades, la rutina y la modorra de los hábitos docentes, por otro la orientación pacatamente utilitaria y profesional de la enseñanza, la ausencia de todo interés superior, el olvido de la misión educadora y por último el autoritarismo torpe y la falta de autoridad moral, dieron lugar a esa reacción que nace de las entrañas mismas de la nueva generación.

Y he ahí el asombro de todos los teorizantes, indignados porque la realidad se atreve a prescindir de sus consejos, porque las fuerzas vivas obedecen a su propia ley, sin curarse de efusiones verbales siempre reñidas con los actos. El mal estaba a la vista, no lo desconocían ni los mismos autores, pero las mentes académicas abstraídas en las reminiscencias del pasado, indiferentes al movimiento actual de las ideas, sin noticias de la llegada de un nuevo siglo, ni sospechaban siquiera la inquietud de las almas jóvenes. Cuando más se les ocurría el trasplante de instituciones exóticas, concebidas por y para otras gentes. Larga es la serie de esas creaciones postizas, que, o no arraigan en nuestra tierra o experimentan una degeneración criolla que las convierte en caricatura de sus originales. La juventud argentina —honor a ella— supo hallar la vía propia, la solución argentina y nacional. A no ser por su arrojo, todavía estábamos deliberando.

La exigencia de plantear nuestros problemas como propios y resolverlos dentro de las características de nuestra evolución histórica no importa incurrir en una necia patriotería. Nada tengo en común con quienes al decir patria la identifican con menguadas concupiscencias y la celebran en vulgares frases. Parte integrante de la humanidad también somos nosotros y sus angustias, sus luchas y sus esperanzas también las vivimos nosotros. Nuestro hogar se yergue sobre los bordes del Atlántico, dispuesto a acoger con ánimo amplio todas las repercusiones del proceso mundial. ¿Cómo desconocer precisamente en la emoción intensa que labra el espíritu de la juventud la expansión de corrientes universales?

Así también en la reforma universitaria se expresa un anhelo de renovación, un deseo de quebrantar las viejas formas de la convivencia social, de transmitir los valores convencionales. Su importancia no reside en el articulado casuista de estatutos más o menos acertados, sino en el contenido ideal que logre animarlos.

En primer lugar se ha incorporado la acción de la juventud como un elemento orgánico al gobierno de las instituciones universitarias, esto es una energía propulsora. Por cierto que con ello se ha perturbado la paz de los claustros; la existencia ha dejado de ser apacible; la sensación del riesgo en el ambiente hostil, obliga a un constante esfuerzo para mantener el prestigio de la cátedra. Yo he alcanzado todavía en los escaños de la facultad de medicina profesores consagrados a la modesta tarea de tomar la lección señalada en el texto y era grave falta invertir acaso el orden de las páginas. ¡Tiempos felices, ya no volverán! Sin duda en el desenvolvimiento de la acción juvenil habrá habido alguna incongruencia, algún exceso de palabras y en hechos. Concedamos aun que haya habido alguna injusticia. Pero, ¿por qué se ensaña el juicio de ciertos círculos y de cierta prensa con cada desplante de la muchachada y guarda piadoso silencio para cuantos prevaricaron en la alta función del magisterio?

Luego la reforma es libertad. Es la emancipación de trabas y tutelajes que constreñían el estudio y sofocaban toda espontaneidad. Inspirados por concepciones mecanistas, los métodos pedagógicos deprimían la personalidad humana al nivel de una cosa susceptible de ser catalogada, medida y clasificada. La libertad universitaria supone en el estudiante, como correlativo ineludible, el sentimiento de la dignidad y de la responsabilidad, los fueros de una personalidad consciente, regida por su propia disciplina ética.

Sobre esta presunción reposa el porvenir de la reforma. Todavía no ha llegado la hora de juzgarla y exigirle frutos. Mucho ha hecho con desbrozar el camino. La reforma será fecunda si halla una generación que la sepa merecer. Abriguemos la esperanza que quienes conquistaron la libertad universitaria, la afirmarán, no como licencia demoledora, sino como acción creadora.

SAÚL ALEJANDRO TABORDA: DOCENCIA EMANCIPADORA *

1. Todo lo grande y trascendental que trae al mundo el proceso de renovación que ya se adueña de los seres, de las ideas y de las cosas, está contenido dinámicamente en la irreductible posición asumida, desde un tiempo a esta parte, por los universitarios de nuestro país frente a las viejas prácticas pedagógicas y a los hombres que las sirven y las explotan. Los estudiantes de Córdoba, primero, después los de Buenos Aires y Santa Fe, y ahora los de La Plata, se han erguido con un gesto demasiado vivo y espontáneo para que pueda atribuirse a inquietudes inmotivadas o a impulsos fugitivos; han herido con mano demasiado segura los intereses creados de camarillas y nepotismos adheridos a las funciones burocráticas por privilegios hereditarios, para que el criterio más severo y más exigente pueda dudar de que el arma con que hieren no está templada en la fragua en que pondera sus instrumentos el ideal de justicia; han hablado con demasiada claridad y elocuencia para que no se sienta y se adivine que, envuelta en la palabra como la aurora en el celaje, llega palpitando, vehemente, avasallador, pleno de pujanza y de energía, el lampo de un pensamiento creador y novedoso.

Para los hombres que han manejado hasta aquí la educación de la juventud; para los mentores a quienes la obra de una ilusión nunca examinada atribuyó siempre la posesión del logaritmo de toda ciencia; para los graves maestros que conocen al dedillo los

* Texto de 1920.

archivos de las edades idas, suerte de cicerones que viven en los meandros de la leyenda y la tradición; para todos los fieles y asalariados guardianes del orden establecido, nada, absolutamente nada expresan ni significan la unánime actitud de los universitarios. Les basta con atribuirla a la única ley en que son doctores: la ley del menor esfuerzo, a la que aun añaden la rara virtud de conspirar contra la disciplina jerárquica y el principio de autoridad. Ajenos a la noción, ya incorporada al dominio del *commom sense,* según la cual de nada sirven la violencia y la negación suicida para resolver los problemas que se presentan a una sociedad en determinados momentos críticos de su historia, fían la solución de todo afán a los preceptos de un código punitivo que ellos tienen comentado y anotado con la prolija paciencia y con el acendrado y místico amor con que el asceta soba el látigo que ha de acallar las urgencias de su carne, o bien se aferran al sensualismo de los bienes conseguidos engañando todo temor con la táctica del avestruz acorralado. Que acaso el avestruz antepasado que primero hundió su cabeza en el lodazal para negar la proximidad del adversario fue el rector de alguna universidad zoológica improbable y remota...

Incapaces de comprender el sentido profundamente vital y afirmativo del inalterable consenso público que vincula la juventud y sus manifestaciones espirituales a la idea noble y generosa, incontaminada por intereses subalternos, no sabrán nunca qué soplo procedente de incognoscible latitud es el que apaga la lámpara de la vigilia sobre el libro abierto en la mesa de trabajo; no sabrán nunca qué mano invisible es la que cierra la puerta de los laboratorios y de las bibliotecas; no sabrán nunca qué mandato misterioso es el que apaga los rumores cotidianos en los claustros y en las aulas; no sabrán nunca qué impulso supremo e inexorable es el que enardece el instinto de rebelión en las multitudes universitarias y las empuja a la protesta de la plaza con una decisión y una voluntad no domeñadas por los jerarcas de la docencia ni por los desmanes de la gendarmería que les opone el proconsulato mediocre y soberbioso. Hicieron de la mutilación de la vida una profesión habitual, y la vida que reivindica sus fueros se venga de ellos hiriéndolos con la irremediable ceguera que les condena a asistir al glorioso espectáculo que pone un canto de amor y de esperanza a flor de labio, una palpitación de fe en el corazón, una aurora en la frente y un día en el cerebro, con el estúpido criterio de bachilleres, de curas y de barberos escapados de las páginas del Quijote. Prudente sabiduría que deja a un lado el pasado inútil con sus pequeños expedienteos, con sus seniles afanes de planes docentes tocados y remendados, y allana la senda a la nueva conciencia histórica que adviene preñada con el destino del hombre.

II. Hasta ahora los regímenes sociales, tanto aquellos que invocan como razón de ser la delegación divina, como los que invocan la voluntad del pueblo, sólo han visto en la política docente un instrumento adecuado para asegurar la persistencia indefinida del orden establecido. La educación como medio de liberación del individuo, la educación como medio consecutorio de una plena, amplia y definitiva realidad del hombre, fue siempre extraña a sus actividades, en razón de su manifiesta incompatibilidad con sus designios de predominio. Mientras la tiranía —la tiranía de toda laya, laica y religiosa, oligárquica y plebocrática— pudo mantener a las masas sumergidas en la ignorancia llena de prejuicios y de groseras supersticiones, los institutos docentes no fueron otra cosa que seminarios conciliares encargados de conformar con el zapato chino del dogma teológico, con la cristalización jurídica extraída de las pandectas y del digesto romano, y con la cínica lección política enseñada por Maquiavelo, los espíritus destinados a perpetuar en beneficio de los amos la tiranía como sistema y la ignorancia como resorte gubernativo.

El renacimiento filosófico del siglo XVIII, al consagrar la soberanía del pueblo como causa, fuente y origen de toda función política, creó, como consecuencia inmediata, la necesidad de educar al soberano para ponerle en condiciones de ejercitar a conciencia sus facultades y prerrogativas reconocidas por la doctrina. La revolución, que puso en manos del ciudadano el voto como título de autonomía, debió aclarar en la inteligencia del elector el contenido de su derecho. Sólo tenía un camino para conducir al comicio al ciudadano y ese camino era el de la escuela.

La democracia parlamentaria ha poseído, empero, la virtud de la sombra del manzanillo para la fecunda inferencia. El largo siglo de vida que tiene cumplida es prueba elocuente e intergiversable que carece de capacidad para hacer efectiva la cultura prometida por la concepción filosófica que la informa. Celosa de los privilegios económicos, cuya inteligente expropiación le hubiera proporcionado la libertad económica que condiciona y afirma la libertad política, se ha convertido en una hetaira al servicio de todos los partidos, de todas las fracciones y de todas las clases, y ha defendido con ellos su patriótico concepto de la soberanía del pueblo como el empeño de los unos de medrar a costa de los otros. El sufragio universal, adoptado de esta manera en eficaz instrumento de predominio, tan presto como se ha enseñoreado de la función gubernativa ha exhumado y remozado para su uso las viejas concepciones pedagógicas y, afanado en asegurarse su posición por medio de una enseñanza unilateral y calculada, ha dado en crear escuelas de clase, para ricos y para pobres, para niños y para niñas, clásicas y técnicas, para gobernantes y para gobernados, para doctores y para obreros. Dominada por la ilusión que nace del hecho mismo del mando en aquellos que lo ejercitan, hasta el punto de crearles la extraña certidumbre y convicción de haber nacido signados para ello, la democracia liberal entiende haber realizado un cometido fundamental cuando sólo ha permitido que se afirme y subsista un estado de concurrencia en el que para adquirir un conocimiento rudimentario es necesario someterse a las rigurosas condiciones de un *struggle* desesperado e inmisericorde. No ha podido escoger una manera más eficaz de ahondar y acentuar su merecido desprestigio que limitándose a "reconocer" en la letra el derecho a educarse a una niñez que apenas puede agotarse y marchitarse prematuramente en las fábricas y en los talleres en procura de un mendrugo.

No atenúa ni suaviza en modo alguno la notoria ineficacia con que ha desnaturalizado la doctrina de que es hijo bastardo el régimen imperante, el relativo número de educandos que concurren a sus escuelas. Bien conocido es el cuidado con que la ciencia oficial, al estimular las jóvenes inteligencias, atisba el nacer de las múltiples manifestaciones que las llenan y aprovecha la oportunidad propicia para adocenarlas en un sentido favorable al orden de cosas establecido, a la estructura social que la costea y que la paga. El sufragio que domestica en los hemiciclos legislativos todo arresto de rebeldía de la conciencia pública, ciega también con mano despiadada la flor de pensamiento que llega a brotar en el ambiente impropicio de una escuela.

III. Mientras todo esto ocurre en lo que se llama enseñanza elemental, en los institutos superiores las pretéritas tácticas docentes siguen formando una clase de más en más definida y caracterizada por su cometido de defender el régimen de injusticia, de abuso, de privilegio, de acaparamiento y monopolio erigido a la sombra del mito de la soberanía del pueblo. Se puede admitir como un homenaje al esfuerzo sincero de quienes viven entregados a la tarea de rectificar los planes de enseñanza y los programas de estudios universitarios, que éstos desechan ya y corrigen con relativa eficacia la mezcla de nociones contradictorias y antinómicas, el amasijo de nociones abstractas y concretas, humanas y divinas, todo, en fin, lo que ha significado siempre una deliberada confusión en el progreso educativo; pero lo que nadie osará negar y desconocer sin negar y desconocer a designio la verdad inmediata que perciben los sentidos en todos los hechos de la realidad, es la aparición de esta clase universitaria que en Estados Unidos llaman ya la "clase inteligente" y que nosotros conocemos con el nombre más elocuente y sugestivo aún de "clase gobernante".

No se averiguará cuál es el recurso que conduce a este resultado, por lo demás previsto como objetivo fundamental por la política que ha dividido, graduado y clasificado la enseñanza conforme a los intereses de los que mandan, sin referirlo, a lo menos en gran parte, a la influencia del civilismo y del romanticismo exhumado y rehabilitado por la burguesía que aprovechó en su beneficio la revolución de 1789. Normas propicias a todo privilegio, como que fueron concebidas para consolidar situaciones de usurpación y de violencia, las leyes de Gayo, de Ulpiano y de Modestino, consagradas como "la razón escrita" por toda una tradición jurídica, enquistadas en el alma de las universidades del presente, continúan suministrando al espíritu de la juventud los elementos nutricios de sus ideas, de su conducta y de su acción.

Alguna vez la virtualidad constructiva de las investigaciones científicas se ha erguido contra este insano afán de gobernar, con principios cuyo único sitio es el museo, las múltiples actividades de nuestra vida. Mas, apenas se ha insinuado este propósito superior, cuando sociólogos y juristas, recogiendo desde la cátedra universitaria la información de los laboratorios, con ánimo prevenido, la han profanado y la han bastardeado aplicándola a la actividad social con el extraviado criterio con que los Haeckel, los Le Dantec y los Bobineu se han empeñado en reforzar el edificio en ruinas del absolutismo estadual.

De aquí que en todas las circunstancias en que las ideas con las que el espíritu humano reconstruye, modifica y restaura la técnica de la civilidad soplan desde el recóndito hontanar de la vida sobre las formas sociales inadecuadas, encuentran en las universidades el muro de contención que las detiene y el parapeto en que se asila la rutina. De aquí que las universidades hayan sido y continúen siendo el lastre más gravoso, el peso muerto más injusto que los pueblos arrastran a remolque en la corriente de su historia. De aquí que las facultades de derecho, a las que corresponde aludir en primer término desde que son las que fijan el contenido social de los altos institutos, mientras sigan la orientación que ahora siguen, no podrán nunca llenar otra función que la de proveedoras al por mayor de parásitos para los renglones del presupuesto; de caudillos para los turbios manejos de los partidos de la derecha, del centro y de la izquierda; de hueros verbalistas para los congresos legislativos; de medianías doctoradas para la cátedra, para la magistratura y para el foro.

IV. La nueva voluntad humana, la nueva voluntad creadora, cuyo aliento de historia y de eternidad agita en esta hora a las multitudes universitarias, lejos de traicionar con pasividad equívoca su filiación filosófica revolucionaria y activa, define su actitud de franca beligerancia frente a la antigua política educacional. En el momento en que Estados Unidos hace obligatoria la enseñanza del patriotismo, esperanzado todavía en ahuyentar con exorcismos pueriles el rojo fantasma que se avecina; en el momento en que la España oficial impone a sus escolares la lectura del Quijote acaso para desviar su atención de las preocupaciones del presente; en el momento en que Francia se prosterna en los umbrales de Canosa, Magdalena contrita que implora y que se macera las entrañas en que procreara el genio de Rousseau, la nueva conciencia histórica afirma con Pestalozzi "que en el dominio de la educación la diferencia de clase carece de todo derecho lógico y moral".

La docencia de estado que deforma las mentes con un ideal patriotero y sin contenido, pertenece a un pasado que no volverá. En el abismo en que se hunde de día en día agitará en vano sus viejos valores, sus pretéritas concepciones que ya no son más que jeroglíficos insolubles; sus hechos históricos, sus mezquinos ideales, sus héroes y sus prototipos han dejado de alucinar y de ser modelos concluidos para las generaciones de hoy. Que los muertos entierren sus muertos, y que los entierren bien para que no resuciten. Ahora se quiere vivir en pleno presente, construyendo, de cara al futuro, sin componendas ni compromisos con otras edades.

La noción psicológica según la cual la adquisición de todo conocimiento se opera de afuera adentro, de la periferia al centro, que ha constituido toda la habilidad empírica de la enseñanza oficial, no servirá en adelante para cercenar cerebros ni para moldearlos de acuerdo con el designio del orden establecido. La ciencia ha acudido en defensa del hombre. La novísima información científica relativa a las secreciones internas, adelantándose al fondo íntimo del alma infantil, ha descubierto estratos profundos de vida psíquica cuya riqueza o pobreza de deseos determina en el individuo el pulso vital ascendente o descendente, positivo o negativo, propicio a la energía y al amor, o a la decrepitud y al rencor, y ha lanzado ya a la miope pedagogía que los mutila la protesta de las palabras de Ortega y Gasset: "en lugar de apresurarnos a convertirnos en instrumentos eficaces para tales o cuales formas transitorias de la civilización, debe fomentar con desinterés y sin perjuicios el tono vital primigenio de nuestra personalidad". No se detiene en esto; después de haber colocado en su verdadero lugar la proyección que en verdad corresponde a las demás disciplinas particulares en el proceso social, proclama con Natorp que la educación del trabajo es el punto de partida para la educación de todos en común; vive en la realidad, la impregna y la llena de íntima esencia ética en "la escuela unificada del trabajo" de Lunatcharski; y triunfa con el gesto de rebelión que ha rescatado para la sana alegría de los niños rusos los jardines de Tsako-Selo.

En el momento en que Inglaterra agrietada y removida por las profundas trasmutaciones de esta hora, pone a contribución las cátedras de sus universidades para recomponer su imperialismo tambaleante y maltrecho, la nueva conciencia histórica invade los institutos superiores y resuelve remplazar el derecho del bandido romano por el derecho del hombre; el derecho de Plutus por el derecho del productor; el código civil de las minorías privilegiadas por el código de los *cives,* de los hombres todos que trabajan, que crean, que elaboran con la levadura del esfuerzo de cada día el pan de una civilización más grande y más perfecta.

V. Se comprende bien que para el supremo designio de la nueva docencia que ya se anuncia, revista escasa importancia el mero prurito ˙ de reformas y remiendos a los planes educativos. Detenerse a considerar tan sólo la participación de los estudiantes en el mecanismo docente, el electoralismo del aula que adiestra por anticipado para la feria del comité, y la *capitis diminutio* del absolutismo jerárquico, es ciertamente rebajar los términos del problema. No es en esta parte circunstancial donde se halla el nudo de la cuestión. Si fuera posible reducir a expresión sintética el enorme contenido del nuevo ideal, podría decirse que todo obedece al propósito de la vida de redimir de la servidumbre a la inteligencia.

Porque el mal, el temible mal, que la vieja política educativa ha llevado a la escuela, al colegio y a la universidad, es precisamente el de haber atentado siempre contra la integridad y la dignidad del espíritu. Ella ha envenenado las fuentes de la sabiduría; ella ha operado con arte de cirugía de Troppman consumado, la cincuncisión mental propicia al dogma de la obediencia; ella ha sometido a deliberado vasallaje a hombres nacidos para ser libres;

ella ha levantado por la mano de sus domésticos —teólogos, profesores, maestros y bachilleres— el altar en el que multitudes cegadas por ella misma y por ella misma heridas de incomprensión, ofician al dios Ganancia, al único dios que adora la civilidad de occidente, según el claro decir de Rabindranath Tagore.

El justo desdén con que el pueblo ha mirado siempre a los intelectuales, ha provenido, como lo observara ya Eugenio D'Ors, de la irreductible impotencia que éstos demuestran en todo momento para abarcar con visión serena y simpática la totalidad de la vida. Esta impotencia que les reduce a la trágica condición de vasallos, de asalariados, de sometidos, es obra exclusiva de la docencia al uso. La unilateralidad mental que les impide dilatar el espíritu por el panorama infinito y vario de las ideas y de las cosas, les ha sido impuesto, incrustado en la escuela y en la universidad.

Por eso la obra en que está empeñada la nueva conciencia histórica —de la que los universitarios son instrumentos activos— es obra de la liberación, de liberación de los falsos apostolados políticos y sociales de los trasnochados nacionalismos, de las deliberadas preocupaciones, de la enervante moral idealista sobrepasada; es empresa de amplia, de total, de definitiva emancipación del espíritu.

HÉCTOR RIPA ALBERDI: RENACIMIENTO DEL ESPÍRITU ARGENTINO *

Venían gobernando nuestro país tanto en política como en enseñanza, hombres del pasado siglo, modelados por la mano áspera de la filosofía positiva. Viejas ideas y viejas teorías eran el pan desabrido que se brindaba a las nuevas generaciones. Salían los jóvenes de los claustros universitarios, encajados en fórmulas rígidas que tan sólo les servían para cruzar por la vida como las viejas naves de Tiro y de Sidón, que surcaban el Mediterráneo celosas del oro que guardaban en sus entrañas. La tiranía de los que no van más allá del catecismo comtiano había echado cadenas al alma argentina: ni una inquietud por superarse, ni un aleteo de esperanzas nobles o una leve fulguración idealista. La voz augural dormía en el corazón de la juventud y tardaba en llegar el instante del glorioso amanecer. Como el arpa de Becquer, las nuevas generaciones argentinas, aguardaban silenciosamente la mano de nieve que hiciera resucitar las olvidadas notas. En tanto pasaba la vida con rutinaria displicencia;

* Texto de 1920.

el pensamiento había envejecido al cruzar las montañas del siglo XIX y era menester retornar a las ánforas helénicas, para beber el vino sagrado que había de redimir a los hombres, por gracia de la triade platónica que encendió en los espíritus la llama inextinguible del amor, la verdad y la belleza. Nadie osó pensar en lo próximo del instante supremo y heroico de la rebelión espiritual. Pero el instante había de llegar, y así fue. Y esa fuerza que los lanzó a la lucha, esa pujanza que les brotó en el alma, llevaba en su ímpetu juvenil toda la generosidad idealista de las nuevas ideas.

El renacimiento del espíritu argentino se opera hoy, pues, por virtud de las jóvenes generaciones que al cruzar por los campos de la filosofía contemporánea han sentido aletear en su frente el ala de la libertad. Y estos movimientos de la juventud no son más que una altiva afirmación de esa libertad: libertad que derriba, libertad que crea, libertad que avanza. A su amparo un pensamiento innovador, rejuvenece el alma de las instituciones universitarias.

Hubo un tiempo en que la pavorosa visión del desierto hizo nacer en la mente de Sarmiento la idea de llevar, aunque sea la más humilde semilla espiritual para arrojarla en aquellos yermos desolados. Y esa idea altruista, que fue la obsesión perenne del gran educador argentino, respondía íntegramente a las necesidades de nuestro país en esa época, o por lo menos era la gota de agua primordial para hacer abrir una flor en la tristeza de nuestras montañas y de nuestras pampas. Pero actualmente se ha desvanecido en parte aquella visión del desierto y los hombres de hoy comienzan a sentir la inquietud de otros problemas. Y he aquí que manos de juventud han iniciado una labor de alta cultura, no sólo en el sentido de despertar en el universitario la curiosidad y el amor por las especulaciones intelectuales superiores, sino también tratando de vincular el pueblo a la universidad, para que llene esta función social que es la razón misma de su existencia.

Se trata de señalar una nueva orientación al espíritu argentino, renovando valores en el alma de la escuela y en el claustro universitario, a objeto de formar una sólida conciencia nacional. Para eso es menester purificar los elementos de cultura, desde el libro al maestro, y no olvidar que son complemento indispensable para la educación de un pueblo los ideales éticos y estéticos.

Ya el primer paso hacia esa lejana estrella lo han dado las nuevas generaciones que por el hecho de haber aprendido a pensar, también en algún momento supieron dudar: y dudaron hasta de sus maestros. Y esto que a algunos antojóseles un sacrilegio, es para otros una virtud. Yo creo más bien en lo último, por cuanto el mismo Cristo que era la encarnación de la virtud, llegó a dudar del Eterno Padre cuando el dolor le otormentara en el huerto de los Olivos.

En el seno de estas inquietudes está germinando, pues, la Argentina del porvenir. Pronto comenzará a fallecer el espíritu del novecientos al amparo de las nuevas aspiraciones filosóficas y al calor de la tierra nativa, que también debemos amar, puesto que el primer eslabón de la solidaridad humana, debe empezar por forjarlo cada uno en la llama sagrada del propio hogar. Ya dijo un joven filósofo: "para quien lo pequeño no es nada, no es grande lo grande". Amemos, pues, nuestros campos y nuestras ciudades, para luego llegar a amar nuestro continente, y de ahí será más fácil cruzar los mares y hermanarnos con todos los hombres de la tierra: supremo ideal que levantara la mente libre de los hombres que soñaron en el bienaventurado instante de arribar a las lejanas playas de la armonía internacional, de la patria internacional donde pueda volar la mente humana, sin corrientes que detengan su raudo remonte y aspirando en todos los ámbitos una misma emanación cordial. Hacia ella va la humanidad como el pueblo de Israel hacia la tierra prometida. Y en algunos instantes de meditación, me parece escuchar el inmenso clamoreo de los hombres que van por las rutas del mundo. Yo los veo cubrirse de polvo en los caminos, yo los veo morirse de sed en los desiertos, yo los veo sangrarse las plantas en las rocas despiadadas de las montañas, pero siempre tenaces y triunfadores, avanzando hacia el alba remota de los tiempos nuevos, donde los arcángeles de la libertad con sus trompetas de oro, como los siete mil clarines del rey Marsilio que hacían temblar a Rolando, anunciarán a los ciudadanos del mundo que es llegada la hora de la redención social.

Hacia ella vamos, señores, y negarlo fuera un empaque inútil. No en vano Cristo subió al calvario, no en vano tantos hombres enrojecieron el ara del martirio con sangre rebelde. Démosle, pues, abrigo en nuestra mente a esa visión promisora, que si ahora no es más que un sueño romántico, un día llegará para la realización del sueño. Y en tanto que llega la aurora del futuro, luchemos por hacer un poco de luz en la noche del presente.

Así lo han entendido las nuevas generaciones argentinas, y para eso piden maestros que sepan transitar por esas rutas espirituales. Quieren maestros que hayan acordado el ritmo de su pensar al ritmo del pensar moderno. Húndanse en el pasado los que del pasado quieren vivir en el presente. Sirve tan sólo la nostalgia de los tiempos idos como una emoción poética para engalanar el esfuerzo de hoy, puesto que como dijera un cantor nuestro hasta "los legionarios galos llevaban una alondra sobre sus cascos".

En tanto, oh ciudadanos que escucháis mis palabras de joven imperito en la tarea de pensar, aguardemos el rapsoda de la tierra indiana, que, como Renán ante la Acrópolis, vaya hasta las sagradas ruinas de piedra que labraron los autóctonos, y frente a la Puerta del Sol, cante la extinguida metrópoli y el desvanecimiento de las razas que poblaron nuestras montañas y nuestras selvas, y que en su viaje hacia el misterio se llevaron el secreto de la sumergida Atlántida. Y luego que haya cantado la sangre abolida, abra sus brazos como dos alas y suelte a todos los vientos la canción augural que señale a los hombres de América las anchas rutas de venturanza que se extienden hacia el porvenir. Y mientras en el poniente se hunda el sol de los incas, el rapsoda, de pie sobre las indianas ruinas, habrá dicho la oración de los tiempos nuevos.

GERMÁN ARCINIEGAS: LOS ESTUDIANTES Y EL GOBIERNO
UNIVERSITARIO *

La revista *Ariel*, de Montevideo, en el número correspondiente al mes de junio del año pasado, publica, entre otras, la opinión de Eugenio D'Ors sobre la participación estudiantil en los consejos directivos de las universidades. He aquí el concepto fundamental expuesto por el profesor catalán:

"La participación no es para el problema, capital. Lo primordial es otra cosa. Yo insisto siempre en la etimología de la palabra «autoridad»: viene de autor, quiere decir autor."

Bien expresada y mejor comprendida queda, en las palabras anteriores, la esencia del problema. Cosa importante, si se advierte que por no haber penetrado en ella hondamente, han languidecido los intentos generosos encaminados a solucionar una cuestión decisiva para la buena inteligencia del concepto universitario.

Desde hace muchos días, en la prensa, en las asambleas y congresos nacionales e internacionales de estudiantes, no ha carecido de propaganda la aspiración vieja y unánime de la juventud, encaminada a equilibrar en los centros máximos de la cultura y de la educación nacionales los elementos de renovación con los de conservación, los que dan el impulso con los que lo ordenan, los que

* Trabajo premiado en un concurso internacional en 1922.

llevan la vida con los que la encauzan, los que conciben la iniciativa con los que la incorporan, los que son principalmente estudiantes con los que son principalmente maestros, o más aún, como afirman recientemente los universitarios argentinos, "que la democracia —fórmula política de justicia social— debe ser el régimen de gobierno universitario, y que el *demos* de la universidad lo constituyen los estudiantes que son sus destinatarios directos".

Así, hemos tenido recientemente la siguiente declaración:

"El Primer Congreso Internacional de Estudiantes de la gran Colombia, acepta como una legítima aspiración la representación de los estudiantes en los consejos directivos, designando al efecto un número justo de puestos en dichos consejos, para que sean ocupados por estudiantes elegidos por el voto directo de sus compañeros."

Pero ni en la manera como se ha iniciado la petición, ni en el desarrollo que a ella se ha señalado, hemos estado siempre acordes con lo que se ha dicho. Así que, al formular el doctor Ancízar su encuesta —que como tal hemos considerado su concurso— nos hayamos apresurado a emitir nuestro concepto, pensando que es un deber de cuantos se crean vinculados al problema universitario de Colombia contribuir a que de tal encuesta pueda llegarse a una conclusión ventajosa.

Nos afirmamos, pues, en el postulado de D'Ords, para sostener que hay una obra previa, una obra que debe ser anterior a la de participación de los consejos. Y ella consiste en una organización autóctona, que sería la formación de consejos estudiantiles en cada facultad, con personal elegido por la totalidad de los escolares y anualmente renovado. Estos consejos, por medio de una labor de compactación, de orientación y de realización deben probar que los estudiantes están unidos en una elevada consciencia de sus destinos, apta para traducirse en obras afirmativas e inteligentes. Así se es autor y así se tiene autoridad. Y esto obtenido, apenas si es preciso solicitar la participación que viene a constituir un simple número en el programa de las actividades.

Y porque no se trata de participar en un consejo de profesores, sino de tomar ingerencia directa en las más de las veces y de cooperación en las menos, en el gobierno de la universidad, decimos que la manera como se ha planteado el problema ha traído como corolario, generalmente, el que se limite la cuantía del negocio en detrimento de la holgada visión en que deben espaciarse las aspiraciones estudiantiles.

La perspectiva. Así como el ser autor no es obra de un momento y el desarrollo de una idea madre requiere laboriosas gestaciones, la adquisición de autoridad debe resultar de trabajos continuos, conscientes y difíciles. La regeneración de un instituto cargado de aberraciones y rico en defectos, impone disciplinas de todo orden que den firmeza a la reforma. Sin atender los métodos, hoy revaluados en gran parte por la pedagogía, que informaron en sus albores a la actual Universidad Nacional, es lo cierto que una sensible decadencia ha sido notoria, porque en aquellos días iniciales se formó un ambiente estupendo que ahora hallamos burdamente malogrado. Así lo han comprendido los estudiantes, y sus más recientes ejecutorias prueban, a lo menos, un presentimiento de la verdad institucional, verdad cuya realización hase mostrado esquiva a sus anhelos.

La perspectiva seduce porque llevará un fundamento de ciencia y de vitalidad al desenvolvimiento de la casa, extenderá su influjo hasta dar relativa transparencia a las turbias miradas populares y será una esperanza más en las luchas de la raza, que empiezan a definirse con nitidez continental.

Pero para que la obra de los estudiantes se haga con sabiduría, hay que mirar cuál ha sido el camino de la decadencia y cuál será el de la redención.

El ambiente literario. Acabamos de presenciar la apoteosis magnífica de Julio Flores, el poeta a quien más fácilmente ha comprendido el pueblo colombiano. Casi es imposible dar noticia de otro acto que más íntima, que más extensamente haya conmovido a los habitantes de este país. Para afirmarlo es preciso haber visto cómo hasta las gentes apartadas de las cosas del espíritu, leían con emoción de lágrimas las informaciones referentes al acto de la coronación popular.

Sucesos semejantes, admirablemente interpretativos, revelan el carácter exclusivista en las aficiones culturales del país. Gentes que apenas recuerdan la tabla pitagórica, os recitarán quinientos mil versos del poeta, grabados mejor en su memoria que las bases más precisas de otros conocimientos indispensables. Se abre un concurso de cuentos y pronto se aparecen decenas de concursantes; se promueve una encuenta científica, y nadie le da la menor importancia.

Es un espíritu manifiesto en cien formas diversas, que ha puesto cerco a la propia universidad. Cuánta literatura se hizo al debatirse la tesis de una posible degeneración de la raza desvirtuando la índole científica de la discusión. En las clausuras de· estudios, qué de odas y de cantos y sonetos. Todos los días surgen sociedades literarias, único afán de muchos compañeros estudiantes, y casi no hay literato de más o menos justa reputación, americano o español, antiguo o moderno, que no haya visto glorificado su nombre al frente de un círculo joven que a su amparo comete versos y trama revistas. Rubén Darío, Menéndez y Pelayo, Jorge Isaacs, Julio Arboleda, sirven de razón social a otras tantas casas de versificación.

Y así como el ambiente cultural lleva a la crítica revaluadora y constructiva, el ambiente literario apenas si lleva a un sutil e inofensivo análisis gramatical.

El ambiente universitario. El resurgimiento universitario tiene, pues, que encaminarse a una profunda modificación de ambiente.

"Estoy convencido de que la necesidad fundamental es una atmósfera de cultura y no un medio formalista de enseñanza", dice Rabindranath Tagore hablando de la cuestión escolar. Nosotros recogemos esta frase para darle toda su amplitud en el problema universitario.

El mejoramiento de los sistemas sociales, a base de transformaciones económicas, políticas y pedagógicas, sólo puede lograrse mediante un robustecimiento, una exaltación atrevida del sentido crítico.

Y el sentido crítico ha ido extraviándose, debilitándose, entumeciéndose, bajo la influencia del sistema mnemotécnico del verbalismo que ha venido dominando en los métodos de enseñanza. Tan cierta es nuestra observación, que en la Facultad de Medicina, en donde el método experimental ha debido y ha logrado obtener un desarrollo apreciable, el gremio estudiantil da sensación de superioridad, avanza sensiblemente hacia la verdadera orientación de los altos estudios, al paso que la Escuela de Derecho es un ingenioso laberinto de silogismos en donde naufragan todas las generosidades y hallan obstáculos todas las reformas.

Acentuar ese carácter que hace de la investigación el sistema nervioso de la universidad, para usar una expresión del profesor estadounidense C. M. Coulter, es llevar todo el empuje personal que estudiantes y profesores pueden reunir al espíritu mismo de la obra, es dar verdor de frescura al árbol de la ciencia.

En perfecta simetría con estas ideas queremos planear la organización de los estudiantes. Ella debe ser algo así como un seminario trascendental, que penetre en lo más íntimo de las instituciones para darles el sacudón fecundo del pensamiento nuevo. Y sea éste el momento de advertir que los profesores poco o nada les deben: ellos han hecho su creación a imagen y semejanza de sus ideas, y puesto que gracias a ella han adquirido preponderancia para imponer las concepciones más gratas a su natural rutina e inmovilidad. Pretender inyectarnos en sus consejos, es buscar un campo distinto del que la naturaleza nos señala.

La cooperación. El estudiante no está en relación de dependencia respecto al profesor, sino en relación de cooperación, y para que esta cooperación dé la plenitud de sus frutos hay que buscar por la autonomía estudiantil el rendimiento completo de que es capaz el factor juventud.

La elección hecha en forma directa por los estudiantes de uno o varios miembros fijos, para que los representen en los consejos directivos de los profesores, no se compadece con la tarea diaria que deben realizar esos mismos estudiantes en su carácter de cooperadores.

El Consejo de Estudiantes debe actuar con idéntica constancia que el Consejo de Profesores, tener derecho a insinuar ante éste proyectos que afecten la integridad del instituto, haciéndose representar para ello por medio de voceros que lleven instrucciones precisas en cada caso, que den cuenta de sus actuaciones a sus delegantes y que sean de libre remoción por el Consejo de Estudiantes. Así el representante estudiantil será portavoz inequívoco, que nunca dejará de interpretar la opinión que en cada asunto oriente a la mayoría de los estudiantes. Y recíprocamente, es atributo del Consejo de Estudiantes darles el visto bueno a los acuerdos que procedan del Consejo de Profesores.

Como una aspiración remota, que no puede hacerse exigible mientras el *demos* no haya alcanzado la plenitud de su autoridad, puede consignarse la de que toda decisión-ley o sentencia sea obra de profesores y estudiantes, colocados en idénticas condiciones. Pero como aspiración próxima y principio de reivindicación debe solicitarse la concesión a los consejos de estudiantes de una representación ante los de profesores, en forma de voceros y fiscales con derecho a determinado número de votos.

En manera alguna somos partidarios de que los estudiantes pidan o arrebaten la totalidad de la reforma desde el primer momento: creemos que el gradual adquirir de posiciones les hace más conscientes de su misión, de su responsabilidad, de su derecho, de su evolución y de su conquista.

La actividad estudiantil. Quizá en varios momentos de este escrito hemos señalado la magnitud de las funciones estudiantiles. Ellas tienen un carácter íntimo que hace referencia al instituto; un carácter nacional, por el papel que desempeña la universidad transformando el ambiente de cultura en el país, y un carácter racial en donde se sitúan los problemas internacionales. Bajo estos tres aspectos es visible la actividad estudiantil.

1. *Reforma institucional.* En su obra más íntima, los estudiantes deben dar una nueva "arquitectura" a la universidad.

La esencia de la universidad hace de ésta un foco revolucionario, pues no siendo un producto del ambiente, sino debiendo transformar ese mismo ambiente, se encuentra en lucha continua con las aberraciones populares, con los fanatismos y con las supersticiones. Sólo el desprendimiento filosófico que tiende a libertar el criterio, da solidez a esta obra mayúscula y profunda. Para llevar a una sociedad a la culminación de sus destinos, según lo que la naturaleza y la razón indican, hay que abatir las más absurdas y firmes fortalezas del prejuicio.

Por esto los estudiantes deben hacer frente a múltiples trabajos porque los hechos engendrados por la rutina y los intereses creados oponen una montaña abrupta a sus aspiraciones.

El prejuicio del *pensum* limita los estudios universitarios y paraliza la investigación. Con dieciséis exámenes y en cuatro años, hácese el bachiller, fatalmente, abogado. El profesor es elegido por un ministro, generalmente un político, y así hay una idea estrambótica del magisterio. Ni la aptitud pedagógica, ni el concurso, ni el concepto estudiantil, casi ni el del profesorado, se tienen en cuenta, y esto llega a producir malestares que sólo pueden atenuarse con huelgas o con protestas violentas, que son indicios de un sistema que no satisface. Y por último, una desvinculación absoluta de las facultades, extingue todo nexo universitario.

Sería inoficioso detenernos a probar que una facultad universitaria no puede aprisionarse dentro de un *pensum* estricto, porque el empuje de sus estudios o la orientación de sus investigaciones requiere grietas que den entrada a cuanto el *pensum* no alcanza a comprender: son los seminarios, las revistas, los cursillos, los debates fuera de clase, los intercambios, los que dan la verdadera fisonomía del instituto, la cual nunca se conseguiría con la simple y periódica repetición de idénticos conceptos sobre textos exactos. Sería también inoficioso gastar más líneas en advertir que el profesorado, la clase ilustre en las sociedades por su doble carácter de elaboradora y divulgadora de la ciencia no puede elegirse al azar, sino por selección hecha por toda la universidad y exclusivamente por la universidad que es la única plenamente capacitada para intervenir en el asunto. Y sería, por último, inoficioso, entrar en la demostración de cómo por su esencia, por su índole, por sus finalidades, por su obra, debe presentarse la universidad como un todo armonioso, cuyas partes se relacionan y apoyan dentro del ritmo total del gran organismo. Son todas esas necesidades reconocidas por cuantos han tratado la cuestión universitaria de acuerdo con las tendencias actuales y con el ánimo limpio de prejuicios. Y esto es natural y lógico si al formu-

lar el plan de los altos estudios se va tras de un rendimiento que
corresponda a las necesidades de los pueblos.

Y de esta manera si fuéramos a discriminar todos los prejuicios
que hacen deficiente el sistema actual y que, valga la verdad, no son
exclusivos en Colombia, ni diríamos cosa nueva, ni haríamos corto
el escrito. Pero hay uno que, por su singular trascendencia desde el
punto de vista de la educación, merece señalarse con mayor énfasis:
es el prejuicio del texto.

Hay tres momentos en la cátedra: la exposición, la discusión e
investigación, la síntesis. En el primer momento habla el maestro,
que puede serlo el profesor o el estudiante. En el segundo y tercer
momentos hay un trabajo colectivo. El prejuicio del texto rebaja el
primer momento cuya belleza reside en la viva voz del maestro;
suprime el segundo momento, que es el que forma el espíritu universitario, el que abre las corrientes de simpatía entre el maestro y
el estudiante, el que estimula las cualidades más valiosas del individuo; y acaba con el encanto del tercer momento, porque la síntesis
sólo es amable cuando lleva un pedazo de nuestro trabajo.

Si la juventud se hace solidaria de estas ideas, es natural que
las desarrolle con iniciativa propias, que ponga todo su empeño
en la reforma, que cite por medio de sus consejos de estudiantes a
los de profesores a *reuniones* o congresos en donde, identificados
en el común anhelo de mejorar, hayan de discutirse los lineamientos
que sirvan para modificar o para ampliar las obras actuales

2. *Una obra nacional.* La organización estudiantil vigente en
Colombia reconoce en cada ciudad que sirva de asiento a un centro
universitario, una asamblea directiva de la federación, federación a
la cual se hallan vinculados todos los estudiantes.

Los consejos de estudiantes tienen un papel importantísimo ante
las asambleas, pues ellos son el órgano de comunicación más autori-
zado entre cada facultad y la directiva estudiantil.

En juego con las asambleas, corresponde a los consejos verificar
la gran obra de la extensión universitaria. Transmitir a la gran masa
del país el ambiente de cultura que, emanando de los claustros,
civilice hacia afuera y amplíe la zona de influencia en una manera
activa de educación popular.

Colocada la universidad, por razón de su importancia, en el centro
mismo de las instituciones sociales, debe extender, y ésta es una
obra de juventud, el estímulo de los ideales nuevos, haciéndolos
gratos a las gentes, para que éstas, en vez de ser un obstáculo, sean
una ayuda eficaz para el avance de la cultura.

Hay dos fuerzas excepcionalmente capacitadas para elevar el

nivel de la cultura, y son el estudiante y el obrero. A manera de términos salientes de la sociedad —el descubrimiento y la realización— ellos se enlazan y comprenden en las grandes conquistas de la democracia. Donde obreros y estudiantes se unen, mediante el aporte racional que a cada gremio corresponde, se forma un centro de atracción, un grupo de actividades privilegiado por la potencialidad y la sabiduría, que obliga a orientarse a las demás fuerzas sociales. Éste es el sentido de la extensión universitaria. Sentido de compenetración con el alma nacional, bajo el concepto ejemplar del trabajo. Sentido de alianza entre el trabajo intelectual y el trabajo muscular. Camino hacia una ética sana y vigorosa y fraternal.

3. *Una obra continental.* "Concebimos los ideales americanos como el sentido propio que los pueblos nacientes en estas partes del mundo podrán imprimir a los ideales de la humanidad." Con estas palabras sugiere el doctor José Ingenieros la gran finalidad de nuestras universidades en el escenario universal en que deben actuar por decorosa y precisa ambición.

Subrayemos en la mente la palabra "propio", para dignidad personal de una raza que tiene juventud para ser fuerte y continente para hacerse distinguir, y que puede, por lo mismo, crearse un holgado patrimonio.

Con la nitidez de un recio carácter deben salir a flote los relieves que hagan de la nuestra una raza distinta. Afirmemos sus aristas, con el orgullo de quienes tienen algo más que una conciencia erudita, formada con el aluvión del extranjero.

De las universidades, atrevidas como el joven que tiene el ímpetu de un cuerpo vibrante y de un ideal vivo, severas con la dignidad de quien no se humilla porque sabe la grandeza de sus destinos, ha de salir la concepción maravillosa de los pueblos de nuestra América, despojada de ripio y de la vana declamación, pero clara, fuerte y actual, como queremos que lo sea la juventud de nuestros pueblos.

Es la última finalidad, que debe mantenerse viva a todo lo largo de la mente universitaria: ella libra de la mezquindad por el vasto futuro que descubre; aplaca las vejeces prematuras por la visión optimista que sugiere; desafía la indiferencia con el glorioso empuje del idealismo; estimula la actividad con la magnitud atrevida del propósito.

La constante relación de los estudiantes de América, por el intercambio de misiones y aun por la simple correspondencia, el acuerdo de una política racial común, es la base más segura de la amistad y de la futura y verdadera solidaridad hispanoamericana.

Posibilidad de la reforma. No hay disposiciones de ninguna índole que impidan la formación de los consejos estudiantiles dentro de las facultades universitarias de Colombia. De tal manera que la posibilidad del sistema está asegurada por su base. Un consejo estudiantil que funcione con regularidad y con acierto, que se encamine con decisión inquebrantable hacia la plenitud de un gran ideal universitario, que cuente con el apoyo de los estudiantes, que tenga, en una palabra, autoridad suficiente, no puede encontrar en el curso de sus labores resistencia obstinada en los cuerpos que actualmente dominan en el gobierno universitario.

Y no puede, decimos, oponerse a los estudiantes una resistencia obstinada, no puede desconocerse la autoridad estudiantil, porque ella queda establecida sobre bases de fortaleza evidente. Ya hemos dicho cómo conviene a los intereses de la juventud la gradual ascensión de la conquista y para que ella, así, se logre ordenadamente, se dispone de todos los medios que pueden servir a reivindicaciones semejantes.

Tiene en su favor el estudiante, la simpatía social, que en tan claras manifestaciones se ha hecho visible cuantas veces se han intentado movimientos análogos. En la revolución universitaria argentina, la más valiente y audaz conmoción que registran los anales estudiantiles de los últimos años, y en todas las campañas que han adelantado los jóvenes federados de Colombia, ha sido casi unánime el aplauso popular en pro de los reformadores.

La insinuación oportuna, la propaganda de toda naturaleza, y muy especialmente la del periódico y las revistas, son los medios más recomendables de que disponen los consejos. Y los mítines, la huelga y la revolución sólo pueden ser aceptables como recursos extremos, cuando de una manera explícita y agresiva quiere hostilizarse la reforma. Pero esto prueba que en poder de los estudiantes queda íntegra la gama de los sistemas posibles para asegurar una conquista que piden imperiosamente dictados elementales de civilización y de justicia.

Por amplio que sea el horizonte enfocado por nuestro óptimo anhelo, por difícil que parezca dominarlo en su integridad, son tan sencillas las maneras de iniciar la obra, tan inmediatos los pequeños resultados, tan cercanos los mayores que pueden seguirlos, tan acordes con la mecánica, con la lógica institucional los desarrollos del sistema, que nos atrevemos a suponer en una aptitud excepcional que hace de los consejos estudiantiles el eje indispensable sobre el cual ha de girar la nueva universidad de Colombia.

Al adoptar el otro sistema, generalmente propuesto, de representantes elegidos en forma directa, cuyas labores no pueden controlarse en todo momento y en todo negocio, que no pueden destituirse y remplazarse con facilidad, que no tienen el auxilio de un cuerpo consultivo especializado en esos asuntos, que hasta pueden burlar o falsear la opinión estudiantil haciendo peligrosa y poco deseable la participación en los consejos de profesores, al adoptar ese sistema, decimos, se paraliza u obstruye el desarrollo total de la reforma.

El Consejo de Estudiantes no sólo da mayores garantías de acierto al determinar en cada caso su vocero ante el Consejo de Profesores, sino que por la publicidad de sus discusiones y acuerdos y por el número de sus miembros, penetra más en la masa estudiantil.

Por otra parte, nada más simple que la manera de integrar tales consejos, ya que sus miembros pueden ser el principal y los suplentes que se eligen en cada año de estudios para la Asamblea de Estudiantes, cosa que en la actualidad se realiza con la mayor exactitud, lográndose así una representación distinguida de todos los cursos.

El deber de la reforma. Establecida la necesidad de la reforma universitaria, a base de la ingerencia de los estudiantes en su gobierno, como el sistema eficaz para alcanzar finalidades sociales y raciales que caben lógicamente dentro de un buen concepto universitario, puede afirmarse que el logro de la reforma es un deber de la juventud.

No siempre se ha comprendido así y los partidos políticos han intentado muchas veces dirigir por sí solos el movimiento de la reforma universitaria; con ello sólo se ha conseguido crear nuevas dificultades a una labor que de por sí es ardua y complicada. La genuina esencia nacional de la causa, se desvirtúa en la trama de la política. La unidad se fracciona y debilita y las soluciones de mayor claridad y nitidez, tórnanse turbias y contradictorias. Y es natural que calamidades semejantes sobrevengan, si se considera que las asambleas de partido no viven la vida íntima del claustro, el discreto comercio de las aulas, y no logran así palpar las fibras más sensibles de un organismo que escapa a las limitaciones del bando y de la secta, y que sólo cabe en las esferas de mayor comprensión.

La obra que respecto a los institutos universitarios pueden realizar las asociaciones que no están vinculadas directamente en su finalidad, es una obra muy distinta de la de agenciar el movimiento de la reforma, ya que ésta sólo se hará estable e inteligente el día en que no intervengan en ella manos distintas de las de los propios elementos universitarios.

Y como lo que en la actualidad existe es la obra de los profesores, con algunas lamentables limitaciones impuestas por el estado, y como esa obra aparece profundamente distanciada de los ideales jóvenes, no es cuerdo suponer que en la mente de esos mismos profesores esté el germen de una organización distinta que satisfaga la plenitud del querer estudiantil.

Porque así está dispuesto por el orden de las cosas, la obra más digna de la juventud queda, pues, encomendada en sus manos. Por conveniencia, por generosidad, hasta por razones de decoro, está obligada ella a levantar el instituto que sea digno de alojar el pensamiento moderno, ese pensamiento que hoy se muestra esquivo, incómodo en la casa que, de tanto ser estrecha, parece una fábrica con el espíritu ausente.

Penosa, sí, ausencia del espíritu que desdeña el entusiasmo de cuantos llegan ansiosos de elevar las finalidades de su vida, que no regala con el espíritu cordial para las obras sociales que no provoca los impulsos rebeldes donde germinan el descubrimiento y la invención por la discusión y la crítica.

Ausencia del espíritu, porque el espíritu ha sido desdeñado por la misma juventud que no lo evoca y que acepta tan mezquina esfera para límite del giro de su vida y tan opaco ritmo para el desarrollo de su entidad.

Hay que penetrar, y hacer dentro de cada estudiante, el proceso y la filosofía de la universidad, y llevarlo de la contemplación a la acción y hacerlo autor y darle autoridad y colocarlo en el *demos* frente a la democracia, esto es, hacer del estudiante el estudiante.

Ante el estado que absorbe y ante el partido que disuelve, se alza la juventud que es preponderante y que colocará a la Universidad por encima de los apetitos, haciéndola autónoma y propia. Y, como en la nueva heráldica que la altivez mexicana ha llevado a través de nuestros pueblos, dirá en su lengua esta generación augural de Colombia: *por mi raza hablará el espíritu.*

JULIO V. GONZÁLEZ: SIGNIFICADO DE LA REFORMA UNIVERSITARIA *

Con la perspectiva que proporciona el transcurso de cinco años, bien se puede ya aventurar juicios, denunciar causas y extraer enseñanzas, frente a un hecho producido en el seno de la colectividad. Tal es el caso de la reforma universitaria. No obstante encontrarnos viviéndola aún, el momento es oportuno y la investigación resulta

* Conferencia pronunciada en el Ateneo del Centro de Estudiantes de Derecho de Buenos Aires en 1923.

eficaz, si consideramos que la evolución del fenómeno llega hoy al fin de su primer ciclo.

Pero sentemos desde ahora la premisa cuyo desarrollo dará lugar a esta exposición: la reforma universitaria acusa el aparecer de una nueva generación que llega desvinculada de la anterior; que trae sensibilidad distinta e ideales propios y una misión diversa para cumplir. No es aquélla un hecho simple o aislado, si los hay; está vinculada en razón de causa a efecto con los últimos acontecimientos de que fuera teatro nuestro país, como consecuencia de los producidos en el mundo. Significaría incurrir en una apreciación errónea hasta lo absurdo, considerar a la reforma universitaria como un problema de las aulas y, aun así, radicar toda su importancia en los efectos que pudiera surtir exclusivamente en los círculos de cultura. Error semejante, llevaría sin remedio a una solución del problema que no consultaría la realidad en que él está planteado. Digámoslo claramente, entonces: la reforma universitaria es parte de una cuestión social, que el desarrollo material y moral de nuestra sociedad ha impuesto a raíz de la crisis producida por la guerra.

Refundiendo estos dos principios, se puede afirmar que el movimiento sometido al análisis no es un hecho que se limita a la universidad, porque es parte de una cuestión social.

I. *Características del momento histórico porque atravesaba el país en 1918.* La guerra europea, la revolución rusa y el advenimiento del radicalismo al poder en nuestro país, son las tres llaves que nos abren las puertas a la verdad. Lo primero, bien lo sabemos, sacudió al mundo con la crisis más aguda que haya sufrido la humanidad desde la revolución francesa. La civilización occidental, con todos sus postulados, se presentaba en bancarrota, producía con ello el caos y daba así libre juego a todas las fuerzas que un sistema de civilización había encauzado por largos siglos.

En medio de la desorientación, de la incertidumbre y del escepticismo que dominaba a los espíritus, aparece en el escenario la revolución rusa trayendo una luz nueva, ofreciendo ideales de humana redención, levantando una voz acusadora y profética al mismo tiempo. El sordo rumor que, por debajo de las banderías de la lucha bélica, acusaba la existencia de una corriente de protesta, se·hizo entonces grito rotundo de rebeldía; la incredulidad latente se concretó en repudio de todo lo imperante; las corrientes ideológicas en libertad se polarizaron con rapidez en un ardiente anhelo de verdades nuevas. La revolución rusa, que para la mirada fría de la historia era un hecho escueto que obedecía a leyes inmutables, fue para media humanidad el símbolo de un idealismo rebelde y reconstructor.

Nuestra América fue, puede decirse, el centro adonde vinieron a converger estas ondas morales que despedía la catástrofe, porque ella, al no sentir directamente la sacudida, conservó la serenidad suficiente como para recogerlas hasta en su más íntima vibración. La nueva generación americana, que se mantuvo así providencialmente al margen de los sucesos, y que aun se nutría en los viejos institutos, engendros de aquella cultura agotada en su ideario y desprovista de los principios que pudieran salvar la situación, fue sorprendida por los hechos en el preciso instante en que se preparaba para actuar.

Por eso, recogiendo la nueva sensibilidad que fluctuaba en el mundo irrumpió con un solo grito de rebeldía y de protesta contra todo. Iconoclasta e irreverente como ninguna otra, la nueva generación americana negó a sus maestros, y haciendo del dolor de su orfandad la fuente de su energía, se lanzó sola a conquistar su propio destino.

En nuestro país, el fenómeno se presentó más preciso por la intervención de un factor propio: el advenimiento del radicalismo al poder. La colectividad acababa de entregarse a una fuerza popular nueva, que llegaba con todo el ímpetu y la ceguera de las corrientes renovadoras. Avasalladora y rutal, invadió todos los reductos, despreció todas las instituciones que encontrara, destruyó todas las normas y escarneció a todos los hombres del régimen que abatía.

¿Qué traía, en cambio? Concretamente nada: llegaba a destruir. Sus dirigentes no tenían la menor noción de gobierno, ni conceptos de estado. Contribuyeron de este modo a sembrar el desconcierto, dando libre juego a cuanta influencia se presentara con un sentido popular. Pero, no obstante ello, no era una tendencia anárquica y disolvente: era una fuerza demagógica, es decir, esencialmente creadora y fecunda. Arrasaba, pero dejando el limo fértil de la sensibilidad netamente popular llegada a las esferas del gobierno.

El radicalismo como factor social, cumplió la misión de cavar un abismo en el cual quedaban definitivamente sepultada la generación que había manejado al país desde el 80 hasta 1916. Con su advenimiento, con su imperio afirmado cada día mediante sucesivos y ruidosos triunfos, arraigó en la conciencia nacional la convicción de que la generación en derrota, lo había sido porque resultó incapaz de afrontar la solución de los problemas planteados en la colectividad.

Así, pues, la guerra europea, la revolución rusa y el radicalismo, caracterizaron el momento en que se presentaba la nueva generación. Instrumento ciego del determinismo histórico, traía ella la conciencia, oscura aún pero no por eso menos vigorosa, de que estaba llamada a afrontar la situación y a desentrañar del caos la razón de su existencia, las características de su personalidad y el contenido ideológico de su acción.

II. *Vinculación entre la reforma universitaria y el nacimiento de la nueva generación.* El hecho que caracteriza al ciclo histórico y social cerrado en 1918, fue la existencia de una clase dirigente que cumplía su misión desvinculada del medio en que actuaba. Esto vale tanto como decir que fue una era de valores individuales, cuya acción se reflejaba en la masa en forma indirecta y débil. La sociedad en que vivían era para aquellos hombres una concepción teórica, frente a la cual había que aplicar principios abstractos. Fueron grandes maestros que desarrollaron con ilustración los principios que los constituyentes del 53 les legaran con la Constitución nacional. De ella hicieron su programa. Del pueblo se acordaban para educarlo con la difusión de escuelas, pero nunca para consultarlo. Teníanlo por un niño sin discernimiento, a quien era menester conducir de acuerdo con principios y normas que él no podía comprender.

La universidad fue un trasunto fiel de este estado de la conciencia social. Sus aulas, a fuerza de incubar sistemas y formar hombres imbuidos de principios abstractos, concluyeron por ser la matriz donde se engendraba una clase privilegiada que debía gozar exclusivamente de los beneficios de su enseñanza. Fue aislándose en esa forma del medio en que actuaba, hasta constituir un reducto aristocrático, que el nuevo orden de los sucesos concluiría por convertir en foco de reacción.

Pero Osvaldo Magnasco, en 1899, desde los estrados de la Universidad de Córdoba, ya les dictaba la sentencia de muerte, sin presumirlo. Refiriéndose a las universidades, dijo: "Las instituciones son al fin formaciones de orden moral y tienen que adquirir —o languidecen y mueren— la consistencia y la morfología misma que quiere darles el medio que las nutre."

Felizmente, la apreciación que hacemos de la vieja universidad argentina, no es nueva, y con mayor felicidad aún, es un hecho que puede registrarse en toda América. Lo afirmó hace ya muchos años la palabra autorizada del doctor Gregorio Aráoz Alfaro, antes de la reforma, en una conferencia que diera en 1915 en la Universidad de Tucumán. "Las viejas universidades europeas —dijo— y, en grado menor las nuestras, fueron eminentemente aristocráticas. No se cuidaron, ni tenían por qué cuidarse entonces, de las necesidades sociales; que tan sólo en las últimas décadas sentimos. Ocupábanse sólo de las clases sociales elevadas; trataban de prepararlas para las funciones directivas."

Lo ha dicho también el doctor Julio Iribarne, cuya actuación en estas épocas difíciles de la reforma es conocida y aplaudida por todos. "Pienso —decía, al ser interrogado por un diario, en 1921— que ha pasado ya el tiempo en que la universidad podía quedar como hasta ahora, cristalizada en una función única, ajena a la solución de todos los problemas que constituyen la vida misma de la colectividad, especie de quiste exótico dentro del pueblo que trabaja y se agita." No puede darse una expresión más feliz.

Lo afirmó también la juventud universitaria peruana cuando en mayo de 1921, en el manifiesto del Comité Revolucionario de Reforma Universitaria, decía: "Sabemos por dolorosa experiencia histórica que la universidad, o no influyó en lo absoluto en la marcha benéfica del país, o representó el baluarte de los prejuicios aristocráticos." "La universidad se distanció de los debates en los que palpitaban las formas de nuevas concepciones vitales y se fraguaban nuevos anillos de la evolución social."

Sin contar con que lo gritó hasta el cansancio la revolución universitaria de Córdoba.

Tal era la vieja universidad cuando surgió la reforma universitaria. Pero ahora se presenta una interrogante, que si no hubiéramos esbozado las circunstancias del momento, no tendría respuesta. ¿Cómo se explica que la nueva generación, que recibía la cultura y la ideología forjada por la precedente y plasmada en los métodos de las viejas universidades, surgiese con una sensibilidad nueva, con una ideología propia, y repudiase la que se pretendía inculcar? Fue debido a la presión enorme de las circunstancias externas, porque, como hemos visto, la guerra, la revolución rusa y el radicalismo, produjeron la crisis de todos los principios éticos y sociales y el fracaso de las clases dirigentes.

Estas realidades concretas y palpables, presionaron desde afuera y dieron lugar a que apareciese, simultáneamente, la reforma universitaria y la nueva generación que venía a realizarla. Sin aquella aguda crisis total, que acusaba la terminación de una era y el comienzo de otra, la nueva generación no se hubiera podido explicar, porque entonces no habría tenido misión propia, no se habría podido diferenciar, ni encontrado en el trance de realizar el esfuerzo maravilloso de gestarse a sí misma, para adquirir personalidad.

Sorprendida en las aulas por los acontecimientos, se siente llamada a desempeñar una función histórica, y para hacerlo debía ir en contra de la universidad y repudiar a sus viejos maestros. Así lo hizo, sin un instante de vacilación. En definitiva, y por la concurrencia de diversos factores, la nueva generación nacía enarbolando la reforma universitaria, y ambas eran impulsadas a la vida por una fuerza recóndita de renovación social, que brotaba del fondo mismo de la colectividad.

III. *Características originarias de la reforma universitaria.* Hija legítima de la realidad social, la reforma universitaria llevó este sello desde la primera hora. Estudiémosla en su nacimiento para que comprobemos la verdad incontrastable del aserto.

Hubo de ser en Córdoba, en la vetusta universidad mediterránea. Allí estaban más evidentes y palpables los males del régimen, del sistema que caducaba. La Casa de Trejo era el baluarte que mayor resistencia ofrecía al avance que se iniciaba. Por eso, la primera voz de protesta, el primer grito de rebeldía, agrio e insolente, surgió de labios de los estudiantes cordobeses, insinuándose desde el instante inicial la significación esencial del movimiento. La juventud salió a la calle para volver de ella contra la universidad. Tomaba desde el primer momento el contacto popular, obedeciendo así a las causas mediatas e inmediatas que habían determinado su actitud. Porque —ya lo hemos visto— la reforma universitaria no fue el fruto de una concepción abstracta, ni el triunfo de una escuela filosófica, ni la imposición de un grupo de mentalidades privilegiadas; fue la explosión de un estado de conciencia social que se había formado alrededor de los cristalizados centros de cultura. Veámoslo sintéticamente.

La circunstancia ocasional del movimiento cordobés, fue distinguida por sus promotores como la necesidad de la reforma de los estatutos universitarios. Se quería un nuevo sistema para la renovación de los consejos, para la elección de los decanos y del rector, para el funcionamiento de la docencia. Luego se llegó al grado máximo de las pretensiones, exigiendo la participación de los estudiantes en la dirección de la universidad.

Pero si éstas eran cuestiones puramente universitarias, ¿qué necesidad había de salir a la calle para resolverlas? ¿Qué lógica podría explicar la aparente incongruencia entre los fines y los medios? Se perseguía una reforma universitaria, esto era claro y nadie habló en el primer momento de otra cosa, aunque el programa de acción contase con algunas ideas generales. Bien es cierto que se proclamó la democracia, la abolición de privilegios, de oligarquías, de dogmas religiosos; pero todo ello era como males arraigados en la universidad.

Pues bien; no obstante el título de reforma universitaria y del planteamiento de problemas universitarios, los estudiantes salieron a la calle, se confundieron con la masa social y cuando hubieron conquistado la conciencia nacional, volvieron contra la universidad y se apoderaron de ella. ¿Qué consecuencia tuvo esto? La más trascendental: que los estudiantes regresaban a la casa de estudios llevando el espíritu de la obra realizada en la calle, impugnados de la sensibilidad popular, con el sello de la realidad ambiente, con las palpitaciones del alma colectiva.

Quedaba así definitivamente avasallada la vieja universidad, para ser suplantada por la nueva, la que se plasmaba como una resultante del medio, la que se erigía como un regulador de la sociedad, la que viviría, en fin, según el concepto vigorosamente impuesto de función social.

Apuntemos los hechos culminantes. A fines del año 1917 fueron las primeras manifestaciones de descontento, a raíz de la supresión del internado de los estudiantes de medicina en el Hospital de Clínicas. Al inaugurarse los cursos de 1918 las protestas se concretan y se amplían. El Consejo Superior no cede, muy lejos de suponer que aquello era un síntoma de algo más grave. Se decreta al fin la huelga general, la inquietud sube de punto y tiene que venir la intervención nacional, a cargo del doctor José Nicolás Matienzo. El interventor no presumió tampoco la profundidad del conflicto y la naturaleza del descontento, y se redujo a reforzar los estatutos de acuerdo con los que regían en la universidad más moderna: la de La Plata.

La intervención dejó montado el nuevo mecanismo, que satisface a los alumnos, y se realiza con todo entusiasmo la campaña para la elección de las nuevas autoridades, de rector abajo. La agitación con tal objeto se efectúa hasta ese momento dentro de los círculos universitarios, sin dar intervención a la colectividad.

Llega el 15 de junio, día de la elección, y la tendencia estudiantil es derrotada. La juventud despierta entonces a la realidad de un problema que ella había planteado sin conocer el verdadero valor de sus términos, y a la verdad del momento que vivía. Si reformados los estatutos de acuerdo con sus aspiraciones eran igualmente derrotados, ¿dónde residía el mal? Si la modificación de los mismos no daba el triunfo al nuevo espíritu que aquéllos encarnaban, ¿qué era necesario hacer? Si a pesar de su campaña llevada con los mejores auspicios, caían vencidos, ¿qué medios era menester emplear?

El mal no estaba en los malos estatutos, sino en la tendencia, en el régimen, en los hombres que dominaban en la universidad y fuera de ella. La reforma de los estatutos no podía ser todo el fin del movimiento; había vicios más hondos, que escapaban a un programa basado únicamente en ello. Los medios empleados, las fuerzas puestas en juego, eran insuficientes. Los estudiantes solos no vencerían jamás, porque la profundidad de aquellos males exigían la intervención de otros elementos, de otras fuerzas.

Para decirlo de una vez, los estudiantes fueron derrotados porque no habían acudido al seno de la sociedad, que era la que en realidad planteara el problema por intermedio de ellos. Instántaneamente lo comprendieron y fueron al seno de la colectividad. Hablaron al país, a la América toda. Ampliaron el horizonte, enarbolando ideales más comprensivos; fueron, en fin, al fondo de la cuestión, al problema social que el momento histórico porque atravesaba el país y el mundo, tenía enunciado. Todo lo dice el manifiesto que después del 15 de junio dirigieron "a los hombres libres de Sudamérica". Entonces gritaron: "Estamos pisando sobre una revolución, estamos viviendo una hora americana."

Obsérvese lo que era la reforma universitaria, cómo se iniciaba y cuál era el tono de su primer vagido. Pero aún agregaban: "la redención espiritual de las juventudes americanas es nuestra única recompensa, pues sabemos que nuestras verdades lo son —y dolorosas— de todo el continente".

Llegaron desde ya a concretar algunos postulados, y así hablaron con rabia y con desprecio, del "arcaico y bárbaro concepto de autoridad". Lanzaron su desafío al *orden*, así en genérico, y como sinónimo de opresión, porque —decían— "si en nombre del orden se nos quiere seguir burlando y embruteciendo, proclamamos bien alto el derecho sagrado de la insurrección". Señalaron con índice acusador, como al mal comprensivo de todos, al clericalismo: "no podíamos dejar librada nuestra suerte a la tiranía de una secta religiosa", "y entonces dimos la única lección que cumplía y espantamos para siempre la amenaza del dominio clerical". Por cierto que resultó justa esta aventurada afirmación, porque en todo el transcurso de la cruenta jornada, fue el clericalismo su enemigo más tenaz, el único quizá que tuvieran, porque es el parásito odioso que se prende con saña a todo retoño de libertad y de progreso.

Éstos fueron los postulados primeros de la reforma universitaria, y los que hasta hoy perduran y se imponen como puntos del verdadero y genuino programa reformista, abrazado al nacer por la nueva generación. No faltó, por supuesto, el que hoy es el eje del movimiento dentro de la universidad, es decir, la ingerencia de los estudiantes en el gobierno de la casa. Reclamamos —se dijo en la primera hora— "un gobierno estrictamente democrático, sosteniendo que el *demos* universitario, la soberanía, el derecho a darse el gobierno propio, radica principalmente en los estudiantes".

Así comprendida la situación, así interpretado el momento histórico, se lanzaron a la calle a realizar su prédica, a vivir su vida, a entregarse en brazos del pueblo que los esperaba. Así se inició en la vida nacional la nueva generación, saliendo de las aulas en son de franca rebeldía y de protesta contra la universidad que pretendía amamantarlos con una ideología exhausta, agitada por una honda inquietud renovadora y encendiendo los ideales imperecederos de la libertad y redención para los hombres.

JOSÉ INGENIEROS: LA REVOLUCIÓN UNIVERSITARIA SE EXTIENDE YA POR TODA LA AMÉRICA LATINA *

El generoso movimiento de renovación liberal iniciado en 1918 por los estudiantes de Córdoba, va adquiriendo en nuestra América los caracteres de un acontecimiento histórico de magnitud continental. Sus ecos inmediatos en Buenos Aires y México, en Santiago de Chile y La Habana, en Lima y Montevideo, han despertado en todos los demás países un vivo deseo de propiciar análogas conquistas. En cien revistas estudiantiles se reclama la reforma de los estudios en sentido científico y moderno, se afirma el derecho de los estudiantes a tener representación en los cuerpos directivos de la enseñanza, se proclama la necesidad de dar carácter extensivo a las universidades, y se expresa, en fin, que la nueva generación comparte los ideales de reforma política y económica que tiendan a ampliar en sus pueblos la justicia social.

Decepcionados, en todos los países de la vieja política; perdida ya la confianza en los vetustos figurones de la alta burocracia oficial; escépticos ante las declamaciones de los que en todas partes explotan el sentimiento patriótico para justificar sus privilegios o sus desmanes; burlones ante los cínicos dómines que siguen enseñando en la cátedra las apolilladas doctrinas de los tiempos coloniales; libres, en fin, de espíritu, las nuevas generaciones proclaman su verbo de "Renovación", haciendo suyos los ideales coincidentes en el triple anhelo de una renovación ética, política y social de los pueblos latinoamericanos.

* Publicado como editorial en *Renovación*, órgano de la Unión Latino-Americana, en marzo de 1924.

La vieja declamación lírica no interesa ya a la juventud continental. Ha comprendido que necesita ideas nuevas contra los prejuicios viejos y trata de formarse una ideología que la prepare a vivir las grandes horas que el desastre de la guerra mundial ha deparado al mundo civilizado.

Instrumento muchas veces de los viejos declamadores que ponían todas sus mañas a la sombra del nacionalismo verbal, los jóvenes quieren hoy que el amor a la nacionalidad se defina en programas de reformas benéficas para los pueblos. Y ya comienzan a mirar como simples histriones del patriotismo a todos los viles tiranuelos que como Castro y Leguía han amordazado o corrompido la conciencia cívica de sus conciudadanos, o han puesto sus pueblos a los pies del imperialismo capitalista norteamericano.

Bienvenida la nueva generación universitaria que en todas partes alienta nobles ideales. Su obra será eficaz en nuestra América si logra que su acción se mantenga inmune de las filtraciones políticas y confesionales que en todas partes utilizan los renovadores "amarillos" que se mezclan a los movimientos juveniles para desviarlos de sus originarias tendencias liberales y sociales.

La juventud que no está con las izquierdas es una simple vejez que se anticipa a las canas.

VÍCTOR RAÚL HAYA DE LA TORRE: NUESTRA BANDERA *

El afán de unidad de los pueblos de nuestra raza fue en Bolívar ensueño precursor; más tarde, tema de discursos diplomáticos y ahora fe, credo, señuelo de lucha de nuestra generación. Con orgullo podemos afirmar, que nada ha sido más eficaz al propósito generoso de fundir en uno solo a los veintiún pueblos indoamericanos —dispersos por el nacionalismo estrecho de las viejas políticas—, que la obra de las juventudes. Hemos creado, sobre la fría y restringida relación de las cancillerías imitadoras de Europa, una solidaridad más amplia, en la alegría, en el dolor, en la noble inquietud.

El lírico intento de ayer es hoy conciencia honda, proyectada en decisión, en ímpetu puro de idealidad y de empeño. No sólo queremos a nuestra América unida, sino también a nuestra América justa. Sabemos bien que nuestro destino como raza y como grupo

* Discurso al hacer entrega a la Federación de Estudiantes de México de la "Bandera de la nueva generación hispano-americana", (7 de mayo de 1924.)

social no puede fraccionarse: formamos un gran pueblo, significamos un gran problema, constituimos una vasta esperanza.

La unidad de nuestra América no es ahora política, porque la política de nuestros estadistas de Liliput jamás miró más allá de las fronteras arbitrarias de las patrias chicas.

Pero —no es audacia afirmarlo— es ya espiritual por obra de las vanguardias del pensamiento libre de todos los pueblos que han sabido crear vigorosos lazos perdurables.

Esta bandera que yo os entrego, camaradas estudiantes mexicanos, no presume originalidades recónditas. Es vuestro blasón vasconceliano de la Universidad de México, hecho pendón, oriflama, ala de esperanza. La juventud indoamericana que tiene ya un alma fuerte, que entona un himno unánime, adivinaba en el escudo de vuestra casa universitaria el intento simbólico de la enseña del futuro, que saludaremos un día en todos los rincones de América. La tenéis aquí: el rojo dirá de las aspiraciones palpitantes de justicia que en esta hora admirable del mundo inflama la conciencia de los pueblos, y que nuestra generación proclama con la humanidad, nos habla también del amor, convívito con la justicia. Sobre el ancho campo, la figura en oro de la nación indoamericana, señala las tierras vastas, que unidas y fuertes brindarán hogar sin desigualdades a todos los hijos de la raza humana.

Aceptadla porque es nuestra. Flameará primero sober las soñadoras muchedumbres de las juventudes que van abriendo el camino, y más tarde, serán los pueblos comprendedores de los ideales bellos y justos los que la agiten en el tumulto estremecido de sus luchas. Os la entrego camaradas estudiantes de México porque sois vosotros los que, desde esta tierra heroica, que hoy mira atenta y devota nuestra América, tenéis derecho a llevarla. Porque sois hijos del pueblo que más gallardamente defendió la libertad de la raza; porque de vuestra propia sangre surgió el ejemplo de una nueva sociedad igualitaria y en avance.

Olvidaos de quién os la dio, pero recordad siempre que es enseña de juventud, de justicia y de unión.

JULIO ANTONIO MELLA: ¿PUEDE SER UN HECHO LA REFORMA UNIVERSITARIA?

Esta pregunta ha brotado más de una vez de nuestra inconformidad y de nuestro anhelo de verla realizada integralmente. Cuando se ven los zarpazos de la reacción universitaria en la Argentina, cuna de este ideal continental, y se sufren en Cuba, último lugar donde prendió, hay derecho para meditar sobre sus posibilidades. De sur a norte el movimiento cordobés, como carrera de antorchas, fue iluminando los países de nuestra América. Es posible que no ilumine las universidades yanquis. No podemos decir lo mismo de las españolas, donde una revista *El Estudiante*, de Salamanca, y otras muestras de renovación nos hacen ver la posibilidad de una revolución universitaria, cuando el clima lo permita...

En Cuba, tuvimos todas las características de este movimiento de unidad continental. Hubo un divorcio absoluto entre la vieja y la nueva generación. Reíamos más en las aulas que en el circo, pues más grotescos eran nuestros maestros que los payasos. Comprendimos toda la inutilidad de la enseñanza universitaria. Su traición a los ideales de cultura de la juventud. Gritamos y probamos que la universidad era algo inútil dada su constitución. Por último nos "solidarizamos con el alma del pueblo".

Expulsamos a cerca de veinte profesores inútiles por distintas causas, inclusive por su bella oratoria. (No deseábamos tener loros en la universidad). En nuestro primer Congreso de Estudiantes, sentamos las bases de una universidad nueva. Fundamos además una universidad popular, la José Martí, que llevase a las más escondidas capas de la sociedad lo que debe ser patrimonio de todos los humanos: la cultura libre.

Una asamblea universitaria, compuesta de treinta alumnos, treinta graduados y treinta profesores, es la encargada de determinar los postulados de la reforma haciendo los nuevos estatutos y obteniendo del congreso la aprobación de una ley de autonomía universitaria. Como es necesario para toda innovación, sostuvimos una fuerte hegemonía de la clase que trataba de imponer sus ideales. En este caso, la clase estudiantil guiada por su vanguardia renovadora.

Los métodos fueron revolucionarios. Algunos profesores que se atrevieron a pisar la universidad después de haber sido expulsados de ella, fueron recibidos como merecían: piedras y otros objetos más blandos, pero que no son para las levitas sino para las mesas de comer, sirvieron de saludo cordial. Una vez el claustro pretendió reunirse para destituir al rector de nuestras simpatías, y se lo impedimos tomando todo el recinto universitario con setenta estudiantes armados. Tres días después, el gobierno nombraba una comisión mixta de seis alumnos y seis profesores para resolver los problemas universitarios. Entonces depusimos nuestra actitud. Como en Córdoba, sin que hubiese más de tres estudiantes que conociesen el caso, nombramos rector, decanos y profesores estudiantes. Es natural que siendo un movimiento de unidad ideológica tuviese unidad de método. ¿Acaso no se trataba de echar por los suelos el prestigio de las autoridades universitarias? Los revolucionarios franceses obligaron a Luis XVI a tocarse con el gorro frigio. Los revolucionarios estudiantiles, más avanzados, quitaron al rey y se pusieron en su puesto...

En el proyecto de ley acordado por la Asamblea Universitaria, que a su vez fue creada por un decreto presidencial, está la arquitectura de la nueva universidad, según los sueños reformistas. La actual asamblea queda como poder legislativo, y el Consejo Universitario, poder ejecutivo, está compuesto por una mitad de catedráticos y la otra de alumnos oficiales, presididos por el rector. La universidad tiene en ese proyecto de ley una amplia autonomía para crear sus laboratorios, bibliotecas, seminarios, becas y todo lo que constituye el complemento de la enseñanza.

En estas condiciones el movimiento reformista, vino su corrupción por la politiquería universitaria y nacional. El anterior gobierno de la nación era uno de los clásicos gobiernos liberales de "dejar hacer y dejar pasar". Tomó la lucha entre estudiantes y catedráticos como una lucha entre patronos y obreros. Jamás intervino para solucionarla de acuerdo con una parte u otra. Cuando había alteraciones del orden público se limitaba a reprimirla sin modificar las causas de la alteración.

Los seudorreformistas aprovecharon la oportunidad. Obtuvieron al calor de las protestas estudiantiles una ley especial para "reformar" la Facultad de Medicina. No hay duda que algo se avanzó. Pero la ley tenía una causa de corrupción grandísima. Como los patronos crean puestos de capataces para sus obreros levantiscos, la ley creaba plazas de ayudantes estudiantes, por cada 25 alumnos, y de ayudantes graduados por cada 50, además de las innumerables plazas nuevas de catedráticos auxiliares y titulares. Y nadie anheló luchar por la reforma. Muchos supusieron que era más útil luchar por las plazas. Y los que habían luchado se creyeron que las plazas eran premios para sus labores anteriores. La reforma murió después de esa ley. La "reforma" de la Facultad de Medicina demostró una cosa que nadie creía antes: en Cuba no hay hombres de estudios para las cátedras universitarias. Cuando se pusieron a oposición todo el mundo se pudo dar cuenta de la pobreza de la intelectualidad cubana. Es claro, si no existía universidad no podían existir sabios ni aficionados. No se trajeron del extranjero por un malentendido patrioterismo. Vienen interventores yanquis para la hacienda nacional, y para otras dependencias del estado; pero a la universidad no podían venir científicos de otros países...

La generación del 22, la iniciadora del movimiento, fue abandonando la universidad. Unos por fosilizarse como profesores y otros para cubrir cargos públicos ganados con su actuación universitaria. Muy pocos permanecen fieles a su credo.

La solidaridad por medio de la universidad popular, entre estudiantes y obreros alarmó a las autoridades universitarias y nacionales. Los niños "bien" hijos de la burguesía azucarera no pudieron comprender qué tenían que ver los estudios para obtener un título universitario con los conflictos sociales y humanos. Se alarmaron, y comenzaron, apoyados por los colegios religiosos, una fuerte campaña contra los "rojos". Más de la mitad de los alumnos que ingresan en la universidad provienen de educación jesuita o escolapia. En estas condiciones, faltando los antiguos líderes, la universidad sufrió una gran caída en sus actividades renovadoras.

La universidad debe tomar participación en las luchas de la sociedad, habían dicho los estudiantes reformistas. Cumpliendo este postulado organizaron una contramanifestación de protesta por la que el gobierno nacional había hecho en señal de gratitud a los Estados Unidos, porque los magnates de Washington no nos habían robado la Isla de Pinos. Muchos estudiantes cayeron, ensangrentando las calles de La Habana, por defender la soberanía y la dignidad del pueblo de Cuba, que no estaban representadas por su gobierno.

Éste fue el último acto de la revolución universitaria en Cuba. Hoy el nuevo rector nos convoca con regularidad la Asamblea Universitaria. Se han iniciado una serie de consejos de disciplina contra los estudiantes y varios hemos sido expulsados de la universidad. Los nuevos directivos de asociaciones nos hacen nada temerosos del nuevo gobierno, que adopta procedimientos "gomistas" para resolver los conflictos...

Por todo esto nos preguntamos: ¿Puede ser un hecho la reforma universitaria? Vemos muchas dificultades para que los postulados de la reforma se implanten totalmente. Para un cambio radical, de acuerdo con las bases reformistas, es necesario el concurso del gobierno. ¿Es capaz un gobierno de los que tienen hoy la América en casi todas sus naciones abrazar íntegramente los principios de la revolución universitaria? Afirman que es imposible. ¿Puede la juventud universitaria imponer ella, de por sí, los principios nuevos en las universidades? En algunas de sus partes sí, pero en otras no. Podrá, por ejemplo, cuando el clima universitario se lo permita, agitar algunos de sus postulados sociales y humanos. No podrá, tampoco, hacer de la universidad un centro vocacional. La mayoría de los estudiantes seguirán ingresando en la universidad con la idea de salir pronto y con el título que sea más productivo...

Nada se resuelve con hacer de la universidad un centro técnicamente perfecto, si la masa estudiantil, que proviene de los colegios religiosos o de los colegios laicos privados, tienen ya formada una mentalidad burguesa, y no científica, de la universidad. En lo que a Cuba se refiere, es necesario primero una revolución social para hacer una revolución universitaria.

Esto no quiere decir que neguemos los movimientos universitarios reformistas. No. Llevamos tres años en esta actividad y no nos pesan. Lo que creemos imposible conseguir dentro de las actuales normas sociales es la integración de todos sus postulados. Pero afirmamos que nada más útil se ha hecho en la América en el campo de la acción cultural, que estas "revoluciones universitarias". Sin ellas, ¿qué esperanza había para el porvenir? Sin ellas, las universidades no habrían avanzado lo poco que han avanzado.

A los movimientos universitarios se debe una gran victoria. La unidad de pensamiento de la nueva generación latinoamericana.

En el mañana, cuando la América no sea lo que hoy es, cuando la generación que pasa hoy por las universidades sea la generación directora, las revoluciones universitarias se considerarán como uno de los puntos iniciales de la unidad del continente, y de la gran transformación social que tendría efecto.

ALFREDO L. PALACIOS: LA REFORMA UNIVERSITARIA
Y EL PROBLEMA AMERICANO *

Hasta que lleguemos a sentir profundamente la identidad de nuestra índole, la inexorable comunidad de toda nuestra América, en ideales y destinos, no podemos afirmar que existimos colectivamente. No habremos realizado nuestro deber hasta que lleguemos a vivir para la misión de América antes que para nosotros mismos. Ensanchemos el área cordial y el egoísmo aldeano de nuestras pequeñas patrias respectivas y sintámonos patriotas de América Latina. Abandonemos los limitados y antagonistas provincianismos para entrar en la vasta confraternidad latinoamericana y podremos de ese modo

* Del manifiesto, publicado en *Renovación*, de Buenos Aires, abril de 1925, con motivo de un proyecto de congreso latinoamericano de intelectuales a celebrarse en Montevideo.

contemplar frente a frente a las grandes potencias de la tierra que se disputan hoy sordamente el dominio del mundo y nos consideran presa codiciable.

Si resolvemos con acierto y con hondura este problema fundamental, todo lo demás vendrá por añadidura. Cuanto edifiquemos sin la base de una íntima, indestructible solidaridad, perecerá en el vacío. Lo que pretendamos adoptar tomándolo del pasado o de otros pueblos, se caerá a pedazos por sí solo.

Hemos de forjar una nueva religión que constituya el camino para la superación del hombre y que consagre la vida plenamente en vez de mutilarla, hemos de crear una nueva política que constituya la ciencia y la práctica del bien común, dentro de la más amplia democracia social. Hemos de fundar una nueva economía que estimule y favorezca las energías creadoras del hombre y las utilice en beneficio colectivo. Hemos de llegar a concebir una estética que no sea un pasatiempo de desocupados, una diversión de ociosos, sino la síntesis depurada del alma colectiva que eleve a todos los hombres a la comunión ideal en la belleza. El germen de esos valores lo atesora ya el alma de nuestra raza. Tan sólo necesitamos extraerlos del fondo de nuestra índole, recoger la inspiración del alma popular y dar forma a sus anhelos; obedecer al más íntimo impulso de nuestro ser.

Los Estados Unidos y la América del Sur. Se nos ha presentado como enemigos de la América del Norte. Es éste un error mezquino. No somos enemigos de ningún pueblo puesto que nuestro idealismo es universal y altruista. Únicamente aspiramos a forjar la personalidad de la América Latina para que realice sus destinos. Tenemos un alma propia y no podemos por tanto resignarnos al humillante papel de satélites de otra nación o instrumentos pasivos de otra raza cuya índole e ideales difieren en absoluto de los nuestros. Admiramos las virtudes de la raza anglosajona, mas no hasta el punto de renegar nuestras propias cualidades porque sean diferentes de las suyas. Nosotros, en realidad, desconocemos aún nuestros valores porque nuestro estado de pasiva receptividad solamente hace visibles los defectos que son la negación de nuestra verdadera personalidad. Sin embargo, a través de nuestra acción se ha definido ya nuestra ruta como opuesta a la del pueblo yanqui. Mientras aquél ha adoptado como lema el de "América para los americanos", nosotros hemos optado por el de "América para la humanidad". Hay aquí dos maneras contrapuestas y excluyentes de considerar la vida. La raza anglosajona es egoísta; se juzga privilegiada y superior a todas las otras razas. Nosotros, por el contrario, nos sentimos hermanos de los hombres todos, y únicamente podremos sentir conciencia racial cuando hayamos concebido la posibilidad de realizar un destino propio. Norteamérica ya se ha definido, desarrollando al extremo y perfeccionando la civilización materialista, mecanicista y cuantitativa de la vieja Europa. Nosotros aún no hemos dicho nuestra palabra porque llevamos latente el nuevo germen que dará otra orientación a la cultura del mundo y aportará nuevos ideales a la especie. Tenemos que replegarnos sobre nosotros mismos para escoger el camino que nos sea más adecuado. Nada tenemos que hacer por hoy con la América del Norte, sino defendernos de las garras de sus voraces capitalistas. Los que predican un panamericanismo que Norteamérica es la primera en despreciar, conspiraron contra el porvenir de nuestra raza. Los Estados Unidos ya han cumplido su misión de incomparables dominadores de la materia. Nosotros debemos ahora emprender la nuestra, de intérpretes del espíritu.

La reforma universitaria. El advenimiento de la nueva era americana lo ha hecho posible la joven generación que despertó al calor del incendio de la guerra mundial y alumbrada por la antorcha de la revolución rusa. Esos grandes acontecimientos favorecieron el estallido de su inquietud y libertaron su mente del sopor en que habían vivido aletargadas, mental y moralmente, las generaciones anteriores. Así nació la reforma universitaria, que aunque no realizada totalmente, constituye ya uno de los hechos de más significación en nuestra historia. Tal vez en ningún país se han pronunciado los estudiantes por el ideal de la justicia y la renovación humanas con impulso tan unánime y resuelto como el que les ha animado en esta América.

Es preciso que ese impulso no quede esterilizado en una simple reforma burocrática. Debe ser punto de partida para una acción conjunta reformadora que redima de su inercia y su aislamiento a nuestros pueblos estáticos. Debe prolongarse hasta renovar los ideales educativos, realizar trabajos por la confederación iberoamericana y formular las bases de una nueva orientación cultural. En toda obra de los jóvenes se denota sensibilidad más afinada y la percepción de los problemas éticos que en épocas precedentes fueron desconocidos o desdeñados. En toda juventud de este continente se evidencia una rara comunidad de espíritu que augura una unión a realizar. Las mismas inquietudes la preocupan y la animan idénticos ideales. Hasta el estilo es análogo: nervioso, limpio y preciso, más cordial y más sobrio.

Es indudable que existe una onda espiritual que recorre nuestra América y dinamiza a la juventud para encaminarla a grandes realizaciones.

VÍCTOR RAÚL HAYA DE LA TORRE: LA REFORMA UNIVERSITARIA Y LA REALIDAD SOCIAL *

A los compañeros redactores de *Estudiantina:* Gabriel del Mazo, nuestro compañero y nuestro amigo, a cuyo nombre está en gran parte ligada la gloria de la revolución universitaria argentina y la gloria —ésta más rara— de la lealtad absoluta y vigilante a sus principios, me ha enviado un número de *Estudiantina* y me pide unas líneas para sus páginas. Lo hago sin tardanza, porque es mi deber. A toda voz de vanguardia de la juventud de nuestra América he de responder yo como soldado, a grito de mando. Consagrada está mi vida a la causa de nuestra generación, que es causa de justicia y de unidad revolucionaria para los pueblos de veinte repúblicas, cuyas fronteras debemos destruir, cuyas castas opresoras debemos derribar, cuyos graves peligros comunes debemos detener. América Latina está viviendo la hora tremenda en que se gesta su conflicto definitivo: de un lado, las fuerzas del pasado arrastrándonos traidoramente a la esclavitud del imperialismo que acecha y corrompe, y del otro, nuestra generación que después de la revolución universitaria —la precursora revolución de los espíritus— va hallando su camino, enseñándoselo a los maestros hasta ayer desorientados y preparándose a la lucha gloriosa y fatal.

Estamos todos juntos bajo la misma bandera. ¿Qué joven de nuestra América, estudiante u obrero, campesino o intelectual, empleado o soldado, será capaz de desoírnos? ¿Y qué fuerza —aunque sea la de nuestros compatriotas representantes del "orden", aliados al hormiguero rubio de los yanquis, que un día rodarán sus cañones en todo el continente, como ya los ruedan en Panamá y Cuba o Centroamérica—, qué fuerza será capaz de resistirnos? No ganaremos por las armas más que por el santo entusiasmo que en toda lucha sagrada es libertad y de justicia es disciplina. Pero no debemos olvidar —porque olvidarlo sería cobardía, autoengaño— que esa lucha será la lucha de nuestra vida, que las generaciones precedentes, las generaciones de un siglo de "vida independiente", de "democra-

---

* Trabajo enviado a la revista *Estudiantina*, órgano de los estudiantes del Colegio de la Universidad de La Plata en 1925.

cia" y de "república" —generaciones responsables de ignorancia, de estrechez y de concupiscencia— no nos han dejado nada o casi nada, sino un mar de palabras que nos ahogan, prejuicios, ejemplos de inmoralidad y, lo que es más, las manos semiatadas de los pueblos y las puertas abiertas para el enemigo que filtra su veneno en las raíces mismas de nuestra vida colectiva.

Creo que la juventud de nuestra América va entrando en un camino de realidad y de realismo en que los juegos literarios están de más. Debemos hablar y escribir con sangre en los labios o en la pluma como pedía el poeta filósofo, pero debemos hablar más para nuestras conciencias que para nuestros oídos. Ésa es la literatura vital que necesitamos.

Recojo las tres primeras líneas de la primera página de vuestra revista: "Admitimos las colaboraciones de todos los estudiantes y jóvenes obreros de cualquier parte del mundo que quieran expresar ideas sanas, nobles y valientes." Ése es vuestro mejor blasón. Hace muy pocos años habría sido imposible leer un llamado así en páginas de una revista de estudiantes. Ésa es la voz de la reforma, pero no de la reforma estancada en el simple entredicho de profesores y estudiantes, de la reforma simplemente circunscrita a los lindes universitarios sino de la reforma que sale hacia la realidad social, que no quiere hacer del estudiante una casta parasitaria, sino que lo desplaza hacia la vida, lo sitúa entre la clase trabajadora y lo prepara a ser colaborador y no instrumento de opresión para ella. La reforma universitaria corría riesgo de perder su sentido social, su misión precursora y gloriosa si quedaba como un simple movimiento universitario encaminado a preparar mejor, bajo más apropiadas condiciones, al profesional. Yo he entendido siempre la reforma universitaria como todo lo contrario al refinamiento de un sistema que creara mejor, es decir, más definida y más fuerte, una casta profesional. Mi concepto de la reforma es justamente el opuesto —y yo no he pensado ni pienso sino como la mayor parte de los más sinceros revolucionarios del 18 al 22. Convertir al estudiante en simple obrero intelectual, con conciencia de clase de "simple obrero intelectual", democratizar, vale decir proletarizar lo más posible las universidades, hacer del profesional un factor revolucionario y no un instrumento de la reacción, un servidor consciente y resuelto de la mayoría de la sociedad, es decir, de las clases explotadas, tender hacia la universidad social y educar al estudiante en el contacto inmediato y constante con las clases trabajadoras, he ahí, en mi opinión, los fines verdaderamente revolucionarios de la reforma. Y en el Perú no hemos hecho otra cosa. Primero aireamos la vieja y carcomida Universidad de San Marcos; la aireamos echando fuera dieciséis profesores en pleno proceso de momificación; la aireamos cambiando radicalmente los sistemas y obligando a una servil asamblea parlamentaria a respetarnos; la aireamos llevando a ella los vientos de fronda que eran vientos revolucionarios y eran vientos argentinos; vientos de fuerte y tremenda pero saludable tempestad. Luego fuimos más allá, y al costado de la universidad rejuvenecida, pero nada más que rejuvenecida por la revolución, creamos otra joven, fuerte, e hija suya quizá pero como hija "zarastustriana", hija vencedora de la madre: nuestra Universidad Popular "González Prada", donde fundimos nuestros esfuerzos y nuestro credo revolucionario con la rebelión dolorosa de los trabajadores. Ella será un día la vasta universidad social del Perú que cantará el responso de la otra. Por ahora es campo de lucha, laboratorio de experimentación, lazo de fraternidad, blanco del terror de la tiranía y bandera de agitación y de esperanza para el pueblo.

Y así como vosotros llamáis a la juventud obrera a vuestras páginas, allí llamamos nosotros a la juventud obrera a nuestras aulas. Sólo así, uniéndonos al trabajador, daremos a la revolución universitaria, un sentido de perennidad y de fuerza futura. "Nuestra generación" no es nuestra generación estudiantil o intelectual, "nuestra generación" es el frente único de las juventudes de trabajadores manuales e intelectuales, frente único revolucionario, frente único que debemos formar, disciplinar y extender como salvaguardia del porvenir de nuestros pueblos.

Muchachos de *Estudiantina:* os envío un saludo cordialmente fraternal. Y ya os repito: estamos juntos, porque nuestro deber de jóvenes y de revolucionarios lo impone. Esta juventud de hoy será la que realice la obra de unidad y de defensa de la América Latina, que olvidaron en ciento y tantos años de ceguera racionalista y ambiciones innobles, nuestras castas dominantes.

MARIANO HURTADO DE MENDOZA: CARÁCTER ECONÓMICO
Y SOCIAL DE LA REFORMA UNIVERSITARIA *

Después de siete años de existencia, la reforma universitaria no ha sido aún definida como un fenómeno netamene social, ni concertada en un sistema general de principios que expliquen las verda-

* Trabajo publicado en 1925.

deras causas que la provocaron, y que den el exacto valor social que ella pueda tener respecto a las ideas de mejoración y renovación de las actuales formas de convivencia humana.

Intentamos en estas breves líneas llenar estos dos vacíos, definiendo la reforma como un fenómeno social de carácter económico, y dando la justa medida de su valor; teniendo presente para lo primero los antecedentes histórico-económicos que la determinaron y para lo segundo, la realidad de lo que ella ha producido en el orden individual y en el colectivo.

I. *Carácter económico.* La reforma universitaria es antes que nada y por sobre todo, un fenómeno social que resulta de otro más general y extenso, producido a consecuencia del grado de desarrollo económico de nuestra sociedad. Fuera entonces error estudiarlo únicamente bajo la faz universitaria, como problema de renovación del gobierno de la universidad, o bajo la faz pedagógica, como ensayo de aplicación de nuevos métodos de investigación en la adquisición de la cultura. Incurriríamos también en error si la consideráramos, como hasta el momento se ha hecho, como el resultado exclusivo de una corriente de ideas nuevas provocadas por la gran guerra y por la revolución rusa, o como la obra de la nueva generación que aparece y "llega desvinculada de la anterior, que trae sensibilidad distinta e ideales propios y una misión diversa para cumplir".

Estudiarla y considerarla de las maneras expuestas significaría, por un lado, reducir arbitrariamente la extensión que tiene la reforma, y por otro, sentar, como definición, una premisa demasiado general y vaga, sin ningún fundamento científico que la explique. Ello sería tomar como causa lo que no es más que efecto; confundir lo superficial y accidental con lo esencial y profundo.

Con esto, no desconocemos la enorme influencia que las ideas tuvieron en la formación y desarrollo de la reforma, pero necesario es dejar sentado claramente que no fueron ellas sus causas esenciales especialísimas. El movimiento estudiantil comenzado el dieciocho, aunque aparezca como fenómeno ideológico, no es más que el resultado de los cambios producidos en la subestructura económica de la sociedad argentina en el último período de cincuenta años. Así considerada, fácilmente se explica la afinidad entre estudiantes y proletarios que tanto extrañan al consejero estudiantil Julio V. González; ambos luchan por intereses económicos y de clase, aunque con una diferencia fundamental: mientras los primeros no tienen conciencia de ello, los segundos la tienen y perfecta. Demasiado vaga es la explicación que de esta afinidad da Julio V. González: habla del "dolor de orfandad", de "instintiva solidaridad brotada de la ola de rabia al sentirse ambos azotados por el sable policial". Nada nos dice que pueda hablar claramente a la razón. Hay un lazo más íntimo, más profundo y fuerte que hace natural esta unión. Es el que señalaremos más adelante.

La reforma universitaria no es más que una consecuencia del fenómeno general de proletarización de la clase media que forzosamente ocurre cuando una sociedad capitalista llega a determinadas condiciones de su desarrollo económico. Significa esto que en nuestra sociedad se está produciendo el fenómeno de proletarización de la clase media, y que la universidad, poblada en su casi totalidad por ésta, ha sido la primera en sufrir sus efectos, porque era el tipo ideal de institución capitalista..

Aislada del medio social en que vivía, convertida en una fábrica expedidora de títulos que habilitaban para entrar en la clase *directora y gobernante* de la sociedad; con un régimen administrativo que consagraba la primacía de una camarilla de individuos movidos únicamente por intereses personales; con una separación profunda entre los que enseñan y los que aprenden, debiendo estos últimos un ciego respeto y obediencia a los primeros, que no pasaban de ser más que escolásticos glosadores de lo que hace cien años se descubrió y se dijo; con una organización económica que hace imposible a muchos su acceso y dificulta a otros su permanencia en ella; centro de las ideas viejas que condenaba todo aquello que no estuviera de acuerdo con las pretendidas normas fundamentales de orden y de moral que cien años de dominación capitalista habían creado, era natural que fuera la primera institución burguesa donde se produjera la primera protesta *inconsciente* de la juventud que contemplaba la mentira de un organismo creado para defender un orden de cosas injusto y que lastimaba sus propios derechos.

La universidad fue y es aún en nuestros días, a pesar de los pequeños triunfos de la reforma, un baluarte del capitalismo.

El movimiento universitario es el signo inequívoco del fenómeno antes citado. Resulta de ese conjunto misterioso de fuerzas no perceptibles y aparentemente inexistentes, que en su subterránea combinación va preparando los movimientos sociales con lenta seguridad hasta producir el estallido definitivo, pudiendo éste ser provocado por un accidente cualquiera, que opone, en antinomia irreductible, dos intereses esenciales.

Los estudiantes obraron inconscientemente, sin tener la menor idea de las causas reales que originan el movimiento y de aquí que se lo haya explicado como puramente ideológico y se hable tanto de la nueva generación que aparece como producto espontáneo, divino, con una misión también divina por cumplir y cuyo supremo ideal es, dicho sea sin ironía, realizar una reforma tibia, que no lastime los múltiples intereses creados, y que haga marchar la máquina social con un poco de aceite, sin modificaciones esenciales.

Pero volvamos a nuestro tema y dejemos estos comentarios para otra ocasión. El triunfo político del partido radical, obtenido en 1916, obedece a causas económicas perfectamente establecidas y señala el comienzo de un nuevo proceso de singular importancia en la historia de nuestro país. Enunciaremos algunas ideas generales para hacer más comprensible lo anterior.

En las democracias capitalistas los partidos políticos no son sino representantes de una clase determinada que lucha contra los demás partidos para obtener el poder y llegar a la realización de sus intereses. Claro está que la conciencia de esa representación no es percibida por los componentes del partido, ni aun por los que de afuera le observan, pero se manifiesta en los actos de gobierno que de él emanan. Así, sin ahondar en el hecho, desde que el carácter de estas líneas no lo permite, el radicalismo no es más que el representante de la burguesía comercial e industrial que desde 1800 comenzó a tener intereses verdaderamente ponderables en la sociedad argentina y que fueron tan en aumento desde esa fecha, que determinaron el triunfo de 1916, desalojando para siempre del poder a los partidos conservadores, representantes de la burguesía rural y feudalista, cuyo predominio absoluto va desde 1820 hasta 1890.

Frente a la burguesía comercial e industrial y paralelamente a ella, comienza a aparecer el movimiento proletario que desarrolla y organiza hasta constituir en 1901, con la fundación de la Federación Obrera Regional Argentina (FORA), una clase social netamente diferenciada, con intereses y aspiraciones propias. La fundación de la FORA es el hecho más importante de nuestra historia en el último período, y recién el problema social puede plantearse en sus verdaderos términos. Desde ese momento ya no serán los movimientos políticos burgueses los únicos que constituyan una fuerza en la sociedad. La nueva clase social, formada según leyes económicas fatales, comenzará a desarrollar su acción, tratando de defender o imponer los intereses que le dan origen. Permítasenos reseñar en dos palabras la perfecta conciencia de clase que tiene la FORA. En 1905 el quinto congreso resuelve *"sostener los principios del comunismo anárquico,* para impedir que la lucha se concrete solamente a la consecución de las ocho horas como jornada de trabajo, y propender así a la *completa emancipación del proletariado"*. El noveno congreso celebrado en 1915 abandona la propaganda anarquista y orienta su acción en una dirección netamente sindicalista, "encuadrada dentro de la *orientación revolucionaria de la lucha de clases,* de la acción directa y de la absoluta prescindencia de los grupos y partidos que militan fuera de la organización de los trabajadores genuinos". En ambos congresos que formaron tendencias separadas dentro de la FORA se afirma el concepto de clase social y de lucha de clases. Pero esta patente demostración no ha bastado para algunos que niegan aún la división de la sociedad en clases y creen que los movimientos obreros obedecen a la propaganda agitadora de ciertos elementos. Pero continuemos.

Frente a estas dos clases sociales cuyas esferas de acción están perfectamente delimitadas, se forma la llamada *clase media,* integrada por todos aquellos poseedores de medios económicos que permiten no caigan en la estrechez de los proletarios, pero que tampoco llegan a procurar la abundancia de los burgueses. La clase media no tiene espíritu propio, y su psicología es esencialmente burguesa. Asimila con facilidad sus vicios y virtudes, la imita en todo y trata de realizar en la práctica el espíritu burgués. Pero la escasez de medios económicos no le permite desarrollar el lujo y el derroche de que hace gala el capitalismo. Agréguese a esto que la burguesía que tiene en sus manos todas las fuerzas productivas de la nación, con su infinita voracidad va reduciendo las entradas con que cuentan los individuos de la clase media para sostener esa aparente vida burguesa. Entonces comienza a producirse una derivación gradual de las clases medias hacia el proletariado. En este movimiento de proletarización de las clases medias que se produce en nuestro país, está el origen de la reforma universitaria.

Como bien lo ha explicado José Luis Lanuza, la población de nuestras universidades está formada exclusivamente por individuos de la clase media; sus medios económicos, únicos habilitantes para entrar y permanecer en la universidad, van poco a poco desapareciendo en virtud del fenómeno antes citado, y se borra así la perspectiva de título salvador, que abrirá las puertas del paraíso burgués. El estudiante debe recibirse o de lo contrario caerá en el "abismo sin fondo del proletariado". No hay términos medios. De esta manera la universidad aparece al estudiante como un baluarte de privilegio y arremete contra ella, tratando de derribarla, ensayando nuevos estatutos y programas, todo ello inconscientemente, sin conocer las causas profundas que motivan su acción. De aquí que el contenido de la reforma se modifique, se empequeñezca, se restrinja. 'La ignorancia de los factores que la provocan hacen que la reforma no tenga en la vida nacional y en el concepto de los que la estudian la importancia que en verdad tiene, como signo de un fenómeno que a todos interesa.

II. *Valor social.* Entendemos por valor social de la reforma universitaria la justa medida en que las fuerzas que ella ha producido y produce contribuyen al avance de las ideas de renovación de las actuales formas de convivencia social.

El hecho de que la reforma haya sido considerada como un fenómeno social explicado como puramente ideológico, ha sido causa de que su extensión se haya reducido a la universidad y de que su trascendencia no haya pasado de los límites de ella. Teniendo presente estas dos circunstancias, podemos afirmar que la reforma es algo enteramente desconocido para la masa social y que desde los campos en que se la conoce, se la mira con desconfianza. La burguesía ve con malos ojos el movimiento universitario y sospecha, con razón, en él, un avance contra sus intereses de clase dominante y directora. Por su parte las izquierdas siguen con curiosa desconfianza el camino del mismo, sin atreverse a apoyarlo definitivamente ni tampoco a condenarlo.

Así colocada la reforma universitaria frente a las dos clases de nuestra sociedad, es el de ella una especie de equilibrio inestable, propicio a la corrupción de la misma y engendrador de ese vicio tan común hoy día, que se denomina "oportunismo". Ante esta situación de neutralidad en la lucha entablada entre burguesía y proletariado, situación a que los hechos la obligan y que ella parece haber aceptado, el valor social de la reforma es, en nuestro concepto, relativo. Agreguemos que el universitario, como buen representante de la clase media, tiene una psicología puramente burguesa, y se considera además, como *intelectual,* es decir, como afirma Sorel con razón, "una persona que tiene la profesión de pensar y cobra por ello aristocráticos salarios", y que sólo pueden ser satisfechos por quienes detentan la riqueza social.

Es lícito entonces deducir que el movimiento reformista, dadas las poderosas fuerzas que obran sobre los que lo alientan, se desvía hacia las derechas, pese a las tentativas que hacen los que quieren asimilarlo al movimiento proletario. Y esta deducción aparece plenamente confirmada en nuestros días ante el aspecto ·que presentan las universidades del país. La reacción triunfa y ante su victoria no surge aún el grito de protesta airado y rebelde como en otra hora. Basta una ilusoria intervención estudiantil en el gobierno de la universidad, la creación de dos o tres seminarios para profundizar los estudios y los discursos pomposos con que se afirma la fe renovadora. Pero de allí no se sale.

Queda, sin embargo, en la reforma, una aspiración ideal, casi metafísica, de modificación de la sociedad, que es expuesta por sus sostenedores en todas sus conferencias, pero que no significa casi nada en relación con la esperanza de los que desean una transformación total. Gracias a ella la reforma universitaria vive y ha producido ese tan mentado ambiente renovador, formado por estudiantes y profesionales que creen ingenuamente que basta poner un parche a la sociedad para que ésta se convierta en paraíso.

Las tentativas más nobles de asimilar el movimiento universitario al proletariado fueron: la extensión universitaria, que haría de la universidad un organismo que supiese devolver a la sociedad los esfuerzos hechos en su beneficio, y la gratuidad de la enseñanza, que permitiría el libre acceso a todo el que quisiera instruirse. Pero las dos fracasaron y fracasan cuando se trata de realizarlas. He aquí adónde ha conducido la incomprensión del fenómeno universitario y sus vagas explicaciones idealistas. Al afirmar ellas que por su voluntad el individuo puede mejorarse dejaron decir que puede también no hacerlo. Y puestos en juego el egoísmo y el sacrificio, triunfó lo que era más material, independiente de él, que le lleva por un camino determinado por sus antecedentes.

Para nosotros que no somos idealistas, pero que sabemos estudiar las cosas en su realidad viviente, y que no comprendemos las vaguedades metafísicas merced a las cuales se justifica el bien o el mal, según convenga a los intereses del momento, la reforma universitaria es un movimiento materialista, esencialmente económico, que tiende a la proletarización del estudiante de clase media. Por eso afirmamos la necesidad absoluta, para poder triunfar, de que el estudiante y el profesional reformista abandonen su calidad de "intelectuales", intentona de aburguesamiento, para tomar lo que en realidad les corresponde: la del proletario. Sólo así la reforma será verdad y su valor inmenso. Pero si sus hombres continúan el camino de tibio reformismo en que se han iniciado, y sus únicas realizaciones prácticas se concretan a discursos y escritos, como hasta ahora, la reforma será un pálido fantasma aliado del privilegio y ocultador de apetitos desenfrenados. Al lado del obrero: he ahí el lugar del verdadero reformista.

WENCESLAO ROCES: LA REFORMA ARGENTINA, EJEMPLO EN ESPAÑA *

Nuestra mentida universidad descansa sobre un peregrino privilegio del profesorado, que es el de no enseñar. Cuando en leyes, reales decretos o medidas gubernamentales se vulnera, una y otra vez, la libertad de enseñanza, se deja siempre a salvo como intangible esta otra libertad, verdadero artículo fundamental de nuestra constitución académica, la libertad de no enseñar. Con ésta, no hay ningún ministro o ficción de tal que se atreva a meterse. Si lo hiciera, nuestros maestros no contemplarían tan impasibles la medida.

Cierto que este privilegio no es privativo del burocratismo y nace precisamente de eso: de montar la universidad como una burocracia oficinesca, como una nómina de sueldos y de empleomanía. El catedrático español ingresa en el profesionalismo oficial por una especie de sorteo con trampa (no son otra cosa las llamadas "oposiciones") y, pasado el desfiladero, empieza la dulce tierra de promisión, mísera, pero descansada, donde, si la voz de adentro no le inquieta, puede rumiar hasta la jubilación forzosa una siesta que nada ni nadie la turba.

De tarde en tarde viene un pobre ministro de esos de disciplina de cuartel, de los que quieren "arreglarlo" todo con el grito de "En su lugar, descanse" (como si el problema fuese de permanencia física en las clases a negados a quienes sería lo mejor pagarles por estarse en casa); pero la nube pasa pronto, y, después de todo, ¡qué más da sestear en la cátedra o en el cuarto casero!

Los únicos que podrían turbar un poco esta dulce siesta del hidalguito raído, serían los estudiantes; pero para éstos —y razonablemente, tal como hoy están las cosas— la universidad es estación de ruta; sólo van allí a coger, lo más aprisa posible, el "aprobado", para seguir adelante. Alguien ha dicho que hoy la universidad española es una oficina expendedora de títulos profesionales; y no se ve, por qué no se despachan éstos por una taquilla, como las cédulas personales, o en los estancos, como el papel sellado. Sería más expeditivo y bastante más económico, y el estado acabaría, muy simpáticamente, con una irrisoria ficción.

Pero por si acaso fuera concebible en el estudiante español de hoy un brote de protesta o de rebeldía, es decir, un aliento de juventud, está ahí para evitar el peligro ese magnífico cancerbero del examen por asignaturas, guardián celoso que vela por los fueros de privilegio del señor profesor, y es las más de las veces instrumento propiciatorio del servilismo o de su arbitrariedad.

* Artículo publicado en España en 1926.

Contra este mortífero burocratismo del profesorado español no cabría una medida salvadora, si puede hablarse de una posibilidad de salvación de la universidad española, en medio del marasmo de nuestro descoyuntamiento de nación; esta medida salvadora, que los estudiantes debían luchar tenazmente, por todos los medios, hasta imponerla porque es la única salvaguardia eficaz de una libertad académica que no sea a las veces grotesca, es la *libre docencia*. No es ninguna innovación del otro mundo; es una institución que funciona hoy en las universidades de los países que realmente lo son. No es una medida revolucionaria, aunque en un cadáver hasta el andar sería revolucionario.

Que la universidad, con un mínimo de garantías de seriedad científica y medios de labor personal acreditados, abra libremente sus puertas a cuantos tengan alguna enseñanza de valor social que dar desde sus cátedras. Que se acabe esa absurda burocracia universitaria de nómina y escalafón, con ese medieval plan de estudios, encasillados por asignaturas. Que en cada universidad —que de este modo ha de demostrar su vitalidad para sostenerse— puedan explicar varios profesores la misma materia, de modo que el estudiante puede elegir libremente la cátedra de quien mejor la enseñe. Y así, el éxito efectivo de labor de la cátedra, combinado con el de investigación personal mediante estudios y publicaciones, refrendará la definitiva incorporación del docente al profesorado ordinario, sin el bárbaro y ridículo régimen actual de las oposiciones. Lo cual supone, también, naturalmente, desmontar el absurdo sistema de los exámenes por asignaturas, porque de otro modo, las momias del profesorado, celosas defensoras de la "libertad de no enseñar", sobornarían al estudiante con el "aprobado" a favor.

Diez, veinte años de este régimen de libertad efectiva: libertad de cátedra, de enseñanza y de asistencia, y todos estos años, que hoy pesan con su peso de muerte sobre el cuerpo de la juventud escolar, se convertirían en cenizas, que el mismo soplo de la juventud se encargaría de aventar. Por esto los viejos santones de la cátedra y sus mandatarios en el ministerio harán esfuerzos indecibles por evitarlo bajo la máscara de reforma de la autonomía. Pero la juventud estudiantil española, si tiene un poco de conciencia de su misión, laborará tenazmente hasta imponer la medida libertadora, como la impusieron con valiente gesto las juventudes libres de la Argentina. Y cuando de este modo hayamos introducido en la universidad el principio de la libre concurrencia, y con él la lucha por el estudiante, se habrá acabado el catedrático-canónigo. La universidad se transformará en un taller, en una comunidad de trabajo y el escolar no será lo que es hoy: pobre recluta académico, pasto de examen y de lista.

ANÍBAL PONCE: HACIA LA DEMOCRACIA PROLETARIA *

Para los jóvenes que entrábamos a la vida entre el horror de la tragedia europea, la guerra fue, como quería Guesde, la gran "liberatriz" en su sentido más amplio. Todo lo que de nosotros quedaba atrás de ella eran adquisiciones pasivas de la infancia, hábitos dóciles de la educación; todo lo que habría de seguirle eran conquistas dolorosas de la adolescencia, asombro y entusiasmo de los tiempos nuevos.

Gracias a ella, tuvimos desde muy temprano la desconfianza del pasado. Se nos había enseñado entre muchas otras cosas, de las cuales en breve renegaríamos, el desprecio de la política y la indiferencia por las cosas públicas. Y he ahí que entonces, a pesar de la neutralidad aparente de la República, la guerra vivía entre nosotros, en las calles, en las escuelas, en los hogares. Rompía amistades, desataba vínculos, enardecía pasiones. ¡Cómo permanecer extraños a aquel turbión que nos arrastraba y exigía una actitud! La tradición liberal de nuestra patria, el viejo amor casi filial hacia la Francia, el aparente idealismo del presidente Wilson, decidieron muy pronto nuestra adhesión y nuestra simpatía. Creíamos ver en los aliados los defensores de principios que suponíamos mejores; los cruzados de las mismas ideas que habían presidido el advenimiento de nuestra revolución.

Con el oído tenso a los rumores lejanos, pasábamos así los días y los días, junto a la urgencia inmediata de los libros de estudio, la preocupación indecible de lo que ocurría por el mundo. Voces extrañas nos llegaron muy pronto: Rolland, Barbusse, Russell... Con la palabra empañada de la emoción, los "precursores" nos revelaban todo el horror de la mentira inicua: Nada de guerra por el derecho, nada de guerra por la justicia. Mercaderes de un lado, mercaderes del otro: hierro y carbón, hulla y petróleo... Nadie podrá contar jamás la indignación y el asco de nuestros corazones: una cólera sorda nos estremecía, y sólo la evidencia de una gran catástrofe aquietaba un tanto las sedes ardorosas del castigo.

Habíamos aprendido a deletrear declamándonos los unos a los otros, desde los bancos del colegio, los primeros sermones laicos de

* Este trabajo apareció como prólogo al libro *La Reforma Universitaria* (1927) de Julio V. González).

Ingenieros, y el fervor idealista en que nos inflamara encontraba, por fin, la realidad propicia. Teníamos la seguridad absoluta de asistir al derrumbe de un viejo edificio carcomido y fuerza era por lo tanto empuñar el pico para preparar, sobre la limpieza de las explanadas, las construcciones futuras.

El colegio había quedado a nuestra espalda; vivíamos ahora, en la facultad. Para nuestros ojos, ya avisados a la casa universitaria, debía parecer hostil y oscura. Extraña a la vida que en torno suyo rumoreaba, dócil instrumento de una clase que por ella pasaba para llegar al poder más fácilmente; tribuna poco sonora de profesores envejecidos, incapaces de auscultar las voces del tiempo, la universidad se alzaba desafiante como un baluarte de ese mismo pasado contra el cual nos rebelábamos en la angustia de la guerra. De Rusia llegaba, mientras tanto, un sordo rumor confuso; enorme y vago como el pensamiento de las muchedumbres. La negra humareda anunciaría, en breve, la magnitud del incendio, y todos los hombres libres saludaron en ella a esa misma hoguera que, trece años atrás, había puesto una chispa de luz en los ojos moribundos de Reclus.

Las llamas que enrojecían a Oriente incendiarán con nosotros la vieja universidad. 1918 es, para América Latina, el aniversario de dos revoluciones.

Lo que ocurrió después en la universidad es casi historia de hoy. A las sesiones tumultuosas de los primeros días sucedieron, en breve, los triunfos parciales, las historias, en apariencia decisivas: los seminarios, la extensión universitaria, la representación estudiantil. Con sospechosa unanimidad decanos, consejeros y profesores, se dijeron muy pronto "reformistas". En los discursos académicos, en las discusiones del consejo, en las asambleas de estudiantes, no se oían más que profesiones de fe en la reforma.

Cinco años después, en 1923, la reforma estaba casi moribunda entre las manos de la reacción conservadora. Para los que seguían con ojo atento, la marcha dramática de la reforma, la restauración no fue ni siquiera una sorpresa. Un vicio originario había venido con aquélla, y ese vicio malograba sus frutos más hermosos. Porque si estaba de modo tan comprometido era porque había empezado siendo un movimiento a ciegas, un gesto de rebeldía, un gesto casi inconsciente, un cambio de postura casi reflejo. Para destruir puede bastar el impulso; para edificar es necesario el método. Las revoluciones no se imponen en la imprecisión o en la incertidumbre, aunque puedan comenzar en el desasosiego o en la inquietud.

Pero para triunfar y convertirse en hechos, es necesario que cristalicen en las formas definidas de la idea directriz.

Las masas estudiantiles que tomaron por asalto la vieja universidad no carecían, sin duda, de banderas; pero las enseñanzas del "novecentismo", la "nueva sensibilidad", la "ruptura de las generaciones", no eran más que vaguedades que lo mismo podían servir —como quedó demostrado— a un liberalismo discreto que a una derecha complaciente. El estudiante argentino que acometió la reforma sabíase arrastrado por el presentimiento de las grandes obras, mas no acertó a definir la calidad de la fuerza que lo impulsaba. Gustábale sin duda fraternizar con el obrero, participar en el mitin de la huelga, colaborar desde las hojas de vanguardia. No se sentía sin embargo, proletario; restos de la vieja educación teníanlo apresado todavía, y aunque a veces se le escuchaba el lenguaje de la izquierda, reconocíase muy bien que era aprendido.

El obrero, por eso, lo miró con simpatía, pero sin fe. La burguesía con desconfianza, pero sin temor. Con una clara conciencia de sus intereses, la masa conservadora de la universidad lo sedujo con su política, lo conquistó con sus prebendas, lo corrompió con sus vicios. Clamorosos paladines de la reforma fueron, así, llamándose a silencio; pasáronse otros a las filas enemigas con increíble impudicia, y la sana minoría de estudiantes que había puesto en la reforma toda la ilusión de los veinte años, la vio de esa manera convertida en un fácil trampolín de oportunistas y aduladores.

La dura lección había de serle provechosa. La guerra europea, que aceleró la decadencia de la sociedad capitalista, ha planteado los problemas actuales en términos extremos: o burgués o proletario. La nueva generación, que se formó en la calle tanto como en la escuela y que sabe, por lo mismo, adaptarse mejor al ritmo de la vida, sólo conseguirá el triunfo de la reforma en la inequívoca definición de sus propósitos.

La reforma dentro de la universidad no puede ser más que un aspecto de esa otra transformación que está echando abajo las columnas de la sociedad en que vivimos. Toda otra interpretación le haría malograr una vez más el generoso impulso que lo alienta.

Los hombres jóvenes que consagraron a la reforma sus entusiasmos mejores, conocen ya cuáles son sus enemigos y cuáles sus aliados, y saben también que las menudas conquistas del reglamento o del estatuto no son más que instrumentos subalternos ante la soberana belleza del propósito: preparar desde la cátedra el advenimiento triunfante de la democracia proletaria.

JULIO V. GONZÁLEZ: EL PARTIDO NACIONAL REFORMISTA *

Señores: es para mí una feliz oportunidad ésta que me dais de poder hablaros cuando va a cumplirse la primera década en la existencia de la reforma universitaria. Entregado a ella con el más puro fervor de que soy capaz, en los años de mi juventud, he sentido madurar mi espíritu en tal forma compenetrado de sus ideales, que mi fe en el futuro de la civilidad argentina es una sola con mi fe en el destino de aquel gran movimiento.

A punto de promediar en mi vida, adonde llego con diez años de consagración a la idea reformista, cedo lleno de unción cívica al imperativo de mi conciencia que me arrastra a rendiros a vosotros el caudal de experiencia y de meditación que fuera acumulando mientras servía a la causa que nos es común.

Al cerrar este primer ciclo, la reforma universitaria se define con los caracteres de un realismo tal, que su filiación histórica, su identificación con el alma colectiva y su poder de subsistencia pueden presentarse como emanados directamente de la gravitación de los hechos. La reforma universitaria nació de un hecho: la toma de posesión de la Universidad de Córdoba por sus estudiantes el 15 de junio de 1918. De entonces acá, el movimiento estudiantil, a medida que se extendía en el tiempo y en el espacio, en virtud de una progresiva proyección en 'él futuro y en todo el continente latinoamericano, ha venido nutriéndose de hechos en una serie de reacciones frente a cada uno de los acontecimientos que se producían en el escenario nacional. De tal suerte, el ideario y el contenido moral del movimiento trasuntan una filosofía de la acción empírica y realística.

El gesto inicial de los estudiantes cordobeses, dirigiéndose desde el estrado académico, convertido en tribuna de barricada, "a los hombres libres de Sudamérica", abrió una perspectiva tan amplia y tan en consonancia con la hora que vivía la colectividad, que no se registra un episodio de carácter nacional y aun internacional que no dejara de provocar una definición concreta del reformista. La semana de enero de 1919, la aparición de la Liga Patriótica, el día de los trabajadores, el aniversario patrio, el 14 de julio, el movimiento sindicalista de los Maestros Unidos de Mendoza, la gran co-

* Discurso pronunciado el 22 de septiembre de 1927 en el anfiteatro de la Facultad de Ciencias Médicas, en el acto organizado por FUBA a raíz de los episodios antimilitaristas acaecidos en la Facultad de Derecho, que culminaron con la arbitraria suspensión de siete alumnos, miembros de la mesa directiva del Partido Reformista Centro Izquierda.

lecta nacional, la muerte de Lenin y de Wilson, la Liga de las
Naciones, el imperialismo yanqui, la cuestión del petróleo, hasta el
reciente episodio de los militares en la Facultad de Derecho, han
dado motivo para que los centros o federaciones de toda la República se pronunciaran en sendas declaraciones o manifiestos, apresurándose, con sugestiva espontaneidad, a adoptar una posición de
definición y de combate, siempre bajo la bandera de la reforma
universitaria.

Toda esta acumulación de hechos armonízalos una acentuada y
uniforme tendencia hacia el revisionismo reconstructor. La nueva
generación argentina, y con ella la de toda Latinoamérica, hacía
profesión de fe democrático-proletaria, antichauvinista, anticlerical,
pacifista, antimilitarista, antimperialista. Dijo así en diversas oportunidades y por distintos órganos universitarios: festejamos el 14
de julio como fecha revolucionaria; repudiamos "la simulación
patriótica de las clases privilegiadas"; "negar la urgencia de rever
los fundamentos de la sociedad es no tener sentido de las cosas
presentes"; "la juventud universitaria se siente tocada por el ideal
de justicia que anima a las manifestaciones de la conciencia social";
cuando se los desdeña nos "sentimos indestructiblemente solidarios
con los trabajadores"; y así, en larga sucesión, hasta ayer, cuando
se oyó declarar: "la nueva generación no puede escuchar sino con
desconfianza la voz de la espada".

Todo este brillante repertorio de postulados se despliega bajo la
portada magistral que abrió al movimiento reformista la definición
del manifiesto de la Federación Universitaria de Córdoba lanzado
el 24 de enero de 1919: "El movimiento universitario argentino
—decía— iniciado por los estudiantes de la Universidad de Córdoba, debe ser considerado como la primera manifestación de un
proceso evolutivo en el orden nacional, dirigido a modificar fundamentalmente el estado de crisis porque atraviesa la organización
social, económica, política e intelectual, teniendo como finalidad
inmediata el afianzamiento de la libertad, la verdad y la justicia
en todos sus órdenes."

Con mirada avizora y en actitud beligerante, salía el hombre
nuevo del aula universitaria para formar falange en la contienda
civil, para tomar parte en el debate público, para penetrar con su
inteligencia hasta la entraña de la sociedad. Realizaba lo que oí
definir no hace mucho a un compañero como "la captación intuitiva
de la realidad histórica". Formándose en estas severas disciplinas de
los hechos, el reformismo ha ido pasando gradualmente del estado
primario de sensibilidad al estado de conciencia. Al cumplirse la

primera década puede declararse que existe una conciencia nacional reformista. Hay que reconocer esta verdad ante la espontánea protesta de todos los estudiantes de la República, con motivo de la imprudente aparición del ejército en la vida civil, desde los estrados de la Facultad de Derecho de Buenos Aires.

La reforma universitaria acaba de conquistar un nuevo galardón, por vuestra inspiración y vuestra energía, con el acuerdo de la asamblea del 29 de agosto, que resolvió que todos los estudiantes de derecho hicieran suyos en todos sus términos los conceptos del manifiesto antimilitarista de la Unión Reformista Centro Izquierda. Aparte del valor que tiene como acto de solidaridad, reviste el significado de una advertencia enérgica de la juventud ante cualquier tentativa de perturbar el orden institucional establecido y desviar la conciencia democrática del pueblo argentino. Así lo tengo dicho en la carta abierta de adhesión enviada con motivo de aquel episodio al Centro de Estudiantes de Derecho, el 22 del mes pasado.

Este hecho, que os ha tocado en suerte vivir a vosotros, es uno de los tantos que, como os digo, viene viviendo el hombre nuevo que avanza bajo el emblema de la reforma universitaria. Y no se diga que ellos son propios de la inquietud juvenil, sin guardar relación con aquélla, porque este mismo acto de reafirmación reformista vosotros lo habéis organizado a propósito y directamente vinculado con el episodio de la Facultad de Derecho. Si no fuera así; si la reforma universitaria no fuera un movimiento que tiene a la nueva generación constantemente identificada con la vida nacional, ¿por qué habéis sentido la necesidad de exaltar los postulados reformistas ante una amenaza de militarismo en el país?

Entonces yo os digo: estáis viviendo desde hace diez años una verdad que vanamente os empeñáis en no ver. Hace diez años que estáis haciendo política; que a título de reforma universitaria os venís mezclando en la discusión de los negocios públicos, no dejando pasar un solo acontecimiento sin abordarlo y pronunciaros sobre él. Hace diez años que estáis elaborando un nuevo sistema de ideas dentro de la universidad: sacadlas de una vez a la luz y sembrad en el surco que labráis como políticos la semilla acopiada como estudiante reformista en el granero universitario. No dejéis que la ideología forjada con el esfuerzo de una década se pierda en la abstracción.

Recientemente, asistiendo a la asamblea del 29 de agosto que realizó el magnífico pronunciamiento referido, comprobé con angustia la aparición del bizantinismo en la reforma. Os he visto conspirar contra vuestra propia fe, cuando la homogeneidad ideológica de la asamblea hendíase momentáneamente con el pretendido distingo entre reforma del 18 y reforma del 19, es decir, entre una que habría nacido en Córdoba y otra en Buenos Aires. Esto es síntoma de un proceso liquidador de reabsorción, derivado de la abstracción hacia donde amenaza caer la reforma por no reconocerse que habiendo cumplido su gestación en el claustro materno de la universidad, está exigiendo como un imperativo de su existencia que la entreguéis a la vida nacional. Detenéos a tiempo y matad en germen la hidra cismática que saldrá de vuestra propia entraña para devoraros. ¡A ver si vosotros también entráis a discutir sobre la "naturaleza de Cristo" y termináis por dividiros en la Iglesia de Buenos Aires y en la Iglesia de Córdoba!

No hay más que una revolución universitaria: la que estalló en Córdoba el 15 de junio de 1918, como no hay más que una revolución argentina: la que estalló en Buenos Aires el 25 de mayo de 1910. La reforma de Buenos Aires, la de La Plata, la de Santa Fe, son otras tantas afirmaciones de una misma idea renovadora en marcha, como la asamblea del año 13 y el congreso del 16 lo fueron en la gesta revolucionaria de la civilidad argentina.

Que el 15 de junio de 1918 sea la fecha que lleve en su corazón el reformista argentino y se inscriba en la enseña de todas las universidades de la República, para sancionar así en forma visible y concreta la unidad y el carácter nacional y continental de la reforma universitaria.

Pues bien; si al cerrar el primer ciclo, la reforma universitaria se manifiesta como un movimiento mediante el cual se ha formado dentro de la universidad una nueva generación histórica, munida de un ideario, ejercitada en las disciplinas de la acción y provista para la lucha de organismo y técnica propios; si la reforma universitaria es un fenómeno real, concreto, permanente y definitivamente incorporado a la vida de esta República; si la reforma universitaria es una organización mediante la cual los hombres nuevos que pasan por las universidades vienen, sin solución de continuidad, interviniendo en la discusión de los negocios públicos; si la reforma universitaria, en fin, ha creado una nueva generación de políticos, yo os pregunto: ¿qué estáis esperando para proclamar a la faz del país la existencia del gran Partido Nacional Reformista?

No tenéis más que proclamarlo porque existe ya, con su tradición de diez años de episodios; con sus tablas de la ley en los seis volúmenes de documentos, que acaba de editar el Centro de Estudiantes de Medicina; con su bibliografía exegética en los libros publicados sobre el movimiento; con su organización en el sistema federativo de entidades nacional, local y celular; con su elenco de dirigentes como Sánchez Viamonte, Taborda, Sanguinetti, Bermann, Del Mazo, Biagosch, Trejo, Astrada, Orzábal Quintana, Ponce, Barcos, Uslenghi, Romano y tantos otros, brillante pléyade en el cielo del pensamiento argentino presidida por Alfredo L. Palacios, ejemplo admirable de fe en la juventud y el único que le ha quedado fiel después que se extinguió aquel gran espíritu hermano del suyo que fue el maestro José Ingenieros.

Un día, al principio de la histórica década reformista, el hombre nuevo que había nacido en la universidad, salió, como lo sabéis, en demanda del pueblo, y con su apoyo, con el del proletariado especialmente, volvió triunfante sobre ella para conquistar con la imposición del estatuto de la reforma. Ha llegado la hora de que paguéis aquella deuda de gratitud y, volviendo al pueblo, le digáis que el hombre nuevo ya está pronto para defender sus derechos.

Bajad a la liza política con todos vuestros cuadros tal como están montados dentro de la universidad y desplegadlos en línea de batalla frente a los comicios. Id a la conquista de las urnas para que hagáis de vuestro propio brazo ejecutor de vuestra idea. Porque yo os digo que este acto de afirmación reformista es un canto a la luna, si no le vais a dar repercusión en los próximos comicios nacionales, donde se jugará la suerte del estatuto universitario de la reforma. Existe por esto un problema capital, inmediato y urgente que llama a la acción inicial al partido reformista. Reunid mañana mismo un congreso nacional de estudiantes universitarios, a fin de realizar acto solemne de reafirmación en los postulados reformistas proclamados por aquel otro celebrado en Córdoba en la hora de la revolución, hace diez años, y sancionar las nuevas directivas que el natural desarrollo del movimiento ha impuesto en el lapso corrido del uno al otro.

Fácil es prever el estupor que embargará el ánimo de los graves doctores de la universidad que se sacrifican por la patria atribuyéndose el derecho exclusivo de interpretar el oráculo de la cultura nacional. Presas al mismo tiempo de la angustia de los dioses y de la cólera jupiterina, pretenderán esgrimir el rayo para fulminar a los nuevos titanes que escalan el monte sagrado en demanda del fuego de la ciencia y que vienen a turbar la sernidad augusta del Olimpo universitario con el fragor de las contiendas políticas. Pero bien sabéis que con la era reformista se inició el crepúsculo de los dioses. A su mansión llegaron en impetuoso tropel las huestes reformistas de la nueva generación, para arrojar de ella a sus divinidades caducas y proclamar desde lo alto de sus murallas que la ciencia es para la vida y no la vida para la ciencia. Así es como el sentido revolucionario de la reforma tiene su manifestación más definida cuando hace de la universidad, molde estrecho y rígido de la ciencia dogmática, la matriz donde se opera la gestación de las nuevas ideas, la transformación de la cultura y el devenir constante de la sociedad.

Vosotros podéis decir que ya no existe la universidad ajena a la política, porque la reforma que se le ha impuesto es ella misma un movimiento que engendra política, esta política de nuevas bases y nuevo contenido que vosotros venís gestando en cada episodio, desde 1918. La nueva política que ha creado la reforma universitaria se asienta sobre la base de los valores de la cultura y está penetrada de ella, precisamente por haberse gestado en la universidad reformista.

A esta gran función que la reforma le ha dado a la universidad, se pretenderá oponerle su carácter de institución del estado. Tal objeción tampoco tiene valor. En estudios a que me encuentro entregado y que formarán mi próximo libro sobre *La emancipación de la universidad,* he llegado a la conclusión de que el proceso evolutivo de la Universidad de Buenos Aires responde a dos directivas esenciales y paralelas. Una que provoca su integración gradual mediante la sucesiva incorporación de sus elementos constitutivos, con la reforma de 1914, que dio intervención a los profesores, y con la reforma de 1918, que hizo lo mismo con los estudiantes; y otra que la viene trayendo hacia su emancipación del estado, para que concluya en lo que mañana ha de ser la Universidad Libre de Buenos Aires.

La reforma de 1918, con la ingerencia estudiantil, hizo cumplir aquella primera directiva en cuya virtud la universidad concluyó su transformación de institución burocrática sin vida propia, en entidad orgánica respondiendo a su propia economía. El cumplimiento de la segunda directiva, la de la emancipación del estado para integrarse a la sociedad, viene preparándose a través de los fenómenos internos de la orientación científica de los estudios por sobre los profesionales y a través de una serie de hechos externos que pueden jalonarse con la universidad libre instituida por los artículos 32, 33 y 207 de la Constitución de la provincia de Buenos Aires sancionada por la convención del 73; por el proyecto de Vicente F. López presentado a la Cámara de Diputados en 1878; por el proyecto del diputado Scotto de 1898, modificando la Ley Avellaneda sobre la base de la "universidad libre"; por el proyecto legislativo de "Plan de enseñanza general y universitaria" presentado al Congerso en aquel año por Osvaldo Magnasco como ministro de Instrucción Pública; por la campaña de Juan Ramón Fernández, poco después ministro del ramo, propiciando la emancipación de la universidad de la tutela del estado, en una serie de artículos publicados en la *Revista de Derecho, Historia y Letras,* durante los años 1898 y 1899.

La universidad está pronta para su emancipación y solamente es necesario para ello romper el molde viejo de la ley Avellaneda, que la tiene atada al carro del estado con la función obligatoria de fabricar profesionales y expedir patentes habilitantes para el ejercicio de las profesiones.

Por donde quiera que se busque, ya véis cómo el movimiento reformista ha llamado a la universidad a la vida. Bajad a la lucha política constituidos en partido reformista y la universidad será libre y vuestra. Si de la reforma universitaria hacéis el gran partido nacional, habréis hecho a la vez de la universidad la matriz de la nueva conciencia política de la nación.

JOSÉ CARLOS MARIÁTEGUI: LA REFORMA UNIVERSITARIA *

Ideología y reivindicaciones de la reforma. El movimiento estudiantil que se inició con la lucha de los estudiantes de Córdoba, por la reforma de la universidad, señala el nacimiento de la nueva generación latinoamericana. La inteligente compilación de documentos de la reforma universitaria en la América Latina realizada por Gabriel del Mazo, cumpliendo un encargo del Centro de Estudiantes de Medicina de Buenos Aires, ofrece una serie de testimonios fehacientes de la unidad espiritual de este movimiento. El proceso de la agitación universitaria en la Argentina, el Uruguay, Chile, Perú, etc., acusa el mismo origen y el mismo impulso. La chispa de la agitación es casi siempre un incidente secundario; pero la fuerza que la propaga y la dirige viene de ese estado de ánimo, de esa corriente de ideas que se designa —no sin riesgo de equívoco— con el nombre de "nuevo espíritu". Por esto, el anhelo de la reforma se presenta, con idénticos caracteres, en todas las universidades latinoamericanas. Los estudiantes de toda la América Latina, aunque movidos a la lucha por protestas peculiares de su propia vida, parecen hablar el mismo lenguaje.

* Ensayo escrito en 1928.

De igual modo, este movimiento se presenta íntimamente conectado con la recia marejada posbélica. Las esperanzas mesiánicas, los sentimientos revolucionarios, las pasiones místicas propias de la posguerra, repercutían particularmente en la juventud universitaria de Latinoamérica. El concepto difuso y urgente de que el mundo entraba en un ciclo nuevo, despertaba en los jóvenes la ambición de cumplir una función heroica y de realizar una obra histórica. Y, como es natural, en la comprobación de todos los vicios y fallas del régimen económico social vigente y el anhelo de renovación, encontraban poderosos estímulos. La crisis mundial invitaba a los pueblos latinoamericanos, con insólito apremio, a revisar y resolver sus problemas de organización y crecimiento. Lógicamente, la nueva generación sentía estos problemas con una intensidad y un apasionamiento que las anteriores generaciones no habían conocido. Y mientras la actitud de las generaciones, como correspondía al ritmo de su época, había sido evolucionista —a veces con un evolucionismo completamente pasivo— la actitud de la nueva generación era espontáneamente revolucionaria.

La ideología del movimiento estudiantil careció, al principio, de homogeneidad y autonomía. Acusaba demasiado la influencia de la corriente wilsoniana. Las ilusiones demo-liberales y pacifistas que la predicación de Wilson puso en boga en 1918-1919 circulaban entre la juventud latinoamericana como buena moneda revolucionaria. Este fenómeno se explica perfectamente. También en Europa, no sólo las izquierdas burguesas sino los viejos partidos socialistas reformistas aceptaron como nuevas las ideas demo-liberales elocuente y apostólicamente remozadas por el presidente norteamericano.

Únicamente a través de la colaboración cada día más estrecha con los sindicatos obreros, de la experiencia del combate contra las fuerzas conservadoras y de la crítica concreta de los intereses y principios en que se apoya el orden establecido, podían alcanzar las vanguardias universitarias una definida orientación ideológica.

Éste es el concepto de los más autorizados portavoces de la nueva generación estudiantil, al juzgar los orígenes y las consecuencias de la lucha por la reforma. Todos convienen en que este movimiento, que apenas ha formulado su programa, dista mucho de proponerse objetivos exclusivamente universitarios y en que, por su estrecha y creciente relación con el avance de las clases trabajadoras y con el abatimiento de viejos principios económicos, no puede ser entendido sino como uno de los aspectos de una profunda renovación latinoamericana. Así Palcos, aceptando íntegramente las últimas consecuencias de la lucha empeñada, sostiene que "mientras subsista el actual régimen social, la reforma no podrá tocar las raíces recónditas del problema educacional". "Habrá llenado su objeto —agrega— si depura a las universidades de los malos profesores, que toman el cargo como un empleo; si permite —como sucede en otros países— que tengan acceso al profesorado todos los capaces de serlo, sin excluirlos por sus convicciones sociales, políticas y filosóficas; si neutraliza en parte, por lo menos, el chauvinismo y fomenta en los educandos el hábito de las investigaciones y el sentimiento de la propia responsabilidad. En el mejor de los casos, la reforma rectamente entendida y aplicada, puede contribuir a evitar que la universidad sea, como es en rigor en todos los países, como lo fue en la misma Rusia —país donde se daba, sin embargo, como en ninguna otra parte, una intelectualidad avanzada que en la hora de la acción saboteó escandalosamente a la revolución— una Bastilla de la reacción, esforzándose por ganar las alturas del siglo."

No coinciden rigurosamente —y esto es lógico— las diversas interpretaciones del significado del movimiento. Pero, con excepción de las que proceden del sector reaccionario, interesado en limitar los alcances de la reforma, localizándola en la universidad y la enseñanza, todas las que se inspiran sinceramente en sus verdaderos ideales, la definen como la afirmación del "espíritu nuevo", entendido como espíritu revolucionario.

Desde sus puntos de vista filosóficos, Ripa Alberdi se inclinaba a considerar esta afirmación como una victoria del idealismo novecentista sobre el positivismo del siglo XIX. "El renacimiento del espíritu argentino —decía— se opera por virtud de las jóvenes generaciones, que al cruzar por los campos de la filosofía contemporánea han sentido aletear en su frente el ala de la libertad." Mas el propio Ripa Alberdi se daba cuenta de que el objeto de la reforma era capacitar a la universidad para el cumplimiento de "esa función social que es la razón misma de su existencia".

Julio V. González, que ha reunido en dos volúmenes sus escritos de la campaña universitaria, arriba a conclusiones más precisas. "La reforma universitaria —escribe— acusa el aparecer de una nueva generación que llega desvinculada de la anterior, que trae sensibilidad distinta e ideales propios y una misión diversa por cumplir. No es aquélla un hecho simple o aislado si los hay; está vinculada en razón de la causa a efecto con los últimos acontecimientos de que fuera teatro nuestro país, como consecuencia de los producidos en el mundo. Significaría incurrir en una apreciación errónea hasta lo absurdo, considerar a la reforma universitaria como un problema de aulas y aun así, radicar toda su importancia en los efectos que pudiera surtir exclusivamente en los círculos de cultura. Error semejante llevaría sin remedio a una solución del problema que no consultaría la realidad en que él está planteado. Digámoslo claramente entonces: la reforma universitaria es parte de una cuestión que el desarrollo material y moral de nuestra sociedad ha impuesto a raíz de la crisis producida por la guerra." González señala en seguida la guerra europea, la revolución rusa y el advenimiento del radicalismo al poder como los factores decisivos de la reforma en la Argentina.

José Luis Lanuza indica otro factor: la evolución de la clase media. La mayoría de los estudiantes pertenecen a esta clase en todas sus gradaciones. Y bien. Una de las consecuencias sociales y económicas de la guerra es la proletarización de la clase media. Lanuza sostiene la siguiente tesis: "Un movimiento colectivo estudiantil de tan vastas proyecciones sociales como la reforma universitaria no hubiera podido estallar antes de la guerra europea. Se sentía la necesidad de renovar los métodos de estudio y se ponía de manifiesto el atraso de la universidad respecto a las corrientes contemporáneas del pensamiento universal desde la época de Alberdi, en la que empieza a desarrollarse nuestra industria embrionaria. Pero entonces la clase media universitaria se mantenía tranquila con sus títulos de privilegio. Desgraciadamente para ella, esta holgura disminuye a medida que crece la gran industria, se acelera la diferenciación de las clases y sobreviene la proletarización de los intelectuales. Los maestros, los periodistas y empleados de comercio se organizan gremialmente. Los estudiantes no podían escapar al movimiento general."

Mariano Hurtado de Mendoza coincide con las observaciones de Lanuza. "La reforma universitaria —escribe— es antes que nada y por sobre todo, un fenómeno social que resulta de otro más general y extenso, producido a consecuencia del grado de desarrollo económico de nuestra sociedad. Fuera entonces error estudiarla únicamente bajo la faz universitaria, como problema de renovación del gobierno de la universidad o bajo la faz pedagógica, como ensayo de aplicación de nuevos métodos de investigación en la adquisición de la cultura. Incurriríamos también en error si la consideráramos como el resultado exclusivo de una corriente de ideas nuevas provocadas por la gran guerra y por la revolución rusa, o como la obra de la nueva generación que aparece y 'llega desvinculada de la anterior, que trae sensibilidad distinta e ideales propios y una misión diversa por cumplir'." Y, precisando su concepto, agrega más adelante: "la reforma universitaria no es más que una consecuencia del fenómeno general de proletarización de la clase media que forzosamente ocurre cuando una sociedad capitalista llega a determinadas condiciones de su desarrollo económico. Significa esto que en nuestra sociedad se está produciendo el fenómeno de proletarización de la clase media y que la universidad, poblada en su casi totalidad por ésta, ha sido la primera en sufrir sus efectos porque era el tipo ideal de institución capitalista."

Es, en todo caso, un hecho uniformemente observado la formación, al calor de la reforma, de núcleos de estudiantes que, en estrecha solidaridad con el proletariado, se han entregado a la difusión de avanzadas ideas sociales y al estudio de las teorías marxistas. El surgimiento de las universidades populares, concebidas con un criterio bien diverso del que inspiraba en otros tiempos tímidos tanteos de extensión universitaria, se ha efectuado en toda la América Latina en visible concomitancia con el movimiento estudiantil. De la universidad han salido, en todos los países latinoamericanos, grupos de estudiosos de economía y sociología que han puesto sus conocimientos al servicio del proletariado, dotando a éste, en algunos países, de una dirección intelectual de que antes había generalmente carecido. Finalmente, los propagandistas y autores más entusiastas de la unidad política de la reforma universitaria que conservan así su vinculación continental, otro de los signos de la realidad de la "nueva generación".

Cuando se confronta este fenómeno con el de las universidades de China y de Japón, se comprueba su rigurosa justificación histórica. En Japón, la universidad ha sido la primera cátedra de socialismo. En China, por razones obvias, ha tenido una función todavía más activa en la formación de una nueva conciencia nacional. Los estudiantes chinos componen la vanguardia del movimiento nacionalista revolucionario que, dando a la inmensa nación asiática una nueva alma y una nueva organización, le asigna una influencia considerable en los destinos del mundo. En este punto se muestran concordes todos los observadores occidentales de reconocida autoridad intelectual.

Pero no me propongo aquí el estudio de todas las consecuencias y relaciones de la reforma universitaria con los grandes problemas de la evolución política de la América Latina. Comprobada la solidaridad del movimiento histórico general de estos pueblos, tratemos de examinar y definir sus rasgos propios y específicos.

¿Cuáles son las proposiciones o postulados fundamentales de la reforma?

El Congreso Internacional de Estudiantes de México de 1921 propugnó: *1]* la participación de los estudiantes en el gobierno de las universidades; *2]* la implantación de la docencia libre y la asistencia libre. Los estudiantes de Chile declararon su adhesión a los siguientes principios: *1]* autonomía de la universidad, entendida como institución de los alumnos, profesores y diplomados; *2]* reforma del sistema docente, mediante el establecimiento de la docencia libre y, por consiguiente, de la asistencia libre de los alumnos a las cátedras, de suerte que en caso de enseñar dos maestros una misma materia la preferencia del alumnado consagre libremente la excelencia del mejor; *3]* revisión de los métodos y del contenido de los estudios; *4]* extensión universitaria, actuada como medio de vinculación efectiva de la universidad con la vida social. Los estudiantes de Cuba concretaron en 1923 sus reivindicaciones en esta fórmula: *a]* una verdadera democracia universitaria; *b]* una verdadera renovación pedagógica y científica; *c]* una verdadera popularización de la enseñanza. Los estudiantes de Colombia reclamaron, en su programa de 1924, la organización de la universidad sobre bases de independencia, de participación de los estudiantes en su gobierno y de nuevos métodos de trabajo. "Que al lado de la cátedra —dice ese programa— funcione el seminario, se abran cursos especiales, se creen revistas. Que al lado del maestro titular haya profesores agregados y que la carrera del magisterio exista sobre bases que aseguren su porvenir y den acceso a cuantos sean dignos de tener una silla en la universidad." Los estudiantes de vanguardia de la Universidad de Lima, leales a los principios proclamados en 1919 y 1923, sostuvieron en 1926 las siguientes plataformas: defensa de la autonomía de las universidades; participación de los estudiantes en la dirección y orientación de sus respectivas universidades o escuelas especiales; derecho de voto por los estudiantes en la elección de rectores de las universidades; renovación de los métodos pedagógicos; voto de honor de los estudiantes en la provisión de las cátedras; incorporación a la universidad de los valores extrauniversitarios; socialización de la cultura; universidades populares, etc. Los principios sostenidos por los estudiantes argentinos son probablemente más conocidos, por su extensa influencia en el movimiento estudiantil de América desde su primera enunciación en la Universidad de Córdoba. Prácticamente, además, son a grandes rasgos los mismos que proclaman los estudiantes de las demás universidades latinoamericanas.

Resulta de esta rápida revisión que como postulados cardinales de la reforma universitaria pueden considerarse: primero, la intervención de los alumnos en el gobierno de las universidades y segundo, el funcionamiento de cátedras libres, al lado de las oficiales, con idénticos derechos, a cargo de enseñantes de acreditada capacidad en la materia.

El sentido y el origen de estas dos reivindicaciones nos ayudan a esclarecer la justificación de la reforma.

Política y enseñanza universitaria en la América Latina. El régimen económico y político determinado por el predominio de las aristocracias coloniales —que en algunos países hispanoamericanos subsiste todavía aunque en irreparable y progresiva disolución—, ha colocado por mucho tiempo las universidades de la América Latina bajo la tutela de estas oligarquías y de su clientela. Convertida la enseñanza universitaria en un privilegio del dinero, si no de la casta, o por lo menos de una categoría social absolutamente ligada a los intereses de uno y otra, las universidades han tenido una tendencia inevitable a la burocratización académica. Era éste un destino al cual no podían escapar ni aun bajo la influencia episódica de alguna personalidad de excepción.

El objeto de las universidades parecía ser, principalmente, el de proveer de doctores o rábulas a la clase dominante. El incipiente desarrollo, el mísero radio de la instrucción pública, cerraban los grados superiores de la enseñanza a las clases pobres. (La misma enseñanza elemental no llegaba —como no llega ahora— sino a una parte de pueblo.) Las universidades, acaparadas intelectual y materialmente por una casta generalmente desprovista de impulso creador, no podían aspirar siquiera a una función más alta de formación y selección de capacidades. Su burocratización las conducía, de un modo fatal, al empobrecimiento espiritual y científico.

Éste no era un fenómeno exclusivo ni peculiar del Perú. Entre nosotros se ha prolongado más por la supervivencia obstinada de una estructura económica semifeudal. Pero, aun en los países que más prontamente se han industrializado y democratizado, como la República Argentina, a la universidad es a donde arriba más tarde esa corriente de progreso y transformación. El doctor Fiorentino V. Sanguinetti resume así la historia de la Universidad de Buenos Aires antes de la reforma: "Durante la primera parte de la vida argentina, movió modestas iniciativas de cultura y formó núcleos urbanos que dieron a la montonera el pensamiento de la unidad política y del orden institucional. Su provisión científica era muy escasa, pero bastaba para las necesidades del medio y para imponer las conquistas lentas y sordas del genio civil. Afirmada más tarde nuestra organización nacional, la universidad aristocrática y conservadora, creó un nuevo tipo social: el doctor. Los doctores constituyeron el patriciado de la segunda república, sustituyendo poco a poco a las charreteras y a los caciques rurales, en el manejo de los negocios, pero salían de las aulas sin la jerarquía intelectual necesaria para actuar con criterio orgánico en la enseñanza o para dirigir el despertar improvisado de las riquezas que rendían la pampa y el trópico. A lo largo de los últimos cincuenta años, nuestra nobleza agropecuaria fue desplazada, primero, del campo económico por la competencia progresista del inmigrante, técnicamente más capaz, y luego del campo político por el advenimiento de los partidos de clase media. Necesitando entonces escenario para mantener su influencia, se apoderó de la universidad que fue pronto un órgano de casta, cuyos directores vitalicios turnaban los cargos de mayor relieve y cuyos docentes, reclutados por leva hereditaria, impusieron una verdadera servidumbre educacional de huella estrecha y sin filtraciones renovadoras."

El movimiento de la reforma tenía lógicamente que atacar, ante todo, esta estratificación conservadora de las universidades. La provisión arbitraria de las cátedras, el mantenimiento de profesores ineptos, la exclusión de la enseñanza de los intelectuales independientes y renovadores, se presentaban claramente como simple consecuencia de la doctrina oligárquica. Estos vicios no podían ser combatidos sino por medio de la intervención de los estudiantes en el gobierno de las universidades y el establecimiento de las cátedras y la asistencia libres, destinadas a asegurar la eliminación de los malos profesores a través de una concurrencia leal con hombres más aptos para ejercer su magisterio.

Toda la historia de la reforma registra invariablemente estas dos reacciones de las oligarquías conservadoras: primera, su solidaridad recalcitrante con los profesores incompetentes, tachados por los alumnos, cuando ha habido de por medio un interés familiar oligárquico; y segunda, su resistencia, no menos tenaz, a la incorporación de la docencia de valores no universitarios o simplemente independientes. Las dos reivindicaciones sustantivas de la reforma resultan así inconfundiblemente dialécticas, pues no arrancan de puras concepciones doctrinales, sino de las reales y concretas enseñanzas de la acción estudiantil.

Las mayorías docentes adoptaron una actitud de rígida e impermeable intransigencia contra los grandes principios de la reforma universitaria, el primero de los cuales había quedado proclamado teóricamente desde el Cóngreso Estudiantil de Montevideo, y así en la Argentina como en el Perú, lograron el reconocimiento oficial debido a favorables circunstancias políticas, cambiadas las cuales se inició por parte de los elementos conservadores de la docencia un movimiento de reacción, que en el Perú ha anulado ya prácticamente casi todos los triunfos de la reforma, mientras en la Argentina encuentra la oposición vigilante del alumnado, según lo demuestra la reciente agitación contra una tentativa reaccionaria en la Facultad de Medicina de Buenos Aires.

Pero no es posible la realización de los ideales de la reforma sin la recta y leal aceptación de los dos principios aquí esclarecidos. El voto de los alumnos —aunque no esté destinado sino a servir de contralor moral de la política de los profesores—, es el único impulso de vida, el solo elemento de progreso de la universidad, en la que de otra suerte prevalecerían sin remedio fuerzas de estancamiento y regresión. Sin esta premisa, el segundo de los postulados de la reforma —las cátedras libres— no puede absolutamente cumplirse. Más aún, la "leva hereditaria", de que nos habla con tan evidente exactitud el doctor Sanguinetti, torna a ser el sistema de reclutamiento de nuevos catedráticos. Y el mismo progreso científico pierde su principal estímulo, ya que nada empobrece tanto el nivel de la enseñanza y de la ciencia como la burocratización oligárquica.

PAULINO GONZÁLEZ ALBERDI: INTERPRETACIÓN MARXISTA DE LA REFORMA UNIVERSITARIA. LA PRETENDIDA DIRECCIÓN DEL MOVIMIENTO REVOLUCIONARIO DE AMÉRICA POR LOS HOMBRES DE LA "NUEVA GENERACIÓN" UNIVERSITARIA *

Con su adhesión al acto del Centro de Estudiantes de Ciencias Económicas, nuestro grupo se ha unido a la conmemoración del movimiento de la reforma universitaria, en cuanto tiene de rebeldía y de entusiasmo juvenil. Pero organiza por su cuenta esta otra conferencia para exponer su opinión, como agrupación marxista, sobre ese mismo movimiento universitario de reforma.

El movimiento reformista es más social y político que pedagógico. Si la reforma universitaria fuese exclusivamente un movimiento pedagógico, su interés sería pequeño por otra parte. Podríamos decir

* Resumen de una conferencia pronunciada en junio de 1928.

también que la reforma no existe, ya que pedagógicamente estamos más o menos donde estábamos antes de 1918. Subsiste el dogma hasta el punto que profesores de economía política comienzan sus clases diciendo que no debe leerse a Marx; predomina en las facultades el tipo de profesor burócrata: los buenos docentes extranjeros sólo encuentran hostilidad y la enseñanza práctica se reduce con harta frecuencia a verdaderas caricaturas de seminarios. La defensa de los intereses de la sociedad capitalista continúa haciéndose con la ciencia oficial de nuestras universidades.

En las universidades alemanas y francesas, donde no ha habido ninguna "revolución universitaria", la enseñanza es científicamente muy superior a la que se imparte en nuestras facultades latinoamericanas, prescindiendo, desde luego, de su carácter burgués y hasta reaccionario a veces.

Pero la reforma universitaria del 18 traspuso evidentemente los límites de la universidad y de la pedagogía. Fue ante todo, un movimiento social y político, y es desde estos puntos que la vamos a considerar.

La situación social argentina y la reforma universitaria. Para nosotros los marxistas, no nacen los movimientos sociales al igual que los hongos. Los relacionamos, sean ellos grandes o pequeños movimientos, con el medio social y político en que se desenvuelven, medio que a su vez hacemos partir de la situación económica de la época y de la región dada en que tienen lugar. Así, el movimiento de reforma universitaria, significa para el que habla la expresión del descontento en un momento dado de una clase social: la pequeña· burguesía. Revolucionarismo en las palabras, conservadorismo o indecisión en los hechos, es la característica más notable que el espíritu pequeñoburgués ha impreso a nuestra juventud reformista.

La República Argentina contaba al practicarse el primer censo 1 830 000 habitantes. Era el año 1869. En 1895, el segundo censo arrojaba una población de cerca de cuatro millones de habitantes y el censo de 1924 daba ya 7 885 000. A fines de 1925, según la Dirección de Estadística, la población del país pasaba de los 10 millones. Aunque no lo parezca, esto se relaciona con la reforma.

Ese aumento extraordinariamente vertiginoso de la población se debía a las grandes corrientes inmigratorias que traían enormes masas de europeos, que no se distribuían por todo el país, sino que quedaban en la capital federal, en Buenos Aires, Santa Fe y Córdoba en un 82%, es decir, que se repartían en las provincias y ciudades donde más tarde iba a producirse el movimiento liberal de reforma universitaria.

Con la llegada de esa enorme inmigración se produce la transformación social del país. De nación pastoril pasa a ser la Argentina una región agrícola. Nace así la clase social de los agricultores —chacareros, etc.— situada entre los latifundios y los trabajadores agrícolas y que oscila, por su propia situación económica, entre la ideología de una y otra de estas clases. En las ciudades se produce un abarrotamiento de habitantes, desproporcionado a la población total de la República. Buenos Aires, Rosario, etc., son núcleos enormemente grandes para una nación que apenas llega a la decena de millones de habitantes. La industria recién nace. No son, pues, obreros industriales los que forman el grueso de la población de las ciudades. Predominan en éstas las llamadas clases medias. Es numeroso el porcentaje de pequeños comerciantes, de pequeños industriales, de pequeña burguesía en una palabra, dentro de la población urbana. La burocracia es frondosa y numerosos los empleados de comercio.

Los hijos de esa pequeña burguesía de las ciudades y los hijos de chacareros, van en número elevado a las universidades a proveerse de un título profesional. A éstas llegan también algunos hijos de obreros calificados pertenecientes a la *aristocracia obrera* y algunos hijos de la naciente burguesía industrial. Cambia así profundamente la composición social del estudiantado. Ya no son sólo estudiantes los hijos de la gran burguesía terrateniente. El crecimiento del número de profesionales se acentúa y nace un proletariado intelectual.

El yrigoyenismo y la universidad. Esa enorme población pequeñoburguesa a que nos hemos referido, aspira evidentemente a participar en el gobierno. Y éste continúa, sin embargo, a comienzo de este siglo, en manos de las viejas familias *patricias* de terratenientes y hacendados que lo mantienen en sus manos mediante el fraude y la violencia.

La ley del voto secreto pasa a esa pequeña burguesía al primer plano, en cuanto importancia, en la vida política del país. El radicalismo, con su demagogia, sus indefiniciones, etc., recibe su apoyo y asume el poder con un espíritu burgués de las grandes masas de población no proletarias. Entre el estudiantado consigue, desde luego, numerosos adeptos al Partido Radical.

La burocracia del nuevo partido gobernante sustituye en todas las reparticiones a la burocracia nombrada por los gobiernos de las familias *patricias*. Mas la universidad con su gobierno a cargo de profesores del *viejo régimen*, con la autonomía que le concede la ley Avellaneda, es una Bastilla difícil de tomar. Las universidades son, pues, supervivencias, antes del 18, del poderío de las familias de abolengo de terratenientes y estancieros, de las que han salido la gran mayoría de los profesores en la época prerreformista.

Para la pequeña burguesía y para el Partido Radical, a quien ha facilitado aquélla el triunfo, se presenta el problema de la toma de la universidad. Yrigoyen apoya el movimiento de reforma porque ve en los estudiantes la fuerza capaz de vencer a las camarillas universitarias que gobernaban el mundo universitario. No hablaremos aquí de la sinceridad de Irigoyen, el autor del proyecto de 16 nuevos obispados, al apoyar un movimiento como el de Córdoba, que se proclamaba anticlerical.

No es por casualidad que los "revolucionarios" del 18 piden en cada huelga que promueven, la intervención del poder ejecutivo nacional a cargo de Irigoyen. Y tampoco deja de ser sugerente que los dirigentes reformistas, se complicaran en esa maniobra que se llamó la creación de la Universidad del Litoral. De la nacionalización de algunas facultades se llegó a la creación de facultades nuevas, verdaderas nidadas de burócratas del empleo y la cátedra, y en algunas de las cuales hay más profesores que alumnos, siendo empleados de ellas la mayoría de éstos.

Lo cierto es que el irigoyenismo, partido apoyado por la pequeña burguesía industrial y rural y por el naciente capitalismo industrial, inició así, con su apoyo al estudiantado, la conquista de la universidad. Ese apoyo encontró también amplia retribución de los estudiantes; numerosos líderes reformistas pasaron a formar en el cuerpo de propagandistas del Partido Radical, siendo numeroso el aporte electoral estudiantil.

La guerra, la revolución rusa y la reforma. Hemos hablado del desarrollo y la creciente importancia política de la pequeña burguesía, hija de extranjeros en su enorme mayoría, y de su ingreso a la universidad, como de la causa fundamental de la reforma. Es evidente que entre el alumnado de las universidades argentinas del siglo pasado, o del viejo Colegio Nacional y del Colegio de Concepción del Uruguay y el actual estudiantado universitario, hay un mundo de diferencia. Eran los alumnos de aquella época, hijos de las familias "bien", que se capacitaban especialmente para ejercer el gobierno y las funciones públicas, por designación de aquellas célebres tertulias del Jockey Club, que hacían parlamentarios, ministros y profesores. En cambio, estos estudiantes de ahora han salido en mayoría de las clases medias, cuya situación es cada día peor, en virtud de haber terminado la época en que con poco escrúpulo y alguna decisión se "hacía la América"; porque la crisis del 13 se hizo sentir; porque la concentración capitalista es fatal para el pequeñoburgués de la ciudad y para los chacareros de las campañas del país; porque el avance imperialista aumenta las cargas fiscales con sus empréstitos y estruja más cada día con sus tarifas de transporte, no sólo a las clases obreras, sino también a los pequeños productores llamados independientes. Existía así el malestar en la pequeña burguesía y en los funcionarios y profesionales, cuyos hijos son la mayoría de la población universitaria. Y la existencia de un proletariado intelectual, de núcleos numerosos de profesionales liberales y educacionistas sin ocupación, hacía aún más intenso el malestar ya que demostraba que el título no era una salvación.

Pero evidentemente se precisaba la conmoción ideológica, la corriente romántica si se quiere, que hiciera de este malestar que se manifestaba vagamente, que lo sentía el universitario, pero sin conocerlo e ignorando sus orígenes, todo un movimiento. Y esa remoción del pensar y esa inflamación de sentimientos, se produjo merced a dos acontecimientos: la guerra y la revolución rusa.

Los propagandistas de uno de los bandos imperialistas, del llamado aliado, pusieron de actualidad entre nosotros toda la fraseología de libertad, igualdad, fraternidad, etc., que la burguesía revolucionaria de fines del siglo XVIII y comienzos del XIX, puso en boga para movilizar a los pueblos contra la dominación feudal. Los primeros manifiestos de los universitarios reformistas, están plagados de tal fraseología. Y los líderes de la primer hora de la *revolución universitaria*, estaban también decididamente con la "causa de los aliados". La hipocresía de Wilson se unió con sus promesas de autodeterminación de los pueblos, fraternidad de las naciones, etc., a reforzar el trinomio ideológico pequeñoburgués de la libertad, la fraternidad y la igualdad.

La revolución rusa, estallada en el 17, es un misterio que inquieta también a los universitarios de aquella época. Se sabe que el despotismo zarista ha caído, que el proletariado ha tomado el poder, que ha habido lucha entre bolcheviques y mencheviques. Llegan frases sueltas de algún manifiesto del gobierno maximalista. No hay mayor precisión para la juventud del 18 acerca del gran movimiento revolucionario de Octubre. Pero eso es lo necesario para que pueda inflamarse aún más su entusiasmo, sin asustarse ante la decisión y el afán de concluir con el régimen de explotación humana, que ha caracterizado al gobierno surgido el 7 de noviembre.

Una ideología vaga y *jacobinista* en su esencia caracteriza el movimiento universitario del 18. Es la ideología que corresponde a un movimiento pequeñoburgués del siglo XX, que pretende ser algo más que una movilización en favor de uno de los dos grandes ejércitos en lucha: el proletariado o el capitalismo nacional y extranjero; grandes ejércitos que son los únicos hoy para los que hay lugar en el campo de la gran batalla social. De aquí que la reforma haya quedado ante todo en declaraciones y, digámoslo con satisfacción, en una pérdida para el chauvinismo, el antiobrerismo y el clericalismo, en la masa estudiantil. Además, se pudo ser profesor sin tener apellido de abolengo. En las designaciones de personal docente el Jockey Club fue sustituido por las camarillas que creó el electoralismo universitario, o por las altas esferas del Partido Radical.

Tres o cuatro años después de 1918, nuestra juventud universitaria reformista, estimulada especialmente por la presencia de desterrados de países americanos sometidos a tiranos como Leguía que sirven a Wall Street, comenzó a desarrollar propaganda antiimperialista. Bien es verdad que lo hizo en muchos casos tratando de ocultarse que el imperialismo no es más que la última etapa del capitalismo y será vencido definitivamente sólo cuando desaparezca éste.

El movimiento argentino de reforma universitaria encontró eco en las juventudes estudiantiles de los otros países latinoamericanos. Allí, la presión imperialista sobre los trabajadores y la pequeña burguesía era intensa. De ahí que se hiciera de él inmediatamente —cosa que no había ocurrido en nuestro país— un movimiento de propaganda contra el imperialismo y los gobiernos nacionales.

La acción social de la "nueva generación americana". Los que militamos en el movimiento revolucionario del proletariado, hecha nuestra composición de lugar sobre la reforma universitaria, sólo tendríamos que felicitarnos de que ella se produjera ya que desplazó hacia la izquierda al estudiantado. Como militantes también del movimiento estudiantil, al dedicar energías nuestras a la reforma, hemos contribuido a que tal desplazamiento se produjera. Pero los dirigentes del movimiento reformista, que han dado en llamarse "nueva generación americana", etc., pretenden hoy transformarse en directores del movimiento revolucionario americano, con gran peligro para el proletariado, que debe hacer su revolución y no ir a remolque de ningún movimiento pequeñoburgués.

Haya de la Torre funda el APRA y entra a ella a competir con los organismos políticos de clase del proletariado, con los partidos comunistas especialmente, a los que ataca en cuanta ocasión se le presenta. Quiere también sustituir con el APRA a las ligas antimperialistas, únicas organizaciones de frente único que tienden a agrupar a los hombres de todas las ideologías para la lucha contra el peligro imperialista. Julio V. González propicia aquí la formación de un partido nacional, dirigido por los jefes del movimiento de la reforma universitaria. Y esto nos obliga a ir a un terreno de polémica al que no teníamos ningún deseo de llegar. Pero vayamos a él recordando la frase famosa de Marx: "La emancipación del proletariado será obra del proletariado mismo." El momento histórico hace del proletariado la clase que, con el apoyo de los hombres de otras clases, intelectuales o no, que quieran acompañarla, debe derribar al capitalismo e implantar una sociedad sin explotadores ni explotados. Pero nunca cumplirá su misión el proletariado si va a remolque de otras clases sociales. Podrá movilizar a la pequeña burguesía y hacer de ella su aliada, pero nunca dejarse orientar por la pequeña burguesía. Y la juventud reformista, lo que ha hecho hasta el momento ha sido eso: tratar de llevar al proletariado a remolque; hacer que el proletariado con sus huelgas de solidaridad le permitiera vencer a las camarillas de la aristocracia terrateniente encumbradas en la universidad. Pero nunca ha retribuido al proletariado su solidaridad, más que con discursos y proclamas; con declaraciones llenas de vacilación y eufemismos. Y veamos algo de la ideología reformista, dejando de lado su wilsonismo y su aliadofilismo durante la guerra, por haber hablado ya de ello, y el descubrimiento del imperialismo por los organismos estudiantiles argentinos ¡en 1923 o 1924!

La hora americana, los hombres libres, los hombres de mayo. El primer manifiesto de la reforma, el de la Federación Universitaria de Córdoba del 21 de junio de 1918, dice que *vivimos una hora americana.* ¿Qué significado tenía eso en momentos en que lo que se vivía era la influencia de la guerra europea y comenzaba a vivirse la revolución rusa? Mas el manifiesto se dirige a *los hombres libres* de Sudamérica. No se especifica más, pero se desprende de aquí que el manifiesto no se dirige a los trabajadores ya que éstos no son libres en un régimen capitalista, sino a una determinada élite intelectual, a la que se considera de pensamiento libre.

Éste, como casi todos los manifiestos reformistas, habla de los hombres de mayo no como de los realizadores de una misión histórica a comienzos del siglo pasado, sino como de personalidades cuyo ideario debe ser el ideario de hoy. ¡Y esto sería tanto como creer que el mundo debe vivir guiado aún por la Declaración de los Derechos del Hombre y por *El contrato social* de Rousseau: A más de tres cuartos de siglo del *Manifiesto comunista* de Marx y Engels y cuando está en vigencia la constitución de la República Rusa de los Soviets!

La reforma frente al movimiento obrero. La masacre brutal que se llevó a cabo contra los trabajadores en la llamada Semana de Enero o Semana Trágica, provocó la huelga de solidaridad de algunos organismos estudiantiles —la Federación de Estudiantes de Córdoba, por ejemplo— y declaraciones de protesta de casi todos. Veamos el espíritu de las más importantes.

Decía, por ejemplo, la citada federación universitaria cordobesa: "Es deber de sano patriotismo estudiar las causas que originan las frecuentes protestas del proletariado y pronunciarse acerca de la justicia que las asiste, indicando soluciones conciliatorias y medios conducentes."

Señalaba como causas de la injusticia social: *a*] la desigual distribución de la tierra; *b*] la presión impositiva que sufre el trabajo por los impuestos; *c*] el proteccionismo fiscal a determinados industriales; *d*] falta de una eficaz legislación obrera y *e*] la deficiente cultura moral e intelectual del pueblo.

Entendía la Federación Universitaria de Córdoba contribuir al "engrandecimiento nacional" colaborando en la solución de esos problemas y, finalmente agregaba:

"Que condena la intromisión de elementos disolventes cuya acción desvirtúa la verdadera finalidad y entorpece el libre desarrollo de los movimientos obreros, y los excesos a que ellos conducen, sirviendo intereses ajenos a las clases proletarias."

La Federación de Asociaciones Culturales, presidida por el líder reformista Bermann, hablaba del "extravío de agitadores", mientras daba un voto de aplauso al diario radical *La Voz del Interior,* por ser "noble paladín de los ideales nuevos de Córdoba". Y la Federación de Asociaciones Culturales ha tenido fundamental actuación en las luchas reformistas.

La Federación Universitaria de Buenos Aires decía en el mes de mayo de 1919:

"El que a la sombra de los bien intencionados que reclaman una sociedad de más justicia y un poco más de pan para sus hogares miserables, pongan su nota ingrata algunos espíritus maleantes, de ideas enfermizas, no autoriza a desoír sus clamores y menos represiones violentas...

"La Federación Universitaria de Buenos Aires ama y respeta al ejército y a la marina de guerra porque sabe que son ellos los legítimos representantes de la dignidad argentina."

Se desprende de estas transcripciones que los universitarios, asustados tal vez por la lucha intensa entre burguesía y proletariado, tan distinta de la batalla mediante declaraciones y manifiestos; lucha que había dado lugar al crimen colectivo del estado burgués y las instituciones capitalistas, querían que se suavizaran las asperezas. Y creían que algunas leyes bastarían para hacerlo. El estado no aparecía para los voceros de la causa estudiantil como el órgano de la dominación de una clase sobre otra, sino como el organismo moderador, capaz de sustituir la lucha entre capitalismo y obreros por el estudio desapasionado de los gobernantes. Es así como el ejército y la marina, de tanta actuación en la Semana de Enero, recibían un homenaje de la Federación Universitaria de Buenos Aires.

La denuncia de la intervención de "agitadores", "elementos disolventes", "espíritus maleantes de ideas enfermizas", etc., ¿qué significa? Significa que la posición de los reformistas de ayer, apristas y "hombres de la nueva generación" de hoy era: *1]* Por una legislación y algunas medidas que calmen el descontento obrero; *2]* Contra los que comprendiendo la intensidad de las batallas sociales y el momento histórico en que viven, difundan la necesidad de prepararse para luchar, además de por mejoras inmediatas, por acabar con todo el régimen social capitalista. Para combatir la política propia y revolucionaria del proletariado, los autores de la *revolución universitaria de 1918*, no encontraban nada mejor que copiar su vocabulario sobre "agitadores", etc., a la Liga Patriótica y a la Asociación Nacional del Trabajo. Era la política de la paz social, que inspiró en su hora la Gran Colecta Nacional que realizó el catolicismo argentino. El programa social que esbozaba la Federación Universitaria de Córdoba, no encerraba tampoco ningún punto sobre el que no se hubiese discutido en el escenario político del país.

Bismarck, en Alemania, al mismo tiempo que concedía algunas leyes de seguros sociales, dictaba las leyes contra el movimiento socialista. La burguesía inteligente ha seguido frecuentemente esa política: perseguir a los dirigentes del movimiento obrero —a los dirigentes que tienen noción de cuál es el camino a seguir, desde luego— y conceder algo a las masas para calmar el descontento. Y ni Bismark ni estos burgueses liberales se consideran nunca de ninguna nueva generación ni pensaron en ser líderes de ninguna alianza popular revolucionaria "antimperialista". Esta política es también la política de la pequeña burguesía que cree poder así evitar las luchas sociales a las que tanto teme.

Es evidente que ni la reforma universitaria ni la *nueva generación* nos dan el cuerpo de doctrina capaz de sustituir a la doctrina revolucionaria del proletariado que contribuyeron a crear Marx, Engels, Lenin. Ni aun cuando tenga la virtud de ser un "método americano".

Los estudiantes pueden ser excelentes unidades en los organismos de lucha del proletariado. Como clase, la pequeña burguesía intelectual puede ser excelente aliada de los obreros en determinados momentos de la lucha contra el capitalismo imperialista. Pero el proletariado en ningún momento puede renunciar a su acción de clase, acción profundamente revolucionaria, para ir a marcar el paso detrás de los cenáculos de la pequeña burguesía intelectual.

JULIO ANTONIO MELLA: TRES ASPECTOS
DE LA REFORMA UNIVERSITARIA

I. *La democracia universitaria.* Un principio fundamental en la reforma universitaria es la organización democrática de la enseñanza. En cada uno de los lugares donde se ha luchado por la nueva universidad —Argentina, Chile, Perú, La Habana— se ha dado una organización democrática a la universidad. No hay argumento posible contra los derechos de los estudiantes a regir sus instituciones. Si reconocemos que el ciudadano —inclusive el analfabeto— puede elegir hasta al presidente de la República, no hay razón para negar este derecho a los estudiantes y que elijan su rector y demás autoridades universitarias. Pero la elección de rector no es todo. Se necesita que también los estudiantes tomen participación y dirijan la vida docente —planes de estudios, reformas de horarios, elección de autoridades subalternas en las escuelas, etc.— y para la realización efectiva de esta función hay que crear un órgano adecuado. Las escuelas deben tener una asamblea legislativa formada por los profesores e igual número de alumnos. Nadie puede pensar que éste mermaría el prestigio de los maestros. Por el contrario, habría una mayor comunicación laborando codo con codo por la mejora de la institución. El estudiante, con mayor responsabilidad, adquiriría una mayor seriedad para tratar los problemas. Así incubaríamos directores eficaces de la vida ciudadana. Hay que recordar cómo en una época las universidades —la actual de la Sorbona, por ejemplo— eran verdaderas repúblicas donde maestros y alumnos convivían en un amplio espíritu de camaradería. Vemos en aquellas clases donde el maestro trata al alumno con cordialidad que éste corresponde. Pero en las otras donde el maestro pretende ser un gendarme convierte a los alumnos en burladores de esa ridícula autoridad.

Junto a la asamblea de profesores y alumnos de cada escuela debe existir la gran asamblea universitaria, formada por todas las anteriores. ¿Organismo enorme? Recordemos que si unos cuantos hombres cultos —profesores y estudiantes— no pueden ponerse de acuerdo ¿cómo vamos a creer en la posibilidad de un gobierno de instituciones por el pueblo en general? No serán menos los mexicanos que los argentinos o los chilenos o los cubanos donde las asambleas universitarias legislan y eligen en perfecta armonía.

II. *Renovación del profesorado.* La parte fundamental de la universidad son los alumnos. La universidad existe para enseñarlos. Ellos vienen a ser como los obreros en la industria: los únicos que dan "valor" a la producción. Pero una entidad docente sin buenos profesores es nula. Los mayores males provienen del profesorado. Los hay rutinarios, elementos que han escalado las cátedras por favoritismos; otros, son buenos fósiles que nos repiten un viejo disco; algunos suspiran con don Porfirio. Y los hay, también, para quienes la ciencia no avanza. Lo único que recuerdan es lo que saben desde jóvenes. También es necesario ver el aspecto moral. El maestro necesita estar vinculado con la ideología de su época y sentir los problemas de la sociedad. De otra manera su labor resultaría estéril.

En todo movimiento de reforma universitaria es necesario una renovación del profesorado. Sin un profesorado revolucionario, de nada valen las otras reformas en la universidad. Ellos continuarán siendo los saboteadores del nuevo espíritu.

El Consejo Universitario o un tribunal de honor, es decir, que no resolverá apegado a normas legales, deberá recibir las acusaciones que se tengan contra profesores. Las analizará y resolverá. Si el profesor no reúne los requisitos necesarios para formar parte de la nueva universidad debe salir. No vemos por qué la revolución, que no ha respetado a los antiguos políticos y militares, debe respetar a los antiguos maestros. Ellos continuarán la crítica a las reformas obreras, agrarias y en materia de culto. La juventud, nutrida por los restos del "cientifismo porfirista", que aún perdura como tendencia, no será impulsadora en la revolución, sino un lastre.

En los movimientos universitarios de Latinoamérica, la juventud es la que ha expulsado a esos maestros por medios revolucionarios. Aquí, si la juventud no lo ha hecho, si no lo hace, el propio llamado "partido revolucionario" debe hacerlo por su salud y seguridad. No hay razón para expulsar clérigos, matar latifundistas y condenar patronos abusadores y permitir a sus aliados intelectuales —los profesores reaccionarios— que continúen ocupando sus posiciones: Ellos tienen un pensamiento tan estéril como un latifundio, una fe hipócrita como la de los clérigos y son tan explotadores de conciencia como un patrón capitalista.

III. *Función social.* En el movimiento de reforma universitaria, no todo es conquista de derechos para los estudiantes. Existen también nuevos deberes que se contraen. El más importante es hacer el propio alumnado una cruzada de utilidad social. Debe hacerse que la universidad sirva grandemente a la sociedad.

Cada estudiante, como cada profesor, es propietario de una cierta riqueza de conocimientos. Si solamente la utiliza en su propio provecho es un egoísta, un individualista imbuido del criterio del burgués explotador. Descontando la pequeña cantidad de estudiantes que trabajan para ganarse su sustento, la inmensa mayoría son células muertas en la vida económica de una nación: no producen y consumen. Indudablemente que alguien, socialmente hablandó, tiene que producir lo que ellos no producen y consumen. Son signos en la vida social. Hay razón a exigirles algo en favor de esa sociedad. ¿Tienen cultura? Que la pongan al servicio de la sociedad. Una ley de reforma universitaria debe abarcar un punto donde se obligue al estudiante y al profesor a ser útil para alguien más que para ellos mismos. Debe ser obligatoria la cruzada de enseñanza a los obreros y elementos pobres (universidades populares), de servir como profesores en la campaña contra el analfabetismo, de tomar parte en los consultorios gratuitos de estudiantes de jurisprudencia, medicina y odontología que deben establecerse en todos los barrios. Y profesores y alumnos deben en las clases, en los seminarios de investigación, en comisiones especiales, estudiar cada uno de los problemas nacionales: situación higiénica del país, crisis industriales, problemas de transportes, reformas a la legislación, etc. La universidad debe servir de cuerpo consultivo al estado.

Si vamos hacia la universidad del porvenir, hacia la nueva universidad y no la hacemos grandemente útil a la sociedad, quedaremos en mitad del camino. Las masas populares ven hoy, con bastante justicia, a los cuerpos docentes como unos órganos más de explotación. Debe justificarse con hechos que la universidad es un órgano social de utilidad colectiva y no una fábrica donde vamos a buscar la riqueza privada con el título...

VÍCTOR RAÚL HAYA DE LA TORRE: LA REFORMA UNIVERSITARIA *

Los estudiantes de América Latina saludan cada 15 de junio un nuevo aniversario del día inicial de la reforma universitaria en la República Argentina. La fecha conmemorativa ofrece oportunidad a nuestras reflexiones.

Un año más transcurrido desde el grito primero de los insurrectos de Córdoba, implica un mayor tiempo para la confrontación, para la experiencia y para la verificación, en el estudio del verdadero significado histórico de la reforma. El tiempo nos ayuda a apreciarla mejor y a definirla más claramente en sus alcances futuros. La misma calidad no transitoria del movimiento, su evidente trascendencia de hecho histórico, en la vida latinoamericana contemporánea permiten una constante revisión de las interpretaciones anteriores, depurándolas de lo que la pasión o el fervor pudieron agregar a sus calidades permanentes. Los que en un modo u otro, en una u otra latitud de América fuimos actores en la jornada gallarda, condensamos ahora en juicio sereno los raptos encendidos de las épocas de lucha. El tiempo —*tempus omnia sannat*— nos cura de los lirismos ineludibles, de los entusiasmos ciegos por la sed de luz, de los momentos ardorosos en que era necesario ser lírico y ser ciego a fuerza de querer ver en la luz misma.

La reforma se hizo empujada por la pasión, por la pasión eminente que mueve todas las grandes causas, especialmente aquellas que son características causas de la juventud. La pasión exagera necesariamente y, más que todas, la pasión revolucionaria libre de intereses subalternos: pasión generosa. Para nosotros, para nuestra época, la reforma fue una revolución. Una revolución de nosotros, desplazada victoriosamente hacia los planos de la realidad. Una revolución cuyas causas estaban determinadas por nuestro ambiente

* Trabajo escrito en 1928 en ocasión del XI aniversario. Fue publicado por primera vez en la *Revista de Filosofía*, Buenos Aires, año XIV, números 5 y 6.

americano, por el grado de nuestro desarrollo económico, político y social que dio al movimiento legitimidad y, malgrado la resistencia de lo que él negaba y destruía, creó circunstancias favorables a la lucha, facilitando su triunfo.

La investigación de las causas determinantes de la reforma ha preocupado a los estudiosos del movimiento en los últimos tiempos. Ciertamente esta cuestión debe contemplarse antes de interpretar y definir los fines del movimiento mismo. De lo mucho escrito resaltan sin duda, después de las admirables opiniones de Ingenieros, Palacios y Korn, las avanzadas y concisas de Aníbal Ponce y de Carlos Sánchez Viamonte, Gregorio Bermann y otros. Nuevos afanes, ya contagiados de pasión tan excusable como la pasión política, han cristalizado en nuevas afirmaciones sobre la reforma. Jóvenes entusiastas, estudiosos de los elementos de Marx en América Latina han insinuado una interpretación clasista. En una conferencia esquemática publicada en el órgano oficial del Partido Comunista Argentino, hace un año, se ha dado un punto de vista representativo de los estudiantes intelectuales preocupados por ceñirse rígidamente a una ortodoxia. Esta interpretación corresponde a un período lírico, de otro lirismo; el doctrinario y político que se abraza como debe abrazarse la política, balanceando con pasión lo que la reflexión no puede abarcar prontamente. Ello se desliza hacia fáciles conclusiones unilaterales que tienen de simpático el ímpetu paradojal y fascinante de los místicos exaltados. Empero, el error sustancial de las afirmaciones excátedra como a la que me refiero, radica en que circunscribe la reforma universitaria a fronteras nacionales que no tiene. Es ciertamente inobjetable que no puede formularse de la reforma universitaria una interpretación nacionalista, meramente argentina. Aun cuando la reforma surgiera en la Argentina y las condiciones económicas y sociales del país, desarrollo del capital, aumento de población, inmigración extranjera, victoria del yrigoyenismo, etc., hubieran determinado las causas del movimiento y hubieran favorecido su proceso en esa república —lo que no es nuevo afirmar— no puede llegarse simplistamente a la conclusión de que aquellas condiciones meramente argentinas hubieran determinado las causas generales de la reforma universitaria como movimiento americano. Pretender en esta forma argentinizar exclusivamente la reforma, puede ser un sano anhelo patriótico o el insurgir del subconsciente nacionalista a través de una encendida nebulosa del marxismo nominal, pero es incurrir en dogmatismo limitado, mil veces excusable por la férvida sinceridad partidista con que se formula.

La reforma universitaria nace en la Argentina, pero tiene un carácter legítimamente americano. Países en donde los aumentos de población no se han producido tan rápidamente como en la Argentina, donde la inmigración es elemental, donde el yrigoyenismo no puede abarcar su resonancia, han sido también campos de lucha, centros de acción y baluartes de conquista del movimiento. Países donde la clase de los pequeños agricultores "situada entre los latifundistas y los trabajadores agrícolas" no aparece tan vigorosa como en la Argentina ni donde existen centros industriales y poblaciones desproporcionadamente densas con relación al resto del área nacional, como Buenos Aires y Rosario, sintieron profundamente la emoción reformista. Sería más acertado recordar, quizá reivindicando de fáciles desfiguraciones al marxismo integral, que en un orden general la reforma está determinada económicamente por dos grandes causas fundamentales —sin excluir otras específicamente nacionales como las que se superestiman en el caso argentino—, causas comunes al total problema económico y social contemporáneo de nuestra América. La primera, es sin duda la intensificación del empuje imperialista en nuestros medios incipientemente desarrollados en el orden industrial. El desequilibrio que produce en nuestra América la iniciación de la etapa capitalista, no como una etapa de negación y de sucesión del período feudal, sino como un resultado de la expansión de los grandes centros capitalistas del mundo que han cumplido anteriormente su evolución histórica hacia el industrialismo, causan un enorme debilitamiento en las clases medias, o —usando el lenguaje característicamente europeo— en las pequeñas burguesías. El imperialismo que trae la gran industria, el gran comercio, la gran agricultura, destruye por absorción la mayor parte de las pequeñas industrias, del pequeño comercio, de la pequeña agricultura. Aun cuando paradógicamente los ayude en ciertos casos, por la ley capitalista de concentración, los somete, los subyuga, los enmuralla. Políticamente, el estado deviene, pues, el instrumento de opresión del imperialismo sobre la masa nacional oprimida. Cuando existe lucha de imperialismos —caso argentino característicamente—, la lucha permite el movimiento de las clases medias inmediatamente oprimidas, a luchar por la captación del estado, utilizando la concurrencia. Esta lucha determina movimientos políticos en que desempeña función fundamental la clase más afectada por el primer empuje imperialista. Los movimientos políticos de clase media o de pequeña burguesía que se han producido en los últimos tiempos en la Argentina y en el resto de la América Latina, no son en mi opinión conquistas de una clase victoriosa sino movimientos defensivos de una clase amenazada, capturas de baluartes en riesgo, que se obtienen aprovechando la lucha de los imperialismos, o ayudado por uno de ellos. Los ha movido el instinto clasista de resistir a la amenaza de destrucción. En ciertos países como en la Argentina, esos movimientos no dieron resultados tan favorables al imperialismo norteamericano como en el caso peruano, pero no significaron en modo alguno victorias apreciables contra el imperialismo internacional. Fueron y son meros juegos de defensa. Si se me permite extenderme en esta tesis ya formulada ampliamente en un libro a publicarse próximamente, añadiré que en cuanto a la clase proletaria el empuje imperialista actúa diferentemente. El imperialismo trae la gran industria. Temporalmente, mientras se realiza la formación de la clase obrera industrial, que pasa del campo o de la pequeña industria a proletarizarse en las grandes empresas capitalistas, resulta favorecida aparentemente por las ventajas transitorias del salario proporcionalmente elevado. La gran industria naciente ofrece características de mejora respecto del feudalismo o de la industria pequeña. Hay un retardo en la apreciación del fenómeno imperialista de explotación en la clase que la sufre. La reacción antimperialista tarda así en producirse en los países de industria incipiente, tanto como es lenta la presión en dejarse sentir y la conciencia clasista en formarse y definirse.

En las clases medias el fenómeno de la opresión imperialista es más brusco por agredir clases anteriormente constituidas con fines propios y con perspectivas definidas de interés por mejorar. El imperialismo choca contra una clase formada y produce fenómenos económicos y políticos más violentos. Esto explica —como ya lo he afirmado varias veces con anterioridad—, que insurgiera de esa clase, vaga, confusa, pero airada y sincera, la primera protesta contra el imperialismo en América.

La segunda causa —o, considerándolas paralelamente, la otra— es la que usando un lenguaje consagrado llamaríamos propiamente espiritual, de estado de conciencia o mental. Siguiendo con el raciocinio determinista cabe decir que nuestra mente, malgrado sus contagios foráneos, es fundamentalmente agraria. Corresponde a nuestro grado de desarrollo económico. Progresamos hacia otro grado de cultura como progresamos hacia otro grado de desarrollo económico, pero tenemos todas las ventajas y defectos mentales del campesino en tránsito al ciudadano, usando términos genéricos. Estas calidades las exalta y acentúa el ambiente, la herencia agraria medioeval, romántica por ende, de España. Las caldea el sol. Fantasía y misticismo, entusiasmo y versatilidad, fascinación por lo extranjero que nos conquista con su magia irresistible de advenimiento. Nuestra conciencia se arrincona en los extremos. Agrariamente católicos, perdemos lo eclesiástico, pero sobreviven los moldes dogmáticos, los vericuetos apologéticos, las barreras de ortodoxos moldes éticos. El catolicismo nuestro, feudal en sí, difiere bastante del catolicismo superviviente o transformado de los países industriales. Somos absolutistas y antidialécticos. La fantasía rural nos lleva al entusiasmo irreflexivo, a la pasión ardida, a la afirmación legendaria, al gran egoísmo o al gran sacrificio, a la idolatría o al iconoclastismo. *To be or not to be,* ésa es para nosotros la cuestión máxima, como para el sajón Hamlet, cuya perdurable y fascinante paradoja de afirmación, es, para los sajones de hoy, ¡la expresión de un hombre que había perdido el juicio!... El libre examen aparece, pues, como una novedad herética en medio de masas acostumbradas a oír la voz lejana de un Vaticano infalible, religioso o político, situado en Roma o en cualquier parte que no sea América. Empero, el primer paso del tránsito de nuestro estado mental agrario, al industrial, al estado mental propiamente burgués, determinado por el industrialismo, es un paso hacia el libre examen, el liberalismo, la democracia, sus teorías victoriosas, que coinciden con el paso inicial de la producción agrícola a la industrial.

¿Pero es que no hemos vivido ya en América anteriormente, la etapa liberal? ¿No vino con la independencia?

Importa responder a esta cuestión, y para responderla yo mismo, permítaseme que torne a citar un concepto propio ya emitido en mis conferencias sobre los problemas de América en la universidad de México, hace dos años. Repetiré que el liberalismo de la independencia fue un liberalismo trasplantado, "traído de París", pero no coincidente con nuestro grado de desarrollo económico. Es incuestionable ya que la revolución contra España fue el movimiento de negación de la clase terrateniente criolla contra la Corona y lo que ella representaba como clase, como monopolio, como sujeción social, económica y políticamente. La emancipación americana fue la emancipación de la clase dominante criolla formada en trescientos años de colonia. El latifundista criollo fuerte ya como clase, se emancipa. El monopolio comercial obstaculiza su desarrollo y utiliza en su favor los principios de libre cambio determinados por la revolución industrial inglesa. Políticamente, el movimiento emancipador americano carece de una ideología propia. No se siente capaz de crearla y ni es necesario que la cree. La revolución francesa invade entonces al mundo con su ideología liberal y democrática, burguesa y antimonárquica. Toda la literatura política de la revolución francesa sirve a América, pero el usar de ella nos impone una paradoja. La revolución francesa es antilatifundista, marca el advenimiento de la burguesía, abre el camino al capitalismo industrial que en su primera etapa necesita democracia y libertad. La revolución francesa acaba con el feudalismo y sacrifica el latifundio en aras de la burguesía victoriosa. Opuestamente, la revolución americana significa la afirmación del feudalismo, la independencia de la clase latifundista que captura el estado. Empero, la teoría política no coincide con la realidad económica. El feudalismo se afirma en América sobre bases ideológicas burguesas, liberales, democráticas, bases que corresponden a una etapa económica que América no vive. Se explican así ciertas contradicciones. En un rapto liberal y democrático se suprime la esclavitud al iniciarse la independencia sólo teórica y transitoriamente. La estructura de las nuevas repúblicas, de acuerdo con la realidad económica de nuestros países, es monárquica, feudal. Nuestros gobernantes son pronto reyezuelos medioevales, nuestros caudillos, los señores en lucha contra el poder absoluto que se disputan. El estado como institución es elemental y la paradoja republicana democrática, producida por regímenes políticos inadaptables a sistemas sociales, de un período incoincidente con ellos, avanza penosamente hacia una armónica estabilidad. En el país donde el indio no abunda, el proceso se normaliza en cien años en grado relativo. En la mayoría de los países indoamericanos la contradicción subsiste. El indio es el siervo. El problema se complica por las características autóctonas de América, donde coexisten diversos estados de organización social. Pero el liberalismo no llega a ser vertebral en nuestros organismos políticos. Por eso, un movimiento orgánicamente liberal, de acuerdo con la realidad, se retrasa. Aparece más tarde y aparece como un movimiento moderno de élite en los centros intelectuales de nuestros países. Las universidades lo son, y, como en la Edad Media europea, a través de ellas piensa la colectividad. Es el industrialismo el que trae la democratización de la enseñanza. Mientras se vive en el medioevo, mientras la producción no exige del trabajador que sepa leer y escribir para producir mejor —como en el período agrario—, la universidad es cima jerárquica; dogmatiza y monopoliza intelectualmente; orienta y pontifica.

La reforma universitaria es esencial y legítimamente liberal. Es la efectiva revancha del auténtico liberalismo intelectual exigida por el desarrollo de nuestros pueblos. Cuando la reforma surge, la realidad la demanda ya. Es ella la que la determina. Es el complemento de la independencia, en el orden intelectual. Ella marca el principio del fin del medioevalismo intelectual. No ha sido, pues, desacertado afirmar que las universidades eran los virreinatos del espíritu vencido por el movimiento libertario de la juventud.

Empero, la reforma, como la independencia americana de España, se mueve influida por nuevos movimientos en Europa, por contemporáneas crisis profundas, crisis de decadencia del orden capitalista, del liberalismo burgués sangrientamente establecido por la gran revolución francesa. Europa, siempre más adelante, nos influye y otra vez nos influye imprecisamente produciendo en nosotros nuevas paradojas. La guerra europea y la revolución rusa son el crujido gigantesco de un sistema ya viejo en Europa, nuevo aún en nuestra América, y son la anunciación de la etapa que adviene. La reforma universitaria, amplia, liberal, libérrima, recoge las corrientes de pensamientos que esos dos grandes acontecimientos históricos producen en la Europa madura para una nueva crisis. Por eso la reforma de raíces liberales, se galvaniza con los anhelos y las inquietudes sociales de la época. No pueden ser doctrinariamente precisos sus llamados. La vaguedad y el lirismo, mezclan la literatura wilsoniana, canto del cisne democrático, y la palabra de orden rusa, que es comando dictatorial y necesariamente antiliberal y antilibertista de una clase que se incorpora en un esfuerzo supremo por adelantar la hora de su victoria. Todo lo que aparece libertario se confunde en los lemas iniciales de la reforma. La clase media oprimida por el imperialismo siente su comunidad con los oprimidos de la clase proletaria. Se inclina hacia ella. Busca en nuestra realidad los problemas de la explotación industrial que hacen crisis en Europa y que en América comienzan y usan el lenguaje de incitación europea lanzado por una clase proletaria definida y perfilada en la larga lucha. La mente agraria predominante en América saluda ardorosamente todo clamor de libertad que llega de Europa sin distinguir qué clase de libertad es o libertad de qué clase. La reforma incorpora los anhelos múltiples de la hora inquietante. Saluda a la libertad absoluta, como una entelequia, como un noumeno, como un dogma redentor que trae la magia de poderes misteriosos y augustos portadores multánimes de la justicia final.

Esa inquietud, ese estado de conciencia confuso, lírico, del que un mal marxista puede mofarse, tiene causas determinadas. No sé si he sido claro al anotarlas sintéticamente. La reforma como movimiento intelectual, consumación retardada de la independencia política, surge de las juventudes estudiantiles que son predominantemente de clase media. Empeñándose por fijarlo rígidamente en una clasificación de clase europea puede ser originalmente pequeñoburgués, pero no es un movimiento de tendencia definidamente pequeñoburgués. Posteriormente pueden producirse en él tendencias tales o cuales. En el Perú la reforma se completa con una alianza de estudiantes revolucionarios con el naciente proletariado y con las reivindicaciones de los siervos indígenas. De la reforma parten, pues, distintas direcciones. De ella surgen hombres que buscan la derecha o la izquierda. En Chile y en Cuba, como en la Argentina y en el Perú, la reforma es el bautismo de sangre de muchos líderes revolucionarios, aunque puede ser en otros pocos casos el espaldarazo de órdenes de neocaballeros de la reacción.

Mas la reforma, malgrado su vaguedad y su indefinición en el orden de la ideología política, deja huellas valederas y perfila definiciones necesarias. Predominantemente su tendencia es izquierdista y casi unánimemente prepara a luchadores decididos contra el imperialismo. En el orden universitario la reforma, como toda revolución idealista, sólo insinúa la etapa de las conquistas efectivas. Empero lleva aires nuevos a las universidades y establece en ellas una eficaz gimnasia de lucha, de experiencia y de búsqueda que implican superación.

Los fines de la reforma se interpretan mal y bien desde el punto de vista de quienes hemos anhelado darle el carácter más avanzado que fuera posible. Para algunos fue un motivo de conquista de orden inmediato, para otros un instrumento político personal, para tantos una forma de emancipación y de afirmación de perfeccionamiento y de mayor fuerza del profesionalismo. Empero, para muchos es el principio de la socialización de las universidades, el primer paso hacia la universidad, instrumento de liberación y no de opresión de los explotados, y un buen camino hacia el acercamiento de intelectuales y obreros. Las universidades populares González Prada del Perú, la Martí de Cuba, la Lastarria de Chile, creaciones directas o indirectas de la reforma han sido grandes esfuerzos eficaces por la alianza de trabajadores manuales e intelectuales y han dado gallardos servidores universitarios a la causa obrera aun en las filas más extremistas. En este y en otros sentidos el estudioso interesado en el conocimiento del fenómeno reformista hallará un valioso material de información en la obra publicada por Gabriel del Mazo, que es una compilación admirable de documentos importantes para la historia de América.

No vale terminar estas breves apreciaciones sin detenerse aunque sea someramente en otra de las grandes proyecciones de la reforma, ya insinuada *ut supra*: la decisión de los reformistas sinceros por participar directa y eficazmente en la lucha latinoamericana contra el imperialismo. Este punto de mayor actualidad y que me atañe más directamente, es largo a tratarse porque incorpora otros muchos. Además, es punto que conduce a enunciación de interpretaciones de más definida categoría política y polémica. Podía considerársele, un poco arbitrariamente quizá, como excediéndose de los límites de la reforma propiamente dicha. Empero, la relación existe y existe estrechamente. La reforma prepara a los intelectuales, "a la nueva generación universitaria", a comprender el fenómeno del imperialismo en nuestra América, contra el que se habían alzado ya voces precursoras que buscándoles gaveta en el casillero clasista diremos que fueron voces pequeñoburguesas. Ciertamente, voces de la clase media producidas por los primeros efectos del empuje imperialista invasor contra esa clase. En honor a esos precursores cabe afirmar y repetir que son ellos los que inicialmente descubren a grandes lineamientos, no siempre muy precisos, la magnitud del problema imperialista como el más vital de la presente época americana. Mientras los intérpretes y líderes avocados a la dirección intelectual de la lucha contra la explotación capitalista topeteaban en los vericuetos de la ortodoxia europea, repitiendo tesis de doctrina y de táctica sabias para la realidad en que se producían, prematuras e inadaptables para la nuestra, aparecieron los llamamientos, líricos y confusos, pero nutridos de evidencia de los intelectuales de la clase media que señalaban el peligro. La reforma había dejado puertas abiertas para el estudio de nuevos problemas. Por ellas pasan los primeros curiosos del fenómeno.

De maestros y estudiantes, vibrantes aún de las jornadas victoriosas de la reforma, surgen las voces definidas que fijan las piedras angulares de una nueva ideología antimperialista. Reputamos que la clase media tiene por qué sentirse el fenómeno, por qué protestar de él, y los intelectuales que de ella salen o a ella van, tienen "las armas del pensamiento" para afrontar la lucha. La exacerbación de rebeldías ejercitadas y desarrolladas en la reforma y los beneficios de su victoria que trae renovación, inquietud y afán de buscar y descubrir en la realidad, favorecen la posición de los intelectuales. Así la reforma deviene antimperialista predominante, más por calidad que por cantidad. Los que lucharon por ella con más ardor y con más lealtad alzan de nuevo las armas y buscan puesto en las filas para la nueva gran contienda que se perfila.

En ella estamos. La decisión de luchar, el afán de eficacia, ha planteado diferentes puntos de vista. De ellos parecen distinguirse dos: o la lucha contra el imperialismo es una lucha de clase y de clase proletaria únicamente, dirigida por partidos de esa clase a los que sólo temporalmente pueden aliarse otras clases; o la lucha contra el imperialismo en su etapa presente es una lucha de pueblos coloniales o semicoloniales oprimidos, movimiento de liberación nacional que debe dirigir un frente único de todas las clases directamente afectadas por la agresión imperialista. Estos dos puntos de vista no pueden eludir exaltaciones y simplismos. A la vista serena está claro, sin embargo, que no se excluyen. Aunque no sea éste el caso para una investigación especializada al punto, cabe analizar ambas posiciones. La primera supone la existencia de una clase proletaria organizada, fuerte, resultado histórico de un desenvolvimiento industrial avanzado. ¿Existen estas condiciones en todos los países latinoamericanos o en la mayoría de ellos? La respuesta parece obviamente negativa. El imperialismo existe primariamente en América, como fenómeno de explotación y de opresión nacional. El proletariado que justamente está surgiendo como consecuencia y negación del imperialismo —para expresarnos con la dialéctica hegeliana—, es clase naciente o incipiente, como naciente o incipiente es el industrialismo que el imperialismo lleva. Parece claro que el proletariado, donde ya existe más o menos definido en nuestra América, necesita aliados y que en los países donde no existe o apenas se inicia debe aliarse o incorporarse al movimiento de liberación nacional. Empero, tornemos a nuestro tema central. Las clases medias urgidas a la lucha la han iniciado y la realizan con mayor o menor acierto. Los intelectuales salidos de esas clases se han incorporado a ambas tendencias. En ambas militan y ambas cuentan en ellos directores y coadyuvantes convencidos. Este aporte intelectual ha sido evidentemente fortalecido por la reforma. Los más y los mejores de sus soldados han tomado posiciones en la lucha contra el imperialismo y han contribuido eficientemente en ella. Pueden considerar el antimperialismo desde diversos puntos de vista, especialmente desde los dos principales en que me he detenido. Pero son justamnte intelectuales, muchos de ellos antiguos reformistas sinceros, los que más ardorosamente defienden los dos puntos de táctica enunciados. Cabe afirmar, pues, que malgrado sus posibles "prejuicios pequeñoburgueses", los intelectuales y la reforma han dado buenos luchadores a la causa antimperialista, aun en los sectores más ortodoxamente extremistas.

No es nuevo en el mundo este papel predominante del intelectual y especialmente del universitario en los grandes movimientos históricos. Las universidades de China y Rusia —sabido es ya— fueron semilleros de rebelión fecunda. Lenin y Sun Yat-sen dos geniales representantes del papel histórico de tantos graduados universitarios al servicio de las causas sagradas de la justicia. La universidad puede dar fuerzas a la clase opresora y defensas a la clase oprimida, aun —por negación y contraste— en los ambientes más empedernidamente conservadores. Supone una gran ventaja, por eso, orientarla más y más hacia el servicio de los que necesitan liberación. En este sentido la reforma universitaria tiene y tendrá una honda trascendencia histórica en América. Las conquistas efectivas, las victorias completas son difíciles de alcanzarse aisladamente en centros de educación y cultura más o menos dependientes del sistema social, político y económico predominante. Hay que luchar por ir siempre más allá en el propósito de emanciparlas, pero la Universidad ideal, la soñada generosamente por los reformistas del 18, surgirá en otra hora y como resultado de otra organización. Entre tanto vale estimar sus pasos de progreso y es necesario no olvidar la significación y las proyecciones de la lucha del 18 para el futuro de América. Las incidencias, de oportunismo o de fracaso, de desviación o de aprovechamiento, no afectan la realidad del hecho histórico y seguramente influirán poco en sus proyecciones futuras.

De la reforma se ha hecho ya historia bastante completa. La lucha no ha terminado y el choque diario de los centinelas y defensores de su espíritu contra la reacción poderosa, da al movimiento perduración y vitalidad. Aún se polemiza sobre ella y cada día se aprecia mejor lo que tuvo y tiene de trascendente más allá de las aulas. Punto de partida de una nueva época intelectual a tono con nuestra época, la reforma es uno de los movimientos americanos más trascendentales. Los veteranos de su lucha, saludamos el día glorioso en que el grito de Córdoba anunció a América un paso más en el camino de nuestros pueblos hacia la meta anhelada de la justicia.

PAULINO GONZÁLEZ ALBERDI: CONTESTANDO A HAYA DE LA TORRE *

En capítulos anteriores hemos señalado las causas sociales de la reforma universitaria. La composición social de la juventud estudiantil se había modificado con el desarrollo de elementos capitalistas en la economía latinoamericana. Era una juventud proveniente de las clases medias y de los sectores burgueses nacientes. Estas capas sociales buscaban un lugar en el gobierno —en la Argentina lo habían conseguido con el triunfo radical— en la economía, en la sociedad. Pero chocaban con las viejas oligarquías te-

* Publicado en 1943 con motivo del 25º aniversario de la reforma universitaria.

rratenientes, que arrastraban resabios feudales y se aliaban al capital extranjero. El progreso económico y social de América Latina estaba y está trabado por las oligarquías terratenientes, las capas más reaccionarias de esos países, vendidas al imperialismo. La economía se encontraba deformada y se producían sólo algunos productos, se impedía la creación de la industria pesada; se hacía pesar sobre los países latinoamericanos el fardo agobiante de empréstitos no utilizados generalmente en nada útil. Mientras tanto, el mundo que había ardido en la guerra, ardía con la revolución más grande que ha conocido el mundo. Todos los valores se revisaban y todos los oprimidos o pospuestos reclamaban un lugar bajo el sol.

El estudiantado latinoamericano encuentra fuera de la universidad a las oligarquías monopolizando la tierra: al imperialismo importando sus técnicos; al progreso nacional con vallas. Las posibilidades para los ingenieros, para los médicos, para los agrónomos, etc., están limitadas por ese atraso económico y por la miseria popular. Por eso el movimiento reformista universitario se proclama desde sus primeros documentos un movimiento social. Por eso la Federación Universitaria de Córdoba reclama contra la desigual distribución de la tierra y contra ciertos impuestos. El "proletariado intelectual" en cierne, los estudiantes, desean un porvenir para cuando dejen las aulas. Pero el choque se produce inicialmente entre las autoridades universitarias, camarillas de profesores, y el estudiantado. Es que ese profesorado pertenece a los sectores oligárquicos más odiados o a la burocracia a su servicio, salvo excepciones honrosas. El estudiantado encarna el progreso en la universidad; las llamadas academias o los consejos que las han sustituido son expresión del atraso y del estancamiento. Pero la autonomía de la universidad impide que la renovación política superficial en unos países, más profunda en otros como la Argentina, llegue a esas universidades. Los consejos o las academias de profesores nombran a los nuevos profesores. El círculo es cerrado y es necesario el alzamiento estudiantil —apoyado por el gobierno en la Argentina— para poner fin a tal estado de cosas. Esas universidades coloniales, oligárquicas, no pueden producir los ingenieros o los economistas que requiere una evolución económica que las oligarquías no desean y temen. No pueden producir los médicos capaces de encarar su ciencia con el criterio social que reclama el país, ni los juristas o filósofos capaces de captar la hora del mundo.

En una interpelación del diputado Juan B. Justo se señaló en 1918 que en la Universidad de Córdoba funcionaban cátedras como la de derecho civil eclesiástico, para las que se recomendaban libros de texto en los que se sostenía la tesis de la subordinación del estado a la Iglesia, y se condenaba la libertad de conciencia. Economía política se enseñaba con el texto de un padre jesuita y en los programas figuraban puntos sobre el deber del señor para con los siervos feudales. De la biblioteca de la universidad estaban excluidos Darwin y sus continuadores, así como Engels y Morgan. De Marx sólo existía el pequeño resumen de *El capital* por Deville. La enseñanza era verbalista. Los laboratorios prácticamente no existían. ¿Cómo salían armados científicamente los estudiantes de las universidades? ¿Cómo aspirar a dirigir las máquinas de la naciente industria nacional? ¿Con qué autoridad científica podían reclamar contra las empresas imperialistas que importaban sus técnicos? Por eso los estudiantes se alzaron en la universidad, reclamando el derecho a ser algo más que futuros burócratas, defendiendo su interés futuro, que era también el interés del país. Por las características de su causa, la lucha de los estudiantes era profundamente democrática y antioligárquica; estaba ligada al aplastamiento de las oligarquías terratenientes y a la liberación nacional de los lazos imperialistas. Su lucha era una parte de la lucha de los pueblos americanos por la democracia. Por eso, en su mayoría los estudiantes estuvieron contra el fascismo desde su primera hora; están hoy por el triunfo de las democracias en lucha y por la unidad nacional democrática sin exclusiones.

Un artículo de Haya de la Torre. Estas características de la reforma universitaria figuran en mi conferencia del año 1928, que aparece en otro lugar de este trabajo. Haya de la Torre escribió una respuesta a ella publicada también en *Revista de Filosofía* y en algunos volúmenes publicados por el autor. Acusándome de estrechez nacional, el jefe del aprismo afirma:

"La reforma universitaria nace en la Argentina, pero tiene un carácter legítimamente americano. Países en donde los aumentos de la población no se han producido tan rápidamente como en la Argentina, donde la inmigración es elemental, donde el irigoyenismo no puede abarcar su resonancia, han sido también campos de lucha, centros de acción y baluartes de conquista del movimiento. Países donde la clase de los pequeños agricultores 'situada entre los latifundistas y los trabajadores agrícolas' no aparece tan vigorosa como en la Argentina ni donde existen centros industriales y poblaciones desproporcionadamente densas con relación al resto del área nacional, como Buenos Aires y Rosario, sintieron profundamente la conmoción reformista."

No es muy feliz la acusación de "interpretación nacionalista" que me formulara Haya de la Torre, por tomar en cuenta fundamentalmente los elementos argentinos, que eran los que más conocía. Esos elementos no se reproducen exactamente en otros países latinoamericanos, como con criterio simplista pretendería que ocurriese Haya de la Torre para que se justificase mi análisis. Pero esos elementos constituyen expresión de un fenómeno que, con variedades determinadas por las condiciones de cada país, se manifiesta en todos ellos. La inmigración europea no ha sido importante en otros países latinoamericanos, pero los cambios económicos estaban determinando que las masas sometidas a los regímenes de explotación más primitivos, emigrasen a trabajar en las explotaciones agrarias de tipo más capitalista, por ejemplo, en el Perú, desde la sierra gamonalista a las haciendas de la costa, y a las industrias.

No en todos los países latinoamericanos hubo un presidente llamado Hipólito Yrigoyen, pero en todos se sentían conmociones políticas y sociales, con papel de primer plano asignado a la pequeña burguesía. Sin contar la revolución mexicana, se tienen los movimientos de los "tenientes" y la Columna Prestes en Brasil, y crisis políticas en casi todos los países, en muchos de los cuales las masas pequeñoburguesas fueron utilizadas en su descontento y combatividad por determinados políticos que habían formado en las filas de los partidos oligárquicos, como ocurrió con Leguía en el Perú. En todos los países se producían desplazamientos en las posiciones económicas, en favor del capital financiero estadounidense y en perjuicio del capital financiero británico, lo que provocaba determinados cambios en la vida económica del país. La clase de los pequeños agricultores no surgiría en otros países con la misma fuerza que en la Argentina, porque ya existía allí la agricultura, pero los elementos pequeñoburgueses en el campo se reforzaban porque pese a todos los obstáculos penetraban las relaciones capitalistas en el campo, cambiando las características de la explotación feudal, sin destruirlas desde luego, y en la comunidad indígena. No existían en otros países ciudades del peso demográfico de Buenos Aires o Rosario, pero sí deformaciones de un tipo parecido —concentración de la actividad económica en sólo ciertas zonas— como ocurre con el peso de la costa en la vida económica del Perú, a pesar de que en la costa vive sólo una minoría de la población y sólo se encuentran allí una parte de las riquezas; o como el desarrollo unilateral del Brasil en su zona cafetera, que se notaba especialmente en aquellos años, y que constituía una causa permanente de descontento en el norte y sur de ese país. La guerra dio lugar en América Latina, por otra parte, a un desarrollo de la industria ligera, que se veía comprometido en la posguerra y que se buscaba defender por los sectores industriales mediante un movimiento político, que defendiese esa industria del competidor extranjero que la guerra había alejado. Los altos precios de exportación durante la guerra se desmoronaban y se producían crisis en la agricultura, en la ganadería, en la minería. Todo esto conmovía a los países latinoamericanos.

Qué fue la revolución de la independencia. Para Haya de la Torre *"la revolución americana significa la afirmación del feudalismo, la independencia de la clase latifundista que captura el estado".* El capitalismo lo traería la penetración imperialista que destruye las pequeñas industrias (¿artesanales?). El liberalismo, que en la independencia fue "un liberalismo trasplantado, traído de París", se había refugiado en las universidades tras haber servido al feudalismo en su lucha contra el monopolio español. Con la reforma universitaria aparece en revancha "el auténtico liberalismo intelectual exigido por el desarrollo de nuestros pueblos".

El mecánico análisis histórico de Haya de la Torre puede ser hoy recogido por los jóvenes "nacionalistas" nazis —sin que él lo desee probablemente— que juzgan a los próceres de la independencia de nuestros pueblos como "extranjerizantes". En primer lugar es falso calificar como feudal la revolución de la independencia. Cuando una sociedad feudal se vincula al mercado mundial comienza su desagregación, en tanto que es feudal. Con las relaciones capitalistas comienza la muerte más o menos acelerada de la economía feudal. Pero el hecho de que los señores feudales vayan sustituyendo la producción de bienes por los siervos para consumo de ellos y de esos siervos, por productos-mercancía para la exportación, no significa que no sigan manteniendo formas de explotación feudal sobre los campesinos en tanto que les convenga. Sin una revolución popular, plebeya, como la de 1789 en Francia, no se liquida radicalmente la clase feudal, sino que ella va transformándose en feudal capitalista, y llegará inclusive, como en Alemania, a explotar la tierra con asalariados y no con siervos ni con campesinos arrendatarios.

La revolución de la independencia no termina con el feudalismo en América Latina, pero sí facilita el desarrollo de las relaciones capitalistas, bien que en las condiciones particulares del monopolio de la tierra por la vieja o por la nueva casta de terratenientes, lo que acrecienta el peso de la burguesía comercial, de la intelectualidad, etc. El peso de la burguesía comercial y de los sectores intelectuales existe en el movimiento de la independencia y su liberalismo es auténtico. En Francia no fue la gran burguesía del imperio sino la pequeña burguesía, la que dirigió la revolución en sus momentos culminantes. La reacción feudal impidió a la débil burguesía intelectual latinoamericana desempeñar ese papel (lucha contra Mariano Moreno y sucesión de hostilidades de este tipo, de ciertos aspectos de las guerras civiles, etcétera).

Es incorrecto pensar que el desarrollo de las relaciones capitalistas debe medirse exclusivamente por el desarrollo industrial. Cuando Lenin estudia el proceso en Rusia toma en cuenta fundamentalmente el desarrollo de las relaciones capitalistas entre los mujiks y en todas las viejas formas de explotación campesina. El liberalismo que resurge con la reforma universitaria no es un nuevo liberalismo, sino el liberalismo y la pasión democrática de los mejores hombres de la revolución de la independencia —que fue una revolución nacional pero no una revolución democrático-burguesa que aplastase al feudalismo— que no pudieron vencer el peso de la reacción feudal, en la revolución de la independencia.

El aprismo, y sus amigos de la argentina y de otros países, buscan la originalidad "americana" para negar su papel a la clase obrera y a su partido. Niegan la existencia de un proletariado en los países latinoamericanos, o como lo hace Haya de la Torre en su respuesta, lo presentan ganado por el imperialismo, que le daría mejores condiciones de trabajo que el feudal nativo. Así se procura negar al proletariado y a su partido de clase la importancia dirigente que le corresponde en la lucha nacional por la democracia y por la liberación y el progreso, en lo económico.

Papel del imperialismo.* En ese trabajo, vinculando la lucha contra el imperialismo a la reforma universitaria, Haya de la Torre idealiza a aquél, presentándolo como un factor de progreso. "El imperialismo —dice— que trae la gran industria, el gran comercio, la agricultura, destruye por absorción la mayor parte de las pequeñas industrias, del pequeño comercio, de la pequeña agricultura. Aun cuando paradójicamente los ayude en ciertos casos, por la ley capitalista de concentración, les somete, les subyuga, les enmuralla." Y más adelante agrega: *"El imperialismo trae la gran industria. Temporalmente, mientras se realiza la formación de la clase obrera industrial, que pasa del campo o de la pequeña industria a proletarizarse en las grandes empresas capitalistas, resulta favorecida*

---

* En su programa, el APRA sé pronuncio sólo "contra el imperialismo yanqui". Luego pasó a ser un abierto defensor e instrumento de este imperialismo.

aparentemente por las ventajas transitorias del salario proporcionalmente elevado."

Haya de la Torre confunde la acción de destrucción de la pequeña industria artesanal por el progreso de la gran industria capitalista, que es fruto inevitable del desarrollo económico en el mundo capitalista, con la acción económica y política del imperialismo, que, precisamente, traba y a veces impide totalmente el desarrollo industrial, por lo menos de la industria fundamental, la de medios de producción, en los países sometidos o dependientes de él. El imperialismo, interesado en colocar sus maquinarias y sus vehículos, en imponer sus ferrocarriles y en asegurarse las materias primas necesarias a un precio envilecido, no favorece, como afirma Haya de la Torre, sino que estorba el proceso de desarrollo industrial en los países latinoamericanos. Y si algún desarrollo se produce, es a pesar de él o en ramas secundarias, para aprovechar condiciones favorables en cuanto a mano de obra, transportes, para evitar proteccionismo aduanero y en períodos como los de guerra, en los que la industria de las potencias imperialistas se dedica a otros fines.

El imperialismo no cumple, sino que traba la función progresista de desarrollar la gran industria y el proletariado. Impide el desarrollo económico o lo deforma, provocando la concentración de la producción, de la población, del comercio, en aquellas regiones del sector sometido que son naturalmente aptas para el cultivo, la cría o extracción de las materias primas agrícolas, ganaderas o minerales que más interesan al imperialismo. La economía de estos países se desarrolla teniendo por base la producción de estas materias primas y estorbando la diversificación de la producción, la industrialización, etc. Para que la mano de obra se mantenga barata, el imperialismo procura que se mantengan las más primitivas formas de explotación del hombre, si ello no perjudica el ritmo que a él le conviene en la producción. Pero esta acción la desarrolla el imperialismo en los países latinoamericanos, que gozan de cierto grado de independencia nacional, gracias a la complicidad de las oligarquías gobernantes, productoras precisamente de los productos que el imperialismo compra, imperialismo que se transforma a su vez en el prestamista de esos oligarcas y de sus gobiernos y que ubica como miembros de los directorios locales de sus empresas a los políticos oligarcas más influyentes.*

Con el criterio de un pequeñoburgués que defiende frente al progreso industrial la pequeña industria artesanal de la competencia, se

---

* Y a jefes de las fuerzas armadas.

puede aceptar el papel progresista del imperialismo y condenar a
éste. Con el criterio proletario, se comprende que el imperialismo,
como el feudalismo, traban la industrialización latinoamericana y el
crecimiento del proletariado y se lucha contra la dominación oligárquica semifeudal e imperialista para abrir los diques al progreso
industrial y económico, pensando que no para siempre ese progreso
—y la Unión Soviética lo demuestra— ha de realizarse en provecho
de algunos grupos financieros e industriales. El proletariado no teme
ese proceso de desencadenamiento de las fuerzas productivas, porque
se siente capaz de dominarlo. El pequeñoburgués, que en definitiva se beneficiará como hombre con tal proceso pero que está enamo-
rado de formas primitivas de producción —pequeña explotación
no organizada cooperativamente, hasta la comunidad primitiva—,
sí. Por eso, contra la afirmación inexacta del líder aprista peruano, el
proletariado ocupa en los países latinoamericanos la primera posición en la lucha contra las oligarquías vendidas al imperialismo,
contra éste y contra su forma política más peligrosa: el fascismo,
frecuentemente disfrazado de "nacionalista" pero vendido a Berlín.

El proletariado, en la lucha por la abolición de toda explotación
del hombre por el hombre, lucha también por la más amplia utilización de los recursos que ofrece la naturaleza. Está por el desarrollo
de la industria y por su socialización. Por eso, por no estar atado a
las formas de producción del pasado, es revolucionario consecuente.
Cuando en las luchas comunes del pueblo se quiere privar a la clase
obrera y a su partido político de desempeñar la función que le
corresponde, se priva de audacia, de combatividad, de decisión y
perspectiva al movimiento, cualesquiera que sean los fines inmediatos
de éste.

Por eso, en las luchas en común del proletariado con los sectores
burgueses, populares pequeñoburgueses, aquél aporta decisión, organización férrea, perspectivas y es una conspiración contra el éxito
del movimiento común querer excluir su participación. Aun para
defender sus intereses particulares la pequeña burguesía (artesanos,
chacareros de tipo capitalista, etc.) así como los campesinos de
comunidades primitivas, necesitan para triunfar de un aliado tan
decidido como el proletariado.

En definitiva cabe señalar:

1] Que la revolución de la independencia en los países latinoamericanos no pone fin al feudalismo sino que, inclusive, favorece
económicamente a algunos sectores de él, al poner fin' al monopolio
comercial y vincular nuestros países directamente al mercado mundial. Pero favorece al mismo tiempo el desarrollo de las relaciones

capitalistas. Por otra parte, la burguesía comercial y hasta minúsculas avanzadas de burguesía manufacturera, sumamente pequeñas —manufactura de Vieytes, etc.—, han hecho su aparición, y han dado hombres a la intelectualidad colonial. Con estos grupos burgueses, que tienen marcadas diferenciaciones con los grupos feudales, los que difunden la ideología de la revolución francesa, que no es por tanto un liberalismo "trasplantado", "traído de París" —extranjerizante según los nazis criollos— como afirma Haya de la Torre en el trabajo mencionado. El feudalismo se penetra de formas capitalistas, se hace burgués-feudal pero sigue estorbando el desarrollo del capitalismo.

2] El proletariado existe en América Latina desde hace muchas décadas, pese al atraso industrial. Se formó con los ferrocarriles, con los puertos, con la introducción del sistema del asalariado en la agricultura, con los saladeros, frigoríficos y minas, con las incipientes fábricas. No fue por tanto una artificial postura intelectual la lucha por la organización independiente política de clase del proletariado. Pero el peso artesanal, el atraso en el desarrollo intelectual, imprimió características especiales a la clase obrera durante años, facilitando el desarrollo de la ideología anarquista y de otras pequeñoburguesas, entre ellas el reformismo, que no es tanto aquí "expresión de una aristocracia obrera" como en los países capitalistas.

3] Mientras los campesinos y la pequeña burguesía urbana buscan de más en más la alianza y la dirección con el proletariado y su partido de clase, porque sólo así ven la posibilidad de triunfar, ciertos líderes pequeñoburgueses procuran aislar al proletariado y a su partido y encabezar un "movimiento independiente" que sólo puede terminar en la conciliación o la capitulación ante la reacción, la oligarquía, el imperialismo y su forma más criminal, el nazismo. Para ello se va desde el "descubrimiento" de ideologías originales, negadoras de la "decadente cultura europea" hasta sostener lisa y llanamente la exclusión del sector más esclarecido de la clase obrera, los comunistas, de las alianzas y de la unidad nacional democrática.

MANUEL UGARTE: LA OBRA CONTINENTAL DE LA REFORMA JUVENIL *

El movimiento de la juventud latinoamericana en estos últimos años es síntoma seguro de que se acercan tiempos nuevos. Nunca se vio en nuestras repúblicas el entusiasmo, la rebeldía, la fe en destinos

* Este texto es de 1931.

mejores que hoy vibra en todas las capitales, de norte a sur de la América hispana, como si se encendiera el porvenir.

Cuando inicié hace un cuarto de siglo mi prédica en favor de la coordinación de los pueblos al sur para detener el avance del imperialismo norteamericano, y en contra de las oligarquías que nada intentaron para oponerse a él, nuestras repúblicas dormían y fueron pocas las voces que se hicieron eco de mis inquietudes. Hoy arde el continente en un solo fervor. Los raros intelectuales que se recluyen en el arte por el arte, los escasos escritores que se solidarizan con las dictaduras, se van quedando al margen de la opinión, solos en la playa donde se retira el mar. Atados a un estado de cosas que la razón condena, hacen esfuerzos inútiles para conservar contacto con las nuevas generaciones. Por no haber sido sinceros, serán sacrificados. Y de la justa sanción saldrán lecciones para el porvenir.

El programa de todas las uniones, alianzas, asociaciones y ligas antimperialistas de la América Latina es sensiblemente el mismo, puesto que todos aconsejan, en lo exterior, una resistencia a los avances del imperialismo y en lo interior una renovación que nos liberta de los cómplices que tal influencia tiene entre nosotros. La actividad de los partidos y de los núcleos de izquierda responde a una ineludible necesidad renovadora.

Es admirable la labor de los hombres que dirigen o inspiran esas entidades, cuya acción resulta cada día más eficaz. Hay que saber lo que cuesta en nuestra América levantarse contra lo existente. Los imperialismos de afuera y nuestros propios gobiernos, hacen difícil la vida a cuantos defienden la libertad. Hostilizados por los que dominan, se hallan los disidentes desterrados dentro de las propias fronteras. Por oponerse a la injusticia y a la influencia invasora, resultan inutilizables dentro de la vida nacional.

Contra este ambiente que nos humilla reacciona hoy vigorosamente la juventud. La universidad en ebullición defiende la reforma, abandonando viejas rémoras, que tienen que desmoronarse al soplo del ideal. Un ímpetu generoso augura la redención del indígena y la igualdad para todos los hombres. A las oligarquías ensimismadas, a los dictadores jactanciosos, sucederán los gobiernos populares que traducirán el ansia de renovación de nuestras repúblicas y harán la patria total.

Todo anuncia que se avecinan acontecimientos memorables. Ha empezado en las conciencias la metamorfosis que es posible transportar a los hechos, pese a cuanto sostienen los políticos y los especuladores que incubaron los conflictos actuales.

Los malos gobiernos que fomentaron la corrupción y la indiferencia para medrar a la sombra de banderas extrañas, como los rajás de la India o los sultanes de Marruecos, los políticos de cortos alcances que sólo concibieron la sujeción alternada al imperialismo de los Estados Unidos o al de Inglaterra, no contaron con la energía de la generación que sube. Al margen de las mistificaciones que un instante la desorientaron, ha llegado esa juventud a comprender los destinos del continente y las exigencias de la hora.

La voluntad de perdurar prepara la utilización inteligente de las fuerzas nativas, ansiosas de desembarazarse de los parásitos, de acercarse por la identidad de situación, de reorganizarse ante la urgencia de la crisis. La salvación sólo puede venir de los hombres nuevos y de los métodos nuevos. La construcción futura surge ya en la mente de una generación que se siente predestinada al esfuerzo histórico. De un extremo a otro del continente cunde el anuncio del glorioso incendio que se avecina.

SAÚL ALEJANDRO TABORDA: SIGNIFICACIÓN DEL DIECIOCHO *

Pocos años hace —fue el año 18— un núcleo reducido de universitarios se dio a la tarea de rever la enseñanza vigente y de renovar los institutos educativos. La voluntad se expresó en una acción inmediata. La masa estudiantil invadió las aulas en un levantamiento de franca beligerancia. Son conocidos los episodios capitales de aquella gesta, pues su repercusión alcanzó con rapidez a varios pueblos del continente.

¿Qué hicieron entonces los pedagogos de profesión? ¿Qué dijeron a la juventud insurreccionada que les negaba enérgicamente en Córdoba, en Buenos Aires, en Santa Fe y en La Plata? ¿Qué nuevas orientaciones, qué rectificaciones propusieron a su disciplina ante la prueba rotunda de la violencia que descalificaba toda la obra de su docencia? ¿Qué solución ofrecieron a la crisis, los normalistas de Paraná, los egresados del Instituto Nacional de Profesores de Buenos Aires, los cienciados de la Facultad de Ciencias de la Educación de La Plata? Casi todos, si no todos, recurrieron a la prudente sabiduría del buen callar. Enmudecieron los viejos maestros. Enmudecieron interrumpidos en sus augustas labores por la estudiantina rebelde, como sacerdotes antiguos sorprendidos en pleno ritual por el asalto de la barbarie. Debió parecerles un sacrilegio sin precedentes

* Fragmentos de *Investigaciones pedagógicas* publicados en 1932.

la actitud de la turba docenda que destruía, delante de ellos, la obra de tantos y tan largos años de arduos desvelos y de sostenida dedicación.

Y sin embargo, guardaron silencio los viejos maestros. Guardaron silencio en el momento en que era necesario que hablaran los sostenedores de la fórmula "la enseñanza para los pedagogos". La deserción de la justa a que les ha provocado la aguda crisis de la enseñanza ¿no basta a conferir personería a aquellos que, sin ser iniciados, se interesan por estas cuestiones?

Más todavía, justificada así la actitud intervencionista ¿no se ve claramente la necesidad de declararse en estado de guerra contra los pedagogos de profesión? Toda ingerencia es un desalojo. Fuera acaso mejor y más cómodo dejarles ahí, a los unos, en el solemne mutismo en que se han encerrado; a los otros, conspirando en círculos y cofradías, contra la novedad incomprendida que les ha privado de la comodidad de los días ausentes; a los de más allá, traduciendo con mano zurda en las columnas de cotidianos reaccionarios el sordo rencor contra las conquistas de una reforma que ha dislocado su simple sistema de ideas; y, a los últimos, gestionando postreros aumentos de sueldos con miras a una más proficua jubilación; pero están todos tan identificados con las prácticas docentes seguidas hasta hoy, que no se puede remover a éstas sin afectar de un modo directo a sus sostenedores.

El movimiento de renovación iniciado el año 18, si no quiere concretarse a ser una vana intentona referida a los estudios universitarios, no puede olvidar que toda la enseñanza —jardines de infantes, escuelas primarias, colegios normales, líceos, colegios nacionales— está todavía en manos de pedagogos que sirven a una pedagogía sobrepasada, y que, mientras esto siga así, nada de bueno se puede hacer en orden a los llamados estudios superiores.

Ningún motivo milita en favor de una actiud de contemporización, o de indiferencia, frente al ordenamiento total de nuestra enseñanza. Todo él debe ser alcanzado por la acción reformista. Reducir esta acción a los institutos universitarios es, no sólo acusar ignorancia del proceso formativo, sino también, y sobre todo, es favorecer el viejo criterio que ha mutilado siempre dicho proceso en mil partes diversas, con propósitos y resultados contrarios a la enseñanza.

Tenemos ya de esto una experiencia aleccionadora. Muchos de aquellos que hoy medran a la sombra del presupuesto escolar, llegaron hasta apoyar, de modo más o menos subrepticio, la reciente revuelta de los estudiantes mientras esta revuelta se limitó a las aulas universitarias. Reconocieron entonces que una innovación era ahí necesaria y urgente. Pero, tan presto como el movimiento quiso invadir, por lógica y natural derivación, los establecimientos secundarios, tal como aconteciera en el Colegio Nacional de La Plata —la *magna quiés*— se convirtieron en reaccionarios feroces. Intuyeron el riesgo que va anexo a una revisión integral, y, lo que no les pareció peligroso mientras se concretara a esa oficina expedidora de certificados que es nuestra universidad, les pareció catastrófico cuando se trató de construir desde los cimientos en nombre del principio de la unidad sistemática de la enseñanza. Conviene desconfiar de los reformistas —que los hay en buen número— que afirman que el problema de la reforma sólo está radicado en la enseñanza universitaria. Es gente que quiere enervar la eficacia del alto empeño. O, por lo menos, es gente que no alcanza a plantear la cuestión en sus términos justos.

Un miraje. Pues, ocurre también que, en el fondo de tal afirmación, subyace un miraje que conviene poner de relieve para definir posiciones y evitar equivocaciones.

Trátese del miraje —el miraje de una época entera, que ha ejercido y ejerce todavía influencia decisiva en todo, como lo veremos más adelante— según el cual el valor de la enseñanza, la enseñanza por antonomasia, se mide por la capacidad técnica y productora de los profesionales que lanza a la vida. Para dicho modo de ver, las escuelas primarias y secundarias no ofrecen mayor interés porque ellas no producen el hombre *faber*. Dichas escuelas se le presentan como metas transitorias que no pueden ser forzadas, como obligados estadios sin finalidad propia que sólo ocasionan cuidados y gastos a la familia y a la comunidad. Por esto es que, docentemente, les asigna un valor relativo y subalterno. Lo capital es el instituto del cual ha de egresar el abogado, el médico, el ingeniero, el veterinario. Todo está subordinado a este convencimiento. De aquí que no sea tan urgente prestar atención al niño como niño y al joven como joven sino al idóneo. Estamos, pues, todavía en pleno auge de la pedagogía del hombre *faber*.

La adhesión que muchos partidarios del movimiento del año 18 han prestado al miraje mentado, hasta el punto de concebir la reforma auspiciada como un perfeccionamiento técnico y metodológico anexo a una revisión de estatutos y reglamentos, ha comunicado al movimiento un matiz equívoco y contradictorio. En cierto modo, parece como que, descontentos con el atraso técnico de una universidad que no formaba ya buenos abogados, médicos e ingenieros, todo aquel movimiento se hubiera propuesto corregir ese mal reajustando y reforzando la máquina docente construida por la era industrial. En toda la documentación de diez años de lucha campea, como lugar común, este pensamiento. Y, cada vez que se examinan los frutos de la campaña, se los aprecia y elogia comprobando que "hoy los profesores enseñan mejor, y se estudia más".

¿Habrá, pues, que convenir en que la acción del año 18 no se propuso nada nuevo sino apuntalar y rehabilitar el ordenamiento existente? Parece juicioso no avanzar una respuesta afirmativa con base en el miraje que acabo de señalar. Considerado como un hecho aislado, puede fácilmente inducir a error. Quien quiera juzgar bien el movimiento del año 18 ha de tener la paciencia de referirlo, pulcra y limpiamente, a la posición general del pensamiento del orden que nace.

Este pensamiento no repudia al hombre *faber;* antes, por lo contrario, lo busca y lo necesita. Sólo que, en lugar de buscarlo en la universidad lo busca por otro camino.

Para ello invierte los términos. Mientras la pedagogía de la era periclitada, o, en vías de periclitar, se propuso formar técnicos, declara la nueva que va a proponerse formar niños. Mientras aquélla quiso llegar al adulto, forzando la niñez y la adolescencia, sostiene ésta que no existe otro camino para llegar al idóneo que el de la niñez y la adolescencia. Su problema no es ya el de la capacidad mera y simple: primero queremos niños; después querremos idóneos.

La inversión es tan simple y sencilla que empíricamente la advierte y comprende cualquiera de aquellos que, alucinados por el espectáculo de los estudios universitarios y convictos de que sólo desde su altura puede operarse toda reforma, ahíncan el esfuerzo por realizarla desde el sitial de una facultad. Breves años bastan y sobran para demostrarles que no pueden existir estudios universitarios, siquiera sea con miras a formar profesionales idóneos, mientras la enseñanza de las escuelas primarias y secundarias, permanezca en el estado de descuido en que ahora se encuentra.

Pedagogía cinematográfica. La fórmula según la cual hemos de dar primacía a la niñez como tal, entraña un definitivo dislocamiento del sistema pedagógico al uso y nos fuerza imperiosamente a plantear los problemas docentes con rigurosa sujeción al principio de la unidad sistemática de la formación.

La enseñanza primaria se ha guiado siempre por prácticas empíricas, ajenas por completo a una concepción científica de la pedagogía. Su tarea no parece ser otra que la de entretener los primeros años del niño hasta que cumpla la edad en que, de acuerdo con el cálculo arbitrario del reglamento, pueda ingresar "con fruto" a la escuela secundaria, a la escuela normal, o al colegio nacional, sin haberse propuesto jamás el problema que consiste en saber cómo y de qué modo un hombre maduro puede intervenir en el medio vital infantil, cómo y de qué modo el inventario de ciencia de un hombre formado puede relacionarse con el inventario del mundo casi impenetrable de la niñez. Con toda justicia observa Ortega y Gasset, estudiando este asunto a la luz de una información biológica ponderada, que "gran parte de la pedagogía actual tiene el carácter de una caza al niño, de un método cruel para vulnerar la infancia y producir hombres que llevan dentro una puerilidad gangrenada".[1]

La enseñanza secundaria no escapa a la acusación que aquí se formula a la enseñanza primaria, y tiene, además, el agravante de haberse empeñado siempre —muchas veces, sin saberlo— en la realización del máximo simplismo integralista. Mediante prácticas rutinarias, rejuvenecidas pero no abolidas en estos últimos años por los aportes de la pedagogía llamada científica, se afana en introducir de afuera adentro, en el espíritu del docendo, todo el acervo de conocimientos hechos y digeridos, en un término de cinco años de estudios preparatorios. No existe arte y ciencia que no sea objeto de su enseñanza. Ante los ojos del educando desfilan, en el filme de cinco años, toda *res scibile*. Es como un desfile de chicas guapas que se organiza en la esperanza de que el escolar se enamore de alguna, decía una vez Ramiro de Maeztu de este cortejo espectacular de la enseñanza enciclopédica.

Los caracteres centrales de la pedagogía instaurada después de la revolución francesa —el nacionalismo y la idoneidad— presiden sus actividades; y, bajo su señorío, las innovaciones que a veces se admiten se refieren a las novedades técnicas que se adquieren en todas partes. La física ya no se enseña en aulas desmanteladas sino en gabinetes atiborrados de aparatos; la enseñanza de la química es ahora experimental, como lo es la propia psicología; la biología se aprende en *anima vili* en bien provistos laboratorios; el cinematógrafo está al servicio del dibujo, de la historia y de la geografía, asignatura esta última que, por añadidura, posee museos y colecciones costosas; y, a pesar de todo este "progreso" que llena de orgullo y de satisfacción a los pedagogos, la enseñanza secundaria no consigue alcanzar sino resultados mediocres cuando no contrarios a los fines de la docencia.

[1] Ortega y Gasset, "Biología y pedagogía", en *El Espectador*, II, 1921.

Mediante el enorme cúmulo de materias que quiere meter en el espíritu en formación con ahínco que supone la convicción de que ciencia hecha, dosada, medida, susceptible de ser calculada para nueve o diez meses de clases, puede ser impuesta a la mente del educando en lugar de pensar que debe ser inventada y recreada por éste, ambiciona, a la vez, capacitar hombres "para la vida" y formar bachilleres aptos para iniciarse en los altos estudios. El resultado de tal ambición, de evidente sello económico, es el de no conseguir ni lo uno ni lo otro, o, en otros términos, más exactos, es el de convertirse ella misma en algo contrario a sus propios fines.

Todo esto deja la inevitable impresión de que lo que trata esta pedagogía de información cinematográfica es de aprovechar, sin pérdida de tiempo y con las menores erogaciones posibles, ese material humano que se llama juventud. De hecho, se mira a la juventud como una fuerza susceptible de ser explotada con propósitos utilitarios: es necesario formar hombres capaces de engrandecer el comercio y de acrecentar la producción. Ya intentaremos poner de manifiesto de qué modo el mezquino propósito ha conseguido infiltrarse en las actividades docentes. Por ahora, concretémonos a decir que, aun en aquellos planes de estudios secundarios que más se preocupan por ajustarse a un concepto rigurosamente pedagógico, bien sea considerando dichos estudios como momento de un solo y único proceso, bien sea propugnando la división en ciclos destinados a dar mayor importancia a materias básicas, bien sea prolongando el término de los estudios preparatorios, predomina siempre la idea del aprovechamiento utilitario con un sensible olvido de la niñez esencial.

La reforma educacional habrá conseguido mucho con que sólo logre poner de relieve que, tanto los medios empleados por la pedagogía al uso como el fin inmediato que ellos se proponen, conspiran contra la salud espiritual de la juventud, que es la esperanza de la nueva civilidad.

Para ello necesita revisar el actual estado de cosas a la luz de la ciencia pedagógica. Partiendo de la fórmula ya mencionada es decir, la que postula el tratamiento de la niñez como niñez, ha de proponerse, modestamente, aclarar el problema que entrañan estos dos términos estudiante-maestro.

Un estudiante frente a un maestro constituye ahora la enunciación de un teorema tanto más difícil de ser resuelto cuanto más simple y sencillo parece. Primeramente, se exige establecer el derecho que asiste al maestro para enseñar; después, se necesita saber cómo y de qué modo ha de comportarse el maestro en el desempeño de su tarea. ¿Es que él trasmite conocimiento a su docendo? ¿Es que él debe concretarse a fomentar en el niño el proceso de la invención? ¿Es que hay que reconocer que la actividad procede del crear —ser autor— y que, consiguientemente, siendo el niño el que *crea* en el acto educativo, es él el depositario legítimo, el único dueño de la autoridad? ¿Es que la antinomia autoridad-libertad se resuelve en un *actosisi*, en un acto de conciencia? ¿O, cabe todavía una distinta posición basada en el examen fenomenológico del acto educativo?

La mera formulación de estos interrogantes parecerá escandalosa a los pedagogos adictos al grosero empirismo que predomina todavía en la educación argentina, y, con más razón, a los francos propugnadores de la llamada pedagogía científica, cuyos conspicuos representantes regentean nuestros institutos educativos. Pues, qué, ¿quiere verse en ese dualismo algo más que un puro mecanismo mediante el cual una persona llamada maestro ejercita, desde afuera, sobre un ente pasivo llamado alumno, la operación de llenarle el espíritu de datos y de hechos con el propósito de formarlo de acuerdo a una fisonomía preestablecida? Pero la formulación es inevitable. Existe, está en todas partes y exige un amplio y severo debate. No hay sino que observar lo que ocurre con la reforma italiana, con la francesa y con la alemana para convencerse de esta sencilla, de esta evidente verdad.

Naturalmente, esta formulación no tropieza con dificultades invencibles en los pueblos donde una tradición de cultura somete vivamente toda novedad a sus actividades para ponderarla y analizarla; pero ese auxilio, de tanta eficacia, nos falta aquí, en medios como el nuestro, donde el profesorado se recluta no sólo entre los pedólogos sino también en las ferias del comité, y donde las cátedras se dan como "ayuda de costa" a las personas a quienes el favoritismo oficial desea rehabilitar el presupuesto doméstico. Pocos anecdotarios pueden ofrecer tanta abundancia de situaciones ridículas y cómicas como el que se podría formar con las que, a diario, nos suministra la torpe ignorancia de la mayoría de nuestros educadores. No es desacertado decir que la reciente revuelta estudiantil debe el éxito conseguido más a la explotación de ese anecdotario que a ideas expuestas en sus documentos más ponderados.

Cualquiera puede inferir en estas circunstancias la suerte de obstáculos con que, en primer lugar, tiene que encontrarse la instauración de un sistema educativo digno de tal nombre.

Faltan orientaciones y faltan hombres. Los hombres que hoy detentan los institutos de enseñanza constituyen una clase definida menos por preocupaciones espirituales que por intereses materiales especificados, que ellos saben proteger con destreza mediante la influencia de la política militante, detrás de la cual se resguardan de riesgos y contingencias.

Prácticas perniciosas han convertido esa clase de barberos y bachilleres en su rodaje imprescindible de la burocracia nativa, y se ve bien a las claras que nada se podrá hacer en el campo educacional si no se comienza por independizar la enseñanza de la jurisdicción administrativa y gubernativa, y se la entrega a órganos competentes, ya sea a un consejo universitario, como lo estimo aceptable, o a otra forma cualquiera que permita utilizar la autonomía para los fines propios y exclusivos de la docencia.

Es justamente a esos educadores, cuya actitud mental (si el término es admisible), por fuerza tiene que ser siempre contraria a la actitud mental del docendo —flujo continuo y vivaz como un hontanar—, opuesta a ella, en duelo constante con ella, a los que, con más frecuencia oigo decir, en son de protesta, que los estudiantes argentinos sólo sirven para hacer huelgas. No se deciden a advertir que si la insurrección de los estudiantes hubiera carecido, y careciera hoy mismo, de fuertes razones de ser, una tal expresión bastaría a otorgarle una justificación más que aceptable, plausible. Pues, si fuera cierto que ellos no sirven para otra cosa que para hacer huelgas a nadie que no sean sus mentores correspondería hacer responsables de esa ineficacia. En todo caso, están de más los maestros que sólo quieren entenderse con estudiantes perfectos.

De nada sirve decir, como con frecuencia se dice de la reforma, que ella es mala porque "no ha dado resultados". En tal expresión que así juzga el árbol por el fruto, campea una filosofía que conviene desmenuzar. Para las personas que viven sometidas al vasallaje de las cosas, es natural que, colocadas en presencia de un objeto cualquiera aseveren que ese objeto está concluido, con un criterio pragmático. El albañil hace una casa; el jornalero adoquina una calle: el uno suele decir que la casa está concluida, y el otro, a su tiempo, que la calle está terminada, y que ambas cosas *resultan* en relación a sus fines inmediatos. Pero ese criterio que, en sí mismo, carece de ponderación, es el menos adecuado cuando se trata de actividades espirituales. La alta especulación, la ciencia y el arte son afanes que aun cuando decanten obras, aquí y hoy, no se concluyen nunca, y quien, como en nuestro caso, les pida frutos tangibles a plazo dado, da prueba de que no posee otro criterio de apreciación que el vulgar de albañil que hace casas y el de jornalero que adoquina calles.

Esta pequeña filosofía que, como se ve, no va más allá de los límites del sentido práctico, tan inseguro de suyo, para juzgar problemas tan graves, informa y gobierna todas las actividades contrarias a la situación universitaria. Ella suministra la clave que explica con insuperable eficacia no sólo la naturaleza y el valor de los cargos que se catalogan contra esa situación sino también los recursos utilizados para negarla y elección de los órganos de que se valen para anular sus conquistas. Hoy, como ayer, como siempre, se manifiestan de idéntica manera las oscuras fuerzas de regresión que conspiran, en las cavernas del troglodismo mental, contra los valores más puros forjados en una brega de siglos por el espíritu humano.

La mauvaise presse. Como todo movimiento que alude a calidades selectas, en país regido por la opinión pública, el del año 18 ha tenido eso que los franceses llaman *une mauvaise presse*.

Prensa carente de sensibilidad y de comprensión, desconoció, por cálculo o por ceguera, las causas profundas de la actitud juvenil y se dedicó a desacreditarla y a calumniarla.

Primero intentó convencer a todos de que el movimiento iba dirigido a propósitos de índole comicial y que quien lo dirigía subrepticiamente era el propio partido político que remplazara en el gobierno a la burguesía agropecuaria que lo ha detentado durante seis o siete lustros. Después, vino la novedad de calibre: la *mauvaise presse* acababa de descubrir que el movimiento estudiantil estaba dirigido por gente adicta a las doctrinas comunistas, anarquistas y mayoritarias que pugnan "por anular los principios orgánicos de las sociedades humanas", según la expresión de un diario de Buenos Aires.[2]

[2] *La Nación*, de Buenos Aires, números de 25 de julio de 1921; 17 de marzo de 1931; 31 de marzo de 1931; etcétera. Agitando el fantasma del nacionalismo, el redactor platense de *La Nación* descubrió una teoría docente, la de la asimilación del conocimiento. "El profesorado tendrá las orientaciones ideológicas fundamentales que profese la alta autoridad universitaria, y éstas serán asimiladas, a la vez, por el alumnado". En otros términos, esta novísima concepción podría formularse así: el acto educativo es al espíritu lo que la mazamorra con leche al estómago. La cocina debe situarse en el piso superior...

La "trouvaille" ha hecho fortuna. En el número del 21 de enero de 1928 del mismo diario, se lee lo siguiente: "En el mecanismo institucional, el maestro, como cualquier funcionario de su categoría, desempeña el papel de un simple ejecutor. No le compete fijar orientaciones a la enseñanza, ni determinar la ideología que ha de inspirarla. Debe reducirse a guiar la educación de sus alumnos de acuerdo con los programas sancionados por la autoridad".

¿Comentarios? Recordad la frase cara a Boutroux: "Gardez-vous de prendre le contre pied d'un sot: vous risqueriez de faire symétrie".

Los gansos capitolinos salvaron a Roma despertándola una noche de su sueño, y la "mala prensa" conservadora, que conoce el remoto episodio, dio pruebas, en esta emergencia, de saber despertar de su sueño a un pueblo dormido para las actividades del pensamiento. Es la *Magna-quies,* exclama señalando con el índice tembloroso el colegio que yo dirigiera; y una credulidad popular acentuada por los fantasmas de la ignorancia creyó ver, en las noches de aquel establecimiento consagrado al estudio serio y perseverante, rumores de gesta, aprestos guerreros, solícita propaganda de ideas siniestras, y no faltó quien viera flamear, en el alba, la bandera roja, al tope del edificio.

Ni siquiera quiso detenerse a examinar el aspecto externo de la requisitoria juvenil. Fiel a la táctica que consiste en "echar tierra al asunto", erigió como principio docente inconmovible el de que en ese país, "donde la falta de especializaciones determina una escasez tan notoria de maestros consagrados", un profesor, cualquiera sea su comportamiento respecto a la enseñanza, no puede ser separado de su cátedra porque "la formación de un profesor universitario supone un proceso de madurez que necesita desarrollarse en lentas graduaciones a través del tiempo y que no puede ser acelerado artificialmente sin mengua sensible para la calidad del fruto".[3] ¡Donosa doctrina, que no ha menester de comentarios adecuados, calculada para conseguir la inamovilidad a todo profesor por negativas que sean sus calidades!

De acuerdo con sus hondos designios, es necesario que nos abstengamos de formar remplazantes a los que rigen cátedras desde antes del 18. Es preciso dejar que se cumpla el proceso mecánico señalado. Los jóvenes de hoy, tendrán siempre, respecto de aquellos, las desventajas de todo el que comienza las "lentas graduaciones". Apenas si son promesas. Y aún cuando se admita que aquéllos son unos ineptos a carta cabal, corresponde preferirlos con base en esa larga esperanza de que, con el transcurso del tiempo, si no se mueren, acaso se hagan mejores y den frutos sazonados. Nadie se sorprenda de las consecuencias que surgen de estas ideas si se tiene en cuenta que esto que, como ya se dijo, para Kant contiene el problema más grande y difícil que puede ser propuesto al hombre consiste, para nuestra prensa en un "conjunto de reglitas y perogrulladas de formalismo pedantesco".

Una manera de pensar más acorde con la idoneidad profesional

---

[3] *La Nación,* de Buenos Aires. Artículo intitulado "Gobierno de la enseñanza", 10 de enero de 1922.

y con el sentido de la responsabilidad, hubiera conducido a nuestra "mala prensa" a posponer intereses materiales, propugnando la exaltación de la capacidad sin distingos y sin cálculos de edades, sin vanos consuelos fundados en la esperanza pueril de que el tiempo dé lo que no ha dado el estudio, ya que de nada vale aquí aquello de que más sabe el zorro por ser viejo que por ser zorro. Tal actitud la hubiera, acaso, hecho acreedora a nuestro respeto.

El absurdo privilegio que quiere deducir de las "nociones básicas" que propone, va contra el advenimiento de una juventud promisora y es por eso sólo una conclusión que nadie puede aceptar sin desmedro de su razón.

Las ideas pedagógicas aportadas al debate por la "mala prensa" no se han reducido al punto de vista que erige la vejez en título para la cátedra. Las tribunas doctrinarias han aportado también otras ideas docentes que, en algunos instantes, han parecido inclinarse a reconocer un tantico de justicia al impulso renovador. En esos contados instantes, han convenido en que es bueno cambiar "algunas disposiciones un tanto anticuadas de los estatutos". No precisa cuáles sean esas condiciones "un tanto anticuadas", pero hay para contentarse con la concesión. Se trata de retocar la letra; el espíritu es otra cosa. Así se hacen siempre las innovaciones en nuestro país. Se escriben prescripciones, se enmiendan y se retocan en la forma y parece que con esto todo está cumplido. Parece ser que es la letra quien dicta leyes a la conciencia y no la conciencia a la letra. Pero todavía no hemos visto que nuestras prescripciones hayan tornado idóneos a viejos pedagogos que nunca fueron idóneos. "Es indudable —escribe Ferrière— que los profesores de treinta y cinco, cuarenta y más años, en su gran mayoría, por lo menos, no pueden ya modificar su manera de obrar. Pueden, si quieren, transformar ciertos pormenores de su actividad exterior; pero la actividad de su espíritu respecto de la enseñanza y de la disciplina no podrá transformarse; calificada de "técnica" o de "rutina"; según se la juzgue buena o mala, está arraigada en ellos por la costumbre, se ha convertido en su "genio y figura".

No cabe negar que nuestra reforma ha tenido su *mauvaise presse*. La culpa no es suya. La culpa, si hay que discernirla, está en la propia psicología del argentino que no se decide a meditar por su propia cuenta los hondos problemas de los cuales depende su porvenir. Un extraño temor a enfrentarse con su conciencia, a denunciarse sinceramente en el espejo que le ofrece la gimnasia ruda y fuerte del pensamiento, le fuerza siempre a formar sus ideas y juicios conforme a las sugestiones extrañas, a abdicar lamentablemente en esos órganos que nutren la "opinión pública" a costa de la inteligencia y de la verdad.

La situación delineada de un modo general e impreciso por las notas que quedan expuestas, notas que, por cierto, no agotan el repertorio y que cobrarán relieves más netos y definidos cuando investiguemos las condiciones actuales de las comunidades enseñantes y los caracteres centrales de la enseñanza en vigor, plantea y perfila la tarea que incumbe a una reforma educacional. En puridad de verdad, lo que nuestra situación exige es, más que una reforma, la instauración decisiva de un orden educativo.

La actitud de santa irreverencia del año 18 ha roto el *tabú* que gravitaba sobre el destino de la juventud. Ha salvado de una ruina inminente al tesoro vital y con ello ha allanado los senderos al orden en que ha de lograrse esa juventud.

¿Sobre qué basaremos ese orden? Este interrogante es un punto de partida. Formulado en el momento en que falla, en las manos inquietas de la juventud, el inventario de ideas del hombre maduro, parece conveniente disponer la problemática que plantea con una previa aclaración de lo que queremos decir con las expresiones niñez como niñez, juventud como juventud.

ANÍBAL PONCE: CONDICIONES PARA LA UNIVERSIDAD LIBRE *

En una de las páginas más hermosas de su *Juan Cristóbal*, Romain Rolland nos ha contado cómo su héroe volvió una vez derrotado y deshecho. El buen muchacho había salido al encuentro de la vida con esperanzas enormes y pensamientos confusos. Pero la vida que no se entrega sino al claro mirar, le había cerrado el paso con su puño de hierro. Ganas de llorar le venían al muchacho; de llorar con esas lágrimas de la derrota injusta que alguna vez hasta el Cid dejó que le corrieran por las barbas. Y fue entonces, cuando más agudo era el dolor y más amargo el gusto de ceniza, que Romain Rolland le habló de esta manera: "Sufre, mi buen muchacho; sufre un poco, porque una derrota no viene mal cuando se es fuerte".

Así también nuestro buen Juan Cristóbal, que hace diecisiete años se lanzó a la conquista de la universidad señorial, llevaba en el corazón ilusiones sin medida, y en el espíritu las doctrinas más dispares. ¿Cómo extrañarse entonces de que al andar de pocos años

* Discurso pronunciado en el acto de la Federación Universitaria de Córdoba, para conmemorar el 17 aniversario reformista, julio de 1935.

la realidad americana le cortara el camino, le rompiera las armas y le estrujara los sueños? Aquel fuerte muchacho, a quien no faltaba por cierto el ardor combativo, tenía sobre el mundo y la política las ilusiones más extrañas. Creía que la juventud tenía un valor en sí; que la historia era un choque perpetuo entre generaciones "polémicas" y generaciones "cumulativas"; y que bastaba por tanto desalojar de los claustros a los envejecidos y arrojar del gobierno a los mediocres, para que empezáramos a vivir la "hora americana". No confiaba para eso en el único auxilio de sus fuerzas. En la calle y en la plaza había descubierto a un aliado formidable: el aguerrido y brioso proletariado americano. Pero aunque fraternizaba con él, y decía compartir sus ideales, le disputaba de hecho los puestos de comando y hasta pretendía esclarecerlo con su propia doctrina de las "generaciones". Desdichada teoría y candorosa fatuidad a las que debió en buena parte su derrota. Mas, como había en él voluntad de pelea, y corazón de sobra, aquella derrota le curó de ilusiones y le hizo entrar por los ojos el crudo dramatismo de la realidad contemporánea. En las prisiones y en el destierro comenzó a sospechar que las luchas son las que dirigen la historia, y que en el momento actual las intenciones mejores sólo conducen a la esterilidad o a la reacción cuando no se acepta la hegemonía indiscutible del proletariado.

Semejante transformación fundamental no implica, de ninguna manera, la renuncia a los grandes ideales que dieron al movimiento del 18 su vasta repercusión americana; pero en vez de perseguirlos casi a ciegas por caminos imposibles, se sabe ahora con absoluta certidumbre cuáles son las condiciones previas que es necesario realizar. ¿Cómo alzar el edificio de la Universidad futura en esta sociedad actual que detiene el avance de las técnicas, que niega a las masas estudiantiles el derecho de la cultura, que las rechaza de plano bajo el pretexto del examen de ingreso, que las persigue en las casas de estudio con aranceles monstruosos, que alarga innecesariamente los estudios para impedir que salga de manos de la burguesía el monopolio de la cultura y de la ciencia?

¿Cómo construir el "hombre libre" en esta sociedad actual que sólo piensa en la guerra como solución de su crisis y en el terror del fascismo como único sistema para prolongar durante un tiempo una dominación que ya ha concluido?

La "nueva universidad" a la que todos aspiramos, el "hombre libre", cuya existencia queremos hacer una realidad sobre la tierra, exigen como condición primera la transformación radical de esa sociedad sin alma. La universidad nuestra será libre cuando las masas americanas hayan conquistado también su libertad; cuando después de confiscar los latifundios, arrojar a los banqueros invasores y aplastar al enemigo de tantos siglos, empiecen a construir desde los propios cimientos la única sociedad en que podrán vivir la universidad "nueva" y el "hombre libre". Esa universidad y ese hombre no son las viejas ilusiones de otro tiempo que se presentan ahora remozadas. Sobre la sexta parte de nuestro globo son ya una fresca realidad viviente. He tenido la fortuna de pasar por esas aulas, de compartir la vida de esos hombres. Y bien, amigos míos: todo lo que nosotros anhelamos desde hace tiempo, todo lo que algún día aspiramos a ver con nuestros propios ojos en esta Argentina del cariño entrañable, marcha ya con paso firme en la primera de las patrias proletarias. El enorme tesoro acumulado por la labor de siglos está al alcance de la mano que lo quiera. Abiertos están para todos los laboratorios y las facultades, los institutos y las escuelas. Y mientras en el resto del mundo el estudio desfallece y la investigación se agota, casi no hay allí un solo día en que no se registre un nuevo triunfo sobre la naturaleza. Emocionante espectáculo el de aquella sociedad que ha encontrado por fin "el hombre perdido", y en la cual la cultura no es privilegio de nadie porque primero extirpó el privilegio económico.

¿Significa esto renunciar a la lucha dentro de la universidad hasta que llegue triunfante el día del advenimiento? Sería suicida semejante actitud. Nada ocurre en la historia de manera mecánica.

Somos los hombres los que la vamos haciendo con nuestros actos, y de nada serviría saber que están con nosotros las fuerzas del porvenir si no les saliéramos al encuentro con el continuo combate. No hay una sola reivindicación estudiantil, por minúscula que sea, que no merezca la acción más tesonera. Porque lo grave y lo serio no es el arancel éste o el reglamento aquél. Lo grave y lo serio está en saber que detrás de esas cosas en apariencia tan pequeñas vienen preparando su ofensiva las fuerzas sociales enemigas, y que es necesario por lo mismo movilizar las grandes masas para montar día y noche la guardia vigilante. Con otra doctrina, con otros métodos, siguen pues en pie los ideales de la reforma. Pero las masas estudiantiles que le dieron en otro tiempo el gesto iracundo y el ardor de lo bélico, han ganado ahora en amplitud, en decisión y en experiencia. Si ayer la reforma tenía como telón de fondo la democracia evangelista de Wilson, tiene hoy —debe tenerlo— las acciones conjuntas del frente antifascista. No agradeceremos bastante al valiente proletariado de París esta formidable lección que nos ha dado; el fascismo no es un proceso social inevitable, una etapa cruenta y trágica que es ineludible atravesar. El fascismo, por el contrario, detiene su marcha o se bate en retirada, cuantas veces encuentra a su paso, en actitud de batalla, la unión inconmovible de todas las izquierdas. En el momento en que vivimos, la formación de ese frente es una condición vital para nuestra propia causa. Porque el fascismo no sólo es la guerra, el terror y la miseria; el fascismo es también la cultura estrangulada, la universidad convertida en un cuartel, la inteligencia envilecida y muda. De nosotros depende que esa ignominia se instale o no en nuestra historia; de nosotros depende que la cultura humana no se esterilice aquí durante quién sabe cuántos años.

Sonrieron los profesores de Alemania cuando el viejo Engels afirmó que el proletariado era el heredero legítimo del pensamiento clásico.

Pocas cosas más tristes que la sonrisa de ciertos mandarines. Mientras el mundo hierve y las masas que sufren rumorean, ellos dicen vivir de cara a lo absoluto, entre los valores eternos y las esencias diáfanas. Mas tan pronto un tirano les pone en las espaldas su bota de hierro, siempre hay un Gentile para las mesnadas de Mussolini, siempre hay un Heidegger para los incendiarios de Hitler. Y bien, mis camaradas: en este nuevo aniversario de un movimiento estudiantil que se propuso nada menos que echar las bases de la cultura nueva, hagamos nuestras una vez más las palabras de Engels, bajo la sonrisa de nuestros mandarines. El proletariado sí es el heredero legítimo de la cultura humana porque siendo entre todas las clases sociales la única que no aspira a perpetuarse como clase, puede por eso asegurar al hombre la plenitud de su desarrollo. En el frente resuelto de todas las izquierdas tiene, como ninguna, el derecho de ocupar su puesto en la vanguardia. Como ninguna también sabe con absoluta claridad qué es lo que quiere y adónde va. Quizá por ello no juega nunca con la revolución. Pero cuando la toma por bandera la conduce hasta el fin entre sus puños cerrados.

DEODORO ROCA: ¿QUÉ ES LA "REFORMA UNIVERSITARIA"? *

1. *¿Puede usted decirnos lo que fue la reforma universitaria?*
Fue —es—, el movimiento de juventud más rico y germinativo de

---

* Respuesta de Deodoro Roca a la encuesta que él mismo promovió desde su periódico *Flecha*, con motivo de cumplirse dieciocho años de los episodios reformistas. Apareció en el núm. 14, del 15 de junio de 1936. El cuestio-

América Latina desde su emancipación política. Entronca con ella. Sin duda, como se ha dicho tantas veces para filiarlo, tuvo en sus comienzos un contorno pequeñoburgués. ¿Y qué? Lo importante es que ha sido una cosa fluente y viva. Hay grandes ríos que comienzan en un ojo de agua.

La reforma comenzó siendo una discusión en torno a la penuria docente de unos cuantos maestros pintorescos, pedantes y dogmáticos, que cobraban remontada expresión en la universidad colonial de Córdoba. En la universidad de 1918 atizaba el fuego un fraile. En la de 1936, la *sección especial* de la Policía de Buenos Aires, la *ojrana* argentina.

El estudiante de 1918 tenía frente a sí las "cóleras divinas": excomunión y anatema. Entonces herían, estremecidas, las campanas. El estudiante de 1936 tiene frente a sí la *sección especial* y la cárcel de Villa Devoto.

El problema universitario se ha tornado, para el estado, en problema de policía. No interviene para solucionarlo el ministro de Instrucción Pública, sino el de *Interior*. Es ya, para quienes orientan la instrucción, ante todo, *problema de policía,* y de policía especial. En la "cuestión" universitaria hay un elemento nuevo: la Ley de Residencia 4.144. Y otro más: la finanza internacional. Jueces, policías y banqueros señorean la universidad plutócrata de 1936, cuya penuria docente sigue siendo la misma de 1918. Acaso ahora más "tóxica" que antes.

2. *¿Puede usted decirnos lo que no alcanzó, o no pudo ser?*
La reforma fue todo lo que pudo ser. No pudo ser más de lo que fue, en drama y actores. ¡Dio de sí, todo! Dio pronto con sus límites infranqueables. Y realizó un magnífico descubrimiento. Esto solo la salvaría: al descubrir la raíz de su vaciedad y de su infecundidad notoria dio con este hallazgo: "reforma universitaria" es lo mismo que "reforma social".

Sin reforma social no puede haber cabal reforma universitaria. En la memorable lucha, la universidad fue para la juventud una especie de microcosmos social. Descubrió el problema social. Y ligado a su dramático destino. Bien pronto advirtió que estado, sociedad, universidad, se alimentaban de la misma amarga raíz. Y los mismos co-

nario también fue redactado por Deodoro. Contestaron, además, Julio V. González, Saúl Taborda, Jorge Orgaz, Dardo Cúneo, Paulino González Alberdi, Sergio Bagú, Alberto May Zubiría, Raúl Orgaz, Enrique Barros, Adelmo Montenegro, Tomás Bordones, Santiago Montserrat, Enrique S. Portugal, Juan Lazarte, Héctor P. Agosti (desde la cárcel), y muchos otros.

mandos. Las mismas manos manejando los mismos compases. Lo que empezó como defensa contra la toxicidad de los malos maestros, y afán oscuro y torpe de "reformar" el "sistema educacional" que los "hacía posibles", se convirtió al cabo en proceso al sistema social, que es de donde arranca la dogmática, la regresión y la penuria de la universidad de entonces, y —más visiblemente aún— de la de ahora.

Ese sentido tienen las vicisitudes del movimiento reformista, que ha dado con sus límites y los ha rebasado, también. Los guardias de asalto del capitalismo y los cuadros del ejército custodian la universidad donde la ciencia se empobrece y la pobreza espiritual cobra rango.

Pero la juventud va adquiriendo —merced a este movimiento fluente y vivo—, mayor conciencia de su destino, y escoge mejor los medios de realizarse. Aquel movimiento pequeñoburgués y romántico de 1918 es hoy un movimiento social caudaloso y profundo. Está ganando el mundo juvenil, pues hoy la juventud comprende bien que no puede haber reforma educacional "a fondo" sino con reforma social también a fondo.

3. *¿Puede usted decirnos lo que es?*
Fue un camino provinciano que "iba" a dar un maestro. Buscando un maestro ilusorio se dio con un mundo. Eso "es" la reforma: enlace vital de lo universitario con lo político, camino y peripecia dramática de la juventud continental, que conducen a un nuevo orden social. Antes que nosotros lo adivinaron, ya en 1918, nuestros adversarios. El "puro" universitario —se dan todavía algunos, mediocres y canijos—, es una cosa monstruosa. Todo esto es más visible en nuestras universidades organizadas no en torno de los más aptos, sino de los más "próximos".

4. *¿Puede usted decirnos lo que será?*
¿...?

5. *¿Puede usted decirnos semejanzas y diferencias entre el estudiante de 1918 y el de 1936?*
En 1918: pequeña burguesía liberal, encendida de anticlericalismo; vagos entusiasmos, americanismo confuso, mucha fiebre. Cercando el horizonte a manera de "decoración", la revolución y la guerra... Adivinaciones, rumbo...

1936: el anticlerical es antimperialista. Ha ganado en lucidez. El clerical, "defensor" de la universidad del 18, es ahora fascista. Y muchos "liberales", también. Mucho reformismo del 18 es fascismo del 36. La pequeña burguesía ha acabado por poner su "cordón sanitario" frente a la "continuidad" de la reforma.

En 1918 el anticlericalismo daba una fácil apariencia revolucionaria. Incluso, "vestía" bien. Ahora (probablemente también entonces), la "postura" anticlerical ya no convence... ¡ni al clero! Los jóvenes del 18 eran más ruidosos y tenían más aliados. Tenían también —acaso por eso mismo—, más capacidad de entusiasmo y más combatividad. Ahora son menos, pero más lúcidos. Entonces adivinaban. Ahora saben.

6. *¿Puede usted decirnos semejanzas y diferencias entre el profesor de 1918 y el de 1936?*
Es el mismo fósil. Sólo que ahora es más joven. Y sabiendo más, le es más inútil todo lo que sabe.

PABLO LEJARRAGA: LAS JUVENTUDES REFORMISTAS EN LAS LUCHAS POR LA LIBERACIÓN CONTINENTAL *

Hoy que una voluntad de unidad se afirma en la conciencia democrática de América, y en nombre de su porvenir se trazan —por hombres y organizaciones— programas de liberación contra las oligarquías y los imperialismos dominantes, me parece oportuno y justo destacar un aspecto, que por otra parte estimo fundamental de la acción de las juventudes estudiantiles que en la América Latina reconocen su filiación histórica e ideológica en el movimiento denominado reforma universitaria. Al hablar del movimiento reformista y a esta altura de su desarrollo, demás está decir que el contenido del mismo excede su denominación, pues iniciado por igual en aulas y calles, alentó desde el primer momento afanes escolares y anhelos de reivindicación social. Y lo que en un principio apareció como mezcla o confusión, hoy ha sido precisado en un orden de relaciones que coloca al escolar dentro de lo general o social, y fija los alcances de la acción juvenil en estas dos direcciones.

Y vuelvo a la limitación establecida. El aspecto a que me refiero es el de la amplitud continental del movimiento, tanto en su extensión geográfica diremos, cuanto en el carácter propio y americano de los problemas que trajo a la consideración pública, en

* Trabajo publicado en 1938.

primer término, el de fondo, del imperialismo sometiendo económica y políticamente la vida de nuestros pueblos.

Como entreviendo esa amplitud que había de perfilarse a lo largo del movimiento como característica definitoria, el ya célebre manifiesto inicial de "la juventud argentina de Córdoba a los hombres libres de Sudamérica" —junio de 1918— habló al continente, y en el lenguaje vibrante de las anunciaciones le decía: "Creemos no equivocarnos, las resonancias del corazón lo advierte: estamos pisando sobre una revolución, estamos viviendo una hora americana." "El sacrificio es nuestro mejor estímulo; la redención espiritual de las juventudes americanas nuestra única recompensa, pues sabemos que nuestras verdades lo son —y dolorosas— de todo el continente." Y en verdad que no se equivocaron.

Iniciado el movimiento de Córdoba en las jornadas de junio de 1918, se difundió de inmediato con extraordinaria fuerza de repercusión por toda América, en la misma actitud beligerante, enarbolando la misma bandera de la redención espiritual de las juventudes, voceando los mismos anhelos de libertad y de justicia. Recórrase la compilación documental de Gabriel del Mazo, relativa a la propagación del movimiento en América Latina —trasunto de vida y de hechos que va de 1918 a 1927—, y se verá clara y renovada esa su definición americana y antimperialista.

Desde entonces, la América, como América —nuevo continente— se hace presente; es una lucha por la emancipación política y económica de sus pueblos, tiene su punto de partida, y un nuevo nacionalismo, popular y continental, empieza a gestarse en las preocupaciones y campañas de las juventudes estudiantiles.

¿Cuál esa lucha? ¿Cuál ese nacionalismo?

Desde los primeros pronunciamientos de las organizaciones estudiantiles contra el imperialismo mundial en que se condenan sus maniobras y las sanciones del Congreso Internacional de Estudiantes de México en 1921, en que se condenan también las tendencias de imperialismo y hegemonía, y se pasa revista de la situación de América, hasta las asambleas y congresos de estos últimos tiempos, pasando por las campañas contra las dictaduras y toda suerte de influencias imperialistas, contra las amenazas de guerra entre naciones hermanas, contra las invasiones a los pueblos débiles (Nicaragua), por la nacionalización de las fuentes de riqueza (petróleo), por la vinculación y fraternidad americana, por la formación de una conciencia continental, etc., la juventud ha estado en permanente agitación continental, nutriendo con hechos su acción, y enriqueciendo con enseñanzas su ideario. Por los caminos sentimentales unas veces, por los del examen de las realidades sociales otras, a través del episodio fugaz unas veces, y el más trascendente otras, ha llegado a conocer el drama de América, a su comprensión total. Y en las grandes líneas de: "Contra el imperialismo, por la unión de los pueblos, para la realización de la justicia social", podría considerarse definido su pensamiento y orientada su acción.

La juventud recibió el imperialismo como el hecho fundamental y característico de la economía y de la política americanas, al cual están directamente vinculados, cuando no dependen, las variantes y alternativas de la vida de nuestras naciones; y penetrando hondamente en este hecho alcanzó a la luz de todas las comprobaciones los términos de su realidad. Por una parte, el imperialismo extranjero y las oligarquías nacionales aliadas en el disfrute de la explotación de las inmensas riquezas naturales y de las poblaciones laboriosas; por otra, los pueblos del continente desunidos, sin organización ni disciplina de resistencia.

Por lo mismo, la unión, la unión para la resistencia primero, y la unión para construir sobre nuevos cimientos la organización social de la comunidad continental, fueron los pregones más altos de la juventud. Y avanzó en tesis y soluciones, que no es el caso de exponer en esta breve evocación.

A los 20 años de la reforma universitaria ha de reconocerse cómo el enunciado fue "tema" esencial de la meditación de la juventud, y el motivo más fecundo de su acción. Ha de reconocerse cómo al calor de la reforma maduraron esos ideales de "unificación defensiva" que hoy son conciencia viva y exigencia perentoria en la acción de las muchedumbres de América. Ha de reconocerse cómo de sus filas surgieron avanzadas y militantes de la lucha antimperialista, y cómo el ideario de las juventudes trascendió en formaciones políticas de este tipo, pujantes y realistas.

Retomaron así las juventudes estudiantiles de América, y expandieron de nuevo con vigoroso impulso, el ideal de la solidaridad continental que a principios del siglo pasado alumbró la independencia de las 20 repúblicas americanas. Idea que durante un siglo naufragó en el aislamiento de los pueblos y en el culto de las "patrias chicas", por obra de la dominación imperialista extranjera.

Sobre otra realidad, y frente a otros enemigos, una misma tarea de emancipación. Que si en 1810 lo fue de la dominación monárquica española, en 1938 lo es del imperialismo extranjero en alianza con las oligarquías nacionales.

Como entonces, una política de unidad latinoamericana surge dictada por los hechos.

Que unidos y solidarios los pueblos de América han de conquistar sus propios destinos, liquidando la oligarquía, rescatando las fuentes de riqueza, redimiendo las poblaciones laboriosas, que lo demás, política democrática, cultura popular, etc., vendrá por añadidura; como unidos y solidarios han de canalizar para América las rutas venturosas de la libertad, de la paz y de la justicia.

En esta empresa de unidad, y de la unidad por la liberación, se alían hoy en el continente la clase trabajadora, los partidos obreros y democráticos, y la intelectualidad libre. Unidas estas fuerzas forman el gran frente común de la defensa y del ataque, capaz de abrir esperanzas ciertas de redención a la América encadenada.

Lo integran las juventudes de la reforma universitaria, las de ayer y las de hoy, precursoras en esta campaña continental, en puesto de vanguardia, formando columna fuerte y esclarecida.

HÉCTOR P. AGOSTI: VEINTE AÑOS DE REFORMA UNIVERSITARIA [*]

Esta asamblea no respondería a su misma magnitud si se limitara a hacer un acto recordatorio más, desprovisto de espíritu crítico y de sentido de adecuación. 20 años de Reforma Universitaria prueban su permanente vitalidad, la imposibilidad de considerarla como un hecho terminado, con una fisonomía, un cuerpo teórico y un repertorio de soluciones para los diferentes problemas que la vida plantea de continuo. La reforma no es, felizmente, ese impresionante cadáver de ideas, en cuyo homenaje solemne y engolado se complacen los fáciles académicos de todos los tiempos. La reforma universitaria es un proceso vivo, en elaboración constante, y por lo mismo, con sucesivos "engrandecimientos", con sucesivas correcciones, con variaciones sobre la marcha, que son la prueba de su necesidad histórica. Precisamente en estas diferentes correcciones, en estos ensanches de su base doctrinaria, el "ideario" reformista —con todas las limitaciones que suponen las contradictorias fuentes en que se origina— manifiesta su genuino realismo vital.

Si la reforma ha podido perdurar como realidad política, como impulsión ideológica y como problemática educacional a lo largo de estos veinte años turbulentos de su existencia, ello se debe, en primer término, a su capacidad de modificarse y corregirse, de ponerse a tono con la realidad cambiante, de su capacidad para

[*] Discurso pronunciado en Córdoba en 1938.

elevarse por sobre los dogmas momificados y transformar en vivencias sociales su teoría de acción.

Toda fórmula teórica ha de mostrar capacidad transformadora para que consintamos en su virtualidad. La reforma la ha enseñado en el transcurso de su historia todavía reciente. Nuestras universidades —justo es decirlo— son de un nivel científico desolador. Pero lo que pudo avanzarse en ellas, lo que hubo de progresión —limitada, modesta, insuficiente— habrá que cargarlo a la cuenta de la reforma universitaria, aunque esto moleste al mesianismo estúpido de ciertos editorialistas sesudos. El esfuerzo reformista ha creado ese estado de inquietud científica y cultural que fue la única levadura de nuestras universidades exclusivamente técnicas. Las nuestras han sido universidades de técnicos. Siguen siéndolo aún. ¿Y qué? Si la universidad, antes que ese invernáculo de cultura humanista que fue la "universidad" tradicional, es ahora el lugar donde han de ir a resolverse, en última instancia los problemas de la técnica, la universidad está demostrando con ello mismo, que se sitúa en el único plano de progreso válido para el régimen capitalista, que es el plano del fomento técnico en relación con las necesidades de la industria. ¡Cuidado con la miopía de la especialización! Digámoslo una vez más. Pero digamos también que en cuanto al perfeccionamiento de los conocimientos técnicos —que son siempre la relación de la cultura humana— la universidad argentina no ha hecho sino colocarse a la altura de las menguadas situaciones que le tenía reservado nuestro escaso desenvolvimiento material.

La reforma universitaria ha sabido desentrañar de manera operativa antes que reflexiva, estas causas materiales que han condicionado las variaciones sobrevenidas en nuestras universidades. Por eso, justamente, adquiere trascendencia extrauniversitaria, hasta transformarse en la expresión palpitante de un momento de azaroso progreso de la conciencia cívica argentina. Si alguna gratitud debemos a la generación que nos ha precedido, a esta generación que yo me honro con saludar desde esta tribuna, ninguna mayor que por habernos enseñado a responder a los llamados de la realidad nacional, con el mismo júbilo arrojado con que Juan Cristóbal —símbolo de la juventud de siempre— partió un día en busca de su propia perfección moral.

No podemos, sin embargo, conformarnos con este homenaje. Es mucho lo que debemos a la generación del 18. Es enorme nuestra deuda con la generación posterior, que condujo a buen éxito las luchas, acaso más difíciles por asegurar la verdad jurídica de las conquistas obtenidas en las magníficas demostraciones de hace veinte años. Les debemos, ante todo, haber ganado el sentido americano del acontecimiento, cuando "los vientos argentinos de la reforma universitaria" llegaron a todos los claustros del continente, para despertar los mismos ecos de nuestra inferioridad nacional de pueblos sometidos al tutelaje imperialista. Pero no bastaría ese homenaje. Nos traicionaríamos a nosotros mismos, traicionaríamos los deberes de nuestra generación, traicionaríamos la confianza que el país deposita en sus hombres útiles, si no procurásemos que el movimiento reformista se concretara con la nueva realidad argentina, si no nos dispusiésemos a estudiar ese cuerpo de experimentación viviente para extraer la regla de nuestra acción.

Si el movimiento reformista se encauza por una senda hasta ayer menospreciada, si se plantea tareas aparentemente menos brillantes aunque más útiles, si intenta reagrupar sus cuadros dispersos, y ampliarlos y dotarlos de mayor flexibilidad e incorporar a todos los individuos y agrupaciones susceptibles de actuación reformista, aunque su fervor ofrezca graduaciones diversas, si la acción reformista quiere transformarse en cuanto ello sea posible, en institución de bien público, ¿será porque se han atemperado los ímpetus de la nueva generación? ¿Será porque los jóvenes de ahora son menos abnegados, menos capaces, menos sufridos, menos sacrificados? No porque sea menos bulliciosa la beligerancia se han quebrado los impulsos juveniles. Nuestra generación ha probado, después del 6 de septiembre, que posee alguna capacidad de sacrificio. Nuestra generación americana ha proporcionado ya algunos héroes a la gesta libertadora. Los héroes, sí. Pero los héroes solos no bastan. Estamos dispuestos a superar la etapa de los héroes y volcarnos en cambio en la fertilidad política de cada día, que es el heroísmo oscuro, ingrato, amargo y silencioso del esfuerzo tesonero, de la constancia, de la dedicación, de la voluntad indomable de hacer de nuestra Argentina una tierra próspera, libre y feliz para todos los hombres del mundo.

Yo no sé si basta para ello el solo instrumento de la reforma universitaria. Pero el movimiento reformista puede participar en esta empresa, cuya fórmula precisa es la de un amplio sentimiento de liberación total de la nación. Vivimos en un mundo tan tremendamente sacudido por problemas definidores, que esa sola circunstancia determina las proyecciones de nuestra propia acción. Estamos al borde de una nueva hecatombe, precipitada por el fascismo internacional, en su afán de reinar sobre todos los mercados de la tierra. No es tan sólo la guerra brutal que se libra en los campos de batalla. Es también la guerra solapada que se traduce internamente en el exterminio de los opositores y en la imposición de una opinión totalitaria en todos los dominios de la vida. Y hoy, como hace varios años, nos encontramos situados ante problemas parejos; las consecuencias de la guerra, en un caso, la vecindad de un conflicto armado, en el otro; la limitación de la democracia, en un caso, el ataque pugnaz contra el régimen democrático, en el otro, para evitar que la democracia, como expresión formal de precisas relaciones de clase, pueda realizar los anhelos de justicia social que fueron su canción de cuna. Está en peligro no sólo la forma política de la convivencia humana civilizada, sino todas las relaciones de cultura que esas formas determinan. Ya no se trata de un simple problema de política en el sentido derecho y técnico de la palabra, sino de un problema que por ser auténticamente político invade todas las manifestaciones de la vida social, incluso las menos sospechadas de ser heridas en esta inmensa quiebra de valores.

¿Cómo habremos de responder a este nuevo llamado? Porque los destinos del mundo que vienen jugándose en las trincheras españolas, por ejemplo, tienen para nosotros una significación mucho mayor que la simple referencia anecdótica. En esa querella internacional, los problemas propios de nuestra Argentina se refractan con una fidelidad inigualada. En esa querella internacional entre la democracia y el fascismo, no nos corresponde un papel indiferente, porque los mismos que en España asesinan a un pueblo heroico que jamás lograrán vencer, en nuestras tierras pretenden la infiltración más o menos descarada con la complicidad de los nacionalistas que todos conocemos, esos inefables nacionalistas nuestros, cuyo nacionalismo comienza en la solapa y termina en el bolsillo... En esta Argentina nuestra, que pretendemos recuperar primeramente como individualidad nacional, la nueva generación ha de afirmar la continuidad histórica del pensamiento reformista, que se traduce en una lección principal: la de la unidad juvenil, para la defensa de la patria amenazada.

Y pretendemos convocar para esta empresa no tan sólo a los núcleos universitarios. Queremos forjar la unión de la joven generación argentina, porque toda ella está trabajada por iguales preocupaciones y por semejantes anhelos colectivos. Pero pretendemos también, y ante todo, la unidad de todas las fuerzas progresistas de la nación, porque los que bregamos por el respeto de la ley y por la pureza de nuestras normas institucionales, constituimos la inmensa mayoría del pueblo argentino, frente a la insignificante y minúscula minoría de oligarcas envilecidos.

Tenemos la pretensión de realizar en su integridad histórica el pensamiento de mayo, que la reforma recogió como afirmación doctrinaria en su manifiesto inicial. Queremos realizar hasta sus últimas consecuencias el pensamiento de mayo, porque la defensa de la democracia y el desarrollo de la justicia social tienen en nuestra tierra una realidad concreta: la conquista de la auténtica libertad nacional, que nuestros mayores atisbaron lúcidamente en 1810. He aquí, pues, el problema de nuestra generación. La reforma universitaria nos prestó, en su momento, los elementos que ahora podremos revivir en una nueva certidumbre. La reforma reivindicó en su hora el auténtico nacionalismo de esencia constructiva y antimperialista.

Ante el avance de una reacción "totalitaria" que pretende transformarnos en colonias inofensivas, ya no cabe, para las condiciones tan particulares de nuestro país, el viejo esquema simplista con que quisimos explicar alguna vez todo el fenómeno argentino. "La clase obrera..." Los trabajadores argentinos han prestado su apoyo incansable a cuanto movimiento de libertad se haya gestado en nuestra república. Sabemos que nada puede hacerse sin su participación. Pero sabemos también que en esta encrucijada histórica de nuestra patria, hay muchos grupos sociales que no están incluidos en la clase obrera y que pueden jugarse con nosotros en la partida. Ése es el movimiento que queremos impulsar. Ése es el espíritu libertador de la reforma universitaria —el eterno espíritu renovador y liberal de la reforma universitaria— cuya bandera elevamos una vez más, porque hoy como entonces nos está reservado accionar en favor de una Argentina libre, de una Argentina que recoja, como mandato irrenunciable, aquella sentencia con que Goethe nos incita a no desmayar jamás en el alto ejercicio de la libertad.

ERNESTO GIUDICE: VEINTE AÑOS DE REFORMA UNIVERSITARIA *

Todos los años —desde hace nueve o diez—, el 15 de junio me obliga a escribir algo sobre la reforma universitaria. Me halle ocupado en cualquier otra tarea, me encuentre en cualquier parte del país, no importa. Tengo que escribir algo; es decir, meditar una hora sobre ese movimiento que ha de tener, seguramente, mucha fuerza social, intelectual o emotiva para que tan sólidamente nos mantenga ligados a él. Y estoy convencido que todos los reformistas habidos en veinte años pensarán y sentirán hoy en la misma forma.

* Artículo publicado en 1938.

Repito: pese a las diatribas de los adversarios y a la indiferencia de los que quieren simular seriedad desconociendo este movimiento americano, algo debe haber que lo hace fuerte, cada vez más fuerte. Más fuerte a medida que va perdiendo su frondosa palabrería y deja de ser un grito para convertirse en un aspecto concreto de las exigencias sociales y culturales de Latinoamérica. Si la reforma hubiera sido nada más que bullanguería estudiantil y un pretexto para declarar huelgas y no dar exámenes, sin contenido social, la reforma habría ya desaparecido, máxime teniendo presente que poco ha conseguido reformar en la universidad. La reforma sigue siendo un programa, una aspiración; y también un estado de ánimo. Por eso, los pedagogos, que conocen a fondo las teorías sobre educación, la consideran poco cosa desde ese punto de vista; la consideran también poca cosa los que la contemplan desde un solo punto de vista. Nosotros negamos que sea así, pero afirmamos que uniendo esas pequeñas cosas, se tiene un movimiento social y cultural juvenil y educacional, democrático e intelectual que expresa, que trasunta, que refleja, deseos de progreso y superación.

Cuando en pocas palabras se quería explicar a un extranjero qué era la reforma universitaria, los reformistas de Latinoamérica se veían en apuros. Al final optaban por regalarle seis o diez libros, que tampoco aclaraban el problema.

Si hoy se le dijera a ese extranjero en aquellas pocas palabras cuál es la ubicación de la reforma en nuestra cultura y nuestro medio social, la entendería mejor. Antes, nuestro impertinente extranjero nos pediría "hechos concretos" sobre la acción reformista y los pocos "concretos" que teníamos no serían no siquiera admitidos en ese carácter, porque en relación a su país, ese extranjero —no perteneciente a nuestra América— no podría darle mérito. Pero en función de "nuestro medio", si el extranjero alcanzase a entenderlo, sí entendería la reforma.

El año 1918 fue el síntoma de una ruptura: la conciencia social y política de nuevas capas sociales y de nuevos intereses irrumpió en una universidad que vegetaba en nuestro medio con un siglo de retraso en relación con él.

Si la universidad era la cabeza pensante —como lo pretendían sus dueños y señores— de la sociedad, la sociedad tenía que cambiar de cabeza porque las ideas de ésta no correspondían a las ideas del nuevo medio social. La Argentina había dejado de ser un país ganadero; era ya un país agricultor y empezaba a respirar el humo de las fábricas. En la calle, desde el aporte ·inmigratorio hasta los instrumentos de la técnica, todo era nuevo. En la universidad, todo seguía siendo viejo. Mientras el país quería —y lo necesitaba— impulsar su agricultura, fomentar sus industrias, cavar la tierra para sacar el mineral escondido, la universidad era un museo donde se hablaba de "filosofía" y se obligaba a los alumnos a aprender aburrida teología. ¿Técnicos para la ganadería, la agricultura y la industria? Ésos eran contratados en el extranjero; venían para ello graduados de universidades extranjeras.

Pero si debía producirse una ruptura entre el medio social y los institutos educacionales anacrónicos, ¿por qué se produjo esa ruptura en la universidad y no en la escuela media o primaria? Porque la enseñanza primaria, dirigida por el estado, se había colocado, día a día, año a año, al ritmo de las nuevas exigencias sociales. Gracias a los legisladores y educacionistas del 84, teníamos instrucción primaria laica, gratuita y obligatoria. Teníamos una escuela democrática en un país que comenzaba a perfeccionar sus instituciones democráticas. Pero, la universidad seguía siendo impermeable al progreso social y político. La educación primaria y secundaria en el país se cumplía a un ritmo muy lento, pero se cumplía; en cambio, los institutos de la cultura superior eran atrasados, rutinarios, parasitarios, burocráticos. "Renta de los inválidos", se dijo en el 18.

Para mí no hay dudas, aunque no pueda demostrarlo aquí: la oligarquía y la curia buscaron en la universidad autónoma un refugio frente a la avalancha democrática y liberal que empezaba a barrerlas de todos lados. Y lo consiguió. Por eso, los estudiantes sacaron de la universidad a personajes que ya la urna de la democracia había volteado de las posiciones públicas muchos años antes. Y por eso hoy, los reaccionarios, que también sostienen a su modo la autonomía universitaria, defienden en la universidad posiciones que jamás ganarían con el sufragio ciudadano, en la calle.

La autonomía universitaria puede y debe mantenerse porque sería peligroso destruirla ahora. La autonomía universitaria corresponde a la etapa actual de la reforma. Los principios técnicos no tienen valor desvinculados de la realidad social. Con el control estudiantil, la autonomía universitaria puede servir para defender la universidad de nuevas amenazas reaccionarias. Por eso, tan inteligentemente, los reformistas del 18 llevaron "la urna" a la universidad. Las universidades de Latinoamérica son las únicas en el mundo que han implantado ese sistema. Ha sido, indudablemente, junto a la docencia libre, uno de los éxitos más grandes del movimiento reformista.

Las universidades, sin dejar de ser centros de cultura superior, sin dejar las especulaciones filosóficas, porque lo contrario sería poner trabas al pensamiento y negar su carácter a la universidad, tendrán que orientarse hacia lo técnico y lo científico. La reforma de la universidad tendrá que marchar pareja con la reforma educacional en su conjunto. En la escuela primaria, hay que defender el laicismo y contemplar la situación del niño que concurre a ella (aldeas escolares, ayuda económica a los hogares pobres, etc.); deben crearse miles de escuelas nuevas. En la enseñanza media, deben contemplarse también las necesidades de nuestro país; más escuelas técnicas, agrícolas e industriales. No restringir la entrada de los alumnos en los colegios nacionales y normales, sino encauzar las voluntades juveniles hacia otras tareas más útiles para ellos y para el país.

Desde el punto de vista educacional, el problema fundamental de la reforma sigue siendo el de la enseñanza: qué debe enseñarse (nuevos planes de estudio), quiénes deben enseñar (selección del profesorado) y quiénes deben aprender (facilidades a los alumnos sin ceder en las exigencias impuestas por la responsabilidad de la universidad al otorgar un título y la responsabilidad del alumno al recibirlo). La Universidad puede elevarse de jerarquía por el esfuerzo de sus componentes: profesores y alumnos. Por el esfuerzo individual de sus componentes. No es una excusa aceptable que los reformistas no produzcan por sí mismos —ciencia, arte— por el solo hecho de que nuestras universidades sean atrasadas. El atraso cultural del país impide por ahora tener una gran cultura nacional, una definida expresión nacional en materia cultural, como desearíamos tenerla, pero ello no impide que cada uno trate, desde ya, de rendir al país lo que el país espera de cada uno de nosotros.

Hemos vivido veinte años de reforma. No tenemos maestros. Lo único que se agita y vive de acuerdo con la reforma son los centros estudiantiles. Pero, hay que seguir adelante, seguir luchando.

Veinte años no son nada en la historia. Es mucho en nuestra existencia individual, porque apenas si el hombre puede vivir tres veces veinte años, pero es nada en el tiempo. Hay que tenerlo presente al hacer el balance reformista.

GABRIEL DEL MAZO: LA REFORMA UNIVERSITARIA: UNA CONCIENCIA DE EMANCIPACIÓN EN DESARROLLO *

Para una estimativa integral de la reforma universitaria, es ineludible la comprensión del drama de nuestra América, como esce-

* Discurso pronunciado en Córdoba en 1938.

nario secular de invasiones y conquistas. Sus pueblos vivieron perennemente sujetos a mercados e ideas extrañas. Económicamente explotados y políticamente negados, sufrieron venta y agravio. Los directores llamaron "bárbaros" a los nacionales y fue sofisticación la historia escrita. En vez de un orden de interpretaciones auténticas de nuestro espíritu y naturaleza se cultivó la imitación: un vivir de prestado. Una despreciable civilización de presa informa la extranjería de nuestros doctores y justifica la abdicación de los gobernantes. Aquí fue parte de la conquista feudal, de la mercantil y de la capitalista. Lo que en América se llama historia, es casi siempre episodio de historia extraña, como su vida internacional ley de patrones. Hoy, luego de un siglo de república, la tierra no pertenece a los pueblos y su producción está en manos ajenas. Nuestro acontecer corresponde casi totalmente a lo foráneo: rapiña y suplantación: barbarie: es antihistoria. La historia se refiere a la vida del pueblo y su creación. Falta, pues, el protagonista, si él lleva prisionero su cuerpo, confundida su inteligencia, sofocada su propia expresión.

Escuela, educación, prensa, libro, ideas políticas, valoraciones económicas, conceptos morales, todo conspiró en contra, para que siquiera tal cuadro fuese inteligible. Hoy, cuando una conciencia de profundidad, esclarecida en el dolor de los pueblos, está en el camino de conocer la íntima verdad de nuestro descastamiento y desposesión, vemos en la reforma universitaria —cualesquiera hayan sido sus limitaciones o desvíos—, una fuerza promovedora y principal en la formación de esa conciencia, un aporte decisivo en el nuevo proceso de unificación continental para la libertad, una contribución sin precedente en el renacimiento de lo histórico en la vida americana. Demarcadas ya las líneas de la libertad y de la conquista, de lo nacional y de lo que traiciona, de la emancipación y de la entrega, prosigue, ahora sí, la vieja campaña de la independencia. Hoy contamos con una gran protesta, con una conciencia en marcha y, con un ideal hacia el cual será posible elevar una realidad cuyos valores y factores son una esperanza de cultura humana. Por eso el 15 de junio es una de las fechas egregias de la independencia nacional y continental. América, mito de historicidad humana, sustancia de nuestra propia libertad, va incorporándose, rescatada y renacida.

La reforma universitaria es un movimiento madre. Ha dado combatientes, inspiración, rumbo o doctrina, a los que en el área continental se desenvuelven hoy con carácter emancipador en el orden social y de la cultura.

Su nombre es ahora angosto, al cabo de veinte años, para expresar todo el enriquecimiento de su idea y todos los hechos o resonancias sociales de su influjo en el total escenario de veintiún países; pero constituye una expresión simbólica ya consagrada, que al señalar su origen en las aulas, enseñará por siempre a la universidad y a sus gentes, su obligación social, su deber de dar método, saber y técnica para elevar estas factorías a naciones y para hacer de nuestra cultura órgano americano de la historia universal.

Así también, al cabo de veinte años, la línea de su influencia no puede percibirse con la nitidez de los tiempos iniciales cuando afloraba casi exclusivamente en lo universitario o educativo, pero a poco que el observador estudie el proceso siguiendo las vetas, la encuentra en los hombres o en los libros, en importantes formaciones políticas, en la revisión del ideario social, en el caracterizado acento de independencia de toda actividad genuina.

Confluyó para su configuración originaria en la Argentina, junto con las revelaciones de la gran guerra, un movimiento excepcional, de raíz democrática e inspiración ética, con que el pueblo argentino iniciaba por primera vez en su historia su propia movilización en la búsqueda y realización de lo auténtico. La abstención del país en la contienda mundial —hecho extraordinario de conciencia histórica—, permitió a la nación replegarse en sus senos profundos y le dio perspectiva para esclarecer las causas de aquel desastre, la falacia de una civilización superficial y predatoria, la inhumanidad intrínseca de un orden social en crisis. Un hálito de renacimiento ensanchaba la vida del país y en todos sus ámbitos nacía la fe en lo propio y en la función y responsabilidad universal de lo propio. La reforma universitaria labró su cauce en esa gran corriente, fecundándola a su vez. Frente a una cultura que conducía a la muerte, era aquí el órgano específico en la reivindicación de una cultura no sólo nueva y distinta, sino salvadora; hecha a nuestra imagen y semejanza, en amor de pueblo y con el sentido universal que lleva implícito el hombre.

Pero las universidades eran la expresión intelectual de un pasado que se resistía a morir. Eran órganos predilectos de las oligarquías mercantiles y extranjerizantes que en ellas tomaban las insignias del poder y del privilegio social. Una a una las universidades estallaron en sublevación, desde la Argentina a México. Mostrar los focos es pasar revista durante dos décadas a las grandes ciudades del continente. El movimiento llevaba un sentido de unidad y un mismo aliento. Americano por su origen y originalidad, americanista por sus fines más próximos, imprimió su tonalidad a toda una época, promoviendo acontecimientos, como una fuerza de la historia, como una conciencia de emancipación en desarrollo.

Por primera vez después de cien años, las vanguardias jóvenes de nuestros pueblos retomaban su unidad en América. Las juventudes en recíproca vinculación iban descubriendo, a través del dilatado espacio, su filiación común. Se acuciaba en ellos el imperativo de rebeldía que iba ampliándose en el plano popular. El nombre argentino fue así entre los jóvenes de la patria grande un nombre de esperanza y de cariño; auxilio de fraternidad, prestigio de experiencia. Estamos ahora en retardo: somos deudores de una deuda solemne ante el porvenir continental.

La campaña planteó inicialmente el problema de la reforma de la universidad. Reclamó fuese reconstruida y racionalizada. Amplió sus bases internas integrando su comunidad. Con sentido pedagógico, jurídico e histórico, centró su actividad en el estudiante. Dio con ello respuesta a la exigencia formativa, satisfacción al orden representativo, garantía de perennidad al proceso de renuevo. Organizó la universidad como una democracia de estudiantes. Unos son maestros de los otros más jóvenes, en reciprocidad de aprendizaje y todos van graduándose en saber sucesivo. Concede así autoridad a todos los "autores". Y esto que es ya un organismo, puede ser entonces persona de la cultura que ha de tomar sustancia nutricia en la realidad de su pueblo, y en el ideal de su liberación.

Queda reivindicada la personería escolar del estudiante en toda la amplitud pedagógica de su significado, y desplazado hasta el joven el eje de la vida educativa. De él arranca la razón de ser de toda entidad que educa. La escuela es para el estudiante, no el estudiante para la escuela; y hará del educando una entidad vigorosa, no de sumisión, sino activa y creadora: la reforma es liberación. El joven tiene derecho a su mundo de valores, a su persona. La universidad había desequilibrado su vida y su fraternidad en un desorden de fondo. La reforma restablece la participación activa general de sus miembros, la armonía en la comunidad. Es un empeño fundamental que asegura defensa contra el estancamiento o letargia; una garantía de porvenir, como el fluir renovado de las generaciones. (En la nueva concepción de la república universitaria, quedan implicados los derechos políticos de sus ciudadanos y legitimadas así por primera vez la jurisdicción autonómica de la universidad ante un estado democrático.)

Pero una universidad representa como idea y realización la unidad orgánica de la cultura y por lo tanto su afán integrador en búsqueda del hombre entero, que hace de la escuela toda, una correlación gradual. Dentro de la universidad sus institutos o "facultades", tienen funciones específicas en relación con ramas de la ciencia o de su técnica, pero a condición de que coordinadas en el conjunto educativo con inspiración filosófica, satisfagan siquiera un mínimo de aquellos fines y razón de ser. ¿"Facultades", de quién?: del alma. Las ciencias dan en sus aplicaciones lo cuantitativo de una civilización, sólo las humanidades dan cultura. Pero no hay humanidades sin valoración moral de la ciencia: sin ética. El problema de la educación en el siglo es el que surge de la fragmentación del hombre desequilibrado en la parcialidad de un saber baldío de sentido humano. La mera técnica es radicalmente estéril, o peligrosa, porque no es dueña de su signo: es instrumento. Y nada como las cristalizaciones mentales de la técnica impide al hombre abarcar sus problemas capitales o crear valores de cultura. La sola técnica así sea científica, ilusiona con aparente fortaleza que oculta un raquitismo por desnutrición. (Si hay causas sociales de esta anomalía, deben ser removidas.) Lo técnico profesional tiene que ser nutrido con cultura de totalidad no sólo para que se beneficie en su propia condición específica, sino para que se encauce en lo legítimo. Poner la técnica al servicio de las expresiones eminentes del espíritu. Hacer que la cultura redima lo profesional o utilitario exigido por la subsistencia del individuo, o por el mejoramiento de los medios de creación cultural o de salud social, pero que la necesaria raíz profesional crezca insertada en un suelo común y propicia de humanidad. La universidad traiciona su ejecutoria de universalidad si con alimentar en su seno la incultura del "especialista", consagra socialmente su arrogancia gremial, su agresiva ignorancia...

Frente a este planteamiento, los hombres del pasado protestaron en nombre de Europa. No se ceñía al patrón extraño, y era pedantería o ignorancia tal coraje por hacer algo propio. Sin embargo, la agitación pedagógica que casi simultáneamente prosperó en el viejo mundo, difundida hoy con el nombre genérico de "la nueva educación", lleva, a pesar de nuestros impugnadores, una fundamentación pedagógica que tuvo aquí, en la reforma universitaria, el primero y más vasto ensayo mundial; el primero, por de pronto, en lo que a enseñanza superior respecta, y el primero en absoluto, por sus realizaciones, por sus conquistas en el derecho positivo, por las consecuencias sociales que ha promovido, y hasta por la extensión geográfica de sus experiencias.

Es que la voz de Córdoba fue un vibrante reclamo de independencia espiritual. Fue el reclamo de "la hora americana", como dice el primer manifiesto. Nuestros intelectuales, nuestros maestros, nos habían enseñado a resolver nuestros problemas según las maneras y dictados de los últimos compendios y figurines exóticos. Éramos repetidores de gestos extraños; actores de una civilización de copia. La reforma universitaria es en cambio el nombre, uno de los nombres, de una actitud profunda, de una amplia transformación que responde a una crisis general del mundo y una crisis particular del desarrollo nacional. No es una proposición intelectualista, artificiosa, extranjera, ni anacrónica, sino que surge de las entrañas de nuestro país y de nuestra América, de la juventud y del pueblo. Un afán por ser, no por imitar: la segura fe en el destino humano, cuando un hombre, un pueblo, "sea Él y no otro".

Pero las mejores estructuras y los más sabios planes de cultura humana y social propuestos, no podían tener efectividad sin una transformación social que tuviese en cuenta el problema integral de nuestra independencia. Las luchas sucesivas dieron al avance estudiantil conciencia de sus límites. Había un enlace ineludible entre los problemas de la educación y los que dimanaban de un sistema estatal apócrifo y lesivo de lo autóctono. El problema de la reforma se refiere a un conjunto de cultura y de poder. De cultura, como saber plenario a la vez de profundidad y de elevación; de poder, como un problema de acción política capaz de vencer la oposición entre pueblo y estado. Sin la emancipación nacional en proceso, la universidad y la escuela toda, serán con intermitencias, un reflejo de las oligarquías financieras o doctorales. Serán también un reflejo de las condiciones sociales relativas a la vida del niño o del adolescente y a sus posibilidades económicas. La pedagogía es sólo un devaneo intelectual si no contempla las condiciones en que está inmersa la escuela. Frente al pobre niño proletario, huérfano del mundo, desnutrido y desvalido, la pura pedagogía es irreverencia. El problema cultural es una de las fases del problema social.

Los estudiantes difundieron el planteamiento de fondo del problema social. Fueron la primera fuerza que denunció nuestra sujeción al imperialismo mundial, motor de nuestra fragmentación continental y de nuestras guerras fratricidas, y promotor de nuestras dictaduras, sus órganos locales, cuya ingerencia condiciona poderosamente nuestra vida cultural, donde una universidad va formando, con mentalidad adocenada, los abogados, economistas y filósofos, destinados a servir el interés invasor o el escarnio de la libertad.

Si universidad es universalidad de saber, instaurar esa totalidad es reforma de la escuela toda. Pero decir re-forma en países coloniales, es recrear formas nuevas que le pertenezcan; que le nazcan de dentro. Es favorecer un re-nacimiento, un nacimiento hacia afuera, de lo invívito; es re-pensar y re-hacer la realidad con pensamiento y acción de fundadores. Por una parte, reforma universitaria es una demanda social por la creación del estudiante en todo el significado de un hecho aún irrealizado, como inexistente es todavía la universidad como núcleo cultural en el plasma del pueblo. Por otra parte, reforma universitaria es un elocuente reclamo y una acendrada tentativa de identificación de saber y justicia; saber, que no es mera ciencia o técnica sin conducción ética, que es conciencia de sí, del ser nacional, del ser americano. Justicia, que es justicia social: liberación del hombre en el pueblo.

El Primer Congreso Internacional de Estudiantes de la reforma universitaria, reunido en México en 1921, es órgano que expresa el nacer de esa conciencia. Pero tres años después, en 1924, Haya de la Torre, líder del movimiento de la reforma en el Perú, funda la Alianza Popular Revolucionaria Americana, y concierta firmes y sabias bases de acción, con lo que la reforma universitaria superando el ciclo anterior, pasa del movimiento educativo al plano de una política económica y social de gran envergadura. Frente al imperialismo como sistema debe oponerse otro sistema también político, económico y también cultural, que organice nuestros pueblos en asociaciones efectivamente nacionales, de coherencia homogénea, concertadas en una unión emancipadora general que permita proseguir la independencia bajo el signo de una democracia completa. (En la doctrina se señala que está invertido continentalmente el proceso clásico capitalista: el imperialismo "última etapa" en sus centros, es aquí etapa primera. La economía local dependiente de tal invasión queda entrabada por interferencia; y trastornada por sobreposición o deformación la marcha general de lo propio. De lo que resulta que el plan de lucha no puede ser, ni siquiera en lo económico, el que enseña la revolución en Europa. Una realidad económica distinta, ahora descubierta, obliga a tenerla en cuenta en su peculiaridad para concebir las bases de nuestro futuro estado, rescatador del patrimonio y preparatorio en el avance, entre tanto los centros donde tiene su asiento la internacionalidad plutocrática no se transformen.)

Poco después de cumplir la reforma universitaria su primer decenio, estallaron en la casi totalidad de nuestros países golpes de estado. Las dictaduras que se siguieron son una exigencia del conflicto que promueven los poderes económicos, de dominio. De nuevo, desde la Argentina hasta Cuba, son los estudiantes o los ex estudiantes de la reforma universitaria los que en primer término mantienen la rebelión. Los dictadores los persiguen, torturan o matan. En los focos trágicos, sangre de estudiantes fecundó el suelo de nuestra América. Son aquí, muchachos peruanos fusilados en Trujillo, son allá muchachos cubanos asesinados en La Habana. El signo de nuestra historia se repite. Siempre estudiantes conduciendo el verbo y el brazo de la emancipación.

En el transcurso de la lucha los jóvenes hicieron suya la causa de los desposeídos, y en la intimidad del dolor y la vida de los pueblos, muchos aprendieron el inmenso tesoro de su riqueza subjetiva, la noble singularidad de lo americano. Va así sustanciándose la idea de "autonomía americana" primordial del movimiento, y va animándose, como grande promesa, la de una cultura auténtica concebida en la unidad del pueblo. La libertad será su base, porque la libertad es nuestra ley temperamental: nuestro realismo. Y ninguna estructura, ni sobreposición, ni racionalismo, ha logrado sofocarla en sus posibilidades germinales. Nuestros pueblos no son comerciantes ni poseen la pasión del dinero; prefieren el espíritu al cálculo, la hospitalidad a la conquista. Constituyen un orden emocional. Su patriotismo es un sentimiento político y moral de raíces puras, así como su juicio de lo humano, una valoración ética que atiende la conducta por sobre la inteligencia, el saber o la técnica. Toda reforma social con vistas a una transformación actual o hacia formas de humanidad futura, que se funde únicamente en lo material o económico, será tentativa frustránea e ilícita de empobrecer una realidad tan extraordinariamente afortunada.

¿Qué es ya la conciencia social y de autoctonía iniciada "el dieciocho"? Es un vasto empeño para organizar y uniformar la América indoespañola sobre sus bases éticosociales, transformando sus estados bajo la inspiración y esfuerzo del genio del suelo y del pueblo para servir una cultura característica, poniendo acento propio a una causa universal. La procura de un orden material sometido a una ley de justicia. Un estado popular a la vez defensivo y liberador, que nacionalice el poder público y organice la economía al servicio de la nación, de sus bases productivas, de su pueblo, bajo las directivas de sus mayorías políticas. La economía libre no es la libertad económica: es el privilegio de minorías sobre un país sometido. El hombre no es un valor económico, es una dignidad. Sujetar entonces la economía para garantizar la libertad; pero garantir a su vez tal sujección por la igualdad política. Hacer que el estado sea de la nación; que la nación se mande a sí misma. La llamada libertad política, sin el resguardo económico de un estado emancipador, es ficción jurídica para sancionar las determinaciones de los dueños de la riqueza. Dominio del hombre sobre el orden objetivo. Libertad de los hombres, no de las cosas. El liberalismo plutocrático glorificó la idea de libertad referida a las máquinas, enseres y productos, de lo que resultó la esclavitud de los hombres. Humanismo, que es liberalismo esencial, sí; pero humanizar la economía y hacer de lo económico sólo un conjunto ordenado de medios. La libertad humana es para América unidad no desintegrable. Debemos hacernos nacionalmente dueños de las cosas americanas para garantizar y enriquecer la libertad de las gentes americanas. La nación no es una abstracción ni una entelequia como quieren los adversarios de la democracia. La nación es lisa y llanamente la vida del pueblo; su vida y sus sueños. Y no vive el pueblo, ni toma posición como personaje de la historia, si el particularismo le toma su tierra y su pan y su techo y su vestido. No tiene posibilidad de escuela, de universidad, ni de cultura, la nación, si el vasallaje del pueblo coloca a sus demandas en el plano de la urgencia biológica. Emancipar entonces la nación en el estado para que el estado no la colonice ni contrate contra ella, y permitir así al pueblo su movilización creadora, su función histórica.

Es ancha y rica la idea de pueblo, de sociedad que busca en esa morada multánime la unidad natural, sana y legítima de la nación. Supera la idea de clase, que es sólo económica; supera la idea de raza que es sólo biológica; supera la idea gremial o corporativa, que adjudica primordialidad y universalidad a lo que es circunscrito interés de oficio o unilateralidad formativa; supera la idea de masa, despectiva de la individualidad, noción física que lleva implícita una aristocracia de dominadores. La idea de pueblo es un valor más alto, como que a su realización debe preceder la liberación de lo económico y el acendramiento de lo corporal. Es un enlace con lo eterno; una concepción moral; una reivindicación de la dignidad del hombre en la lucha eterna por su integración, por su emancipación, que es lo histórico en la historia.

Debe caracterizar a los hombres, entre los seres, su capacidad exclusiva de interpretar la historia: de distinguirla, aun del más impresionante acontecer. Tener conciencia de ella es poseer la convicción de la unidad esencial del género humano, poseer conocimiento de la lucha titánica por su ascensión desde los orígenes remotos. Saber que el hombre va lográndose por instancias de libertad, tantas veces sofocadas y otras tantas triunfantes en un proceso milenario. No hay tarea educativa, no hay escuela ni hay universidad que se justifique, si no es capaz de revelar la entraña de esta contienda de siglos, enseñando a tomar filiación consciente en el verdadero linaje de lo humano, en función de libertad, conjugando espíritu y futuro. No hay concepción digna de una nacionalidad si no se alimenta de una esperanza del mundo, si carece de sentido histórico. Lo argentino, lo americano y su implicación humana es lo que adjudica historicidad, perspectiva de perfección a nuestro esfuerzo individual o social. En medio del drama de una nueva edad, nuestra ligazón con lo que de lejos viene y remonta, nos dará nobles satisfacciones y no desolación; estímulo de santa continuidad. (Una doble ribera de anchos mares conforma nuestro ser territorial en esta confluencia en que el mundo Atlántico le llega de vuelta al Oriente con el curso del sol. Entre la civilización de Europa y las culturas de los pueblos gigantes de las otras Indias, el Nuevo Mundo debe descubrirse a sí mismo. Tal vez sea aquí donde una cultura de profundidad asocie al movimiento la meditación, distinga cantidad de infinitud y rime el alma con el hecho, bajo el primado del espíritu.) Pueblo y América. He ahí la gran demanda de la reforma universitaria. Todo lo que no siga esa línea ha sido y será limitación, ha sido y será desrumbo. Ni desertores de la americanidad, que es consentir nuestro destierro, ni prevaricadores de lo popular que es renunciar a lo entrañable. Derrocar la erudición sin consistencia terrígena. Abatir la vanidad intelectualista que enuncia al pueblo pero que lo elude en su existencia real de cuerpo y alma, en su sentimentalidad, en sus preferencias, en sus tradiciones. *En lo americano lo universal: en lo popular la historia.* Ése es el "destino heroico de la juventud" que señalaron los estudiantes argentinos, cuando hace veinte años proclamaron la revolución americana. Los profesos de ayer y de hoy venimos otra vez a contraer la conciencia y a celebrar la fe.

ÍNDICE DE NOMBRES

Acevedo, Eduardo, 274
Agosti, Héctor P., 431, 436, 437, 439
Aguilar, Leopoldo, 195
Ahumada, Guillermo, 303
Alarcón, Carlos, 182
Alarcón Vidalón (estud. peruano), 252
Alberdi, Juan Bautista, 167, 379
Alberti, Rafael, 44
Aldereguía (estud. cubano), 206
Alessandri, Arturo, 63, 76, 178, 179, 182, 186, 187, 302
Allen, Chas C., 195
Alonso, Roberto, 219
Álvarez García, Lelio, 219
Alvear, Marcelo Torcuato de, 56, 65, 85, 86
Amaya, Américo A., 298
Ancízar (doctor), 330
Arakaki, Takaski, 195
Aráoz Alfaro, Gregorio, 342
Araujo, Eduardo, 167
Arboleda, Julio, 332
Arcaya (ministro venezolano), 280
Arceles, Miguel, 263
Arciniegas, Germán, 329, 331, 333, 335, 337
Ardigó, Dante, 157
Armas Soto, Rodolfo de, 219
Arroyo, Antonio, 219
Asonoza, Miguel A., 195
Astorquiza y Líbano, José, 186
Astrada Ponce, Carlos, 303, 374
Asturias, Miguel Ángel, 195
Avellaneda, Nicolás, 133
Averhoff Grau, Mario, 219
Averhoff, Octavio, 212
Ávila Camacho, Manuel, 288

Bagú, Sergio, 431
Baliño, Carlos, 117, 119
Baran, Paul, 115
Barbusse, Henri, 367
Barceló Gomila, Gabriel, 219
Bárcenas, Vicente, 195
Barcos, 374
Barrientos (estudiante peruano), 257
Barrios, Roberto, 195
Barrios, S. S. Ángel, 290
Barros, Enrique, 51, 53, 136, 303, 431
Barros Borgoño (candidato presidencial chileno), 179, 182
Barros Errázuriz, Alfredo, 178
Barthe, Obdulio, 224
Bassols, Narciso, 284, 285, 288
Batista, Fulgencio, 120
Bazante, Jorge L., 136, 158
Becerra, Martín Luis, 157
Bécquer, Gustavo Adolfo, 326
Belaúnde, Víctor Andrés, 239
Beltroy, Manuel, 257
Bergson, Enrique, 307
Bermann, Gregorio, 164, 165, 303, 374, 391, 397
Bernal (estudiante cubano), 206
Bernstein, Eduard, 41
Betancourt, Rómulo, 68
Betancourt Aguro, Eduardo, 195
Beteta Quintana, Ramón, 196
Beylis, Maximiliano, 195
Biagosch, Emilio R., 136, 158, 374
Bianchi, Alfredo A., 298
Bianco, 145
Bisbé (estudiante cubano), 206
Bismarck, Otón, 392, 393
Blackburn, Robin, 124

Blanco Acevedo, Pablo, 270
Bobineu, 323
Bolívar, Simón, 206, 263, 348
Bonchil, Miguel, 195
Borbolla (estudiante cubano), 205, 206
Bordabehere, Ismael, 53, 136, 158
Bordones, Tomás, 431
Borges Caras, José Elías, 219
Borja García, Humberto, 244
Borjas, Esther, 219
Born, Max, 244
Bosch, Raimundo, 157
Bourdet, Claude, 127
Bourricaud, François, 90
Boutroux, Émile, 425
Brandán, Julio H., 298
Brandán Caraffa, Alfredo, 158
Brandenburg, Pedro, 158
Bravo, Mario, 42, 309
Brito Foucher, Rodulfo, 195, 288
Bugnon, Marcial R., 158
Bulnes, Gonzalo, 187
Burgos, Amílcar E., 157
Bustamante (profesor cubano), 202
Bustamante, Luis Felipe, 196, 236, 237, 262, 263
Bustos y Ferreyra, Zenón (fray), 46
Buzó Gómez, Sinforiano, 224
Caballero, Ángel, 157, 164
Cabrera, Luis, 284
Calibán, 308
Calvo y Franco, Ramón, 202
Calles, Plutarco Elías, 283
Campos Cervera, Herib, 224
Cándido, 280
Cantón Rueda, Jacinto, 219
Cañas (estudiante cubano), 206
Cárcano, Ramón J., 145, 146
Cárdenas, Lázaro, 67
Cardoso, José P., 267
Carrillo Hernang, Justo, 213
Carvallo, Federico, 177

Casas, Bartolomé de Las (fray), 279
Caso, Alfonso, 288
Castelazo, J. B., 290
Castellanos (estudiante cubano), 205
Castellanos, Alfredo, 136
Castillo, Luciano, 262, 263
Castillo Pokorny (funcionario cubano), 202
Castro, Fidel, 81, 116, 119, 120, 121, 126, 127, 128
Castro (tirano), 348
Castro Leal, Antonio, 284, 285, 286
Cavallero, Enrique, 186
Centeno, Alejandro, 39
Codovilla, Victorio, 108
Colmo, 145, 149
Colombo, Carlos A., 157
Contreras, Miguel, 41
Cornejo Koster, Enrique, 232
Cosío Villegas, Daniel, 195, 196
Coulter, C. M., 332
Covarrubias Freire, Julio, 183, 184
Cox, Carlos M., 263
Creydt, Óscar, 68, 224
Cristo, 328, 373
Croce, Benedetto, 244
Cuccaro, Jacinto J., 157
Cummings Byron, 195
Cúneo, Dardo, 431
Chelala Aguilera, José, 219
Chena, Manuel A., 168
Chibás, Eduardo, 121, 122, 126
Chocano, José Santos, 70
Chueca (estudiante peruano), 234
Damirón (estudiante venezolano), 279
Darío, Rubén, 70, 332
Darwin, Charles, 30, 408
Da Vinci, Leonardo, 196
Debs, Eugenio, 166
Decusati, José, 231

ÍNDICE DE NOMBRES

Degano, Alfredo, 157
Delgado, Luis F., 264
del Mazo, Gabriel, 73, 163, 164, 165, 166, 167, 298, 356, 374, 376, 403, 434, 443, 445, 447, 449, 451
del Valle (estudiante cubano), 206
del Valle, Cecilio, 164, 165
Demaría, Alfredo, 73, 177, 178
Deville, Gabriel, 408
D'Hont, Víctor, 225
Díaz Garcés, Joaquín, 176, 181
Díaz Ortega, José, 219
Díaz Romero, José I., 158
Dimitrov, Jorge, 112
Doehner, Kurt, 195
Dolz (profesor cubano), 202
D'Ors, Eugenio, 44, 326, 329, 330
Dreyzin, Enrique, 195, 196
Dublé Almeida, Diego, 185
Ducci (ex estudiante chileno), 184
Durán, Manuel, 219
Echenique, Joaquín, 176
Echeverría, Esteban, 317
Echeverría, José Antonio, 127
Edwards, Agustín, 176
Einstein, Albert, 97, 166, 244
Elena, Walter, 157
Eli, José A., 219
Elmore, Edwin, 258
Encinas, Enrique, 235, 236
Engels, Federico, 244, 391, 393, 408, 430
Entenza (estudiante cubano), 206
Erasmo de Rotterdam, 200, 228
Erdmannsdorff, Otto von, 195, 196
Errázuris, Ladislao, 180
Erro, Luis Enrique, 196
Escalona, Dulce María, 206
Escalona Almeida, Rafael, 213

Escandell (estudiante cubano), 206
Espada, Óscar Humberto, 195
Espejel, Juan, 196
Espinosa Bravo, Alberto, 213
Esquiú, Mamerto (fray), 50
Falco, Federico, 157, 158
Fernández, Juan Ramón, 376
Fernández Abreu (estudiante cubano), 202
Fernández Arratte, Carlos, 219
Fernández Sánchez, Leonardo, 219
Fernández Sánchez, Mario, 205
Ferrer (estudiante cubano), 206
Ferrero, 135
Ferri, César, 135, 157, 158
Ferrière, 426
Figueroa, Ernesto L., 165, 167
Figueroa, Julio, 205
Flores, Julio, 331
Fong Chi-hai, 195
Fonken (obrero peruano), 256
Forns, Ignacio, 202
Freud, Sigmund, 244
Frugoni, Emilio, 293
Fuentes, Carlos M., 213
Fuentes, Felipe, 219
Gallinal, Gustavo, 270
Gambino, Humberto C., 158
Gandulfo, Juan, 176, 177, 180, 186, 187
García, Rafael, 52
García, Rubén León, 213
García Borja, Humberto, 257
García Leal, D., 290
García Menocal, Jesús, 219
García Toledo, Anastasio, 196
García Vidaurre (comandante chileno), 187
García Villalobos, Ricardo, 285, 286
García Villarreal, Marcos, 219
Garrido L., M., 290
Garzón, Ernesto, 136

Garzón Maceda, Ceferino, 136, 148, 158
Garzoni, Roberto E., 163, 167
Gay Galbó (estudiante cubano), 206
Gayo, 323
Gentile, Juan, 430
Germani, Gino, 122, 125
Ghioldi, Orestes, 109
Giudice, Ernesto, 440, 441
Goethe, Johann Wolfgang von, 440
Gómez (estudiante peruano), 237
Gómez, Juan Vicente, 64, 278, 279, 280, 281
Gómez, Miguel Mariano, 217, 219
Gómez Carrillo, Manuel, 70
Gómez Morín, Manuel, 195
Gómez Palacio, Francisco, 195
Gómez Rojas, Domingo, 63, 181, 186, 187, 188, 265
González, C. M., 205, 206
González, Diego, 219
González, Julio V., 29, 50, 52, 84, 85, 86, 87, 88, 157, 158, 228, 298, 339, 341, 343, 345, 359, 360, 367, 370, 371, 373, 375, 378, 379, 390, 431
González Alberdi, Paulino, 105, 106, 107, 384, 385, 387, 389, 391, 406, 407, 409, 411, 413, 431
González Areosa, Héctor, 270
González Calderón, J., 158
González Carvajal, Ladislao, 219
González P., Eugenio, 189
González Prada, Manuel, 70, 79, 99, 236, 245, 247, 259
González Vera, J. S., 180
Gorki, Máximo, 176
Gramsci, Antonio, 84
Grau San Martín, Ramón, 120, 121
Grüning Rosas, Alejandro, 158
Guala Ferreri, Octavio, 196

Guerra Doben, José Antonio, 219
Guerrero Costales, Carlos, 213
Guesde, Jules, 367
Guillot Benítez, 219
Gumucio, Rafael Luis, 182, 183, 187
Gutiérrez, José, 196
Herbart, Johann F., 200
Hernández, Eusebio, 202
Hernández, Óscar Jaime, 219
Herrera, Óscar, 256, 262, 263
Heysen, Luis E., 256, 263
Haeckel, Ernst, 30, 323
Hammes P., Heinz, 196
Hatry Pollit, 74
Haya de la Torre, Víctor Raúl, 28, 59, 60, 61, 63, 65, 66, 68, 71, 73, 74, 79, 80, 90, 91, 92, 93, 94, 95, 96, 97, 98, 99, 101, 106, 107, 108, 110, 236, 237, 244, 245, 247, 248, 250, 251, 253, 254, 255, 256, 257, 258, 259, 260, 263, 264, 300, 348, 356, 357, 390, 396, 397, 399, 401, 403, 405, 406, 408, 409, 410, 411, 412, 414, 449
Heidegger, Martin, 430
Henríquez Ureña, Pedro, 55, 195, 196
Hitler, Adolf, 430
Huerta, Adolfo de la, 283
Humbert-Droz, Jules, 108, 109
Hurtado de Mendoza, Mariano, 104, 358, 359, 361, 363, 379
Hurwitz, Jacobo, 256, 263
Huxley, Thomas, 228
Iglesias (estudiante cubano), 205, 206, 207
Inclán Villada, Antonio, 219
Ingenieros, José, 42, 70, 71, 73, 74, 110, 298, 336, 347, 368, 374, 397
Iribarne, Julio, 343
Irureta (decano uruguayo), 274
Isaacs, Jorge, 332
Isnardi, Ubaldo, 164

ÍNDICE DE NOMBRES

James, Williams, 311
Jerez, Ciro, 206
Jerez Tablada, Gustavo, 195
Jiménez Arraiz, 279
Juárez, Ramón, 158
Justo, Juan B., 30, 41, 407
Kant, Immanuel, 425
Korn, Alejandro, 42, 312, 313, 315, 316, 317, 397
Kraiselburd, David, 157
Kun, Bela, 83
Labarca, Santiago, 175, 176, 177, 179, 180, 184, 186
Lagarrigue, Juan Enrique, 185
Lago Pereda, Roberto, 213
Lanuza, José Luis, 362, 379
Lapido, Manuel, 164, 165
La Plata, de, (estudiante venezolano), 279
Lasko, Andrés, 166
Lastra, Joaquín de la, 219
Latorre Lelong, Edgar, 158, 164, 165
Lavín (estudiante cubano), 206
Lazarte, Juan, 431
Lecaros (estudiante peruano), 256
Le Dantec, Félix, 323
Leguía, Augusto, 59, 60, 62, 65, 76, 90, 178, 183, 216, 233, 234, 235, 238, 239, 243, 249, 250, 251, 253, 256, 263, 265, 348, 389, 409
Lejarraga, Pablo, 433, 435
Lenin, Vladimir I., 83, 95, 98, 113, 244, 371, 393, 405, 411
Leoni (estudiante venezolano), 279
Leviné, Eugenio, 83
Leyva Gordill, José, 213
Liebnecht, Karl, 83
Lizón (monseñor obispo de Lima), 62
Lobo, Francisco, 231
Lobo, José Bruno, 231
Lombardo Toledano, Vicente, 196
López, Héctor A., 158
López, Vicente F., 375
López Fernández, Fernando, 213
Loudet, Osvaldo, 47, 157, 158
Loyola, Pedro León, 177, 183, 184
Luaces (estudiante cubano), 206
Lucca, Oreste, 158
Lugones, Leopoldo, 42, 71
Luis XVI, 351
Lukeschitz, Hans, 196
Lunatcharski, Anatol V., 325
Luxemburg, Rosa, 83
Lloveras, Carlos, 157
Machado, Gerardo, 119, 120, 215, 216, 217, 219
Machado (estudiante venezolano), 279
Machado, Silvio, 219
Maeztu, Ramiro de, 420
Magdalena, 324
Magnasco, Osvaldo, 342, 376
Maira, 185
Mantovani, Juan, 167
Mañá, Ernesto, 158
Maquiavelo, Nicolás, 312, 321
Mariátegui, José Carlos, 28, 37, 58, 60, 62, 76, 83, 84, 90, 92, 93, 94, 99, 100, 101, 107, 118, 376, 377, 379, 381, 383
Marinello, Felio, 201, 202
Marinello, Juan, 119
Maritano, Guillermo G., 195
Márquez Miranda, Fernando, 298
Marseillan, Francisco, 157
Marsilio (rey), 328
Martí, José, 70, 116, 117, 121, 122, 211, 350
Martínez, Octavio R., 158
Martínez Adame, Arturo, 196
Martínez Cuitiño, Vicente, 298
Martínez Paz, Enrique, 38, 39, 40, 148

Martínez Prieto, Ricardo, 212
Martínez Sánchez, Carlos M., 219
Martínez Villena, Rubén, 119
Marx, Carlos, 244, 385, 390, 391, 393, 397, 408
Matienzo, José Nicolás, 35, 37, 45, 132, 345
May Zubiría, Alberto, 431
Meabe, Raimundo R., 157
Medellín Ostos, Octavio, 196
Medina Allende, Antonio, 136, 158
Medina, Miguel Ángel, 219
Mella, Julio Antonio, 65, 66, 67, 68, 74, 79, 80, 81, 84, 94, 97, 98, 107, 116, 117, 118, 127, 128, 201, 202, 203, 204, 205, 206, 207, 208, 214, 349, 351, 393, 395
Méndez, Luis M., 136
Méndez Calzada, Enrique, 298
Mendieta (estudiante cubano), 214, 216, 217
Mendioroz, Alberto, 157
Meneges, Djacir, 231
Menéndez y Pelayo, Marcelino, 332
Meneses, Pablo, 286
Menocal (estudiante cubano), 214, 215, 216, 217, 219
Merino Vigil, 261, 262
Meza Fuentes, Roberto, 175
Mills, C. Wright, 115
Miranda García, Augusto V., 213
Miravet, Horacio, 164, 165
Miyar Millán, Ramón, 213
Modestino, 323
Molina, Julio, 136
Monroe, James, 207, 300
Montaigne, Michel, 200
Montenegro, Adelmo, 431
Montserrat, Santiago, 431
Montt, Lorenzo, 184, 185
Mooser, Hermann, 195

Moreau, Gabriel S., 298
Moreno, Alberto, 181
Moreno, Mariano, 411
Morgan, Lewis H., 408
Morell Romero, José, 213
Muñoz Montoro, Gonzalo, 157
Musso (decano uruguayo), 269
Mussolini, Benito, 430
Natorp, Paul, 325
Natta, Mario R., 157
Navarro, Ignacio, 196
Negri, José A., 164
Nehru, Pandit, 74
Nelson, Ernesto, 311
Nervo, Amado, 70
Nicolai, F., 166
Nietzsche, Friedrich, 230
Nigro, Ángel J., 136, 158
Noir, Víctor (Enrique Tagle Moreno), 175
Nores, Antonio, 39, 43, 51, 148
Núñez Portuondo, 204, 205, 206, 207
Obregón, Álvaro, 283
Olivero Delgado, Rafael, 196
Ordóñez, Eduardo, 167
Orfila Reynal, Arnaldo, 158, 195, 196
Orgaz, Jorge, 303, 431
Orgaz, Raúl, 431
Ortega Lima, 279
Ortega y Gasset, José, 44, 81, 82, 83, 87, 310, 325, 420
Ortiz, Fernando, 124
Orzábal Quintana, Arturo, 298, 374
Ossa Prieto, Germán, 182
Palacios, Alfredo, 42, 57, 58, 70, 71, 103, 135, 234, 236, 298, 353, 355, 374, 397
Palacios Macedo, Miguel, 195
Palcos, Alberto, 167, 377
Palma, Carlos M., 205, 206
Palma, Gambino A., 195
Pascual, Sarah, 206
Passaponti, T., 158

ÍNDICE DE NOMBRES

Paulsen, Gustavo, 298
Pavletich, Esteban, 263, 264
Paz Soldán, Carlos, 232, 236
Pendas Garra, Porfirio, 219
Pereira Da Silva, Firuso, 231
Pérez Cabrera, 206
Pestalozzi, Johann H., 324
Petrarca, Francesco, 228
Pietranera, Julio, 158
Pilatos, Poncio, 159
Pinto Durán, Antonio, 187
Pintos, Darío E., 158
Platón, 198, 311
Ponce, Aníbal, 29, 298, 367, 369, 374, 397, 427, 429
Ponce, Salomón, 63, 252
Porras Barrenechea, Raúl, 195, 196
Portela (estudiante cubano), 204, 206, 207
Portes Gil, Emilio, 285
Portugal, Enrique S., 431
Portuondo, Fernando, 206
Pous Ortiz, Raúl J., 195
Pozzo, Hiram, 157, 158
Prado, Laureano, 205
Prando, Carlos M., 270
Prestes, Luiz Carlos, 68
Prieto Laurenz, Jorge, 196
Prío Socarrás, Carlos, 119, 121, 126, 213
Quijano, Carlos, 270, 273, 275
Quiles, Jesús M., 158
Quintana, Jorge, 219
Quintana, Valente, 286
Rabelais, François, 200
Rada (ministro peruano), 253, 256
Rado, Casiano, 264
Radowitzky, Simón, 275
Raggio, Juan, 164, 165
Ramírez, Rigoberto, 202
Ravines, Eudocio, 263
Reclus, Eliseo, 368
Regules, Dardo, 269, 270
Renán, Ernest, 329

Repetto, Nicolás, 103
Reuchlin, Johann, 228
Reyes, José Antonio, 195
Ricaldoni (estudiante uruguayo), 269, 270
Riesco, Germán, 181
Río Cañedo, Francisco del, 195
Ripa Alberdi, Héctor, 158, 195, 196, 326, 327, 378
Roa García, Raúl, 119, 219
Roca, Blas, 120
Roca, Deodoro, 44, 45, 47, 49, 76, 77, 131, 303, 307, 309, 311, 430, 431.
Roca, Erasmo, 195
Roca, Julio H., 303
Roces, Wenceslao, 365
Rodó, José Enrique, 70, 72, 279, 280
Rodríguez, Manuel T., 158
Rodríguez Abascal, Filomeno, 219
Rodríguez Fabregat, E., 273
Rodríguez Jáuregui, Carlos, 158
Rodríguez Lendián, 202
Rodríguez Mendoza, 179
Roehr, Otto, 195
Rojas, Ricardo, 71, 308
Rolando, 328
Rolland, Romain, 367, 427
Romano, 374
Rose, Hugh, 195
Rossanda, Rossana, 25
Rossi, Santín Carlos, 270, 273, 275
Rousseau, Jean-Jacques, 200, 312, 324, 391
Rubio Padilla, Juan Antonio, 213
Ruiz de Gamboa, Arturo, 186
Ruiz Hernández, Raúl, 213
Ruskin, John, 311
Russell, Bertrand, 167, 244, 367
Saavedra (presidente boliviano), 178, 263
Sáenz, Moisés, 285

Saibene, Natalio J., 136, 158
Salinas, José S., 53, 54, 140
Samayoa Aguilar, Carlos, 195
San Martín, José, 263
Sánchez Arango, Aureliano, 219
Sánchez Cerro, 216
Sánchez Jiménez, Genaro, 196
Sánchez Viamonte, Carlos, 298, 374, 397
Sandoval López, Gustavo, 196
Sanfuentes (presidente chileno), 177, 178, 182, 183
Sanguinetti, Florentino V., 298, 374, 382, 384
Santoyo, Ramón Víctor, 196
Sanz, Juan A., 158
Sardiñas, Rafael, 213
Sarmiento, Domingo Faustino, 327
Sartre, Jean-Paul, 115
Sayago, Gumersindo, 136, 141, 158, 303
Scotto (diputado bonaerense), 375
Schlicnenrieder, Gaspar, 196
Selva, Salomón de la, 195
Sen Katayama, 74
Seoane, Manuel, 253, 258, 259, 260, 262, 265, 298
Sierra, Wenceslao, 187
Silva Castro, Raúl, 189
Silva Herzog, Jesús, 285
Sócrates, 200, 311
Solari, Juan Antonio, 164, 165
Soler Lezama, José A., 219
Sommariva, Luis H., 157, 164, 165
Sopo Barreto, Rogelio, 204, 205, 206
Soto, Carlos, 195
Soto Román, Manuel, 219
Soto Román, Mario, 219
Spengler, Oswald, 244
Stammler, Rudolf, 30
Stobbe, Ernest, 195
Suárez Calimano, F., 298

Suárez Lopetegui, Francisco, 213
Suárez Pinto, Carlos, 136
Sobercaseaux, Guillermo, 185
Sun Yat-sen, 95, 405
Susini, Telémaco, 42, 50, 51, 53
Taborda, Saúl, 52, 53, 303, 312, 319, 321, 323, 325, 374, 416, 417, 419, 421, 423, 425, 431
Tagle Moreno, Enrique (Víctor Noir), 175, 176
Tagore, Rabindranath, 326, 332
Tejera (estudiante venezolana), 279
Terrera, Alejandro, 157, 164, 165
Terreros, Nicolás, 256, 261, 262, 263
Tissenbaum, Mariano R., 158
Tolstoi, León, 200
Tomeu (profesor cubano), 202
Torino, Enrique, 164, 165
Torre, Manuel de la, 196
Torriente Brau, Pablo de la, 219
Trejo, Rafael, 211, 212, 214, 374
Trejo y Sanabria, Fernando de (fray), 30, 31
Triay, Mario, 219
Troppman, 325
Trotski, León, 244
Tsako-Selo, 325
Ugarte, Manuel, 42, 70, 71, 103, 414, 415
Ulpiano, 323
Unamuno, Miguel de, 56
Undurraga Fernández, Domingo, 182
Uriburu, José Félix, 217, 277, 292
Urrejola (diputado chileno), 183
Urtusástegui, Ernesto, 196
Urzúa, Óscar, 184
Urzúa, Waldo, 177
Uslenghi, 374
Utrera Valdés, José, 219
Valdés, B., 206
Valdés, Horacio, 53, 136, 141, 158

ÍNDICE DE NOMBRES

Valdés Anciano, 202
Valdez Daussá, Ramiro, 213
Valega, Juan V., 244
Valle, Rafael Heliodoro, 195, 196
Vandama, Gabriel, 219
Varela, Horacio J., 158, 164, 165, 168
Vargas, Getúlio, 68
Vargas, Óscar, 195
Vargas Vila, José María, 70
Varona, Antonio de, 70
Varona Loredo, Manuel, 119, 213
Vasconcelos, José, 67, 70, 74, 90
Vásquez Santaella, José, 196
Vaz Ferreira (estudiante uruguayo), 269
Velázquez, José Sergio, 213
Vera, Luz, 196
Vidales, Alarcón, 63
Viego, Antonio, 213
Viego, Sergio, 202
Villaflor, Francisco, 167
Villalba, Jovito, 278
Villanueva, Julio, 219
Villaseñor, Eduardo, 196
Vives, Luis, 200

Vivó (estudiante cubano), 206
Vizcaya, Ricardo, 303
von der Becke, Alfonso (hijo), 157
Vrillaud, Pablo, 158, 168, 195, 196
Walker Martínez, Joaquín, 187
Watson, Guillermo J., 157, 158, 164, 165
Wellnitz, Anna N., 195, 196
Wilson, Woodrow, 367, 371, 377, 388, 429
Winsnes, Erling, 195
Yannicelli, Ricardo, 267
Yáñez, Eliodoro, 175
Yrigoyen, Hipólito, 32, 33, 35, 43, 50, 51, 53, 56, 57, 76, 78, 85, 387, 409
Zañartu, Enrique, 178, 182, 183
Zavalla, Raúl, 158
Zayas, Alfredo, 119
Zelaya Castillo, Antonio, 195
Zermeño Azuelo, Juan, 196
Zulen, Pablo, 244
Zuloaga (estudiante venezolano), 279
Zúñiga Cisneros, Miguel, 195
Zweig, Stefan, 44

impreso en editorial melo, s. a.
avenida año de juárez 226, local d-méxico 13, d. f.
cuatro mil ejemplares más sobrantes para reposición
15 de noviembre de 1978

www.ingramcontent.com/pod-product-compliance
Lightning Source LLC
Chambersburg PA
CBHW021954160426
43197CB00007B/131